HISTOIRE

DE L'ÉGLISE SANTONE

ET AUNISIENNE.

II.

PROPRIÉTÉ.

TYPOGR. DE F. BOUTET, LIBRAIRE-ÉDITEUR.

Clocher de la Cathédrale de Saintes.

HISTOIRE

DE

L'ÉGLISE SANTONE

ET AUNISIENNE,

DEPUIS SON ORIGINE JUSQU'A NOS JOURS.

PAR M. L'ABBÉ BRIAND,

Chanoine honoraire de la Rochelle, de Luçon et d'Évreux.

TOME DEUXIÈME.

« En démontrant la perpétuité de la foi,
enseignée aux hommes par la succession
traditionnelle des Évêques, depuis les
Apôtres jusqu'à nous, nous réfutons vic-
torieusement les aveugles et dangereux
systèmes de tous les novateurs. »
(*S. Irén. cont. les hér. t. III. c. 3. p. 175.*)

A LA ROCHELLE,

CHEZ FRÉDÉRIC BOUTET, IMPRIMEUR, LIBRAIRE-ÉDITEUR
DE MONSEIGNEUR L'ÉVÊQUE ET DU CLERGÉ,
RUE CHEF-DE-VILLE, 8.

1843.

CHAPITRE QUATRIÈME.

Suite de la tradition depuis la restauration du monastère de saint Eutrope, en 1081, jusques aux guerres du XVI° siècle.

La religion catholique révèle à l'homme les grandeurs de Dieu ; par elle il n'est plus qu'adoration et amour. Ces deux sentiments le transforment, pour ainsi dire, en celui qui est sa vie, son espérance et son bonheur. L'homme alors ne se contente pas d'offrir à Dieu, comme un hommage de sa dépendance, son esprit et sa volonté ; il obéit encore à l'invincible attrait qui le porte à saisir, en dehors de lui-même, tout élément, toute image, tout objet, pour y imprimer le caractère de sa foi sublime. Ainsi, depuis Constantin jusqu'à Charlemagne, et depuis Charlemagne jusqu'aux croisades, on vit toujours l'inspiration d'un symbolisme divin présider à l'érection des églises chrétiennes ; quoique l'architecture fût soumise à des styles différents, elle n'en était pas moins sous l'influence des grandes pensées de la foi; styles Bisantin, Lombard, Carlovingien, Saxon, Teutonique, Normand, Arabe, Moresque, Sarrazin, Roman, étaient plus tôt, plus tard, transportés dans le domaine de la religion, qui, souvent, après les avoir affranchis d'un usage profane, en les purifiant par un culte saint, leur faisait subir un perfectionnement progressif. L'impulsion donnée à la société européenne par l'enthousiasme chrétien et chevaleresque des croisades, produisit des merveilles dans les sciences et dans les arts. Une ère nouvelle commença alors pour l'architecture religieuse, et, depuis le XIe jusqu'au XVIe siècle, elle enfanta des monuments dont l'élévation, en rapport avec la solidité et l'élégance, commandèrent l'admiration des générations successives.

Saint Vivien avait obéi au sentiment de sa foi, en construisant, au Ve siècle, une cathédrale dont nous avons parlé; la même inspiration donna naissance, en 1117, à la basilique de Pierre de Confolens; mais en 1451, l'architecture, qui se rapprochait des formes grecques et romaines, en s'éloignant de la perfection du style ogival, devenu, à cette époque, moins fécond, moins créateur, plus imitatif, plus mesquin, plus maniéré, fit surgir sur les ruines de l'église du XIIe siècle l'imposante basilique de Gui de Rochechouart. Si le style ogival commençait alors à dégénérer, le symbolisme chrétien conservait toute sa force; la pensée du ciel dirigeait le ciseau de l'artiste, et chaque pierre devenait encore l'interprète de l'adoration et de la foi.

Le pape Nicolas V, à la demande d'un cardinal du titre de St.-Chrysologue et archidiacre d'Aunis, seconda le zèle de l'évêque de Saintes [1]; il donna une bulle par laquelle il accordait d'amples indulgences à tous ceux qui contribueraient à l'achèvement du chef-d'œuvre de Gui de Rochechouart. Reconstruite sur l'emplacement de celle de Pierre de Confolens, cette cathédrale était destinée à faire revivre à Saintes, quoique sur une échelle moins étendue, la majestueuse basilique d'Orléans; ornée à l'extérieur, comme elle, d'élégantes pyramides surmontées par la flèche de son clocher colossal, elle devait offrir la touchante image de la prière qui monte vers Dieu comme la flamme, et cherche l'éternité comme son centre. Mais, nous le dirons ailleurs, ce monument du XVe siècle fut arrêté dans son développement par la puissance d'une hérésie destructive. Comme un cèdre que la foudre aurait touché se dessèche et tombe, l'église de Gui de Rochechouart s'écroulera sous l'effort du vandalisme protestant.

Saint-Vivien renaît ici dans nos souvenirs; un évènement honore sa mémoire. Il eut lieu pendant l'épiscopat du restaurateur de la cathédrale de Saintes. La charte suivante nous en fait connaître la cause et les circonstances.

[1] *Gall. Christ.* tom. II. pag. 1079.

« Gui, par la miséricorde divine, évêque de Saintes, à tous ceux qui ces présentes lettres verront et oïront, salut en notre Seigneur.

« La requête qui nous a été présentée de la part du religieux et des vénérables personnes maistre Jehan Trouvé, de l'ordre des Frères-Prêcheurs, professeur en théologie; Martin Cotelle, prêtre; Richard du Coudray et Jehan de Batencourt, députés comme procureurs, et au nom des trésoriers et des paroissiens de l'église paroissiale du bienheureux Vivien, de Rouen, contenait que, depuis les premiers temps de la construction de la ville de Rouen [1], on y avait bâti ladite église paroissiale, laquelle subsistait encore et qui était une paroisse célèbre et d'une grande étendue, peuplée abondamment de personnes illustres et d'autres notables citoyens; dans laquelle, par les mérites et intercession du même très-glorieux évêque et confesseur, plusieurs malades qui l'invoquaient dévotement obtenaient la guérison de leurs infirmités diverses; d'où s'est accrue extrêmement la dévotion des habitants de cette même paroisse et de tous les citoyens de la même ville de Rouen, qui savaient que le susdit patron de cette paroisse, étant encore en cette vie, avait été évêque et comte de Saintes, et en avait gouverné

---

[1] Cette expression ne doit pas être prise dans toute sa rigueur; elle signifie seulement que, depuis plusieurs siècles, une église en l'honneur de St. Vivien avait été bâtie à Rouen.

le peuple, et que ce saint évêque ayant été transporté dans le ciel, selon ses mérites, son très-saint corps avait été honorablement inhumé dans le vénérable prieuré conventuel de l'ordre de saint Augustin, fondé sous son nom, hors les murs de Saintes; c'est pourquoi ils ont envoyé vers nous les susdits procureurs, avec un ordre spécial donné sous le sceau de la cour de l'officialité de Rouen, et daté du septième jour du mois et an écrits cy-dessous; lesquels procureurs demandent avec piété que, du consentement du prieur et des religieux du couvent dudit prieuré de Saint-Vivien, nous leur permettions de transporter à ladite église de Saint-Vivien de Rouen quelques parties de ses reliques, d'autant plus que, de là, la dévotion des fidèles chrétiens s'augmenterait encore davantage envers le même saint Vivien, et que leur église cy-dessus mentionnée serait fréquentée par eux avec un plus grand respect, espérant aussi que les mérites du même bienheureux se répandraient, par là, dans la sainte église catholique et que, par son intercession, il se ferait des miracles plus célèbres; ayant donc entendu et examiné leur requête, et ayant sur cela consulté nos vénérables frères le doyen et le chapitre de Saintes, et d'autres personnes distinguées, tant ecclésiastiques que séculiers de notre même ville, et ayant pris le consentement de nos chers frères le prieur Guillaume Guittard et autres religieux du couvent dudit prieuré conventuel de Saint-Vivien, hors les murs de notre ville susdite, et prenant en considération la piété des suppliants, qui ne pourra que s'accroître par la protection du saint confesseur ; de plus, persuadés que cela ne causera aucun préjudice à l'église du bienheureux qui n'en recevra, au contraire, qu'un honneur plus universel, souhaitant également que ses reliques soient révérées dans l'église de Saint-Vivien de Rouen, nous avons jugé à propos de les accorder à la demande des susdits suppliants, étant nous-même occupé à d'autres affaires importantes de l'administration de notre diocèse. Nous avons fait assembler et convoquer processionnellement, au jour marqué, dans l'église dudit prieuré de Saint-Vivien, nos frères susdits le doyen et le chapitre de notre cathédrale, ainsi que le clergé et le peuple de notre ville, dont la multitude fut très-nombreuse, par notre vénérable frère maistre Guillaume Baudouin, licencié ès-loix, chanoine et chantre de notre église de Saintes et notre vicaire-général pour le spirituel et le temporel; pour ce qui est des reliques de Saint-Vivien, nous avons, pendant le temps des cérémonies et de la solennité de le messe, fait donner un os des bras, cassé en deux parties, une de ses sandales dont il se servait quand il officiait pontificalement, qui est celle du pied droit, avec une portion du sépulcre de pierre dans lequel fut mis son corps; lesdits gages ayant été enfermés sous clef dans une caisse de bois, et scellée de notre sceau pour être transportée à l'église de Saint-Vivien de Rouen, par les mains du prieur du prieuré conventuel de Saint-Vivien de Saintes, lequel part d'ici pour ce sujet, et par les mains desdits procureurs, qui ont juré et promis de porter fidèlement lesdites reliques ainsi enfermées aux susdits trésoriers et paroissiens de l'église paroissiale de Saint-Vivien de Rouen. En témoignage de quoi, nous avons fait sceller les présentes lettres de notre sceau et ceux de nos frères les doyen et chapitre de notre cathédrale, et de celui du prieur de Saint-Vivien, en signe et pour marque de l'avis et consentement des personnes susdites; en outre, les avons fait signer par notre notaire et secrétaire soussigné, et par un notaire public, qui a également signé.

« Donné et fait à Saintes, le dix-septième du mois d'août 1459, en présence de vénérables et discrètes personnes, maistre Pierre Gaillon, doyen; Emeri de Blancard; Arnaud Regis, licentiés èsloix, chanoines de notre église de Saintes; Robert de Meudon; Jehan du Sablon, bacheliers ès-loix; Jehan Leroux et Jehan Rousseau; ainsi que plusieurs autres appelés à cette commission et fidèlement priés. Signé de Villebaud, avec paraphe par ordre du seigneur évêque [1]. »

Ces reliques furent reçues, le 26 août, dans

---

[1] Arch. du département de la Seine-Inférieure.

l'église cathédrale de Rouen ; voici l'acte de la réception :

« A tous ceux qui ces présentes lettres verront ou oïront, le vicaire-général pour le spirituel et le temporel du révérendissime père en Dieu le seigneur Guillaume, par la miséricorde divine, cardinal d'Estouteville et archevêque de Rouen, pour lors absent, salut dans le Seigneur.

« Comme, suivant ce qui nous a été représenté de la part des honnêtes personnes les trésoriers et les paroissiens de l'église paroissiale de St.-Vivien de Rouen, les religieuses et vénérables personnes maistre Jehan Trouvé, de l'ordre des Frères Prêcheurs, professeur de la sainte science théologique, et messires Martin Cotelle, prestre, Richard du Coudray et Jehan de Batencourt, avaient été destinez et députez pour aller à la ville de Saintes et au prieuré du très-glorieux saint Vivien, proche les murs de Saintes, où repose le corps du susdit très-glorieux saint Vivien ; comme ils étaient partis et arrivez, afin de pouvoir obtenir de la part des vénérables et religieuses personnes le prieur et le couvent dudit lieu, avec le consentement, même l'autorité et le commandement de révérendissime père en Dieu le seigneur Guy, par la miséricorde divine évesque de Saintes, ordinaire du lieu, une partie des reliques du même très-glorieux saint Vivien, pour être transportées et apportées, pour la plus grande vénération dudit saint, à l'église paroissiale de Saint-Vivien de Rouen ; et comme le prieur et le couvent, eu égard à l'humble requête et à la dévotion desdits exposants faite et marquée par leurs députez, ouvrirent la cassette ou châsse du bienheureux saint Vivien, ils en tirèrent de ses reliques un des os de l'un des bras cassé en deux parties, et une sandale, celle du pied droit, et de laquelle il se servait, lorsqu'il officiait pontificalement, et une portion du sépulcre en pierre dans lequel avait été mis le corps de saint Vivien, qui furent enfermées dans une caisse de bois, sous clef, et scellées du sceau dudit révérendissime seigneur évesque de Saintes, pour être transportées à Rouen par les mains de religieuse et honneste personne frère Guillaume Guittard, nouveau prieur dudit prieuré de Saint-Vivien, et par celles des susdits procureurs qui, devant le révérendissime père, ont juré et promis de porter fidèlement les reliques ainsi enfermées aux trésoriers et paroissiens de Saint-Vivien de Rouen, et pour donner et porter honnestement ces reliques aux mêmes trésoriers et paroissiens, ils commirent et chargèrent spécialement le prieur ci-dessus mentionné, et pour la sûreté desdits députez ; comme et selon que toutes ces choses en général et en particulier paraissent être contenues plus au long dans les lettres du susdit révérend père en Dieu le seigneur Guy, évesque de Saintes, scellées du sceau du même évesque, aussi bien que de ceux du doyen et du chapitre de son église cathédrale de Saintes, de celuy du prieur et du monastère de Saint-Vivien, de Jehan Gaillon, prestre du diocèse de Saintes, etc.; sçavoir donc faisons que, le jour date des présentes, le prieur ci-dessus dénommé, aussi bien que maistre Jehan Trouvé et les autres procureurs, nous ont présenté humblement, comme il convient, dans la chapelle du manoir archiépiscopal de Rouen, les reliques renfermées, comme il est dit cy-dessus, sous la clef et le sceau de l'évesque de Saintes, avec ses lettres affirmatives, à six heures du matin, ce jourd'huy dimanche, vingt-sixième du présent mois d'aoust de l'année mil quatre cent cinquante-neuf, indiction sept, la première année du pontificat de nostre saint père et seigneur Pie II, par la Providence divine pape et souverain-pontife, les susdits procureurs nous suppliant humblement de daigner et de vouloir bien leur donner et leur accorder la permission de porter les reliques processionnellement aux mêmes trésoriers et paroissiens de Saint-Vivien de Rouen, pour la plus grande vénération du saint.

« Mais nous, voulant en ces choses cy-dessus marquées, comme dans les autres, procéder avec la maturité convenable, avons fait assembler avec nous les vénérables personnes maistres Robert Lesueur, chantre, Philippe de la Rose, trésorier, Pierre Deschamps, autrement d'Esneval, archidiacre; et Jehan Doudemare, chanoines de l'église de Rouen; Gilles de Caurxi, licentié ès-loix et quelques autres personnes notables et jurisconsultes, en présence desquels nous avons ouvert ladite caisse, dans laquelle nous avons trouvé les reliques ainsi incluses, et pendant le serment que le prieur et les autres témoins ont prêté, nous les avons interrogés : premièrement, si les sceaux étaient les véritables sceaux des évesque, doyen et chapitre, prieur et monastère de Saint-Vivien; lesquels ont répondu que cela était ainsi, et qu'ils avaient été présents à leur impression; de même, si les reliques présentées et contenues en icelle, étaient celles dont il est fait mention par les signatures; lesquels ont répondu aussi que cela était ainsi : ce qui ayant auparavant tenu et pris conseil avec les prestres susdits, nous avons dit et déclaré, et vous déclarons, par les présentes, que les reliques susdites sont des os du bras de saint Vivien, de son sépulcre et de ses sandales pontificales; qu'elles peuvent, comme telles, être révérées par le peuple, ordonnant néanmoins que les mêmes reliques soient remises dans ladite caisse et qu'elles soient scellées du sceau de la cour archiépiscopale de Rouen, dans une certaine étoffe rouge avec un cordon, jusqu'à ce qu'on ait pensé à les renfermer plus décemment, et de les porter à l'église paroissiale de Saint-Vivien de Rouen; comment les mêmes reliques, après avoir été auparavant apportées et mises sur le grand autel de l'église de Rouen, et honorées par les vénérables personnes les chanoines, chapelains et autres bénéficiers, reprises et portées processionnellement par les nefs de la cathédrale, furent mises alors et délivrées, à la porte principale de la métropole, entre les mains de vénérable père Jehan, abbé du monastère de Saint-Ouen de Rouen, pour être ensuite transportées par lui à ladite église; et comme aussi, après avoir été reçues, elles furent portées respectueusement dans celle de St.-Vivien, avec la croix, les acolythes portant des torches ardentes, suivies et accompagnées d'une grande affluence de peuple et de citoyens de la ville de Rouen, et reçues avec solennité dans cette même église, où il y eut un sermon éloquent, prononcé pour les fidèles par Guillaume Trouvé, à l'occasion des reliques susdites, et reçu et entendu humblement par les assistants.

« Touchant toutes les choses cy-dessus mentionnés en général et en particulier, les trésoriers nous ont demandé des lettres en forme d'acte, que nous leur avons octroyées. En foy et en témoignage de tout ce qui a été dit, nous avons fait transcrire et souscrire par nos ordres ces présentes lettres, par les notaires cy-dessous nommés et munies de l'impression du grand sceau de la cour de Rouen et du nostre.

« Fait et donné l'an de notre Seigneur, le jour

et dans le lieu cy-dessus indiquez. Robert Gueraldi, prêtre du diocèse de Rouen, et Jehan de Gisoran, également prêtre, l'un et l'autre notaires apostoliques de la cour archiépiscopale, confirment et signent le contenu de cet acte authentique [1]. »

Ce fait nous prouve que, malgré le larcin des moines de Figeac, l'Église de Saintes conservait, au XVe siècle, des reliques du bienheureux Vivien. Sans les révolutions survenues depuis cette époque, elle les posséderait encore.

Un an après cet acte, Gui de Rochechouart donna sa démission, en 1460. Un abbé de Saint-Jean-d'Angély, nommé Robert de Villequier, lui avait cédé, en 1456, la collation de l'église de Saint-Vivien de Baignéseau. L'évêque lui avait donné, en dédommagement, le droit de présentation à la cure de Saint-Nicolas de Courcelles, paroisse encore aujourd'hui si intéressante par l'esprit de foi qui s'y conserve et s'y perpétue; elle est, sous ce rapport, tout-à-fait digne de la sollicitude d'un zèle éclairé, miséricordieux et persévérant. A la même époque, florissaient, à Saint-Jean-d'Angély, Thomas de Lussaud, prieur de Saint-Hilaire de Melle, et Pierre d'Abzac, chambrier; tous deux docteurs célèbres de leur temps. Gui mourut en 1466.

---

[1] Archiv. du départem. de la Seine-Inférieure.

Pendant que Louis Ier de Rochechouart, neveu de Gui, était son successeur, Odon de la Beaume, abbé de Saint-Eutrope, en 1444 et 1476, avait obtenu du Dauphin (plus tard Louis XI) une somme de six cents écus, pour la reconstruction du pilier de gauche, en entrant dans la nef de l'église souterraine, ainsi que nous l'apprend l'inscription gothique qu'on y lit, quoique mutilée [1].

Jean II Grany, abbé après Odon de la Beaume, acheva, en 1490, le clocher de Saint-Eutrope; il fit refaire le pilier de droite de la nef de l'église basse; une inscription l'atteste également [2]. Si cette sage précaution avait été prise pour l'église haute,

---

[1] *Inscription sur le pilier de gauche, en entrant dans la nef. Sur le bas d'une niche :*
  Oddo la Baulme prieur de céans. (*gothique en creux*).
  Sur la corniche du pilier; (*gothique en saillie*) :
Première ligne : Prince dauphin de.....ys
Deuxième ligne : Q'a offert VI^c eccus — de coi a esté faict ceste...
  et C. cestui pillet estant prieur de la Baulme....
  sellier du roy n'tre.... XIV... très excellent.

[2] *Sur le pilier de droite,* (*gothique en creux*) :
Loys très puissant roy regnant
De Po'.... ie suis tout refait
L'église de céans tenant
Jehan Granis que XVII
L'on disait l'an mil C.C.C.C.
et LX a rompu et fait
au mois davril.... en cet sens
que me voici icy perfait. Joannes II Grany 1490. Hic prior majus campanile absolvit.
(*Vid. Gall. Christ. t. II. pag.* 1094.)

dans la partie admirable si maladroitement ou si malicieusement détruite, en 1803, et fort ridiculement réparée, quant à la façade, trente ans plus tard, nous aurions encore cette basilique aussi extraordinaire que curieuse dans son ensemble architectural! N'avait-on pas eu l'inconcevable projet de faire disparaître ce qui nous reste de cet antique et précieux monument, et d'assigner à la religieuse population de Saintes l'ancienne cathédrale pour seule et unique paroisse?.. Il faut avouer que les inspirations, dans notre siècle, ne sont pas toujours heureuses!.... Mais, grâce au ciel, nos sociétés archéologiques, quoique venues un peu tard, mettront obstacle désormais aux efforts de l'esprit de destruction, et il nous sera donné par elles de conserver au moins les glorieux lambeaux qui révèlent le génie chrétien du moyen-âge. On devra, à Saintes, au zèle de nos archéologues, la réparation de l'église basse qui, nous l'espérons, redeviendra le tombeau de saint Eutrope.

Le prédécesseur de l'abbé Grany, Odon de la Beaume, avait affermé, le 9 mars 1464, un moulin appelé *Moulin de Chantemerle*, situé en la commune de Courcouri. Les religieux de Saint-Eutrope tenaient ce moulin, depuis le XIe siècle, « de feu Constantin Legras, en son vivant, dit une charte conservée dans les archives du monastère, sieur de Brenoil (Berneuil), qui donna et délaissa au prieur et couvent les trois quartes parties qu'il avait audit moulin et en ses appartenances... » Cette donation avait été confirmée « par Geoffré Loys de Pons, et aussy puis après par Robert et Hélie... » Les moines avaient, dès l'année 1223, inféodé ce moulin à l'abbé de la Frenade, moyennant « dix septiers de bled, neuf d'orge et un de froment, qu'il avait promis payer par chescun an au prieur et couvent de Saint-Eutrope, prins en l'aire de la maison de Latouche, dedans les octaves de la feste de Nostre-Dame mi-aoust... » Mais l'abbé de la Frenade, ayant cessé de payer la rente, le moulin revint au monastère de Saintes. « En depuis, continue la charte, les guerres et hostilités avoient eu grand cours et par long-temps au pays et duché de Guienne ; pendant lesquelles le sire de Pons que lors estoit, avoit donné empeschement audit prieur et couvent en la possession et jouissance dudit moulin ; mesme s'estoit efforcé d'en faire et avoit fait baillette d'en prendre et percevoir les fruits et de les appliquer à la seigneurie de Pons... »

Louis II de Rochechouart, devenu abbé de Saint-Eutrope, revendiqua le domaine de sa maison conventuelle. « Les religieux se tirèrent par devers feu messire Jacques de Pons, lors et en son vivant, sieur de Pons et de Brenoil, père de Guy, défendeur ; luy remonstrèrent leurs droits et luy en firent apparoir, lequel leur fist délivrance des trois quartes parties dudit moulin et de ses appartenances, et d'abondant ledit feu leur donna l'autre quarte partie que Constantin Legras, son prédécesseur, avoit réservée en iceluy moulin, pour estre participant perpétuellement ès prières bien faites et oraisons dudit prieuré et des hebdomadies du prieur; et aussy que le domadier qui diroit la grand'messe, les mercredis et samedis de l'an, perpétuellement en ladite églize avec les religieux qui illec seroient, amprès ce que le diacre auroit dit *ite missa est*, seroient tenus dire un bon *ne recorderis* avec le verset et l'oraison pour l'âme dudit feu sieur de Pons et de ses successeurs.. Gui, en droit et possession dudit moulin, se démit, se devétit et se dessaisit, et en vétit et saisit lesdits prieur et couvent, et les en fit vrais seigneurs acteurs, procureurs, possesseurs et demandeurs, etc... »

Gui ne consentit à rendre le moulin de *Chantemerle* que parce qu'il y fut contraint par sentence du 5 février 1494, rendue à Saintes par Geoffroi de Prahec, assesseur du lieutenant-général, noble et puissant seigneur, le sénéchal de Saintonge.

« Par quoi sçavoir faisons, le *nom de Dieu premièrement appelé*, que avons, par nostre sentence, déclaration ou appointement, dit, sentencié, déclaré, disons, déclarons, sentencions le noble et puissant Guy, seigneur de Pons ; l'avons forclus et débouté, forcluons et déboutons de toutes défenses déclinatoires, dilatoires et péremptoires. Et, en outre, avons condamné et condamnons ledit Guy, sieur de Pons ès dépens.

« Donné et fait à Xaintes, sous nos seings et scel, le Ve jour de febvrier 1494. G. Prahec [1]. »

Louis Ier de Rochechouart était fils de Jean, seigneur de Mortemart, de Vivonne, honoré de la dignité de Chambellan par Charles VII, et de Jeanne Torsay, de Lézay, seconde épouse de Jean. Il était archidiacre du pays d'Aunis, lorsque l'élection l'appela au siège de Saintes. L'archevêque de Bordeaux refusa de la confirmer. Notre évêque eut alors recours à l'archevêque de Bourges, qui prenait la qualité de patriarche et prétendait droit de suprématie sur les provinces de Narbonne, d'Auch, de Bordeaux, de Toulouse et d'Albi. L'élection de Louis Ier reçut à Bourges pleine et entière confirmation. Alain de Coëtivy, cardinal, après avoir obtenu le suffrage d'un seul chanoine dont le nom est assez bizarre, *Jehan Pourpoint*, eut la vaniteuse prétention de faire valoir ses titres imaginaires à l'évêché de Saintes. L'ambition ne s'arrête pas dans les voies de l'obséquieuse intrigue; elle croit que tout lui est dû; elle porte, dans son espèce, le caractère de l'amour-propre le plus présomptueux. L'une et l'autre de ces passions humaines sont parfois ridicules et tou-

---

[1] Arch. mss. inéd. de St.-Eutrope de Saintes.

jours insoutenables, surtout quand elles font oublier convenance et justice. Ceux qu'elles séduisent savent tout saisir avec une souplesse insigne; les traits d'esprit qui éblouissent, les airs de docteur qui imposent, les paroles sentencieuses qui étonnent, les flatteries adroites qui remuent l'âme, sont les puissantes ressources ordinairement employées par les ambitieux de tous les états; ils croient tellement à leur compétence, qu'ils demeurent stupéfaits, dès qu'ils s'aperçoivent que la pitié leur lègue un sourire. Bref, l'Éminence dont nous parlons crut sans doute que la pourpre romaine lui donnerait gain de cause en cour de Rome : elle commença *par excommunier* son compétiteur, abus assez commun dans ces temps où la cupidité des clercs compromettait fort souvent une autorité usurpée et qui, rendue à sa libre et légitime action, les condamnait eux-mêmes comme la honte du sanctuaire et le fléau du monde. Heureusement, à Rome, on ne va pas vite; on y sait connaître les hommes et juger sainement les choses; aussi le Souverain-Pontife, ayant pris une connaissance exacte de cette affaire, débouta-t-il de sa demande Alain de Coëtivy et maintint, dans sa canonique élection, le seigneur Louis de Rochechouart.

Pendant que ce prélat siégeait à Saintes, un homme célèbre par son ambition, son rang et ses disgrâces, gouvernait le monastère de Saint-Jean-d'Angély, Jean II Balue, fils d'un meûnier, d'autres disent d'un cordonnier de Verdun ; quelques-uns croient qu'il avait eu pour père un tailleur d'habits de Poitiers. Il parvint au grand vicariat d'Angers. Son évêque, Jean de Beauvau, le mena à Rome. Au retour de la capitale du monde chrétien, Louis XI, nomma Balue à l'évêché d'Evreux, qu'il quitta pour celui d'Angers, après avoir fait déposer Jean de Beauvau qu'il accusa, auprès du roi, de plusieurs crimes d'État. Il fut promu, en 1464, au cardinalat, par Paul II. L'histoire, après Sponde, trace ainsi le portrait de Balue : c'était un homme dont le génie était fort semblable à celui de Louis XI son maître, artificieux, dissimulé, qui allait toujours à ses fins par des détours; la duplicité et la supercherie ne lui coûtaient rien ; Rome surtout éprouva ses artifices. Il inventait des calomnies pour irriter le roi contre le pape, lorsqu'il avait quelque chose d'important à demander à celui-là, et s'offrait secrètement au Souverain-Pontife, pour travailler à sa réconciliation; de sorte qu'on croyait qu'il fût le seul en France affectionné à l'Église Romaine. Comme il savait que la pragmatique-sanction n'était pas tout-à-fait abolie dans le royaume, et que les parlements et les universités conspiraient à la rétablir, dans la crainte que le roi et les ducs de Bretagne et de Bourgogne ne travaillassent de concert pour cela, il ne pensa qu'à diviser ces trois princes.

Il avait tant d'inclination pour la guerre, qu'il se trouvait à la revue des troupes, et payait lui-même les soldats qu'on avait levés contre la ligue du bien public, ce qui fut cause que, dans une revue que le roi fit au faubourg Saint-Antoine, Chabannes, comte de Dammartin, voyant ce cardinal faire l'office d'inspecteur, demanda au roi permission d'aller à Évreux faire l'examen des ecclésiastiques de ce diocèse, et de leur donner les ordres. « Pourquoi ? lui répartit Louis XI. Eh quoi ! Sire, lui répondit Chabannes, est-ce qu'il ne me convient pas autant d'ordonner des prêtres, qu'à ce brouillon d'évêque d'Évreux de faire la revue d'une armée ? » Cette plaisanterie fit rire le roi et la cour, mais elle ne diminua pas l'autorité du cardinal, qui, dans la suite, ne devint pas moins fameux par sa chûte que par son élévation [1]. Il trouva, après sa captivité en France, un tombeau à Rome, où il mourut à l'âge de soixante-douze ans. Il fut enterré dans l'église de Sainte-Praxède, où l'on voit encore son épitaphe.

Mais pendant que Louis de Rochechouart gouverne l'Église de Saintes, un fait nous ramène à la Rochelle. Louis XI avait déjà enlevé à Charles, son frère, duc de Guyenne, Saint-Jean-d'Angély et Saintes, malgré les témoignages donnés de

---

[1] Sponde cont. ann. ad annum 1467. n. 5. Contin. de l'hist. de Fl. tom. XXIII. pag. 263.

tendresse et d'union ; il lui fallait encore la Rochelle, où cependant le duc de Guyenne était venu, le 6 juillet de l'année 1469, prendre possession de son apanage. « Il entra en sa ville de la Rochelle, dit une chronique, par la porte St-Nicolas, vêtu d'une robe courte de damas blanc fourrée de martres, sur un cheval bayart [1]. » Une pompeuse cavalcade s'était, pour le recevoir, avancée jusqu'à *la Moulinette* ; le maire lui avait offert, comme au seigneur de la cité, les hommages qui lui étaient dus. Le clergé séculier et régulier ouvrait la marche du cortège, où l'on remarquait les abbés de Saint-Michel-en-l'Herm, de la Grâce-Dieu, de Charon et de Saint-Léonard-de-Chaume ; le *cordon de soie* avait été tendu, selon l'usage et la porte de la ville fermée : le cordon fut brisé et la porte ouverte. Bientôt après la prestation du serment qui garantissait les franchises de la Commune, un *Te Deum* avait été chanté dans l'église de Saint-Barthélemy ; la ville entière avait reconnu le duc de Guyenne pour son seigneur et maître. N'importe, Louis XI veut recouvrer le domaine de la Rochelle ; mais, au préalable, à genoux près du pont-levis de la seconde porte de Cougnes [2], une

---

[1] Regist. orig. du gouvern. de la Rochelle, Arcère, tom. I. pag. 282.

[2] Ce fait a été gratuitement nié par Aug. Galland. Voyez la réfutation, par Arcère, note 24°, tom. I. pag. 615, *Hist. de la Rochelle.*

main sur la croix et l'autre sur les saints évangiles présentés par le maire, il jura lui-même de conserver les privilèges de la ville. Le serment prononcé, il se dirigea vers l'église de Notre-Dame. Pendant que le roi priait, Jean Langlois, désirant le fléchir, vint se jeter à ses pieds et le supplia, au nom de la mère de Dieu, d'oublier la faute qu'il avait commise contre son souverain, en résistant à son autorité, pendant la dernière délibération de la *Commune*. Louis XI, dit Arcère, lui demanda qui il était. Au nom de Langlois, un subit mouvement de colère porta sur le visage du prince une impression effrayante, suivie d'un geste menaçant. Mais le monarque, se radoucissant aussitôt, lui dit « que, l'ayant supplié, de la part de la sainte Vierge, sa bonne dame et maîtresse, il lui remettait l'offense et la peine de ce qu'il avait fait contre lui [1]. »

Le père Daniel, dans son histoire, tome VIe in-4°, page 410, dit que le serment du duc de Guyenne, confirmant, le 19 août 1469, la paix avec Louis XI, son frère, eut lieu à la Rochelle; c'est une erreur; le certificat du secrétaire du roi prouve que le prince Charles était à Saintes et qu'il y fit le serment en question. Voici le texte du certificat : « Le samedi dix-neuviesme jour d'aoust, l'an mil quatre cent soixante-neuf, Monsieur Charles,

---

[1] Voy. Arcère, tom. I. pag. 289.

duc de Guienne, estant en la ville de Xainctes et en l'hostel épiscopal d'icelle, a fait le serment sur la vraie croix de Dieu, nommée de Saint-Lô-les-Angiers, portée audit lieu de Xainctes par deux prestres de St-Lô. « L'historien Burette, continuateur d'Anquetil, édition in-8° de 1837[1], se trompe également, en fixant à Saintes l'entrevue des deux frères qui eut lieu au passage du Brauld, à un quart de lieue de Charon, en Aunis, sur la Sèvre. C'est ce que prouve le père Arcère, au 1er volume de son Histoire de la Rochelle, page 283 et note XXII. Le savant oratorien cite une lettre de Louis XI qui ne laisse aucun doute sur le lieu spécial de l'entrevue avec le duc Charles, qui, écrivait Louis, *s'est venu rendre devant nous au port de Ferauld*, pour Béraud et Brauld. Louis XI, dans sa lettre au chancelier, paraît heureux de la paix faite avec le prince Charles ; l'évènement que nous avons signalé plus bas n'indique pas une grande sincérité de la part du roi de France.

« Chancelier, Dieu merci et Nostre-Dame, aujourd'hui à six heures après midi, le duc de Guyenne s'est venu rendre devers nous au port de Ferauld, ainsi qu'il avoit été appointé ; et pour ce qu'il y avoit aucunes barrières fortes entre nous deux, il nous a requis faire tout rompre incontinent, et s'est venu, lui dixiesme, et nous a fait la plus

---

[1] *Hist. de Fr. rev. et augm.* par Burette, tom. I. p. 140.

grande et ample obéissance qu'il étoit possible de faire, et nous devons encore demain nous trouver ensemble. En nostre assemblée est advenue une chose que les mariniers et aultres à ce connoissants disent estre *merveilleuse*; car la marée qui devoit être ce jourd'huy la plus grande de l'année, s'est trouvée la moindre de beaucoup qu'on ne vit de mémoire d'homme, et si s'est retirée quatre heures plus tôst qu'on ne cuidoit, dont Dieu et Nostre-Dame en soient loués; et nousen avons bien voulu advertir, afin qu'en advertissiez ceux de nostre grand conseil et aultres, que verrez être à faire par-delà.

« Donné au Puis-Renceau (Puyravaud), le septiesme jour de septembre. Louis [1]. »

Le serment du duc de Guyenne fut prêté dans la chapelle du palais épiscopal de Saintes. Cet oratoire de Gui de Rochechouart, d'une élégance exquise, échappé aux destructions du XVIe siècle, vient de subir sa sentence de mort!.. Sa forme gracieuse, son style fleuri, sa solidité et le chef-d'œuvre de ses figurines n'ont pu inspirer d'intérêt à ses juges!.. Les beaux arts, perfectionnés par un symbolisme divin, plaidaient pourtant en sa faveur!.. Leur voix éloquente n'a pas été comprise, et l'arrêt sans appel vient d'avoir son exécu-

---

[1] Arc. *item*. Puyravauld, autrefois dépendance de l'ordre de Malte, situé à une grande lieue du passage du Braud.

tion!... Mais nous qui sommes assez arriéré pour plaider encore quand la cause est perdue, nous oublions sans doute qu'il fallait embellir la cité au nom de la perspective; elle exigeait un point de vue! L'oratoire des évêques et la salle des synodes devaient disparaître!.. Nos principes conservateurs expliquent nos regrets. Le *monument effacé* consacrait de religieux souvenirs; nous aimions ce dernier reflet des gloires de l'Église de Saintes. Puis, les monuments, quels qu'ils soient, ne sont-ils pas de l'histoire?.. Pourquoi les détruire?.. La société archéologique s'est empressée de soustraire à la destruction les fragments d'architecture qui ornaient la chapelle épiscopale. La salle du nouveau musée les possède, jusqu'à ce qu'une main vandale s'en empare encore et les brise!...

D'après les continuateurs de la *Gaule Chrétienne*, Louis de Rochechouart aurait eu avec son chapitre un procès pour lequel il aurait été emprisonné; son frère aurait obtenu son élargissement, le 13 juillet 1486, sous la promesse de le représenter à la cour, s'il en était besoin. Il s'agissait d'une amende en faveur de l'Hôtel-Dieu de Paris, de l'ordre des Chartreux, et de quelques autres abbayes, que le prélat s'obstinait à ne pas payer; ce qui détermina contre lui une condamnation de prise de corps. Grâce au ciel, les évêques n'ont plus à redouter de tels scandales de la part de leurs chapitres; les uns et les autres connaissent leurs limites respectives et ne les outrepassent pas.

Les donations faites dans le moyen-âge furent sans contredit les œuvres de la foi et de la charité; assez souvent le repentir, né de ces deux sublimes vertus, déterminait les fondations ou d'aumôneries ou de monastères; les redevances étaient des accessoires de pur hommage, ou des ressources alimentaires destinées à l'entretien des religieux. Nous l'avons fréquemment fait remarquer, l'esprit de cupidité est toujours prêt à remplacer l'esprit de détachement, à mesure que l'homme perd de vue les grandes pensées de la foi, et les espérances si belles de la vie future. Que d'ignobles débats, que de sandaleux procès ont fait gémir l'Église, dans ces jours où la *graisse de la terre* était mêlée à la *rosée du ciel!..* Des aigles faits pour planer au-delà des monts, n'usaient souvent de leurs ailes que pour s'attacher aux cadavres flottant *sur les grandes eaux!..* Quels désordres! Que de devoirs sacrés méconnus! Que de liens de charité brisés à l'occasion de ce que l'orgueil voulait retenir, ou de ce que l'ambition et l'avarice ne voulaient pas céder!.. Louis de Rochechouart s'efforça d'obvier aux inconvénients que nous signalons, en fixant des obligations mutuelles dont la connaissance précise était propre à étouffer jusqu'au germe de la dispute et de l'altercation. Il nomma, en 1477, un commissaire, chargé par lui de régler les affaires relatives au prieuré de St-Vivien de Pons et de la chapelle de Mazerolle. Nous laisserons le délégué de l'évêque de Saintes nous expliquer lui-même le motif et le but de sa mission :

« A tous ceux qui ces présentes verront ou entendront Hyves Brunet, prêtre, maistre ès-arts, bachelier en l'un et l'autre droit, recteur et commissaire pour visiter, par autorité apostolique, les églises de l'archi-prêtré d'Archiac et de Cognac, à la place du révérendissime père en Dieu, Louis, par permission divine évesque de Xainctes, salut en celui qui est le salut de tous. Vous ajouterez à ces présentes une foi pleine et entière, sçavoir que s'estant mue une dispute entre les habitants des lieux de Mazerolle et de Vallière, près de Pons, d'une part, et le religieux frère Pierre Buchard, ordre de Saint-Benoît, prieur de Saint-Vivien hors les murs de Pons, et le vénérable homme messire Elie Sarchaud, prêtre, recteur de la même église paroissiale de Saint-Vivien, défendeur, d'autre part, au sujet du service de la chapelle dudit lieu de Mazerolle que les défendeurs refusoient de faire par eux-mêmes ; il étoit dit et proposé par les habitants susdits contre les défendeurs, qu'autrefois les prénommés prieur et recteur de St.-Vivien, et même leurs prédécesseurs, célébroient et avoient coutume de célébrer plusieurs messes dans la chapelle de Mazerolle, tant les jours de dimanches que les jours des quatre fêtes annuelles, savoir : les jours de la Native de notre Seigneur, Pâques, la Pentecôte, la Toussaint, et encore de toutes les fêtes de la vierge Marie, et de faire plusieurs autres services et offices dans ladite chapelle de Mazerolle, mais que cependant les prénommés prieur et recteur dudit lieu de Saint-Vivien, depuis plus d'un an, avaient interrompu plusieurs fois, sans cause légitime, la célébration des services, lesdits jours de dimanches et fêtes, à leur préjudice et à celui des habitants. C'est pourquoi les habitants demandaient et requéraient qu'à l'avenir les susdits prieur et recteur célébrassent ou fissent célébrer dans ladite chapelle et aux mêmes jours, et continuassent l'office accoutumé, comme leurs prédécesseurs, dans les temps antérieurs, avaient coutume de le faire ; et que les habitants puissent user et jouir librement et tranquillement de leurs droits, offrant de payer et de rendre tous les droits, émoluments et devoirs dus avec raison à ladite chapelle, toute perception, émoluments, revenus et deniers appartenant auxdits prieurs.

« D'autre part, il était proposé et allégué par lesdits prieur et recteur de l'église paroissiale de Saint-Vivien qu'ils ne célébraient, ni ne faisaient célébrer ni services ni offices quelconques dans ladite chapelle, les jours de dimanches et autres fêtes, pour la commodité des habitants des lieux de Vallière et de Mazerolle, parce que les habitants étaient paroissiens de l'église de Saint-Vivien de Pons, et que là, ils devaient assister au service divin et recevoir les sacrements, comme eux et leurs prédécesseurs y avaient assisté et reçu de tous temps ; que la moitié des droits et deniers de ladite chapelle était perçue par le recteur et les siens, parce que celui qui sert à l'autel, doit vivre de l'autel ; ils alléguaient et proposaient plusieurs autres raisons tendantes à leurs fins.

« Ayant ouï les parties et tout ce qu'elles ont voulu nous dire et proposer, nous avons été instamment requis, pour le bien de la paix, desdites parties, de connaître et décider sur ce débat sommairement, sans détour et sans formalités ordinaires du barreau, de mettre fin à cette affaire, de peur qu'il n'arrivât, dans la suite, que les parties et leurs églises ne se trouvassent enveloppées dans les embarras d'un procès, et accablées de vexations et dépens. C'est pourquoy nous Hyves Brunet, commissaire par l'autorité susdite, tenant la place de révérendissime père en Dieu, pour nous conformer au désir des parties, et pourvoir au plus tôt à tout ce qui sera le plus convenable, sçavoir faisons que les jours et an ci-dessus désignés, devant Jehan Giraud, Perrin Bourand et Jehan Bertau, laboureurs et habitants dudit lieu de Vallière et de Mazerolle, et les déjà nommés frère Pierre Buchard, prieur susdit, et Elie Serchaud, recteur de l'église paroissiale de St.-Vivien, en personne, du consentement exprès desdites parties, avons ordonné et, par la teneur des présentes, ordonnons qu'à présent et dans la suite à perpétuité, les prieur et recteur de Saint-Vivien seront tenus de célébrer, le jour du dimanche, de trois semaines en trois semaines, une messe à voix basse, et en lisant seulement; ou de la faire célébrer dans la chapelle de Mazerolle, comme annexe et fille de l'église de Saint-Vivien, et celui qui dira cette messe, de trois semaines en trois semaines, sera obligé de faire, le jour de dimanche, l'eau bénite, de bénir le pain, d'annoncer les fêtes à observer dans la semaine, de prier généralement pour les défunts et principalement pour ceux aux dépens de qui elle se célébrera; mais, aux autres jours de dimanches, les manants et habitants desdits lieux de Vallière et de Mazerolle seront obligés de venir à l'église paroissiale de Saint-Vivien, comme étant vrais paroissiens, d'y entendre l'office divin, d'y recevoir les sacrements de l'Église, à moins qu'ils n'en soient empêchés par cause légitime. Cependant, si, dans ces jours de dimanche, ils veulent faire célébrer, dans ladite chapelle, quelques prêtres, ce sera seulement pour les pasteurs, les serviteurs, les infirmes et impotents; et cela, à leurs frais et dépens; si le prêtre qui célébrera est étranger, les habitants seront obligés de le présenter, une fois l'année, aux prieur et recteur de Saint-Vivien, pour être par eux examiné sur sa capacité ; et ce devoir accompli, ce prêtre pourra, sans préjudice des prieur et recteur de Saint-Vivien et de leurs successeurs, même de leur église, célébrer, les dimanches, la messe en la lisant seulement, sans qu'il puisse faire d'autre office, ni administrer aucuns sacrements, sans la permission spéciale dudit recteur. Cependant ce pourra être révoqué par les prieur et recteur, toutes les fois qu'ils le jugeront ainsi à propos. Aussi les prieur et recteur seront tenus de dire une messe basse, les jours de la Nativité de notre Seigneur, de la Purification de la sainte Vierge et des quatre autres fêtes de la messe de la sainte Vierge, les jours de Pâques, de la Pentecôte et de tous les Saints, pour les pasteurs et autres; ou de la faire dire; et celui qui la dira, le jour de Pâques, pourra administrer la sainte eucharistie aux pasteurs (bergers), aux infirmes et impotents seulement et non aux autres habitants, si ce n'est du consentement et par la permission spéciale dudit recteur de Saint-Vivien, ce qui pourra être accordé aux autres habitants (sauf les droits de paroisse des prieur, recteur et église de Saint-Vivien.) Ainsi, si le lendemain de la fête de tous les Saints, les habitants veulent faire célébrer pour les défunts et qu'ils aient un prêtre pour cet effet, ils pourront le faire à leurs dépens, après en avoir obtenu la permission du prieur ou recteur. L'office se fera à voix basse et en lisant seulement, et le prêtre pourra le faire sans préjudice des parties ; aussi ledit curé sera tenu de chercher un prêtre et de l'envoyer, le lendemain de la fête de tous les Saints, pour y faire l'office des défunts, aux dépens desdits habitants de Mazerolle et de Vallière, sans préjudice des parties. Ainsi, s'il y a quelques femmes à relever de couche qui veuillent aller à la messe et se purifier, comme il est de coutume, elles pourront se présenter dans la chapelle, les jours de dimanches auxquels les prieur ou recteur sont tenus à célébrer, et non autres jours, en payant les droits et offrandes ordinaires, comme on fait dans l'église de St.-Vivien. Ainsi le recteur est obligé d'entretenir un cierge allumé sur l'autel, pendant toute la messe, les jours de dimanches et de fêtes seulement auxquels les prieur ou recteur sont tenus de célébrer ; ce que faisant, les habitants et manants de Vallière et de Mazerolle, et ceux qui ont des bœufs pour le labour, seront obligés de donner, tous les ans, au recteur de Saint-Vivien, un boisseau de bon froment, pur et marchand, à la mesure de Pons, dans le temps de la moisson, et ceux qui n'ont point de bœufs donneront un demi-boisseau de froment à la même mesure ; en outre, nous ordonnons, par ces présentes, que si quelques habitants ou habitantes de Mazerolle viennent à décéder, et qu'ils aient élu auparavant le lieu de leur sépulture dans la chapelle, le recteur et ses successeurs prendront l'ampoule de cire, comme ledit recteur a coutume de faire dans son église; les droits et offrandes seront perçus par les recteur et prieur réciproquement, ainsi qu'ils les perçoivent dans l'église de Saint-Vivien; et finalement, nous ordonnons par ces présentes que les habitants desdits lieux seront obligés de recevoir tous les sacrements de l'église de St.-Vivien, ainsi que les autres habitants et paroissiens de cette même église font et ont coutume de faire, c'est à quoi les parties se sont accordées, tant conjointement que séparément; nous avons ordonné et établi, et, par les présentes, nous ordonnons et établissons tout ce qui a été dit ci-dessus et voulons qu'il soit observé sous peine d'excommunication, de l'autorité à nous commise par révérendissime père en Dieu, dont nous tenons la place dans cette affaire; nous louons, ratifions, approuvons, par ce décret, tout ce qui a été ordonné tant aux présents qu'à leurs successeurs à perpétuité. En foi de quoy nous avons apposé à ces présentes le sceau de notre révérendissime père en Jésus-Christ, et les avons signées de notre propre main.

« Fait et donné dans le monastère de Saint-Martin de Pons dudit diocèse de Xainctes, en présence des tesmoins appelés et principalement interrogés, vénérable et discrète personne maistre Jehan Périnaud, prestre en théologie et vicaire dudit lieu de Saint-Martin, et vénérables hommes maistres Jehan Lévesque, recteur de l'église paroissiale de *Saint-Pardulph-des-Ballets*, Pierre Guytein, prestre, et Guillaume Gousset, clerc, habitants de ladite ville de Pons, et de plusieurs autres, le IVe jour de septembre 1477. Ainsi signé : Hyves Brunet, commissaire ci-dessus inscrit [1]. »

Il est bon de faire observer qu'anciennement, à mesure que les paroisses se peuplaient, on érigeait des chapelles à l'extrémité de celles qui se trouvaient être d'une grande étendue; nous voyons, par la pièce que nous venons de citer, que le curé ou ses vicaires y allaient faire le service, pour faciliter aux habitants de ces lieux éloignés le moyen de se mieux acquitter de leurs devoirs religieux. Plus tard, les peuples de ces lieux éloignés de l'église-mère étant plus nombreux, ces chapelles devenaient elles-mêmes des églises paroissiales. On y plaçait un curé vicaire perpétuel, mais les décimateurs des églises-mères percevaient toujours les dîmes qui leur avaient appartenu ; seulement ils étaient obligés de donner au titulaire de la nouvelle église, ou une pension congrue, ou la dîme d'un certain canton ou d'une partie de son territoire, pour sa rétribution. C'est précisément ce que nous venons d'indiquer relativement à Mazerolle.

---

[1] Mss. arch. du prieuré de S.-Vivien de Pons.

Dans le cours du XVIIIe siècle, les lieux de Mazerolle et de Vallière, ainsi que *l'hôpital neuf de Pons*, furent souvent l'occasion d'inextricables débats entre les prieurs de Saint-Vivien et de l'hôpital. Un abbé Fleury surtout, homme d'une exigence extrême sur l'article des droits et des revenus, fut presque constamment en procès avec le prince de Pons et les prieurs de l'hôpital. Nous en parlerons ailleurs.

Louis Ier de Rochechouart, sincèrement dévoué à l'amour de l'ordre et de la discipline, honora son épiscopat par une vigilance vraiment pastorale, s'occupant, à la fois, d'entretenir la bonne harmonie entre tous les membres de son clergé, et d'édifier les peuples commis à sa charge, par l'enseignement de la sainte doctrine et l'influence heureuse d'une conduite exemplaire. Ce prélat résigna son évêché en faveur de son neveu, le 10 août 1492. Il mourut à Paris, en 1505, après avoir légué ses biens à l'église de Saintes. Selon l'usage des héritiers avides, la famille du pontife attaqua le testament et le prétendit nul; de là un procès prolongé jusques en 1509. Une transaction le termina. Les neveux de Louis, avec Marguerite leur mère, consentirent à abandonner au chapitre de Saintes une somme de mille livres, en y ajoutant tous les revenus perçus par le chapitre, pendant les quatre années de l'instance; ils lui livrèrent, de plus, les émoluments de la juridiction spirituelle de l'évêché dont les chanoines avaient joui, pendant l'injuste excommunication de notre évêque [1]. Sous l'épiscopat de Louis, l'église de Salles, près de la Rochelle, fut érigée en collégiale. Ce chapitre fut fondé en 1487. Il était composé de neuf chanoines; leur église, qui devait être fort belle, formait la croix. Elle fut ruinée par les Protestants.

Nous entrons dans un siècle où de grands orages éclateront sur le monastère, l'église de Saint-Eutrope et la cathédrale. De l'an 1300 à 1416, les Quiétistes, les Wiclef, les Jean Hus, les Jérôme de Prague ont agité l'Église universelle, qui s'est ralliée, comme une armée invincible, à Vienne, à Constance, à Bâle, à Florence, où elle a tenu ses XVe, XVIe, XVIIe et XVIIIe conciles généraux. Néanmoins, les hérétiques dont elle a foudroyé les erreurs, ont préparé la voie aux hérésiarques du XVIe siècle, dont nous aurons bientôt à signaler les systèmes désolants et les déplorables désastres. Mais n'anticipons point sur les époques; marchons pas à pas, sans perdre un seul anneau de notre chaîne traditionnelle. L'heure viendra où il nous sera donné de connaître et d'admirer la protection du ciel sur les précieux restes de notre saint apôtre; les preuves ne nous manqueront pas, pour rendre à tous cette protection évidente et vraiment providentielle.

[1] Hug. Dut. tom. II.

En 1506, Louis II de Rochechouart était encore abbé de Saint-Eutrope, et, depuis 1492, Pierre VII du même nom avait succédé à Louis Ier. Il était, avant son épiscopat, doyen de Saint-Hilaire-le-Grand et prieur commandataire de Saint-Nicolas de Poitiers, fils de Jean II, baron de Mortemart, seigneur de Vivonne, et de Marguerite d'Amboise, sœur du célèbre cardinal de ce nom. Disons en passant, avec un historien, que ce cardinal, sans avoir au degré suprême toutes les vertus qui ont signalé les évêques du premier âge de l'Église, en eut toutefois qui, dans tous les temps, feront désirer des prélats qui lui soient comparables. Il réunit, d'ailleurs, toutes les qualités sociales et politiques qui font les ministres et les citoyens précieux pour l'État. Magnifique et modeste, généreux et économe, habile et vrai, aussi grand homme de bien que grand homme d'État, le conseil et l'ami de son roi, (Louis XII), tout dévoué au monarque et très-zélé pour la patrie, ayant encore à concilier les devoirs de légat du Saint-Siège avec les privilèges et les libertés de sa nation, les fonctions paternelles de l'épiscopat avec le nerf du gouvernement, et le caractère même de réformateur des ordres religieux, avec le tumulte des affaires et la dissipation de la cour [1], partout il fit le bien,

---

[1] *Hist. Eccl.* par Béraud-Bercastel.

réforma les abus et captiva les cœurs avec l'estime publique.

L'évêque Pierre VII mourut en 1503, après onze ans d'épiscopat. Il avait eu, comme son prédécesseur, un compétiteur intrigant. Les chanoines de Saintes portaient parfois leurs prétentions un peu haut; la modestie évangélique pouvait en souffrir, surtout lorsqu'ils crurent de leur droit d'élire le doyen Gui de Tourestes. Leurs efforts furent sans résultats et messire de Tourestes garda son doyenné, en se passant de la mitre, dont il ne connaissait pas le poids onéreux sans doute. Gui avait trouvé un conseiller clerc au parlement de Paris, nommé Claude de Chamvreux, conforme à ses vues ambitieuses. Ce clerc fabriqua une fausse procuration, attestant que Louis de Rochechouart consentait à tout ce que désirait Tourestes. Le magistrat prévaricateur fut dégradé en punition de son acte illégal. Quelque raison, que l'histoire n'indique pas, le rendit sans doute plus criminel de ce délit que le prétendant Tourestes, puisque celui-ci ne fut même pas *impliqué dans la procédure* [1]. Quoi qu'il en soit, nous aimons à entendre l'historien Méchin vanter le chapitre de Saintes, qui fut, dit-il, *une source féconde d'où découlaient incessamment des torrents de lumière et de doctrine, et où les successeurs faisaient pro-*

---

[1] *Hist. de Saint.* tom. II. pag. 410.

fession de surpasser leurs devanciers [1]. *Nous avons un chapitre célèbre, ajoutait Vieuille ; les chanoines de Saintes ont été, dans tous les temps, distingués par leur vertu, leur érudition et leur régularité au service divin* [2]... Sous Pierre VII de Rochechouart, François Ier Dumas était abbé du monastère de Saint-Eutrope.

Le doyen Tourestes, dont nous venons de parler, fit construire la chapelle appelée aujourd'hui chapelle de *Saint-Louis-de-Gonzague*; autrefois on la nommait chapelle des Tourestes. Gui était originaire de Bretagne et allié à la maison de Pisani. Communément, sa chapelle était appelée l'*Oratoire des enfants de chœur*, parce que, chaque année, le jour de la Conception de Notre-Dame, le maître de la psalette devait une messe en musique pour les bienfaiteurs de la maison de Courbon, plus tard maison de Saint-Légier, proche alliée des Tourestes. Tous les enfants de chœur assistaient à cette messe; l'autel était connu sous le nom d'*Autel de la Cène*. Il y avait, en effet, derrière cet autel, la représentation de la Cène en bas-relief; aujourd'hui, ce qui reste de ce beau travail est mutilé et recouvert d'une boiserie peinte. Il est fâcheux que cette jolie chapelle du XVIe siècle ait été étrangement badigeonnée! La maison de

---

[1] *Hist. de Saint.* par Méch. pag. 109.

[2] *Traité des Elections*, par Vieuille, pag. 159.

Tourestes avait sa sépulture dans le caveau qui est au-dessous. Nous tirons ces renseignements d'un manuscrit inédit, extrait d'un registre du chapitre de Saintes, et ayant pour auteur un sieur Tabourin, d'abord enfant de chœur de la cathédrale, dès l'année 1555, et qui vécut jusques en 1620, ou environ. Il avait vu l'église de Saint-Pierre, avant sa destruction par les Protestants ; il en avait même vu rebâtir la nef telle que nous l'avons aujourd'hui. Il fut choriste ; plus tard, il devint vicaire de chœur ; enfin, il est mort chanoine semi-prébendier. Son *mémoire* était fort étendu ; la copie que nous possédons en est une espèce d'analyse ; elle fut faite en 1784, par un abbé Doussin, vicaire d'Arvert, qui la dédia au seigneur de La Rochefoucaud, évêque de Saintes. C'est d'après ce précieux manuscrit que nous allons donner quelques détails sur le chapitre de notre antique cathédrale.

Belleforêt, dans son histoire de France, dit que Pépin, ou plus vraisemblablement son fils Charlemagne, en fondant la cathédrale de Saintes, y établit des chanoines auxquels il donna *grandes rentes et revenus*. Les chanoines, dans leur origine, étaient généralement tous les clercs, comme souvent, aujourd'hui, on comprend sous le terme de curés, tous les prêtres. Plus tard, on entendit particulièrement, par chanoines, ceux qui menaient la vie commune dans la société de l'évêque, comme du temps de saint Augustin et de son clergé, et, avant lui, à l'exemple de saint Eusèbe de Verceil. Saint Grégoire de Tours dit que l'institution des chanoines, pris en ce sens dans les Gaules, remonte à Baudin, XVIe archevêque de cette ville, qui, le premier, en institua un collége dans son église, du temps de Clotaire Ier [1]. Ces colléges, ou réunions de chanoines, se composaient de prêtres et d'autres ministres d'une hiérarchie inférieure, et qui vivaient en commun, auprès de l'église cathédrale, sous la dépendance épiscopale et le même toit que l'évêque, et formaient tous ensemble le chapitre, le séminaire et le corps principal du clergé diocésain. On y élevait les jeunes clercs, on en tirait les curés et les prêtres des hôpitaux et des oratoires; ceux qui y demeuraient faisaient l'office dans la cathédrale, assistaient l'évêque dans ses fonctions, et lui servaient de conseil odinaire [2]. Au Xe siècle, il arriva que, dans les villes où il n'y avait pas d'évêque, on établit de ces congrégations de chanoines, appelées *Collégiales*; le mot de *Chapitre* est plus nouveau.

Le nombre des titulaires de Saintes, dont parle Belleforêt, n'était pas, dans l'origine, limité comme il le fut dans la suite. Alexandre III, au XIIe

---

[1] Pasquier, *Recherch. de la France*, liv. III. chap. V.

[2] *Instit. au Droit ecclésiast.* tom. I. pag. 1. ch. XVIII. Fleury.

siècle, les réduisit à quarante ; la trente-huitième décrétale, registre XVe, du pape Innocent III, justifie ce fait. Elle nous apprend également que dix prébendes étant venues à vaquer dans l'église de Saintes, et le chapitre ayant négligé de les remplir, le pape en donna une et nomma des commissaires qui se rendirent sur les lieux pour disposer des autres. La prébende était le droit qu'avait un ecclésiastique de percevoir certains revenus dans une église cathédrale ou collégiale. La prébende était différente de la chanoinie, en ce sens que la chanoinie était un titre spirituel, indépendant du revenu temporel ; en sorte que la prébende pouvait subsister sans le canonicat, et que la chanoinie était inséparable de la prébende. Ce mot *prébende* signifiait, dans le moyen-âge de la latinité, les distributions des vivres qui se faisaient aux soldats ; d'où il a passé aux distributions qui se faisaient aux chanoines et aux religieux ; puis aux portions des revenus des biens de l'Église qu'eurent les ecclésiastiques, après le partage qui fut fait de ces biens [1].

Mais voici comment Innocent III s'exprime, dans sa lettre à l'archevêque de Bordeaux, au sujet des prébendes de l'Église de Saintes :

« Quoiqu'il soit de notre devoir de pourvoir convenablement tous les ecclésiastiques, il est juste

---

[1] Thomassin.

cependant d'accorder une faveur spéciale à ceux que nous recommandent particulièrement leur science et leur vie exemplaire. C'est pourquoi notre cher fils le noble homme Calon, seigneur de Pons, nous ayant résigné, par ses lettres, une prébende qu'il avait obtenue dans l'église de Saintes, et notre cher fils maistre Fulchère, natif de ce diocèse, nous ayant été recommandé sous le double rapport de la science et des bonnes mœurs, par des témoignages nombreux et unanimes, nous ordonnons à votre fraternité, par nos présentes lettres apostoliques, qu'après avoir reçu, pour plus grande sûreté, la résignation de la prébende du seigneur Calon, vous la conféreriez et l'assigniez au sujet susdit, annullant toute tentative d'appellation, et faisant en sorte qu'il en jouisse en paix et toute sécurité, ne manquant pas d'employer les censures ecclésiastiques contre quiconque formerait opposition.

« Donné au palais de Latran, le IX de février, et, de notre pontificat, l'onzième année [1]. »

[1] BURDIGALENSI ARCHIEPISCOPO.

Licèt super omnium clericorum provisione nos deceat esse sollicitos, pro illis tamen nos convenit sollicitudinem genere specialem pro quibus apud nos et morum honestas et litteraturæ gratia interpellat. Hinc est quod cùm dilectus filius nobilis vir Calo Dominus de Ponte *præbendam* quam in Xanctonensi Ecclesiâ obtinebat, per suas nobis litteras duxerit resignandum et dilectus filius magister Fulcherius de Xanctonensi diœcesi oriundus

Les chanoines de Saintes refusèrent d'adhérer aux dispositions du Souverain-Pontife, déclarant qu'ayant pour eux un privilège du pape Alexandre III, ils ne recevraient point de chanoines au-delà du nombre quarante. Ce refus est attesté par la lettre qui commence par ces mots : *Pro illorum*, au IIIe rég. d'Innocent III, chap. XXII. Persuadé que les chanoines de Saintes abusaient du privilège accordé par le Sainte-Siège, le nombre de quarante avait, en effet, été fixé et confirmé par Innocent III lui-même, la seconde année de son pontificat [1], l'archevêque de Bordeaux ne laissa pas de pourvoir le mandataire, malgré l'opposition du chapitre; et, de plus, il prononça une sentence d'excommunication contre les récalcitrants qui faisaient valoir le nombre de quarante, comme étant un nombre de rigueur ; et le fait est, qu'à cette époque, ils étaient plus de quarante chanoines. Cette affaire devint grave. On recourut

de vitâ pariter et scientiâ nobis fuerit multorum testimoniis commendatus, fraternitati tuæ per apostolica scripta mandamus quatenùs ad cautelam ab eodem milite præbendæ resignatione receptâ, eâdem auctoritate nostrâ memorato magistro sublato appellationis obstaculo conferas et assignes, faciens ipsum ejusdem præbendæ pacificâ possessione gaudere, contradictores per censuram ecclesiasticam, appellatione postpositâ compescendo.

Datum Laterani, Nonis Februarii, pontificatûs nostri anno undecimo.

(*Vid. Epist.* 236. *Innoc. Pap. III. De Præbendâ Santonensi conferendâ Fulch. tom. II. pag.* 260.)

[1] Vide Epist. Innocentis III, lib. II. pag. 340.

à Rome. Le pape répondit en ces termes à l'évêque de Saintes et à son chapitre :

« Pour le bon ordre de votre Eglise, ayant, en audience particulière, entendu, d'une part, nos très-chers fils, d'Archiac et Antoine Fulchère, vos chanoines; et de l'autre, maîtres A... et P..., procureurs et de vous et de votre doyen; de leurs assertions réciproques il nous est évidemment démontré que dix prébendes sont vacantes dans une même cathédrale, et dont sept l'ont été jusqu'à ce que la donation nous en ait été dévolue, selon que l'ordonne le concile de Latran. En conséquence, nous avons conféré une de ces prébendes à notre cher fils maître Fulchère, archiprêtre de Matha, voulant expressément qu'il en soit nanti en votre présence par les susdits commissaires. Nous avons donc statué que nos chers fils les abbés de Talmond, en Poitou, et de Bassac, au diocèse de Saintes, et Elie de Grèce, chanoine d'Angoulême, auxquels nous avons, pour cette fin, adressé nos lettres de délégation, conférassent et assignassent les six autres prébendes vacantes à des sujets dignes; déclarant nulle toute atteinte portée à la destination desdites prébendes qui nous appartiennent; voulant que, sans appel, ledit Fulchère, ainsi que les autres clercs, en puissent jouir en toute sécurité. Si les trois autres qui restent vacantes n'ont pas de destination, ou que vous ne vous entendiez pas sur leur destination, nous ordonnons aux susdits commissaires de les donner, sans appel, à ceux qui seront trouvés aptes à cette faveur, et de frapper de censures quiconque s'y opposerait. C'est pourquoi nous mandons à votre chapitre et nous ordonnons, par nos lettres apostoliques, d'adhérer à tout ce qui aura été décidé, par rapport aux prébendes en question, et de s'y soumettre volontiers.

« Donné au palais de Latran, le 11 des Calendes de mai, de notre pontificat la quinzième année [1]. »

L'évêque se montra soumis ; mais ses chanoines n'imitèrent pas sa déférence envers le Saint-Siège ; ils soutenaient que les revenus du chapitre étaient insuffisants. Ils alléguaient ce motif, parce qu'en effet Innocent III, dans ses lettres de confirmation sur le nombre voulu des canonicats, avait formellement dit que personne n'aurait le droit d'aller au-delà de ce nombre, si l'accroissement des ressources capitulaires n'était pas réel [2]. Le pape nomma de nouveaux commissaires, leur enjoignant de vérifier les allégations du chapitre de Saintes, et de lui rendre justice, s'il était dans ses droits, ou d'installer les sujets destinés pour la chanoinie, s'il y avait fraude et vain prétexte. Il

---

[1] Epist. XXXVIII. Innoc. III. tom. II. pag. 613.

[2] Nisi fortè Ecclesiæ facultates in tantùm excreverint, quòd earum proventus pluribus sufficere dignoscantur.

(*Ep. Innoc. III. lib. II. pag.* 340.)

écrivit donc ainsi à l'abbé du monastère d'Airveau, archidiacre du Poitou, et au doyen d'Aizenais :

« Comme, d'après la charge qui nous est imposée, nous sommes redevable envers tous, à plus forte raison, le sommes-nous spécialement, ou envers ceux qui tiennent du siège apostolique leur rang et leur dignité, ou ceux qui, cordialement dévoués à la chaire de Pierre, demeurent dans son obéissance et se montrent soumis à nous et à nos vénérables frères; ce qui, très-certainement, leur donne des titres à nos bonnes grâces et à nos plus amples faveurs. L'Église romaine est accoutumée à être promptement et efficacement obéie par le clergé, quand elle fait des demandes même en faveur de personnes qui sont inconnues; nous ne pouvons pas n'être point étrangement surpris de voir que l'on se montre sourd à nos requêtes, quand il s'agit de ceux qui ont tant de titres, par leur science et leur piété, aux faveurs que nous demandons pour eux, et qui, agréables à nous et à nos frères, sont parfaitement connus de ceux qui reçoivent nos lettres! C'est ce qui a lieu pour nos chers fils Guillaume Rofion, notre sous-diacre, clerc de notre fils bien-aimé Cent., cardinal-diacre du titre de Sainte-Lucie, promu au sous-diaconat, parce qu'il avait été long-temps, sous notre prédécesseur, d'heureuse mémoire, notre dévoué et fidèle camérier; et pour maître Constantin Natale, également dévoué à Mallebranche, de pieux souvenir, cardinal-diacre, alors, du titre de Saint-Théodore ; l'un et l'autre ont mérité à tous égards nos bonnes grâces et celles du sacré collége.

« Notre prédécesseur, dont il vient d'être question, avait, à deux reprises, écrit à notre vénérable frère l'evêque de Saintes et à son chapitre, afin que nos chers fils Rofion et Constantin Natale fussent reçus au nombre de leurs chanoines et, en cette qualité, occupassent une stalle dans le chœur et eussent une place dans leur assemblée capitulaire. Mais le chapitre dédaigna, deux fois, de se rendre à ses prières et à ses ordres. Adhémare, évêque de sainte mémoire, alors archidiacre de Poitiers, et nos chers fils les doyen et grand chantre de l'église de Sainte-Radégonde, auxquels le pouvoir avait été promptement délégué de faire exécuter, sans contradiction et sans appel, le mandat apostolique, voyant que les fréquents monitoires restaient sans résultat auprès des chanoines de Saintes, s'empressèrent d'investir leur agent de l'autorité du Saint-Siège, touchant la chanoinie de la cathédrale, et déclarèrent à l'évêque et à son chapitre qu'ils permissent aux sujets désignés de jouir en paix de leurs canonicats.

« Les chanoines se montrant contumaces et en tout rebelles, les susdits exécuteurs du mandat apostolique, ainsi que leurs lettres nous l'ont clairement appris, lancèrent une sentence d'excommunication contre le chapitre et un interdit sur la cathédrale de Saintes. Les chanoines ne firent aucun cas de l'excommunication et ne craignirent pas de continuer la célébration des saints mystères, bien que l'évêque, comme nous le prouvent ses lettres, eût l'entière volonté de recevoir les chanoines et de ne s'opposer en rien aux demandes du Saint-Siège.

« Cependant les chanoines députèrent vers le siège apostolique, pour représenter que leur nombre avait été approuvé, confirmé par le Souverain-Pontife (ce dont il n'était fait nulle mention dans les lettres concernant la réception de notre sous-diacre et de maître Constantin). Nous avions jugé devoir commettre cette affaire au zèle et à la sagesse de l'abbé de Sauve-Majeure, ensemble du doyen de Bordeaux, leur mandant que, s'il demeurait constant dans les lettres de notre prédécesseur pour lesdits sous-diacre et maître Constantin, qu'il n'y eût eu rien de relatif à la fixation primitive des chanoines de Saintes au nombre de quarante, non plus qu'à l'approbation et confirmation qu'y aurait données le Saint-Siège, ils déclarassent nul ce qui aurait été fait à l'occasion de ces lettres, leur enjoignant, de la manière la plus expresse, de ne plus inquiéter à ce sujet l'église de Saintes.

« Nos lettres étant parvenues à ceux que nous établissions juges en cette affaire, notre dit sous-diacre se présenta devant eux comme ils l'y avaient cité, et leur proposa que, puisque les chanoines étaient sous le poids d'une excommunication, il n'était point tenu de leur répondre, et qu'il voulait connaître pour le moment qu'elle était à cet égard notre volonté; et, pour les empêcher d'aller plus loin dans cette circonstance, il en appela au siège apostolique. Or, voulant et devant compatir à leurs peines, comme aussi conservant un paternel respect et une estime particulière pour leur dévoûment et leurs services, nous vous mandons, par nos présentes lettres apostoliques, et plein de confiance dans votre discrétion, nous vous ordonnons en toute rigueur, que si, sous quarante jours, à dater de l'avertissement comminatoire à eux transmis par notre autorité, soit de vive voix, soit par écrit, il n'était pas constaté, par des témoins impartiaux, que le nombre de quarante canonicats a été fixé dans la susdite Église, ou si ce nombre n'y est pas complet, en sorte que deux seulement y manquent, ou bien qu'après l'institution faite ils se soient trouvés en plus de ce nombre, sans égard à la fixation; en vertu de notre délégation apostolique, vous investirez personnellement, et nonobstant toute appellation, les sujets susdits, de la chanoinie en question, leur assignant, selon l'usage de l'Église, une stalle dans le chœur et une place dans le chapitre. Vous forcerez les chanoines de Saintes à les recevoir sans retard et sans appel, sous peine d'excommunication pour eux et d'interdit sur leur cathédrale ; révoquant et annullant tout ce que vous trouverez avoir été fait, après la réception du mandat de notre prédécesseur, par supercherie et au détriment de notre sous-diacre et de maître Constantin.

« Mettez une telle diligence à faire exécuter nos ordres, que nous puissions en toute justice préconiser votre obéissance, et nous montrer de plus en plus dévoué à vos intérêts et à ceux de vos églises, et que le cardinal dont nous vous avons parlé et que nous aimons, dans le Seigneur, d'un sentiment tout particulier, ensemble notre sous-diacre et notre autre protégé, puissent aussi vous donner des preuves honorables et effectives de leur reconnaissance. Croyez bien que nous vous verrions, avec autant de déplaisir, négligents à faire exécuter nos ordres, qu'il nous sera agréable d'apprendre promptement les résultats de votre zèle et de votre exactitude ; mais nous sommes loin de vous supposer capables d'indifférence et de lenteur.

« Donné au palais de Latran, le XIV des Calendes de janvier [1]. »

Le chapitre se soumit enfin et reçut les sujets du pape. Une indulgence paternelle est le caractère du Saint-Siège. Le Souverain-Pontife confirma de

---

[1] Epist. Innocent III. lib. I. tom. 1. pag. 274.

nouveau le nombre des canonicats, en décidant néanmoins que, s'il y avait excédant dans les revenus du chapitre, il fût alloué au profit de l'Église. Ce nombre de quarante fût réduit plus tard à vingt-quatre chanoines et un doyen, et les prébendes à trente-et-une. On ignore l'époque de cette suppression.

C'est ainsi que la prudence et la fermeté d'Innocent III firent rentrer dans l'ordre et la paix le chapitre de Saintes. En pouvait-il être autrement ? Cette sagesse et cette fermeté du saint Pontife exerçaient partout la plus grande et la plus heureuse influence; tel était le fruit « de la pénétration de son coup-d'œil, dit l'habile historien Hurter, de ses connaissances, de son infatigable activité, de sa dignité morale, de sa grandeur quand il parle de sa fonction, qui est celle même de Dieu, de son humilité qui se montre dans toute sa personne. Et lorsque nous contemplons et ce qu'il a voulu et ce qu'il a fait, nous pouvons dire : Innocent a eu la conscience claire de ce qui a été entrevu obscurément par Grégoire VII ; ce qui était en germe sous celui-ci, a reçu son entier développement du génie d'Innocent; la pensée pour laquelle Alexandre III a souffert et combattu si long-temps, avec une inflexibilité digne des anciens Romains, a été diversement appliquée par Innocent, dans une position moins attaquée; et dans cette longue série de prédécesseurs et de successeurs, tous animés et plus ou moins pénétrés d'une seule et même idée, Innocent apparaît comme celui chez lequel cette idée est arrivée à son plus haut degré de précision et d'énergique influence... Depuis les temps anciens jusqu'à nos jours, les jugements de tous les hommes capables d'apprécier la vie d'un de leurs semblables, le but qu'il s'est efforcé d'atteindre, les grands problèmes qu'il a su résoudre, la manière dont il s'est élevé au sommet d'une époque entière, se sont tous accordés pour reconnaître que, pendant des siècles, avant et après Innocent, le siège de saint Pierre n'a jamais été occupé par aucun pontife qui ait jeté un plus vif éclat par la réunion du savoir, de la pureté et des mœurs, par les services rendus à l'Église et par ses grandes actions; aucun de ses successeurs n'a orné si éminemment le siège de saint Pierre, de sorte qu'il est appelé non-seulement le plus puissant, mais aussi le plus sage des papes qui aient illustré le trône depuis Grégoire VII [1]. »

Mais le chapitre de Saintes doit nous occuper encore. On comprenait, sous trois dénominations différentes, les canonicats ou chanoinies de notre antique cathédrale: *les presbytéraux, les diaconaux et les sous-diaconaux.* Cependant, malgré cette classification, des prêtres étaient très-souvent nantis

---

[1] *Hist. d'Innocent III*, par M. Frédéric Hurter, président du Consistoire à Schaffhouse, trad. de M. de Saint-Chéron, tom. III. pag. 445.

des deux derniers; car les canonicats ne portaient ce nom distinctif que pour spécifier les bénéfices. Notre *manuscrit* ne nous dit pas quel était, dans des temps plus reculés, le costume canonial du chapitre de Saintes; il nous apprend seulement qu'un sieur de Suberville plaidant, on ne sait pourquoi, contre les chanoines, ses confrères, les menaça de les contraindre à prendre *le grand habit noir*; ils préférèrent s'y déterminer de leur plein gré, que de s'y voir forcés par l'un d'entre eux; depuis cette époque, ce costume avait été conservé. On le prenait la veille de la Toussaint et on le quittait la veille de Pâques. Le *Mémoire* ajoute « qu'anciennement les deux archidiacres, le chantre et le maître de la psalette portaient en été, pour marque de leur dignité, des robes rouges d'écarlate, et, en hiver, des robes violettes; et tant les dignataires que les chanoines portaient, dans les rues, des cornettes de taffetas et des chaperons semblables à ceux que messieurs les conseillers et docteurs portent, à sçavoir, les dignataires, de la même couleur que leurs robes, et les chanoines, de couleur noire. Les enfants de chœur portaient aussi des chaperons et des robes rouges [1].. »

La liturgie de l'église de Saintes était vraisemblablement la liturgie gallicane d'une très-haute

---

[1] Mém. mss. du ch. Tab.

antiquité, et qui venait, selon toute apparence, des Églises d'Orient; son analogie avec les liturgies orientales l'indique ; ce qui porte à le croire, c'est que nos premiers évêques des Gaules ont été presque tous Orientaux. Elle fut suivie à Saintes jusqu'à Charlemagne, qui introduisit en France le rit romain, reçu déjà par Pépin, son père. Les livres de l'office divin que le pape saint Paul Ier envoyait à Pépin, dit Longueval, devaient servir à établir la liturgie romaine et le chant romain dans la France. Jusqu'alors, l'Église gallicane avait eu son office, son missel et son chant bien différent du romain. Mais Pépin, qui voulait faire plaisir au pape, ordonna que, *pour mieux conserver l'unanimité avec le Saint-Siège, on se conformât à la liturgie de l'Église romaine* [1]. Les Jansénistes ont pensé autrement que Pépin. Ainsi l'ordre romain fut reçu en France, à quelques usages près, que plusieurs Églises conservèrent de l'ancien rit, comme elles les conservent encore aujourd'hui. Il paraît que ce grand changement commença par le chant. Pendant le séjour que le pape Étienne fit en France, Pépin avait admiré la majesté du chant romain, et il souhaita que les chantres qui étaient à la suite du pape en donnassent des leçons aux Français [2]. Siméon, qui était le premier chantre, fut leur maître pendant quelques années,

---

[1] Capitul. Aquisgr. Caroli Magni, t. I. capit. Baluz. p. 239.
[2] Valafrid.

et Remi, archevêque de Rouen, avait mis plusieurs moines de son diocèse à son école. Mais Siméon fut obligé de quitter la France, avant qu'ils fussent assez habiles. L'archevêque prit le parti de les envoyer à Rome, pour s'y perfectionner, et Pépin les recommanda au pape, le priant de les mettre sous la discipline de Siméon, jusqu'à ce qu'ils fussent parfaitement instruits du chant romain; ce que le pape fit avec plaisir, en considération du roi et de son frère Remi, comme il l'écrivit au roi [1]. Rien ne paraissait petit à ce grand prince, quand il s'agissait du service divin [2]. Un passage de notre *manuscrit* semblerait indiquer que l'Église de Saintes conserva long-temps encore sa liturgie particulière. On comprend son attachement à son rit primitif. L'Église de Milan a conservé le sien, malgré les tentatives faites en différents temps pour y introduire le rit romain [3].

Avant la désastreuse année de 1568, les cérémonies religieuses avaient, à la cathédrale de Saintes, une très-grande majesté, et se faisaient avec beaucoup de pompe. On voyait au chœur jusqu'à soixante et quatre-vingts ecclésiastiques en surplis. Douze vicaires y portaient l'aumusse, différente cependant, par la couleur, de celle des chanoines;

[1] *Epist.* 43. cod. Carol.
[2] *Hist. de l'Egl. Gall.* tom. VI. pag. 76.
[3] Voy. le savant ouvrage du R. P. Dom Guéranger, abbé de Solesmes, *Institutions liturgiques*, tom. I.

elle était noire et rouge. Ce nombre d'officiers pouvait facilement assister au chœur ; l'espace suffisait ; les stalles étaient très-rapprochées. Des bancs de droite et de gauche avaient été établis pour placer ceux du bas-chœur. Les douze vicaires étaient en titre, quatre presbytéraux, quatre diaconaux et quatre sous-diaconaux. Les premiers étaient obligés à leurs semaines respectives et officiaient au chœur, aux petites heures, les jours de fêtes simples et de féries ; les autres, à tour de rôle, étaient tenus de faire diacres et sous-diacres aux messes capitulaires. Quant à ceux qui paraissaient aux offices de la cathédrale en habit de chœur, ils n'étaient pas tous aux gages du chapitre, qui n'entretenait à ses frais que les douze vicaires, les deux sous-chantres et plusieurs choristes, ce qui faisait une trentaine de personnes. Les revenus que lui fournissait la paroisse de Montils étaient employés à l'entretien des douze vicaires. Les officiers qui n'étaient pas prêtres se nommaient les *bacheliers* ; le reste se composait des curés et des prêtres de la ville ou de la banlieue ; ils étaient admis, par honneur, aux offices solennels et aux processions générales. Le théologal était dans l'usage de prêcher, tous les dimanches de l'année, après l'offertoire ; il était également chargé des stations de l'Avent et du Carême. Il donnait alors deux sermons, l'un à la messe *haute*, qui commençait à huit heures, depuis Pâques jusqu'à la Saint-Michel, heure que le doyen Guittard et le chanoine Humeau, par un arrêté du chapitre, firent changer ; cette messe alors eut lieu à neuf heures. Le second sermon du théologal était prêché à vêpres. En carême, il prêchait, sur semaine, dans la chapelle de Saint-Nicolas (nous indiquerons ailleurs l'emplacement de cette chapelle). Les chanoines ainsi que les choristes assistaient à cette prédication, appelée la *leçon*. Elle était suivie de la lecture d'un chapitre de l'Écriture sainte, faite par le chanoine qu'un sous-chantre avait averti à vêpres pour cette fin ; avant de la commencer, il allait humblement se prosterner aux pieds du plus ancien dignitaire, pour en recevoir la bénédiction. La lecture terminée, s'il y avait *anniversaire*, on commençait matines des morts, chantant, en rentrant dans l'église, le *regem cui omnia vivunt*, etc. ; après matines, on disait *complies*, en retranchant le capitule *sobrii estote*, etc. Le maître de la psalette ou le grand écolâtre instruisait les jeunes chanoines dans la lecture des leçons et dans le chant des répons pour l'office canonial.

Nous aimons à consigner ici ces antiques usages de notre Église de Saintes ; si elle a perdu ses titres, qu'on nous permette au moins de conserver ses souvenirs : ils sont glorieux, ils sont édifiants !..

Lorsqu'un évêque étranger ou quelque seigneur de distinction devait assister à l'office, on dressait un siège au point éminent du chœur, à gauche et au-dessus des stalles des semi-prébendiers, vis-à-vis le trône pontifical; mais lorsque l'archevêque de Bordeaux y venait, on lui préparait, en sa qualité de métropolitain, le trône même de *Monsieur de Saintes*, qui se plaçait alors à sa droite, ou dans la stalle du doyen.

Lorsqu'un chanoine chantait la messe capitulaire, il plaçait son aumusse sur le coin de l'autel, du côté de l'épitre; le sous-diacre portait la sienne au bras, et le diacre, au contraire, en couvrait le pupitre, pendant qu'il lisait l'évangile. Si quelque dignitaire ou chanoine officiait, un jour de fête solennelle, on ajoutait *une mitre* sur le coin de l'autel déjà recouvert de l'aumusse; indice des pouvoirs et des privilèges excessifs du chapitre de Saintes. Outre ces coutumes, la rubrique voulait que, depuis Pâques jusqu'à la Trinité, on ne dît jamais que trois leçons et trois psaumes à matines. La musique du chapitre était riche d'harmonie et ajoutait encore à l'éclat et à la pompe des fêtes.

Les Souverains-Pontifes, autant par vénération pour l'antiquité de l'Église fondée par saint Eutrope, qu'à cause de la foi apostolique des chrétiens Santons, s'étaient plu à favoriser la cathédrale de Saintes des privilèges les plus signalés. Ils lui avaient accordé un grand nombre d'*indulgences*. Mais à ce mot, pour prévenir des accusations injustes et surannées, nous dirons, avec le judicieux

Bergier, qu'il ne faut pas mettre sur le compte des papes les forfanteries des moines, les friponneries de certains quêteurs, l'esprit sordide que la mendicité a souvent introduit dans les pratiques les plus saintes de la religion. Pour réprimer les abus, il ne faut pas les attaquer par de mauvaises raisons ni par des observations fausses. C'est donc très-mal à propos que Luther et Calvin sont partis de l'abus des indulgences, pour lever l'étendard du schisme contre l'Église romaine. A défaut de ce prétexte, ils en auraient trouvé vingt autres. On avait prodigué les *indulgences*; il était aisé de les restreindre : mais l'origine en est louable; il fallait donc les conserver. Les *indulgences* bien comprises et bien appliquées sont des grâces précieuses[1]. Nous ajoutons à ces réflexions le décret plein de sagesse du concile de Trente relatif aux *indulgences*. « Comme le pouvoir d'accorder des indulgences, dit cette sainte assemblée, dans sa XXVe session, a été donné par Jésus-Christ à son Église, et qu'elle a usé de ce pouvoir, dès son origine, le concile déclare et décide que cet usage doit être conservé comme utile au peuple chrétien, et confirmé par les conciles précédents, et il dit anathème à tous ceux qui prétendent que les indulgences sont inutiles, ou que l'Église n'a pas le pouvoir de les

___
[1] Voy. Bergier, *Dict. th*. art. Indulg.

accorder. Il veut cependant que l'on y observe de la modération, conformément à l'usage louable établi de tout temps dans l'Église, de peur qu'une trop grande facilité à les accorder n'affaiblisse la discipline ecclésiastique. Quant aux abus qui s'y sont glissés et qui ont donné lieu aux hérétiques de déclamer contre les indulgences, le saint concile, dans le dessein de les corriger, ordonne, par le présent décret, d'en écarter d'abord toute espèce de gain sordide; il charge les évêques de noter tous les abus qu'ils trouveront dans leurs diocèses, d'en faire le rapport au concile provincial, et ensuite au Souverain-Pontife [1]. On voit quel est l'esprit de l'Église!.. Pourquoi donc, au sujet des indulgences, tant de déclamations ou ineptes ou impies?.. Celles qui furent accordées par les papes à la cathédrale de Saintes, avaient particulièrement lieu depuis le dimanche de la Passion jusqu'au dimanche des Rameaux. Lorsque l'on voulait annoncer aux fidèles les *indulgences partielles*, appelées alors les *petits pardons*, on arborait, aux galeries du clocher, des étendards de taffetas de couleur verte ou bleue. Pour les gagner, il fallait prier à l'intention de l'Église, dans la chapelle de Notre-Dame de Pitié, autrement, Notre-Dame de *Recouvrance*. Mais le samedi avant le dimanche des Rameaux, on remplaçait les éten-

---

[1] Voy. Berg. loc. cit.

dards verts par de magnifiques étendards blancs ; ceux-ci indiquaient les *indulgences plénières* ou *grands pardons* et signifiaient que la chapelle du *Saint-Sépulcre* était ouverte pour y prier ; nous dirons plus tard où était située cette riche chapelle.

Quelques-uns des usages de notre Église peuvent aujourd'hui paraître singuliers ; l'origine cependant en a été, sans aucun doute, très-religieuse et conforme au goût et à l'esprit chrétien du moyenâge. Autrefois, dans la solennité de la Pentecôte, au moment où le chœur chantait l'hymne du *Veni, Creator*, on jetait, du haut du clocher, *des oublies, du feu et de l'eau* ; et, pendant la prose de la messe, on voyait se renouveler la même cérémonie, avec cette différence que, cette fois, *les oublies, le feu et l'eau* tombaient dans l'église par un des trous de la voûte. Notre religion, plus éclairée, mais peut être moins sincère, n'emploie pas ces moyens qui nous semblent puérils, pour nous rappeler que la fête monumentale de la Pentecôte est une consolante réminiscence de la descente de l'Esprit-Saint sur les apôtres.

Depuis l'Ascension jusqu'à la Saint-Pierre, les enfants de chœur portaient sur la tête des couronnes de fleurs. Chacun s'efforçait de mettre à contribution les bosquets et les parterres de la cité ; c'était à qui l'emporterait sur son rival, par l'élégance, la symétrie de ces couronnes, où se nuançaient l'incarnat de la rose et la blancheur du lys. Nous ne voyons pas précisément à quoi se rattachait cette coutume ; peut-être signifiait-elle la joie qu'inspire à tout cœur chrétien la triomphante ascension de Jésus-Christ dans le ciel.

La veille et le jour de la fête des *Saints-Innocents* étaient aussi remarquables par des cérémonies de l'époque. Après avoir chanté les vêpres de saint Jean l'Évangéliste, on se rendait en procession jusqu'à la porte de la sacristie. Là, on trouvait un enfant de chœur revêtu des habits épiscopaux, accompagné des douze vicaires et des choristes, habillés, les uns en soutanes de taffetas, les autres de satin, plusieurs de damas avec des *surplis de toile de Hollande artistement pliés*, ayant chacun une aumusse sur le bras et tenant le rang des chanoines auprès de la *nouvelle Grandeur*. Alors la procession se mettait gravement en marche, faisait le tour des cloîtres, et messieurs du chapitre remplissaient humblement l'office des choristes, en chantant le *Te Deum* jusqu'à la porte du chœur ; avant d'y entrer, deux chanoines faisant acolythes, disaient le *verset*, et le *révérendissime prélat* récitait l'oraison des *Innocents* ; puis, les deux chanoines sous-diacres entonnaient l'hymne des secondes vêpres ; cette hymne terminée, un enfant de chœur, portant le bâton d'argent du grand-chantre, dont il tenait la place, allait annoncer l'antienne du *Magnificat* à l'illus-

trissime pontife. A tout cela ne se bornaient point les privilèges de la petite *Grandeur* : elle était reçue avec pompe dans le chapitre et présentée par le grand écolâtre. Elle allait s'asseoir dans un trône richement décoré ; elle officiait tout le jour de la fête des Saints-Innocents. La messe était dite par un *chanoine*, c'est-à-dire, par un prêtre-vicaire dont le canonicat commençait à l'aurore, pour finir au crépuscule du même jour.

Après tous les offices, avait lieu une cérémonie peut-être beaucoup plus conforme au goût de *Monseigneur et de son noble chapitre* : c'était en effet l'heure d'une brillante cavalcade. *Le prélat et ses vénérables frères les chanoines*, montés sur les plus beaux coursiers du pays, précédés par un laquais en grande livrée qui conduisait le cheval par la bride, traversaient toutes les rues de la ville et se rendaient à Saint-Pallais pour faire visite à madame l'abbesse. *Le digne prélat*, plus modeste que sa troupe, montait un petit mulet *harnaché et caparaçonné*. *La Grandeur* faisait porter la crosse devant elle. Toute la communauté des Bénédictines était sur pied, *Madame de Saintes* en tête, pour la réception de *Monseigneur*. Arrivé à l'abbaye, le *pontife*, avec un *sérieux plein de gravité*, présentait en *hommaige*, à l'abbesse, *un millier d'épingles blanches* ; et *Madame de Saintes*, en toute *vénération*, donnait à Monsieur l'évêque *une paire de gants rouges bien fourrés* : puis on passait dans une salle où une collation, *riche en sucreries* de toute espèce, était préparée. On pense bien qu'à cette heure le *prélat* et ses *vénérables frères les chanoines* ne se croyaient pas obligés à *l'abstinence*. Là finissait la fête des *Saints-Innocents*.

Le jour de Pâques avait aussi lui son cérémonial : trois enfants de chœur représentaient les *anges*, et trois autres, les *trois Maries*. Un choriste figurait notre Seigneur. Les *anges* se plaçaient à l'un des angles de l'autel, tenant à la main la baguette d'or *des gardes*. A la troisième leçon, on voyait entrer dans le chœur les *trois Maries*, s'avançant d'un pas mesuré, d'un visage triste, vers le maître-autel. Au moment où elles y arrivaient, les *anges* les interpellaient par ces mots : *Quem quœritis ?* Qui cherchez-vous ! Elles répondaient : *Jesum Nazarenum* : Jésus de Nazareth. Les *anges* reprenaient : *Surrexit, non est hìc.* Il est ressuscité ; il n'est pas ici. Alors on chantait le *Te Deum* ; et les anges et les Maries redevenaient enfants de chœur.

Au moyen-âge, ces pieuses scènes plaisaient à une foi naïve ; elles édifiaient également des populations chrétiennes. Ces usages étaient communs à plusieurs autres églises, à quelque différence près. En 1452, Hugues Foulain, haut doyen de Besançon, et Hugues Gazet, chanoine du chapitre Bisontin, fondèrent une messe appelée *Missus*, parce que l'évangile commençait par ces paroles : *Missus est Gabriel.* L'office était solennel. Un petit théâtre était dressé dans l'église; un prie-dieu y était placé, recouvert d'un tapis. Une jeune fille de douze ans représentait la Sainte-Vierge; un enfant de chœur, portant des ailes, figurait l'archange Gabriel. L'un et l'autre montaient sur le théâtre, au commencement de la messe. Le diacre ne récitait que la narration de l'évangile; l'enfant de chœur chantait les paroles de l'ange; la jeune fille répondait comme Marie, en finissant par ces mots : *Voici la servante du Seigneur.* Alors apparaissait une colombe descendant sur la Vierge, par le moyen d'un cordon attaché aux galeries de l'église; on voyait dans ces galeries un vieillard à longue barbe, qui représentait le Père éternel. L'Ange et la Vierge allaient les premiers à l'offrande; les chanoines et le reste du clergé les y suivaient. Cette cérémonie fut supprimée au commencement du XVIIIe siècle (1704); elle n'était plus qu'un sujet de scandale et de troubles. Au moment où l'on voyait descendre la colombe, le peuple faisait éclater, dans le lieu saint, des clameurs et des cris qui devenaient une profanation. Cet usage avait existé, dans l'église de Besançon, pendant deux cent cinquante ans [1]; il était dû à un principe de foi agissante et vive, et ne pouvait convenir qu'à des mœurs simples et ingénues.

[1] *Clerg. de Fr.* tom. II. pag. 76.

Une autre coutume existait à Saintes pour la réception du roi et de la reine. « Si le roi, dit Vieuille, venoit à Xainctes, à son entrée dans l'église, le chapitre est obligé d'aller processionellement devant sa majesté à la grande porte de l'église. M. le doyen, ou celui qui est à la tête, lui doit présenter un *surplis*, *une aumusse* et la plus belle *chape* de l'église; et, pour sa prébende, le trésorier lui donnoit *vingt-cinq torches*, trois ou quatre douzaines de miches, la moitié rondes, l'autre longues, et du meilleur vin qu'on pouvoit trouver ; et à la reine, *dix-huit torches*, du pain et du vin. Cela est ainsi rapporté dans des délibérations du chapitre, des 4 juillet 1586, 13 juin 1588 et 7 juillet 1660 [1]. »

Le manuscrit déjà cité ajoute : « Les processions d'aujourd'hui sont presque les mêmes qu'elles étaient dans ces temps reculés ; à la réserve qu'elles étaient beaucoup plus belles. Car, dans les processions générales, on portait toutes les reliques qui étaient dans les églises de la ville et des faubourgs, celles que possédaient Saint-Maur, Saint-Macoux, Saint-Maurice, Saint-Michel, Sainte-Colombe, Saint-Pierre, Saint-Eutrope, Saint-Vivien et Saint-Pallais. Messieurs de Saint-Eutrope [2] y portaient le chef du saint martyr, avec quatre anges

---

[1] Vieuille, *Traité des Élections*, pag. 159.
[2] Mss. inéd. du chanoine Tabourin, f° 57.

en vermeil de la grandeur d'un enfant de dix à douze ans.

Les plus beaux jours du chapitre de Saintes, nous l'avouerons, ne furent pas ceux de ses nombreux privilèges, qui, cependant, avaient pu, dans leur origine, être la récompense d'une édifiante régularité, mais qui, plus tard, donnèrent souvent occasion à de criants abus et à des prétentions scandaleuses, telle, par exemple, que celle de lier les mains de l'évêque avec un ruban de soie, le jour où il venait prendre possession de son siège, signe non équivoque de la puissance que s'attribuait le chapitre en matière de juridiction. Lorsque le saint et célèbre pontife Islon réunit, au commencement du XIe siècle, les chanoines sous la règle monastique, il n'avait pas très-certainement l'intention d'en faire de *hauts et puissants seigneurs*, presque toujours en opposition litigieuse avec l'autorité épiscopale, mais bien des saints à vertus modestes, des hommes de prière, des hommes de Dieu. L'obéissance la plus respectueus, une oraison continuelle, un généreux détachement des biens et des futiles honneurs d'ici-bas, tel fut, en effet, le caractère distinctif des premiers chanoines de Saintes. Quelques siècles plus tard, l'esprit primitif s'était prodigieusement altéré : triste conséquence des richesses excessives et des trop nombreuses faveurs ! Alors, on montrait parfois beaucoup plus de zèle pour les revenus que pour les obligations du titre canonial. En voici une preuve.

En 1604, le parlement de Bordeaux porta un arrêt tendant à réformer l'abus, introduit dans l'Église de Saintes, de percevoir les gros fruits des prébendes, en n'assistant *qu'un seul jour, dans le cours de l'année, au service divin!...* Marc Roy, archidiacre d'Aunis, René Vincent, maître-de psalette, et Seguin de Laplace, chanoines particuliers de l'église cathédrale de Saint-Pierre de Saintes, appelèrent comme d'abus d'une ordonnance et conclusion capitulaires qui portaient, en effet, que chaque chanoine gagnait tout le gros de sa prébende, en assistant au chœur seulement *une fois par an*, sans être tenu à la résidence. Ces messieurs, comme on le voit, n'étaient pas *rigoristes*. Le syndic des doyen, chanoines et autres membres du chapitre de Saintes, se présenta comme défenseur de leurs statuts et constitutions; mais on fit ressortir la règle du droit canonique, qui exige rigoureusement la résidence actuelle, pour la réception des revenus attachés aux prébendes, et on démontra, jusqu'à l'évidence, d'après la pragmatique-sanction provenant du concile de Bâle et qui faisait loi et police ecclésiastique dans le royaume, que les statuts et coutumes particulières de n'assister au chœur qu'*une fois par an*, étaient purement abusives et furent comme telles déclarées nulles par la cour.

Le parlement fit valoir avec plein droit la déclaration formelle d'un concile provincial de Bordeaux, non moins concluante contre les prétentions alléguées par le chapitre, puisque l'évêque de Saintes s'était trouvé à ce concile de province et en avait promulgué la teneur et ordonnances dans ses réglements synodaux. L'abus fut réformé par l'arrêt du 4 février 1604 [1].

Quatre-vingts ans après cet arrêt du parlement de Bordeaux, celui de Paris fut appelé à statuer sur une autre question qui avait trait encore au chapitre de Saintes. Il s'agissait de savoir si les prébendes de cette Église, que le chapitre était en possession de conférer seul, sans la participation de l'évêque, étaient sujettes à la *régale*. On sait que la *régale* était le droit qu'avait le roi de jouir des revenus des évêchés vacants qui étaient dans ses états, et de disposer des bénéfices qui en dépendaient, n'ayant point charge d'âmes, pendant que le nouvel évêque n'avait pas pris possession de l'évêché, prêté le serment de fidélité et satisfait aux autres formalités requises en France pour la clôture de la *régale* [2]. Ce droit de *régale* nous déplaît fort, comme au comte de Maistre... La cause fut donc instruite; elle était importante; car il s'agissait non-seulement de savoir si les pré-

---

[1] *Clergé de Fr.* Mémoires, tom. II.
[2] Voir le *Dict. univ.* de Rich. tom. IV. pag. 700.

bendes de la cathédrale de Saintes étaient sujettes à la *régale*, mais encore de juger si les chapitres des églises cathédrales, s'étant attribué seuls le droit de se choisir des confrères, étaient devenus par là exempts de la *régale*. Les chanoines soutenaient que le roi n'avait pas plus de droit pendant la *régale*, que l'évêque de Saintes n'en avait sur la destination des prébendes. La figure du *ruban de soie*, liant les mains de l'évêque de Saintes, trouve ici sa réalité. Ils appuyaient leur sentiment d'une signature de cour de Rome de l'année 1529, où leurs prédécesseurs demandaient au pape Clément VII la division d'un canonicat, pour composer deux semi-prébendes. Ils disaient, en termes précis, qu'à eux seuls appartenait la collation de ces chanoinies; ils rapportaient jusqu'au nombre de cinquante collations, soit du doyenné, soit des bénéfices de l'église cathédrale, qui toutes avaient été faites par l'assemblée capitulaire, sans aucune participation de l'évêque, et cela depuis l'année 1557 jusqu'alors; ajoutant que ce n'était pas seulement lorsque les bénéfices avaient vaqué, par cause de décès, que le chapitre y avait pourvu, reçu les permutations, donné des *visa* sur des résignations et autres provisions de Rome; en un mot, ils prétendaient qu'ils avaient toujours agi, en ce qui regarde la disposition des prébendes, avec une entière indépendance de l'évêque. Les chanoines de Saintes citaient, à l'appui de leur cause, un extrait d'un ancien livre intitulé : *Le livre des quatre Évêchés*, par où il paraissait que la collation des prébendes de leur église appartenait exclusivement au chapitre et que l'évêque n'y avait aucune part. Ils se servaient encore des statuts capitulaires, qui portaient expressément la même chose ; ils soutenaient que cette pièce était d'une très-haute antiquité, encore que ce qu'ils avaient compulsé ne fût que le renouvellement qui en avait été fait en 1584. Rien n'était négligé pour faire prévaloir leur cause ; car ils assuraient que le roi avait reconnu qu'ils étaient seuls collateurs des prébendes de leur Église, et par les nominations qu'il leur avait faites, à son avènement à la couronne, et par les lettres qu'il leur avait écrites pour gratifier, des bénéfices qui viendraient à vaquer, les personnes qu'il leur recommandait. Ils faisaient, de plus, observer que les indults et les nominations des gradués étaient faits au chapitre seul, pour ce qui concernait les bénéfices de leur cathédrale ; que, lorsqu'on avait voulu assujettir le chapitre à donner une prébende à celui que le roi en avait pourvu, à cause du serment de fidélité de l'évêque, il avait été déchargé de cette demande par arrêt contradictoire du grand conseil ; que les évêques de Saintes avaient si bien reconnu que la collation des chanoinies de leur cathédrale ne leur appartenait point, que M. de Bassompierre, ayant voulu intervenir dans un différend renvoyé en la troisième chambre des requêtes, concernant le doyenné de Saintes, il avait demandé qu'en cas d'abus ou de négligence du chapitre, le pouvoir de conférer ces sortes de bénéfices par droit de dévolution lui fût accordé : ce qui prouve, disaient-ils, qu'il avait reconnu qu'il n'en était pas le collateur. Ils faisaient remarquer que, si le chapitre de Saintes ne communiquait pas des titres plus anciens, la raison en était bien connue, puisqu'en 1562 et 1568, la ville avait été prise et pillée par les Protestants et que, d'après des enquêtes bien attestées, tous les titres du chapitre avaient été entièrement brûlés sur la place publique ; ils soutenaient, dès lors, que la possession paisible de plus d'un siècle pouvait suppléer les titres qu'il était impossible de rapporter ; et cela d'autant plus, que l'évêché de Saintes, depuis cette fatale époque, ayant changé quatre ou cinq fois d'évêques, dans l'intervalle de toutes ces ouvertures en régale, le roi n'avait point conféré les prébendes de l'Église de Saintes qui ont vaqué ; et qu'au contraire, le chapitre y avait pourvu, et qu'elles avaient été résignées en cour de Rome sans contradiction aucune.

Les chanoines trouvèrent un terrible adversaire dans la personne de l'avocat-général Talon. Quatre audiences avaient été employées à mettre en évidence les motifs allégués par le chapitre ; immédiatement, l'avocat-général prit la parole; il ruina toutes les raisons des prétendants et il le fit avec un talent supérieur et en magistrat consciencieux. Il soutint que le chapitre ne rapportait aucun titre qui montrât que la collation des prébendes fût son attribut, à l'exclusion de l'évêque. Quant à la signature de Rome, il en nia l'authenticité, démontrant qu'elle n'était qu'une simple énonciation faite au pape, par les chanoines, qui ne lui pouvaient attribuer aucun droit. Le Souverain-Pontife, selon lui, s'arrêta si peu à leur déclaration, qu'il n'autorisa ce démembrement qu'à la charge qu'il serait approuvé par l'autorité épiscopale, ce qui aurait été inutile, si le chapitre avait été exemplaire, comme il le prétendait, et si la collation lui eût appartenu sans aucune participation de l'évêque. On ne connaissait point, au reste, de bulles expédiées sur cette signature, nulle trace de procès-verbal de fulmination; et si ces pièces eussent été offertes, on y aurait vu, sans aucun doute, que l'évêque avait réclamé contre la prétention du chapitre. Quant à l'extrait du mémoire intitulé : *Livre des quatre Évêchés*, Talon le déclare nul, par la raison qu'il n'avait été collationné par aucun officier public; il suppose avec certitude que cette pièce a été inventée par le chapitre et déposée par les chanoines dans les archives de l'évêché, pendant la vacance du siège.

Pour les statuts renouvelés en 1584, l'avocat les dédaigne, comme ne prouvant rien. Ces statuts renouvelés en supposaient de plus anciens : pourquoi donc ces anciens statuts n'étaient-ils pas rapportés ? Indubitablement, ils militaient en faveur des droits de l'évêque à la collation des prébendes. Ce qu'on pouvait remarquer à l'égard de ces collations, c'est que la plus ancienne était de l'année 1557. Si tous ces titres du chapitre avaient été brûlés en 1562 et 1568, par quel bonheur ce registre qui contenait les collations faites depuis 1557, était-il échappé de l'incendie ? N'était-il pas vraisemblable que si le chapitre ne rapportait point d'autres titres, c'est qu'il n'en avait point qui ne fût contraire à sa prétention. Pour ce qui avait trait à l'arrêt intervenu au grand conseil, la cause n'y trouvait aucun préjudice, puisqu'il y avait une très-grande différence entre ces brevets de nomination pour le serment de fidélité de l'évêque, dont l'usage n'était pas fort ancien, et la *régale* qui avait toujours été considérée comme un droit éminent, inséparablement attaché à la couronne. L'arrêt de la 3e chambre des requêtes ne pouvait être qu'un effet de surprise ou de collusion. Il avait été rendu sans conclusions, encore que l'on supposait qu'il s'agissait d'un droit de dévolution prétendu par l'évêque; et si l'évêque de Saintes, pour ne pas s'engager dans un procès dont la poursuite n'aurait pu être quelconque et qui l'aurait obligé d'abandonner son diocèse, avait mieux aimé demeurer dans le silence, et s'il ne s'était pas opposé à l'usurpation du chapitre, cela pouvait-il faire préjudice au droit du roi?

Mais, toujours pressant dans son argumentation, l'avocat-général envisage la question de plus haut. Il disait qu'avant d'examiner la qualité des titres et de la possession qu'on rapportait de la part du chapitre de Saintes, il était nécessaire de remarquer que, dans les premiers siècles de l'Église, les évêques exerçaient leur autorité dans toute l'étendue de leur diocèse, et que, non-seulement ils avaient le pouvoir d'ordonner les prêtres, les diacres et les autres ministres, mais encore de les employer aux charges et aux fonctions dont ils les croyaient capables. Il est vrai que le choix se faisait par les évêques avec le conseil et avec l'approbation de leur clergé. On sait que ce qu'on appelait autrefois *Presbyterium* n'est point parfaitement représenté par les chapitres des églises cathédrales: les curés de tout le diocèse, et particulièrement ceux de la ville où l'évêque fait sa résidence, composaient la meilleure partie de cet ancien sénat ecclésiastique; mais on ne peut pas douter que ceux que l'évêque retenait auprès de lui, pour servir dans l'Église cathédrale, n'eussent aussi beaucoup de part dans toutes les résolutions qu'il prenait, et dans le choix des ministres dont il était obligé de se servir, pour conduire le peuple qui lui était confié; et même, dans la suite, le nombre de paroisses s'étant multiplié, et étant difficile d'assembler souvent les curés, occupés à leurs fonctions pastorales, les évêques ont conservé une liaison plus étroite avec le clergé particulier des églises matrices; ils ont usé plus souvent de leurs avis et de leurs conseils, et il est sans exemple que dans ces premiers temps aucun ecclésiastique ait été reçu pour être membre de ce clergé, autrement que par l'autorité de l'évêque. Quand les évêques, sous nos rois de la seconde race, ont réformé le clergé des églises cathédrales; quand ils ont établi des cloîtres, qu'ils ont obligé les chanoines de demeurer et de vivre en commun, et qu'ils leur ont prescrit des règles d'une vie régulière, il n'y avait point pour lors de chapitre exempt de la juridiction de l'évêque, il n'y avait point d'évêque qui n'eût droit de nommer aux bénéfices des églises cathédrales; nous disons des cathédrales, parce que la collation de ces bénéfices étant aussi ancienne que la fondation et l'établissement des évêques, il est rare que cette police générale ait reçu quelque altération dans les cathédrales, par les fondations particulières. Il n'en était pas de même des chapitres des églises collégiales et de beaucoup d'autres bénéfices dont l'établissement était moins ancien, et qui y avaient été fondés sur certaines conditions que l'Église a bien voulu approuver. La plupart des chapitres des églises collégiales avaient été, dans l'origine, des communautés ecclésiastiques, qui, ayant apporté en commun leurs biens et les ayant augmentés soit par l'économie, soit par les libéralités qu'ils avaient reçues, avaient imposé à leur établissement telle condition qu'ils voulurent pour le choix de leurs successeurs ; en sorte qu'on ne doit pas trouver étrange si la collation des prébendes de ce chapitre n'appartient pas toujours à l'évêque. Et soit que ces sortes de bénéfices fussent en patronage laïque ou ecclésiastique, c'est assez qu'il paraisse que, depuis longtemps, l'évêque n'y avait point pourvu, ni prétendu y pourvoir, pour en exclure la régale. Mais il n'en était pas de même des bénéfices des églises cathédrales ; ils avaient été, dans l'origine, en la disposition de l'évêque ; c'était à lui à y pourvoir. Il est vrai qu'il devait prendre l'avis et le conseil de son clergé, aujourd'hui représenté par son chapitre ; de sorte qu'on pourrait soutenir cette proposition générale, que, s'il est arrivé en cela quelque changement, ce n'a pu être au préjudice du droit de *régale*.

Si l'on considère, en effet, comment un évêque a pu être dépouillé de ce droit attaché à sa dignité, et comment ce droit a pu être transféré au chapitre, au préjudice de l'évêque, ou c'est une usurpation qui s'est faite pendant la vacance du siège épiscopal, et qui a été tolérée par les évêques qui ne résidaient pas dans leurs diocèses, ou ce sont des concessions gracieuses faites par les évêques, en faveur de leurs chapitres, ou plutôt ce sont les suites des partages qui se sont faits des biens temporels entre les évêques et leurs chapitres. Les évêques qui ont eu plus de soin de conserver les prérogatives de leur dignité épiscopale, que d'augmenter leurs revenus, se sont réservé la collation absolue des bénéfices de leurs églises. D'autres, plus attachés à leurs intérêts, ont bien voulu partager cette même collation ; ce qui s'est fait en differentes manières, tantôt en rendant la collation alternative entre l'évêque et le chapitre, tantôt en donnant à l'évêque le droit de pourvoir aux prébendes qui ont leur séance du côté droit, et réservant celles du côté gauche pour le chapitre, tantôt encore en distribuant les collations par tour de semaine, de quinzaine ou du mois, l'évêque entrant en tour comme un autre chanoine, ou ayant quelque préciput ; tantôt les évêques se sont contentés de se conserver la collation de toutes les dignités, ou d'une partie, en abandonnant celle des prébendes au chapitre; tantôt enfin l'on est convenu que l'élection des canonicats, quand ils seraient vacants, se ferait dans le chapitre où l'évêque donnerait son suffrage; et, dans cette dernière espèce, il est arrivé deux choses qui ne doivent pas être dissimulées ; l'une, que les évêques ont souvent négligé d'assister à ces élections, parce qu'ils n'y avaient qu'une voix ; l'autre, qu'ensuite de ces conventions, les chapitres ont secoué le joug de l'autorité épiscopale, pendant les schismes dont l'Église a été agitée ; et, après avoir obtenu ou supposé des bulles d'exemption, ils n'ont plus voulu reconnaître l'évêque pour leur supérieur, et ils l'ont exclu de toutes leurs délibérations capitulaires, et, par là, du suffrage qu'il avait droit de donner dans l'élection des chanoines.

Il faut avouer qu'il y a aujourd'hui lieu de féliciter l'Église d'avoir été affranchie, quoique beaucoup trop brutalement, d'abus aussi criants et si opposés à l'esprit primitif des institutions canoniales! Après une longue et lumineuse dissertation sur les exigences du chapitre de Saintes, et avoir défendu chaudement le droit de régale, Talon formait un vœu qui s'est réalisé. L'indépendance des chapitres, ajoutait-t-il, de l'autorité épiscopale, et le pouvoir qu'ils s'attribuent de disposer, à l'exclusion des évêques, des bénéfices des cathédrales, est quelque chose de si odieux et de si opposé à la discipline de l'Église, *que ce ne serait pas une grande perte*, quand toutes ces sortes de privilèges, qui tirent, la plupart, leur origine de titres supposés, ou de concessions nulles, abusives et simoniaques, *seraient consumés par le feu* ; et les chapitres, dont une partie des titres ont été dissipés, auraient un grand avantage, si l'on présumait qu'ils avaient de bons titres pour secouer le joug de la juridiction de l'évêque et pour se choisir des confrères indépendamment de son autorité, et cela sur le fondement d'une possession qui n'est pas fort ancienne; mais comme la plupart des titres qui sont produits par les chapitres sur ces matières, se sont trouvés défectueux, l'on a cru, depuis quelques années, qu'il était expédient de ne rapporter ni bulles ni transactions, et s'attacher à la seule possession; et c'est le conseil que le chapitre de Saintes a suivi en cette occurrence, persuadé qu'il défendrait mieux sa cause en disant qu'il n'a point de titre, que s'il en rapportait, où l'on ne manquerait pas de découvrir des vices et des nullités. On voit ici que Talon était l'ardent défenseur de la *régale*. Il attaquait encore le chapitre de Saintes sur ce que ce dernier se disait non-seulement exempt de la juridiction de son évêque et soumis à l'archevêque de Bordeaux, mais parce qu'il avait commencé, en 1630, à se dire immédiatement dépendant du St.-Siège. Cette subordination immédiate au pape n'était-elle pas une prétention chimérique? A quoi l'on ajoutait que la possession du chapitre n'avait commencé qu'en 1557; que le siège épiscopal de Saintes, ayant vaqué, en 1534, messire Nicolas-le-Cornu de la Courbe de Brée fut nommé par le roi à l'évêché de Saintes, et qu'ayant voulu prendre possession par procureur, le chapitre l'invita de venir en personne exercer ses fonctions épiscopales. Messire Nicolas-le-Cornu de la Courbe a rempli le siège de Saintes, ainsi que nous le dirons, jusqu'en 1617. Pendant cet intervalle, est survenue la prétention du clergé de France, qui soutenait que les provinces de Languedoc, Guyenne, Provence et Dauphiné étaient exemptes de la *régale*. Un édit de 1606, art. 8, favorisait cet prétention. Mais le parlement s'expliqua à cet égard; les évêques se pourvurent au conseil; de là, une instance qui dura plus de soixante ans; une déclaration de 1673 la termina. Pendant ce laps de temps, le roi ne nommait point aux bénéfices de ces évêchés, pendant l'ouverture de la *régale*; il n'y eut donc qu'une seule vacance arrivée dans l'évêché de Saintes, au milieu des troubles du royaume, et il est incertain si, pour lors, le roi ne pourvut point en *régale* [1].

Malgré toute la logique et les raisons puissantes de l'avocat-général, les titres du chapitre de Saintes restèrent dans toute leur force et le parlement de Saintes rendit un arrêt, le 7 mai 1681, dans lequel il déclara « que, du droit commun, qui a toujours été observé dans l'Église de Saintes et justifié par une possession immémoriale, le chapitre seul conférait les prébendes sans la par-

[1] *Mémoires du Clergé*, tom. XI; pag. 1902 et suiv.

ticipation de l'évêque; et le roi, par un édit de la même année, confirma le chapitre dans ses droits.

MM. de Saintes-Marthes ne nous ont donné la liste des doyens de la cathédrale de Saintes que depuis la fin du XIIe siècle. Comme, dans le cours de cette histoire, nous avons soin de décrire les principaux évènements arrivés sous le gouvernement de nos évêques successifs, nous nous dispenserons de parler des doyens, dont le rôle n'a pas offert de documents à l'histoire. A ceux qui ont figuré plus notablement, nous donnons une place à chaque époque respective. Nous apprenons cependant, d'une charte signée par Geoffroy Ier, doyen sous l'évêque Henri, l'existence dans cette ville, en 1190, de deux églises paroissiales, sous le vocable, l'une de *Saint-Agnan* et l'autre de *Saint-Fréculfe*. En 1234, un autre doyen, nommé Guillaume Ier, reçut et approuva une donation fait à la chapellenie ou aumônerie de Saint-James, près Taillebourg, là où campa l'armée de saint Louis, après la déroute de Henri III. Cette fondation avait pour auteur un chevalier appelé Guillaume Vigier ou Viguier. En 1236, Arnaud Ier confirma également les dons que faisaient à la même chapelle Guillaume Combaud et Constantine, son épouse. En 1241, un autre doyen, Bernard, fut présent à une nouvelle donation faite à Saint-James, par Guillaume Culens. St.-James, en 1257, fut l'objet des libéralités d'un doyen de Saintes, Pierre II. Il paraît, par le texte des auteurs de la *Gaule Chrétienne*, que ses libéralités furent considérables; elles étaient faites sous la condition qu'on célébrerait, dans l'église de Saint-James, pour lui et pour les siens, un service solennel, chaque année. Nous regrettons que cette église ne soit plus, au XIXe siècle, qu'un lieu profane! Serait-il donc impossible de faire revivre les souvenirs religieux du village de Saint-James et d'y consacrer une chapelle monumentale sous le vocable de *Saint-Louis ?*.. Pierre II gratifia pareillement le prieuré de Trisay d'une confirmation authentique de tous les dons accordés par Hugues-l'*Humble*, seigneur de Tonnay-Charente; l'acte fut passé en présence de Guillaume de Saint-Astier, prieur, et des moines Alexandre et Guillaume Aimeric, de Jean de Brassac, maire de Charente, et d'Arnaud Jolevalet, dans l'église de Saint-Hypolite, en 1232. Ce doyen vivait encore en 1268, puisqu'il acheta une rente de deux boisseaux d'avoine, de Béatrix, veuve d'Hélie, seigneur de Jonzac. Geoffroy II présida, en 1342, comme doyen, à une délibération capitulaire dans laquelle on donna des lettres de grâce aux habitants de la paroisse de Saint-Sauvan. En 1390, Arnaud II Gouïn légua aux choristes de la cathédrale une vigne située auprès de Senouche, à la charge de deux messes par semaine. Nous passons sous silence le nom de ceux qui suivent et qui n'offre aucun intérêt au récit. Nous mentionnerons cependant encore un doyen qui vivait, en 1531 : Abel de Chatenet. Il eut le bon esprit d'abolir un usage qui était probablement devenu abusif et qui consistait en repas donnés à l'occasion des grandes antiennes qui, pendant sept jours avant Noël, étaient solennellement chantées par les dignitaires. Abel de Chatenet avait voulu se soustraire à la juridiction du chapitre, il plaida sa cause en parlement, mais il la perdit; le parlement de Bordeaux donna gain de cause à la société capitulaire. Il résigna son doyenné à Louis de Guittard, en 1553, qui fut deux fois représentant du clergé de Saintonge auprès du roi pour les intérêts de la religion catholique contre les excès du Protestantisme. Louis faillit périr, dans plusieurs circonstances, de la main des hérétiques. Il mourut le 24 avril 1584; il fut inhumé dans la chapelle de Saint-Thomas, aujourd'hui chapelle de Saint-Michel. Les registres du chapitre brûlés en 1793, faisaient un grand éloge de ce doyen. Son successeur, Antoine, Baudouin ne vécut que six ans; sa sépulture eut lieu dans la chapelle du Saint-Sépulcre, dont nous avons parlé.

Charles II de Guittard, fondateur du collége de Saintes et frère du précédent, parut avec plus d'éclat. Il s'était illustré, avant son entrée dans le sacerdoce, comme lieutenant de la sénéchaussée de Saintonge, et sa haute prudence pendant les guerres désastreuses du Calvinisme lui acquit des droits à la reconnaissance de toute la province. A sa mort, le chapitre voulut que la chapelle de Saint-Thomas devînt le lieu de la sépulture de Charles de Guittard et de sa famille. Le 10 novembre 1598, il y fut inhumé, non le premier, comme le dit M. Massiou, mais le second, puisque déjà, en 1584, Louis y avait été enterré [1]. La table de marbre a été replacée par les soins de M. l'abbé Réveillaud, curé de Saint-Pierre. Elle porte cette épitaphe : « Charles Guittard, aussi distingué par sa conduite exemplaire que par la noblesse de ses sentiments, pendant quarante-deux ans, et à une époque très-difficile, gouverna cette province, en qualité de sénéchal de Saintonge ; sa prudence admirable égala son zèle. Il remplit sa charge avec courage et fermeté, sous le règne de six rois très-chrétiens : François Ier, Henri II, François II, Charles IX, Henri III et Henri IV. Riche par ses vertus, plus encore que par les honneurs dont il fut comblé et les amis nombreux dont il eut la confiance et les respects, après avoir donné au monde et à ses sollicitudes soixante-huit ans de sa vie, il se donna tout à Dieu. Revêtu de la dignité de doyen de l'église cathédrale, il s'y montra, pendant ses onze derniers années, comme

---

[1] Vid. *Gall. Christ.* tom. II.

un modèle de sainteté. Il s'endormit heureusement dans le Seigneur, le 10 novembre 1598, après avoir vécu soixante-dix ans. Qu'il repose en paix [1]. » Un Anglais, nommé Epiphane Fuesham, fut chargé de graver cette épitaphe.»

Nous avons sous les yeux un assez grand nombre de chartes des XIV, XV, XVI et XVIIe siècles, où nous découvrons à chaque instant les vestiges de la foi de nos pères; ils avaient des vues bien plus rationnelles que les nôtres, parce que leurs pensées étaient chrétiennes en présence de la mort; aujourd'hui, le suicide est le dernier argument

---

[1] Karolus Guitard nobilit. actib. Q. ad.
Exempl. præcipuus, per ann. XLII. Santon.
Provinc. Senescal. difficilim. temporib.
singulari prudent. vigilentiaq. Statum
opt. provinciæ reddidit, de eâ omnib.
Exempl. benemerit : operamque fort. ac
stren. in ea cura et administrat. novatam
VI regib. X' pianiss. Francisco I, Henri II,
Fran. II, Kar. IX, Henr. III, Henr. IIII approbavit : Sapientia, honorib. opib. amicis
circumfluens, post an ætat. LXVIII mundi
curis, quib. fessus erat, valere jussis,
totum se Deo dicavit, honorisq. ergo
Decan. insign. eccl. cathedr. Sant. factus, summa sanctit. an XI quos vitæ
reliq. habuit, ei num. præf. donec an.
M. D. X. C. IIX. X novembr. feliciter
obdorm. in DN. Vixit ann. LXXIX.
    Requiescat in pace.
(*Gall. Christ.* tom. II. pag. 1092.)

du matérialisme. Mais dans ces temps heureux où la religion et ses dogmes consolateurs étaient un principe de vie morale et une règle invariable de conduite, on aimait à assurer au repos de son âme des garanties pour le monde éternel, on marquait le lieu de sa sépulture comme un lieu saint où l'Église viendrait, à chaque *anniversaire*, sanctifier les pleurs d'un bon fils près du tombeau d'une mère vertueuse! Les membres d'une même famille se réunissaient dans les mêmes vœux, en attendant d'être unis dans la même sépulture, à l'ombre du même sanctuaire, avec l'espérance de ne plus se séparer dans le même séjour. Les vivants pensaient à bien mourir, et les morts, par leurs dernières volontés, étaient sûrs de n'être pas oubliés.

Le chapitre de Saintes avait reçu, en grand nombre, comme autant de dépôts de famille, de ces sortes de fondations funéraires, qu'une époque ennemie a jetées aux mains rapaces d'une injuste cupidité. Les églises de Saint-Maur, de Sainte-Colombe, de Saint-Michel, des Jacobins, des Récollets contiennent encore les honorables dépouilles de ces chrétiens, dont le souvenir, parmi nous, a depuis long-temps disparu comme leurs cendres. Ces lieux saints, où d'âge en âge ils se promettaient, en mourant, le secours des prières de la charité, retentissent aujourd'hui des paroles du blasphémateur, ou des mugissements de l'animal stupide !.. Les Égyptiens superstitieux oubliaient-ils ainsi leurs morts ?.. L'aveugle et impur Mahométan profane-t-il ainsi ses mosquées ?.. Quel rang assignerons-nous donc *au Chrétien* qui livre les sanctuaires du vrai Dieu à un sacrilège avilissement? Aucune langue ne saura caractériser sa dégradation intellectuelle, morale et religieuse ?..

Le chapitre de Saintes exerçait sa juridiction sur beaucoup de paroisses, et les biens de ses redevances étaient fort étendus. Chaniers, la Chapelle et Saint-Sauvan se trouvant soumis à l'autorité capitulaire, le doyen fit au XVII siècle un rapport relatif aux limites de ces paroisses. Il n'est peut-être pas inutile de le faire connaître puisqu'il est du domaine de notre histoire ecclésiastique.

« M. le doyen, y est-il dit, a rapporté vendredy 27 mars, s'être le jour d'hier transporté au lieu de Senouche avec messieurs Moine et Coulomp, suivant la commission à eux donnée sur le sujet d'un différend du *vicaire perpétuel* de Chapniers avec les vicaires perpétuels de Saint-Saulvan et la Chapelle, pour les limites de leurs paroisses; auquel lieu de Senouche se sont trouvés lesdits vicaires perpétuels susdits; lesquels ayant été enquis sur le sujet de leurs différends, les sieurs commissaires ont trouvé que le lieu de Senouche est prétendu par chacun desdits vicaires perpétuels de Chapniers et de St.-Saulvan, chacun d'iceux soutenant qu'il est en l'étendue de sa paroisse; comme aussi les villages de l'Ancrevan et le Cluzeau sont contentieux entre lesdits vicaires perpétuels de Chapniers et de la Chapelle. Que les raisons du vicaire perpétuel de Chapniers sont que les habitants de Senouche, l'Ancrevan et le Cluzeau sont compris aux rôles des tailles de la paroisse de Chapniers, et que pour la plupart ils ont leur sépulture à Chapniers ; les raisons, au contraire, des vicaires de Saint-Saulvan et de la Chapelle sont que les habitants de Senouche payent les dixmes à St.-Saulvan ; et ceux des villages de l'Ancrevan et le Cluzeau payent les dixmes à la Chapelle et sont repectivement sous la juridiction des juges de St.-Saulvan et de la Chapelle ; que lesdits habitants viennent ordinairement pour ouïr la messe et service divin aux églises de St.-Saulvan et de la Chapelle, desquels ils sont beaucoup plus voisins que de Chapniers, et que ce leur serait grande incommodité de les obliger d'aller ordinairement à Chapniers..... »

Les habitants de Senouche ayant témoigné qu'ils étaient dans l'intention de se conformer à la décision du chapitre, le chapitre décida qu'attendu que les dixmes étaient censées être données pour l'administration des sacrements, les sacrements seraient administrés aux habitants par les vicaires perpétuels des lieux où ils payaient les dimes. En conséquence, Senouche appartint dès lors à la paroisse de St.-Sauvan. Quant aux villages de l'Encrevan et le Cluzeau, ils furent donnés à la paroisse de la Chapelle. Le rapport du doyen se termine ainsi :

« Avenant que quelques habitants de Senouche, l'Ancrevan et le Cluzeau choisissent leur sépulture à Chapniers, les corps des défunts seront levés par les vicaires perpétuels de St.-Saulvan et la Chapelle, et conduits par iceux jusqu'aux extrémités de leurs paroisses, comme il a accoutumé d'être pratiqué en pareilles occasions ;

« Et sera le présent réglement signifié à chacun desdits vicaires perpétuels à ce qu'ils ayent à s'y conformer et le faire savoir auxdits habitants [1]. »

La Chapelle est une fondation du chapitre de Saintes : ce n'était en effet qu'un simple oratoire érigé en faveur des quelques habitants du pays, travailleurs en poterie, qui insensiblement formèrent un village ; c'est pourquoi cette Chapelle porta le nom de *Chapelle des Pots* ou *des Potiers* ; sa fondation est de 1320. Plus tard, le chapitre en fit une paroisse. Mais nous laisserons le chapitre, ses usages et ses privilèges, pour revenir au successeur de Pierre VII de Rochechouart.

La Providence est admirable dans le choix qu'elle sait faire des hommes qu'elle destine à l'accomplissement de ses desseins ! C'est à Surgères et, selon une tradition populaire, au village de Marencennes, que naquit le nouvel évêque de

---

[1] Mss. inéd. du chapitre de Saintes.

Saintes. Raimond Perrault était issu de parents obscurs. Son mérite personnel l'illustra. Il fut d'abord un modeste maître d'école à Surgères, puis à la Rochelle. Mais cédant à ces inspirations secrètes dont on ne saurait trop rendre compte, il alla faire ses études à Paris, et, après avoir été reçu au collége de Navarre, il en devint docteur, disent quelques écrivains. Les circonstances lui ménagèrent un voyage à Rome. Par son habileté et ses relations il eut l'adresse, comme tant d'autres, de s'y rendre utile. Son mérite perça jusqu'à la cour pontificale. Les papes Paul II, Sixte IV et Innocent VIII lui donnèrent des preuves éclatantes de confiance et d'estime. Ce dernier lui confia une nonciature extraordinaire en Allemagne, où Perrault fut chargé de recueillir des aumônes qui devaient être employées aux frais de la guerre contre les Turcs.

Quand on est honoré de la confiance des grands et qu'on est appelé à occuper un certain rang dans le monde, il est difficile d'éviter les envieux, hommes, pour l'ordinaire, moins judicieux qu'hostiles. Perrault rencontra un docteur, appelé Théodoric Morung, qui, n'ayant point assez de courage pour attaquer le nonce, déclama avec fureur contre le but de sa commission apostolique. Morung ne se contenta pas de parler, il écrivit et intitula son libelle : *la Passion des Prêtres*. Le nonce le dégrada et crut, pour en finir, devoir livrer le docteur à toute la sévérité des lois. Perrault ne fut pas heureux dans cette nonciature ; les Bohémiens avaient déjà exercé leur funeste influence sur les peuples de ces contrées, qui n'avaient plus pour les grâces spirituelles l'estime du moyen-âge ; leurs aumônes étaient en rapport avec leurs préventions. Mais ce qui compléta les mécomptes de Raimond, c'est l'enlèvement de l'argent qu'il était parvenu à recueillir. En revenant d'Allemagne, dit le continuateur de l'historien Fleury, le fils d'un paysan le vola à Cronach ; ce qui est un scandale de plus, un curé de Fribourg lui enleva le reste. Mais les deux voleurs ayant été pris, avouèrent la vérité et souffrirent, en 1493, la peine due à leur injustice [1]. C'est sans fondement, ajoute le père Arcère, que Garimbert et Ciaconius ont prétendu que Perrault avait tiré parti de ces contributions volontaires pour acheter la faveur des courtisans, et parvenir ainsi à la bienveillance de l'empereur Maximilien Ier ; que, par ces indignes manœuvres, il avait obtenu de ce prince l'évêché de Gurck, dans la Carinthie, et ensuite la dignité de cardinal ; que le pape, irrité de ce procédé, avait aussitôt rappelé son nonce, et lui avait fait refuser, à son retour, les honneurs ordinaires [2]. Ce qui justifie pleinement l'illustre Perrault, c'est le té-

---

[1] *Hist. Eccl.* tom. XXIV, pag. 549.
[2] *Hist. de la Rochelle*, tom. I. pag. 296.

moignage de Jean Linturius, auteur contemporain, qui déclare formellement que le nonce fut victime de la rapacité des voleurs. Et assurément, si Raimond avait été convaincu du crime que fit planer sur son compte la plus odieuse calomnie, les papes n'auraient pas continué à l'honorer de leur confiance, soit en le chargeant, une seconde fois, du même ministère, soit en lui donnant de nouvelles légations. Sixte IV l'envoya en France, en 1482, en qualité de nonce apostolique; il parvint à l'honneur du cardinalat, non à la demande de l'empereur Maximilien, mais à celle du roi Charles VIII. Ce cardinal fit ressortir, dans toute leur vérité, les saintes intentions du roi Charles, dit Longueval; ce prince protestait hautement que l'amour de la religion le conduisait à Naples, dans l'espérance que cette conquête lui faciliterait celle des pays usurpés par les infidèles : et tel était en effet le projet de ce jeune prince, aussi honnête homme, aussi droit que tous ces Italiens auxquels il allait avoir affaire étaient fourbes, intrigants et dissimulés [1].

En 1494, après avoir passé les Alpes à la tête de quarante mille hommes, Charles VIII fit son entrée triomphante dans la capitale du monde chrétien, le dernier jour de l'année. Les cardinaux Ascagne, Sforce, Julien de la Rovère et Raymond

---

[1] *Hist. de l'Egl. Gall.* tom. XXI. pag. 260.

Perrault désiraient les triomphes du roi de France, parce qu'ils en espéraient un grand bien pour l'Église. Le prince ne réalisa pas leurs vœux. Philippe de Commines ajoute : « Ne saurais dire s'il fit bien ou mal : je crois qu'il fit mieux d'appointer, car le roi était jeune, et mal accompagné, pour conduire une si grande œuvre. » Charles VIII fit rendre au cardinal Perrault toutes les dignités et les terres dont il avait été dépouillé. On sait qu'en 1498, cet excellent prince mourut presque subitement à Amboise.

Il assistait avec la reine au jeu de paume, qui avait lieu dans les fossés de son château, et, tandis qu'ils entraient l'un et l'autre dans une galerie à demi-ruinée, le roi se heurta violemment le front en passant par la porte qui y conduisait. Il continua néanmoins à s'entretenir avec la reine et l'évêque d'Angers, son confesseur ; mais à peine eut-il prononcé ces édifiantes paroles qu'il espérait ne commettre jamais *ni péché mortel ni péché véniel, s'il pouvait*, il fut frappé comme d'un coup de foudre ; il tomba sans mouvement et mourut dans un galetas, étendu sur une paillasse. Ce qui fait dire à Philippe de Commines : « Il se recommanda à Dieu, à la glorieuse vierge Marie, à Monseigneur saint Claude ; et ainsi départit de ce monde si puissant et si grand roi, en ce misérable lieu, qui tant avait de belles maisons, et il ne sçut à ce besoin finer d'une pauvre chambre. »

Le cardinal Perrault était alors au château d'Amboise; c'est lui qui y fit le premier service pour le repos de l'âme du roi.

Quelques années avant cet évènement fâcheux, Raymond avait été chargé par Charles VIII d'écrire, au nom de sa majesté, à d'Aubusson, grand maître de Rhodes, afin de le porter à prendre en considération l'entreprise projetée d'étendre les succès militaires du roi de France jusque dans les états du Grand Seigneur.

Le 15 octobre 1500, il fut nommé nonce et partit pour la ville de Trente, afin d'amener, par une habile négociation, l'empereur Maximilien et Louis XII à entrer en accommodement. Ses hautes missions auprès des princes de la terre ne lui faisaient point oublier celle, plus importante à tous égards, qui assure les intérêts éternels. Il prêchait partout où il passait avec un zèle apostolique.

En 1503, il se trouva à la diète qui eut lieu à Francfort-sur-le-Mein. Jules II le maintint dans sa légation d'Allemagne. Cette même année, il fut nommé à l'évêché de Saintes. Henri de Lorraine lui avait d'abord proposé la coadjutorie de Metz, dont il était évêque, mais il parvint à persuader à Raymond qu'il devait renoncer à cette place, en faveur de Jean, fils de René, roi de Sicile et duc de Lorraine. Pour le dédommager de la préférence accordée à Jean, le prélat donna à Perrault l'abbaye de Saint-Mansuy, sise dans un faubourg de la ville de Toul.

Sous la pourpre romaine et au sein des grandeurs, il conserva toujours pour le collége de Navarre un affectueux souvenir. Il pensait, avec reconnaissance, que ce lieu lui avait donné les trésors de la science et de l'éducation. Cette réminiscence du cardinal nous inspire une grande estime pour sa justesse d'esprit et particulièrement pour sa bonté de cœur. Il savait apprécier tout à la-fois le dévoûment de ses maîtres et les heureux résultats de leurs leçons. La Rochelle eut part à ses généreux sentiments ; elle lui avait donné des preuves de confiance, il la paya de retour par des témoignages d'intérêt. Il n'oublia pas les Rochelais, dit le père Arcère, qui lui avaient confié autrefois le soin de leurs enfants. Il obtint pour eux des bulles portant défense à tous juges forains de les citer à leur tribunal, et donnant pouvoir aux abbés de Charon et de St.-Léonard, aussi bien qu'à l'archidiacre d'Aulnis, de lever les excommunications qu'ils auraient pu encourir à ce sujet. Le motif qui détermina le pape à accorder ce privilège, c'est que la ville de la Rochelle, étant exposée aux courses des ennemis de l'État, les habitants devaient veiller continuellement à la sûreté de leur ville [1].

---

[1] *Hist. de la Rochelle*, tom. I. pag. 300.

L'expérience de cet évêque célèbre lui avait fait acquérir une connaissance profonde des affaires et des hommes. Perrault n'était pas moins remarquable par son savoir et son érudition. Il composa plusieurs ouvrages : on a de lui un traité de la dignité du Sacerdoce, qu'il représente comme infiniment supérieure à celle des rois ; il n'a fait en cela que développer la pensée de saint Jean-Chrysostôme. Il a également laissé des mémoires sur ses négociations en Dannemarck et à Lubeck, quelques lettres écrites au docte Reuchlin, et des discours en forme de harangues, tendant à enflammer le zèle des Chrétiens contre les infidèles d'Orient. Si nous devons croire le continuateur de Fleury, il aurait écrit *deux excellentes lettres* pendant son voyage d'Allemagne, malgré les douleurs les plus vives de la goutte [1].

Après avoir été honoré par Jules II de la dignité de légat du patrimoine de Saint-Pierre, le cardinal Perrault termina sa carrière à Viterbe, le 5 septembre 1505, à l'âge de soixante-dix ans. Sa sépulture eut lieu dans l'église des Augustins. On lit sur son tombeau cette épitaphe qui loue son désintéressement et sa simplicité [2] :

---

[1] *Hist. Eccl.*, tom. XXIV. pag. 549.

[2] Raimundus Perauldi patriæ suæ Santonensis episcopus, ad S. Rom. Eccl. presbiter cardinalis Gurcensis, proque ea legatus, adeò opulentiæ contemptor, ut elargiendo nihil sibi relinqueret ;

Perrault, dit Trithême, écrivain qui l'avait particulièrement connu, était un prélat d'une vie sainte et de mœurs très-pures, grand zélateur de la justice, plein d'indifférence pour les honneurs et les biens de ce monde; en sorte qu'il était regardé comme l'homme de son temps le plus accompli. Ce n'est pas ce qu'en ont dit d'autres auteurs; mais Trithême mérite plus de confiance, parce qu'il vécut dans les plus intimes rapports avec ce cardinal; d'ailleurs, ceux qui l'ont traité sans égards, n'ont écrit que long-temps après la mort de ce prélat, infiniment recommandable par son attachement pour la France, sa patrie.

Denis de Sainte-Marthes et l'abbé Dutemps parlent d'un évêque, nommé Eustache, qui aurait succédé à Perrault. Ste.-Marthes dit formellement que ce prélat a béni, le 9 avril 1508, Delphine de Roquefeuille, abbé de Nonenques, au diocèse de Vabres; l'auteur du *Clergé de France* ajoute que ce pontife n'est connu d'ailleurs par aucun acte authentique; d'où nous conclurons qu'il paraît certain qu'un noble Florentin succéda à Raymond.

---

ab Julio II. Pontifice Maximo ditatus. Dùm patrimonii legatione fungitur, Viterbii obiit, nonis Septembris an. Salutis M. D. V. Utque ab Julio tradita solum retinere occæperat, sic monumentum hoc haud quæsitum reverentia ejusdem approbare credendum est. Vixit annos septuaginta.

(*Gall. Christ.* tom. II. pag. 1081.)

Dans le courant du XVe siècle, l'Église de France fut agitée par bien des tempêtes ; mais vers le milieu de ce siècle qui vient de finir, elle retrouva le calme, comme un vaisseau qui rentre au port après de violents orages. Nos provinces, à la vérité, n'avaient pas vu la foi s'altérer ; les hérésies n'avaient rien pu changer à l'ancien culte, l'obéissance était restée aux légitimes pasteurs ; mais les malheurs de l'État avaient causé les calamités de l'Église, qui avait eu à gémir des discussions de ses enfants et de l'affaiblissement de sa discipline. Cependant des pontifes distingués par leur mérite l'avaient consolée et des conciles régénérateurs avaient également rendu la vie à ses lois méconnues.

François Sodérini était né vers le milieu du XVe siècle (1453), de Thomas Sodérini et de Dianore Tornabona. Il professa le droit à Pise et s'y distingua beaucoup par sa science et son habileté. Il fut fait évêque de Volterra en 1478. Il obtint le chapeau de cardinal après avoir, par l'ordre de la république de Florence, accompagné Charles VIII dans l'expédition de Naples. Il reçut de ce prince, vers 1507, l'évêché de Saintes. Sept ans après, il mourut à Rome, doyen du sacré collége. Il s'était démis de son évêché. Il avait été envoyé en qualité d'ambassadeur auprès de Louis XII, qu'il félicita en 1498. Cet illustre pontife fut accusé d'avoir conspiré contre Léon X. Sur cette grave inculpation, il eut le château St.-Ange pour prison. Il ne fut mis en liberté qu'après la mort du pape. Il perdit de nouveau sa liberté par suite de son généreux attachement pour la France. Il fit de vives instances auprès de François Ier, pour qu'une flotte fût envoyée en Sicile, afin d'opérer une heureuse diversion, en faveur des desseins du roi de France sur la Lombardie. Julien Sodérini, son neveu et son successeur, avait pris une part très-active à cette mystérieuse négociation. C'est en effet par Julien que les lettres du cardinal parvenaient à la cour de France et, réciproquement, celles des ministres du roi, à son oncle. Tout fut enfin découvert, ou par suite des indiscrétions commises, ou par cause d'une vigilante surveillance à Rome. Le cardinal, arrêté par ordre d'Adrien VI, ne sortit de sa prison que sous le pontificat de Clément XII.

Tout en rendant justice aux intentions et aux vertus de ce prélat, nous n'approuvons point ici sa conduite. Les affaires des rois, leurs guerres parfois injustes, leurs intrigues souvent coupables, leur ambition démesurée, leur orgueil despotique, leurs démêlés quelconques nous paraissent d'un si mince intérêt, d'un ridicule si étrange ou d'une si pernicieuse influence, qu'en vérité le ministre de la religion s'abaisse toujours au-dessous de son auguste caractère, quand il ose appliquer au timon de l'État une main qui n'est faite que pour porter l'encensoir. Jésus-Christ n'a pas donné son sacerdoce à la terre pour l'obséquieuse servitude des cours, ou pour servir aux mensonges officieux de la diplomatie. La haute mission du prêtre le place nécessairement au-dessus des régions inférieures du gouvernement des empires. Nous le dirons sans détours, le clergé, à certaines époques, n'aurait pas tant donné prise aux accusations excessives et haineuses de l'impiété, s'il avait toujours su demeurer, comme Moïse, sur la montagne. Étudier avec soin la marche insidieuse des ennemis de la religion, se méfier de leurs éloges, ne jamais craindre leurs menaces, connaître leurs moyens de perturbation, découvrir le principe de leur malice profonde, expliquer le langage de leur *tolérance* hypocrite, démasquer leurs noirceurs, prémunir, avec un courage plein de circonspection, mais invincible, les peuples chrétiens catholiques contre le danger de leurs fausses maximes; ne se laisser aller ni à un rigorisme trop sévère, ni aux illusions non moins funestes d'une modération ignorante et lâche; défendre énergiquement et par amour l'Église romaine contre l'hérésie, la vertu contre le vice : voilà l'indépendante et divine mission du sacerdoce chrétien ; mais quand il ne s'agit, entre les princes et les peuples, que d'un but de gloire mondaine, c'est alors que le royaume du prêtre n'est pas de ce monde; la politique terrestre le compromettrait aux yeux de Dieu et, le plus souvent, aux yeux des hommes. Il ne doit pas être *muet* en présence des principes et des doctrines qu'il défend ; mais il doit rester silencieux en présence des évènements et des faits qui lui sont étrangers.

L'épiscopat de Julien de Sodérini fut marqué par un acte d'autorité royale dont nous devons faire mention. Une pièce, collationnée à l'original par Claude d'Angliers, écuyer et seigneur de la Sausaie, et lieutenant-général de la ville et gouvernement de la Rochelle, et conservée dans les archives de l'église de Saint-Étienne de Marans, nous fait connaître cette charte de François Ier. Sa teneur nous exposera la nature du fait et nous donnera idée, en même temps, de l'esprit et des usages d'une époque déjà loin de nous.

« François, par la grâce de Dieu, roi de France, à tous présents et à venir, salut.

« Comme nous sommes advertiz que plusieurs églyses cathédralles, collégialles, chappitres, abbayes, prieurés, couvents et communautéz de nostre royaulme tenoient et possédoient à divers tiltres plusieurs biens, terres, seigneuries et possessessions tant nobles, roturiers, que en franc aleu, sans avoir esté par nous ou noz prédécesseurs, amortitz, indamnez, ne nous avoir payé la finance ou indamnité, nous eussions par nos lettres patentes ordonné commandement leur estre foict de vuyder leurs mains dedans certains temps de telz biens et possessions comme estant tombéz en main morte en en suyvant noz ordonnances sur ce foictes d'ancienneté. A quoy iceulx gens déglise et aultres de main morte n'eussent satisfoict ne fourny à ces moïens icelles terres, possessions et biens eussent esté prins et mis en nostre main et entre aultres ceulx du diocèze et évesché de Xoinctes; et a esté cause l'évesque du dit Xoinctes gens d'églyse et clergié dicelluy evesché nous ayent foict remonstrer, supplier qu'il nous pleust admortir généralement tous et chascuns les biens, terres, seigneuries, et possessions qu'ilz tiennent et possèdent non admortiz de quelque nature ou qualité quilz soient et à quelques tiltres que ce soit, de tout le temps passé jusques à présent, aussy les tenir quictes et deschargéz de certain subside et aydes *caritatis* et gratuyt que leur avons naguères foict demander et requérir pour la soulde et entretenement d'aucuns gens de guerre pour la deffense de nostre royaulme, nous offrant payer pour la finance qui nous pourroit estre deue pour leurs dites biens non amortiz une bonne somme de deniers, et icelle nous foire bailler pour fournir aux grans charges et affaires qu'il nous a convenu et convient supporter pour la tuition et deffense de nostre dict royaulme et résister aux damnées entreprises et conspirations de noz ennemys et adversaires mesmement du roy d'Angleterre qui naguères sans cause, raison ne occasion nous a envoyé deffier et signifier la guerre contre noz pays, nous, nostre royaulme et seigneuries, en enfroignant les traictés qu'il avoit avec nous; scavoir faisons que nous, ces choses considérées, désirant favorablement traicter le dict évesché de Xoinctes, gens d'église et clergié de son diocèse, effin qu'ils soyent plus enclins à prier et intercéder Dieu nostre créateur pour la prospérité de nostre royaulme icelluy évesque, clergié et gens de nostre dicte église cathédralle, collégialle, chappitre, abbayes, prieuréz, prévottéz, colléges, dignitéz, paroisses, cures, confréries, communautéz séculières ou régulières, ladreries, hospitaulx et aultres de main morte du dict diocèse de Xoinctes, de quelque estat, qualité ou condition qu'ils soyent de nostre certaine science propre, mouvement, grâce espéciale, plaine puissance et auctorité royale, avons admorty et indamné, admortissons et indamnons par ces présentes, en tant que à nous est, pour nous et nos successeurs, perpétuellement à tousiours, tous et chascuns les biens, terres, seigneuries et aultres du dict diocèse de Xoinctes, et qu'ilz tiennent et possèdent de présent par eulx et leurs prédécesseurs, par le passé acquis ou qui leur ont esté léguéz ou aumosnéz à quelque tiltre que ce soit, jusques à présent non seullement pour les terres, fiefz nobles et choses rousturières assises au dict diocèse, mais aussi pour ceulx qui sont hors le dict, emiz touttefois aux membres estant uniz à la table des dictz évesché, chappitres, abbayes, prieuréz, prépositures ou aultres bénéfices et communaultez, scituez et assiz en aultres diocèses que du dit Xoinctes, ilz ne seront comprins en présent admortissement, et voulons que les dictes choses ainsy de présent par nous admorties, iceulx évesque de Xoinctes, clergié et gens d'église et communaulx du dict diocèse dessus nomméz, les puissent tenir et posséder comme admorties et indamnées sans qu'ilz puissent estre contrainctz d'en vuider leurs mains ne que cy après ilz payent pour raison des dictes seigneuries, possessions et soubz nombre de noz ordonnances ne autrement, ne aultre finance, ne indamnité... »

Le roi exigea une compensation de vingt mille livres tournois, payables entre les mains de son *amé et féal notaire-secrétaire maistre Jacques Ragueneau* et en deux termes : le *premier jour de septembre prochainement devant et le quinziesme jour de novembre prochain en suivant*. L'évêque de Saintes fut nommé commissaire pour la répartition des vingt mille livres tournois. L'ordonnance royale est ainsi conçue :

« François, par la grâce de Dieu, roy de France, à nostre amé et féal conseiller l'evesque de Xoinctes, salut et dilection.

« Comme puys naguères vous avez composé avec nous, tant pour vous que pour le clergier de vostre diocèse pour raison des admortissementz des seigneuries, cens, rentes, revenuz, possessions, justices et jurisdictions pour la somme de vingt mille livres tournoies, et que soit besoing icelle somme cotiser et esgaller à telle somme que verrez et cougnoistrez que chascun de vostre dict clergier en doyt porter pour sa dicte cotise et portion, ce que vous doubtez faire sans avoir de nous noz lettres patentes contenant pouvoir, autorité et commission de ce faire, pour ce est-il que nous, ces choses considérées, sachant certainement que en la dicte commission et charge vous estes très-bien amployé et acquité et saurez bien faire, vous avons donné et donnons, par ces présentes, plain pouvoir et auctorité de cotiser et imposer, si faict ne l'avez, tous ceulx de vostre dicte diocèse et aultres membres dépendants dicelluy, ainsy que vous et vos prédécesseurs ont accoustumé de faire en tel ou semblable cas... Mandant et commandant aux seneschal de Xainctonge et gouverneur de la Rochelle, seneschaux de Poitou et d'Angoulmoys ou à leurs lieutenants qui ont pouvoir et auctorité en vostre dict diocèse et à tous noz aultres justiciers et officiers que à vous et à voz commiz en ce faisant, obéissent et entendent dilligemment, prestent et donnent conseil, confort et ayde ainsy que par vous il en seroit requis; car tel est nostre plaisir [1].

---

[1] Arch. mss. inéd. de l'Église de St.-Étienne de Marans.

« Donné à Saint-Germain en Laye, le seiziesme jour d'octobre, l'an de grâce mil cinq cens vingt et deux et de nostre resgne le huictiesme. »

En vertu de cette ordonnance royale, l'évêque de Saintes commit un sieur Jehan Dominique, pour fixer en particulier la cotisation de la paroisse de Saint-Étienne de Marans, dont les *fabricqueurs* payèrent au délégué de Julien de Sodérini la somme de vingt livres tournois; quittance leur en fut octroyée, le sixième jour de janvier l'an 1522.

Anne de Rohan gouvernait alors l'abbaye de Notre-Dame, depuis la mort de Jeanne de Villars, c'est-à-dire, depuis 1484 jusqu'en 1523, époque de son décès. Il y eut encore quelques divisions pour l'élection abbatiale.

En 1524, Jacques Ier de Vérule était abbé du monastère de Saint-Eutrope, pendant que Julien Sodérini, ainsi que nous l'avons déjà fait observer, remplaçait son oncle dans le gouvernement de l'Église de Saintes, par suite de la démission du cardinal. Blanche de la Rochandrie fût élue, le 6 avril de cette même année, et succéda à Anne de Rohan. Blanche était sans doute de la famille de Marie de la Rochandrie, mariée, au commencement du XIVe siècle, à Pierre de Montalembert, fils de Jean de Montalembert, époux de Louise, fille d'Éléonore de Parthenay et d'Hugues de Perigost. Jean de Montalembert avait eu un autre fils, appelé Hugues, lequel fut homme d'église, archevêque de Tours et patriarche d'Antioche. Le frère de l'archevêque avait eu pour fils messire Guillaume d'Authon, qui se rendit au roi Charles VII, qui lui donna le commandement de cinquante hommes d'armes [1]. Un titre de février 1526 fait mention d'une autre abbesse, nommée Perrette Guillaume, ce qui peut faire supposer que quelques religieuses intrigantes l'avaient élue et qu'elle disputait le siège abbatial à Blanche de la Rochandrie. Quoi qu'il en soit, Blanche gouverna l'espace de vingt ans ; elle mourut en 1544 [2]. Quant à Julien, que MM. de Sainte-Marthes caractérisent par ces mots honorables : *Vir excelsi animi*, homme doué d'une grande âme, il mourut après vingt-huit ans d'épiscopat et fut inhumé dans sa cathédrale. Son tombeau était surmonté d'une statue en marbre représentant un évêque, mitre en tête et la crosse à la main ; on voit encore des vestiges de ce monument derrière la croix de mission, à droite en entrant à la sacristie. Ce prélat, à la demande du chapitre, consacra solennellement, pendant la vacance du siège, l'église de Luçon, le 3 du mois d'octobre 1523, ainsi que nous l'apprend une note extraite des archives de cette cathédrale. Dutemps a évidem-

---

[1] Généalog. de la maison d'Authon.

[2] Mss. arch. de N.-D. de Saintes.

ment commis une erreur sur ce fait : l'évêque de Saintes, qui consacra la cathédrale de Luçon, ne se nommait pas *Louis*, mais *Julien*. Louis de Rochechouart n'existait plus à cette époque. Julien, à la tête du clergé et du peuple, alla au-devant de François Ier, lors du passage de ce prince à la Rochelle, la veille de la Purification, en 1519 [1].

A la mort de ce pontife, Odet de Bretagne, fils de François II, comte de Vertus, seigneur d'Avangour, et de Magdeleine d'Astarac, était entré dans l'état ecclésiastique sans vocation. Aussi, après avoir été nommé à l'évêché de Saintes, sans doute par faveur et par intrigues, selon l'usage assez ordinaire de ces temps, où un quartier de noblesse valait mieux, aux yeux de certaines familles ambitieuses, qu'une vertu solide, Odet ne prit pas possession. Madame la duchesse de Rohan conservait encore, au XIXe siècle, cet esprit d'exigence exclusive. M. Frayssinous, ministre des affaires ecclésiastiques, eût craint de rien accorder à la faveur, quand il s'agissait de nommer aux évêchés; la piété, la vertu, la science l'emportaient à ses yeux sur toutes les autres considérations. « De ce train, lui dit imprudemment, en pleine cour, la duchesse de Rohan, l'épiscopat finira par tomber en roture. — « Madame, répondit le ministre, à mérite égal, je préférerai les sujets dont l'illus-

---

[1] Arcère, tom. I. pag. 308.

tration personnelle sera propre à relever l'éclat de leur siège ; mais il faut que je voie l'apôtre à côté d'un grand nom ; jusque-là, vous me permettrez d'attendre [1]. » Odet était loin de montrer l'apôtre à côté d'un grand nom, puisque, parjure et apostat, il se maria, quelque temps après sa nomination au siège de Saintes. Il ne parut jamais dans la ville épiscopale. Nous ne le citons que pour le flétrir, et parce qu'il figure dans le catalogue comme évêque *nommé*.

Dès la fin du pontificat de Julien de Sodérini, le Bénédictin Jean du Refuge était abbé de Saint-Eutrope. Plus tard, il fut élevé à la dignité de doyen du chapitre de Saintes. Il fit bâtir alors une très-riche et très-belle chapelle, en l'honneur de sainte Magdeleine. Elle était située dans l'endroit des cloîtres, où l'on voyait autrefois l'autel de la paroisse ; aujourd'hui, ce lieu consacré n'est plus qu'une ignoble *remise*. Cette chapelle était petite, mais environnée de colonnettes en bronze habilement ciselées. Les *armoiries* du doyen y étaient gravées, à côté d'un *Ecce Homo* sous verre. Singulier contraste ! Le disciple fait parade, même après sa mort, du luxe *de ses armes*, et le maître se montre en regard, n'ayant pour livrée qu'une couronne d'épines sur son front ensanglanté, un manteau dérisoire sur ses épaules meurtries et, à

---

[1] Voy. l'*Ami de la Relig.* n° 3566, 12 Mars 1842. p. 503.

la main, le roseau de l'opprobre !.. L'un n'était-il pas l'évidente condamnation de l'autre !.. De plus, on y voyait le portrait du fondateur ; chose assez bizarre, il était placé près d'un tableau représentant le baptême de Jésus-Christ. Le tombeau du noble doyen était situé derrière l'autel ; sa statue y était en relief et d'un très-beau marbre.

Les choristes de la cathédrale chantaient annuellement, dans cette chapelle, une messe solennelle à grand orchestre, pour le repos de l'ame des bienfaiteurs qui leur avaient donné le *pré de la Magdeleine*[1]. Il est probable que l'abbé du Refuge vivait encore en 1544, lorsque Charles de Bourbon, cardinal de Vendôme, était évêque de notre Église Santone ; mais pour peu de temps, puisqu'il fut transféré à Rouen, six ans plus tard. Cette même année, l'abbesse Jeanne II, Ire du nom de Larochefoucaud, succéda à Blanche de la Rochandrie. Elle mourut en 1559.

Charles de Bourbon était fils de Charles de Bourbon, duc de Vendôme. Après la mort d'Henri III, le duc de Mayenne plaça ce cardinal sur le trône de France, en 1589, sous le nom de *Charles X*. Ce n'était point pour faire perdre la couronne à son neveu Henri IV, comme on l'a dit, que l'Éminence l'avait acceptée ; c'était dans une intention toute contraire. A l'époque où, par quelques factieux,

---

[1] Mémoire mss. inéd. de Tabourin, chanoine de Saintes.

il fut déclaré roi, il députa, de sa prison de Fontenay-le-Comte, son chambellan vers Henri IV, avec une lettre par laquelle il le reconnaissait pour son légitime souverain. « Je n'ignore point, disait-il à un de ses confidents, que les ligueurs en veulent à la maison de Bourbon. Si je me suis joint à eux, c'est toujours un Bourbon qu'ils reconnaissent, et je ne l'ai fait que pour la conservation des droits de mes neveux. » Par là, on explique tout, on justifie tout, et même on se donne des titres à la reconnaissance! Ce fantôme de la royauté mourut à Fontenay, en 1590, âgé de 67 ans. L'église de Saint-Nicolas de cette ville, lieu de la sépulture du cardinal, vient d'être renversée pour faire place à une maison bourgeoise. Les recherches faites pour découvrir les restes de Charles de Bourbon ont été sans succès.

Un an après la translation à Rouen du cardinal de Vendôme, Philippe de Cossé gouvernait le monastère de Saint-Eutrope. Il était abbé commandataire, lorsqu'il fournit à la chambre des comptes un mémoire relatif aux fondations d'Alphonse, frère de saint Louis, en l'honneur du bienheureux martyr; nous en parlerons dans le cours de cette histoire. Nous aimons à voir, en peu de temps, trois cardinaux se succéder sur le siège épiscopal de Saintes.

Le ciel, en 1550, appela, du sein de la solitude de Clairvaux, un religieux édifiant et modeste, pour l'élever à l'épiscopat. Ce nouvel évêque, Tristand de Bizet, originaire de Troyes, aumônier ordinaire d'Henri II, dont il reçut une charte, en 1554, assurant ses droits de visite sur les abbayes, prieurés et autres bénéfices de son diocèse [1], assista au concile de Trente, XVIIIe et dernier des conciles généraux. L'ouverture de cette célèbre et sainte assemblée eut lieu en 1545, sous le pontificat de Paul III. Ce concile continua sous celui de Jules III et de Paul IV, et finit en 1563, sous le pontificat de Pie IV. Quelle preuve de la protection de l'Homme-Dieu sur son Église !.. Elle n'était plus attaquée par une ou deux hérésies : toutes les erreurs à la fois lui déclaraient une guerre cruelle. Le Protestantisme, négative absolue de tous les principes de foi divine, avait répandu le poison de ses criminels systèmes dans une grande partie de l'Europe; il n'a su que nier, dit un auteur, et nier c'est détruire. Il fallait enfin opposer à ce torrent impétueux la digue insurmontable de la vérité catholique, expliquer la croyance orthodoxe, venger la doctrine attaquée, justifier le culte de l'Église traité de superstition et d'idolâtrie par les hérétiques, et apporter la salutaire réforme que nécessitaient de nombreux abus, introduits, par la mollesse et l'opulence excessive,

---

[1] Arch. mss. inéd. de la cathédrale de Saintes; pièce aujourd'hui déposée dans les arch. de la paroisse de St.-Eutrope.

dans la discipline ecclésiastique, pendant les siècles ténébreux qui s'étaient écoulés; quel sujet plus important et quel but plus louable!

« Jamais, dit Bergier, assemblée ecclésiastique ne fut plus célèbre. Plus de deux cent cinquante évêques ou prélats des différentes nations catholiques, les plus savants théologiens, les plus habiles jurisconsultes, les ambassadeurs des divers souverains y assistèrent. Quand on examine les décrets, sans prévention, l'on reconnaît qu'ils ont été formés avec toute la clarté, la précision et la sagesse possibles, après les discussions et les examens les plus exacts, faits par les théologiens et les canonistes. On conçoit aisément que les Protestants n'ont rien omis, pour décrier la conduite et les décisions d'un concile qui les a condamnés; mais leur procédé, à cet égard, met au grand jour l'esprit dont ils ont toujours été animés [1]. »

L'erreur se révolte ordinairement contre la vérité qui la condamne; le coupable atteint par la justice ne manque jamais d'accuser ses juges et de calomnier leur sentence. Le concile de Trente fut tenu précisément pour condamner les erreurs de Luther et de Calvin, comme l'avait été celui de Nicée, pour frapper d'anathème l'hérésie d'Arius.

Le ministre Claude n'a-t-il pas dit dans sa *Défense de la Réforme* : « J'avoue que toute Église

---

[1] Bergier, *Dict. Théol.* tom. VIII. pag. 190.

bien réglée doit avoir ses lois pour réprimer les vicieux et pour les ramener à la repentance ; et que, quand on n'en peut venir à bout par la voie de l'exhortation et de la censure, on a droit de les retrancher absolument du corps de la société ¹... » Aussi, depuis le concile de Jérusalem jusqu'à celui de Trente, l'Église catholique a fait l'application de ces lois qui *répriment les vicieux* ; même puissance, même infaillibilité de jugement ! L'Église divine ne *varie pas* comme l'Église humaine de Luther et de Calvin ; son autorité et sa vérité restent immuables comme Dieu. Elle *seule* possède cette immutabilité, cette autorité, cette vérité ; et quiconque se sépare d'elle tombe en dissolution. L'Église grecque n'est plus qu'une esclave avilie ; son empire est divisé ; une partie de sa puissance est passée de ses mains pontificales dans les mains tyranniques et profanes d'un empereur moscovite ; elle ne marche plus sous la houlette de Jésus-Christ, mais elle se traîne honteusement sous le sceptre d'un czar !.. L'Église d'Angleterre a aujourd'hui pour chef une *femme !* Quelle dérision !.. Celle d'Écosse est presbytérienne ; l'Allemagne est protestante, renfermant dans son sein une multitude de sectes divisées entre elles. Le Protestantisme est un cadavre depuis le jour de sa monstreuse naissance ; il est né mort,

---

¹ *Défense de la Réf.* par le ministre Claude, tom. II. pag. 10.

puisqu'il est erreur et mensonge. N'anticipons point sur ce sujet; nous l'approfondirons bientôt.

Tristand de Bizet mourut en 1579, à l'âge de 80 ans. Il avait, depuis quelque temps, donné sa démission. Son corps fut inhumé dans l'église des Bernardins de Paris, et son cœur reposait dans le monastère de Clairvaux. Ce prélat avait eu pour vicaires-généraux Geoffroy d'Angliers, chantre et chanoine de sa cathédrale en 1551; Jacques de Bizet, son neveu, qui fut tué par les Calvinistes en 1559; Jean Thibaud, en 1569, et Pierre Joly, en 1570. C'est sous son épiscopat, comme nous le dirons, que les Protestants détruisirent à Saintes la majestueuse basilique de Saint-Pierre et, en partie, l'église haute et basse de Saint-Eutrope, après les avoir odieusement profanées. Mais nous voici arrivé à cette funeste époque dont les évènements ont, depuis trois siècles, produit en Europe tant de perturbations et de scandales!...

« Hélas! tous ces docteurs à la glose stérile
Sont les esprits déchus du nouvel Évangile,
Qui donnaient pour la seule et sainte vérité
Les froides visions d'un orgueil révolté;
Prêtres sans mission, de qui la main parjure
Déchira du Sauveur la robe sans couture,
Et, pour s'en disputer les malheureux lambeaux,
Couvrit le sol chrétien de milliers de tombeaux.
Car, comme l'imposteur qui subjugua l'Asie,
Leur implacable erreur, de vertige saisie,
Oubliait, procédant par le fer et le feu,
Que la parole seule est le glaive de Dieu. »

(Reboul, *Dernier Jour*, ch. VII. pag. 215.)

CHAPITRE CINQUIÈME.

Tradition depuis les guerres du Protestantisme,
au XVI° siècle,
jusqu'a la révolution du XVIII°.

Au milieu du XIIIe siècle, nous nous sommes arrêté avec enthousiasme en présence de la gloire et de l'héroïsme du vainqueur de Taillebourg; au milieu du XVIe, nous suspendons avec douleur notre marche devant l'hérésie et ses scènes désolantes. En rappelant l'unité de notre objet et cet imposant cortège qui, d'âge en âge, se renouvelle pour honorer l'apôtre de l'Église Santone et sanctionner l'authenticité de ses précieux restes, nous voulons caractériser l'époque de lugubre mémoire que nous venons d'atteindre. Chaque siècle éprouve sa maladie morale. A l'esprit de conquête des Romains succéda l'invasion sanglante des peuples barbares; après le passage dévastateur de ses hordes sauvages, vinrent les guerres civiles des frères contre les frères, qui pesèrent de tout leurs poids sur les belles provinces de la Gaule et sur l'Aquitaine en particulier. Les Normands, non moins furieux qu'acharnés à tout détruire, parurent ensuite comme une nouvelle calamité, portant l'épouvante et la mort, du Septentrion au Midi de la France. Les Anglais eurent leur tour, et, avant leur honteuse défaite par Jeanne-d'Arc la guerrière, que de maux n'ont-ils pas causés dans notre illustre patrie!..

Le XVIe siècle devait donc aussi avoir son esprit d'époque. Il faut l'avouer, l'esprit de ce siècle de révolte ne dut pas faire « marcher la société européenne à grands pas vers sa régénération politique et religieuse, » ainsi que nous le dit l'honorable M. Massiou [1]. Il nous permettra de lui faire observer que ce n'est point là une *régénération*, mais une dégradation intellectuelle, puisque c'est l'audacieux individualisme soulevé contre la raison de Dieu, et la rebellion de l'erreur contre toute vérité révélée. Singulière et étrange *régénération*, qui a produit l'anarchie dans le gouvernement des empires, et l'athéisme pratique, suivi de l'abject

---

[1] *Hist. civ. pol. et relig. de la Saint.* par M. Massiou, 2e Période, tom. II. pag. 454, ligne 3e. Cet auteur avoue aujourd'hui que la *mauvaise foi* ne l'inspira point quand il écrivit *son Histoire;* nous aimons cet aveu de sa part, car nous préférons l'écrivain qui peut se tromper à l'écrivain qui voudrait tromper.

et hideux matérialisme en religion ! L'esprit du XVIe siècle est d'autant plus sinistre et déplorable, qu'il emprunte tous ses caractères des anciennes hérésies, si haineuses et si cruelles dans leurs vengeances et leur action turbulente.

Depuis les louables efforts de Grégoire VII, au XIe siècle, pour affranchir l'Église des éléments essentiellement nuisibles à son repos et à la vigueur de sa discipline, pour enchaîner des passions humaines, mises en jeu soit par les exactions des princes et des puissants seigneurs, soit par une trop grande surabondance de richesses dans le clergé, on vit, de siècle en siècle, se former le terrible orage qui éclata au XVIe. L'appât de l'or et l'ambition pour les dignités ecclésiastiques firent entrer dans le sanctuaire quelques méchants papes, en bien petit nombre néanmoins, comparativement à la multitude de saints et de grands hommes qui ont occupé le siège de Pierre ; des évêques mondains, des prêtres sans vertus, des moines sans vocation, pour qui une vie fastueuse et sensuelle était toute la fin qu'ils se proposaient, recevaient ou usurpaient les ordres ; puis, le séjour trop prolongé des papes à Avignon, les pontificats de Jean XXIII, d'Alexandre VI, du belliqueux Jules II, et surtout la funeste influence des doctrines de Wiclef et de Jean Hus en Angleterre, en Bohême et en Allemagne, au commencement du XVe siècle, avaient conduit les esprits dans la voie de la révolte contre l'autorité de l'Église et contre les dogmes sacrés de la foi catholique.

Quelle fut donc, dit un historien, la source fatale de ce déluge soudain de sectaires, de fanatiques, de blasphémateurs et d'impies qui, dans le cours du XVIe siècle, assaillirent le vaisseau de Pierre et faillirent à le submerger sans ressource, en feignant de le mieux diriger ? Depuis quatre ou cinq générations, le cri de la réforme, passé de bouche en bouche et devenu plus séditieux dans sa progression, avait enfin étouffé, dans une infinité de fidèles, jusqu'au premier germe de respect pour l'ordre ecclésiastique et pour l'Église même. Le mot hypocrite de *réforme*, fut alors employé par les hérétiques, comme le fut, plus tard, le mot séduisant de *liberté* par les révolutionnaires ; le cri de ralliement est autre, mais le but est le même. A force d'entendre une foule de censeurs, sans mission et sans retenue, demander la réformation de l'Église dans son chef et dans ses membres, on s'était persuadé qu'il n'y avait plus rien de sain dans le corps entier. Telle fut la première cause du mépris et de l'emportement des peuples contre l'autorité ecclésiastique. Il y en eut une seconde, et nous dissimulerions en vain que, parmi tant de zélateurs qui demandaient la réforme, il y en avait d'animés par un intérêt sincère pour le bien de l'Église, par la douleur religieuse dont les pénétrait la connaissance de ses maux et de ses besoins. Ainsi la réformation, demandée si long-temps et si long-temps éludée, fut, du moins en partie, ce qui causa dans l'Église les tristes bouleversements que nous allons décrire.

Deux hommes parurent alors, comme deux fléaux, pour épouvanter le monde religieux et social. Martin Luther, né en 1484 à Eisleben, dans le comté de Mansfeld, embrassa la vie monastique chez les ermites de St.-Augustin à Erfurt. Il avait des talents et encore plus de jactance et d'audace. L'électeur de Saxe, Frédéric, avait fondé une nouvelle université à Wittemberg. Luther y fut envoyé comme professeur. « Homme ardent et impétueux, opiniâtre au point, dit l'histoire, de se montrer incapable d'écouter la sagesse et la raison, le moine allemand, plein de l'esprit d'erreur de l'hérésiarque Jean Hus, conçut une haine implacable contre les saintes pratiques de l'Église romaine et surtout contre son autorité divine, uniquement parce que l'orgueil dont son âme était pétrie avait été froissé d'une préférence dont il se croyait exclusivement digne. En 1517, le Luthéranisme n'était encore qu'une étincelle ; en 1518, c'était un incendie qui ne fit plus que s'étendre pour prolonger ses affreux ravages. » N'est-il pas curieux d'entendre l'auteur de l'*Histoire civile, politique et religieuse de la Saintonge* [1], affirmer que

---

[1] 3ᵉ Période, tom. I. pag. 2.

Martin Luther avait compris le malaise de son siècle et résolu d'y remédier !... Il est plus juste de dire que le moine saxon, corrompu dans ses mœurs, désirait, comme ceux qui marchaient dans la même voie de la licence, attaquer et renverser la digue opposée à la démoralisation de l'esprit et du cœur.

Jean Calvin [1], qui naquit à Noyon, en 1509, non moins voluptueux que Luther et plus ignoble dans ses vices, était d'autant plus orgueilleux, dit encore l'histoire, qu'il se piquait davantage d'être modeste, que sa modestie même faisait la matière de son ostentation. Infiniment plus artificieux, d'une malignité et d'une amertume tranquille mille fois plus odieuses que tous les emportements de son précurseur, orgueil qui perçait tous les voiles dont il s'étudiait à l'envelopper ; qui, malgré la bassesse de sa figure et de sa physionomie, se retraçait sur son front sourcilleux, dans ses regards altiers et la rudesse de ses manières, dans tout son commerce et sa familiarité même, où, abandonné à son humeur chagrine et hargneuse, il traitait ses collègues avec toute la

---

[1] Pendant notre séjour à Noyon, en 1837, mourut en fervent catholique, comme il avait toujours vécu, le dernier membre de la famille de Calvin. On me fit observer que les Protestants ne venaient pas plus habiter Noyon, que les Anglais n'aiment à se fixer à Orléans. Les uns ont à rougir de leur *chef*, et les autres tremblent encore devant la statue de Jeanne-d'Arc.

dureté d'un despote entouré de ses esclaves. Mais sur quoi s'est fondé le réformateur pour s'arroger sa mission ? Sur le dépit conçu de ce qu'on avait conféré au neveu des connétables de France le bénéfice que l'ambition extravagante de Calvin briguait pour lui-même. Avant ce refus, il avait déclaré que, s'il l'essuyait, il en tirerait une vengeance dont il serait parlé dans l'Église pendant plus de cinq cents ans. Aussitôt qu'il l'eut essuyé, il mit la main à l'établissement de *sa réforme*; et quelle *réforme !*

Il nous suffit d'indiquer ces deux hommes, pour présenter le Protestantisme dans tout son jour. Soit, au reste, qu'on le considère comme opinion *humaine*, *religieuse* ou *politique*, une saine logique, argumentant des faits les plus incontestables, est invinciblement entraînée à conclure, sans préjugés et sans exagération, que le Protestantisme est la grande calamité des temps modernes. Sa cause principale est un orgueil sans mesure. Tout ce que l'histoire nous apprend des novateurs du XVIe siècle en est une preuve démonstrative.

« Fort de mon savoir, disait *humblement* Luther, il n'est ni empereur, ni roi, ni diable à qui je voulusse céder ; non, pas même à l'univers entier [1]. » — « Je veux enseigner et juger, *moi docteur des docteurs*, ajoute le moine apostat. Vous

---

[1] Luther. resp. ad Maled. Reg. Aug.

dites que vous êtes docteurs ? Et moi donc !.. Je puis interpréter les psaumes et les prophètes, vous ne le pouvez ; translater les livres saints, cela vous est défendu ; lire les divins livres, et vous, non. *Je vous vaux mille fois* [1] *!..* » Quel langage, quand il se prononce sur les Pères de l'Église ! « Les Pères, dit-il, n'ont rien compris au texte de saint Paul... Je comprends mieux le texte que mille Augustins. On devrait envoyer ce Père à l'école. Les Pères sont des *imbécilles*, qui n'ont écrit que des *sottises* sur le célibat. » Il s'élevait, comme Satan, au-dessus de Dieu même. Que le lecteur nous permette encore de laisser parler Luther : « Je dois plus à ma petite Catherine (Bora sa prostituée) et à maître Philippe qu'à Dieu même. Dieu n'a fait que des folies : je lui aurais donné de bons conseils, si j'avais assisté à la création ; j'aurais fait briller incessamment le soleil : le jour aurait été sans fin. » « Orgueil ! orgueil ! s'écriait-il ; mais sans orgueil, comment tenter une œuvre nouvelle ! Je n'ai que faire des avis d'autrui [2] ! » OEcolampade avouait que le moine réformateur était enflé d'orgueil, d'arrogance et séduit par Satan [3]. L'origine du Protestantisme est une corruption profonde, une licence effrénée ; il faut vivre dans le siècle

---

[1] Tisch-Reden, pag. 375 ; voy. *Hist. de Luther,* par Audin, tom. II. pag. 329.

[2] *Item.*

[3] OEcolamp.

des illusions, pour ne pas voir et ne pas admettre cette vérité tout historique!..

Luther, après avoir dit et écrit des obscénités que la langue latine a peine à exprimer, disait de Calvin : « Calvin, je le sais, est violent ; il est *pervers et corrompu* ; *tant mieux*, voilà l'homme qu'il nous faut pour avancer nos affaires [1]. » — « Calvin, ajoute Bucer, est mauvais et juge des gens suivant qu'il les aime et les hait. » « Quel homme fut jamais plus tranchant, plus impérieux, plus décisif que Calvin, pour qui la moindre opposition qu'on osait lui faire, était toujours une œuvre de Satan, un crime digne du feu. » Ainsi s'exprime Jean-Jacques Rousseau [2].

Calvin, à son tour, disait de Luther : « Véritablement Luther est fort vicieux ! Plût à Dieu qu'il eût songé davantage à reconnaître ses vices ; plût à Dieu qu'il eût pris soin de refréner davantage l'intempérance qui bouillonne en lui de tous côtés [3] ! » Il convenait bien à Calvin de s'élever ainsi contre l'*intempérance* du moine allemand, lui qui mourut des suites d'une maladie infâme [4] !

---

[1] Luther. Epist. ad Jacob. Presbyt.

[2] J.-J. Rouss. *Lettres de la Montagne.*

[3] Cité dans Conrad. Schlassemb. Theol. liv. II. pag. 126.

[4] Calvinus in desperatione finiens vitam obiit turpissimo et fædissimo morbo quem Deus rebellibus et maledictis comminatus est, priùs excruciatus et consumptus, quod ego verissimè

L'opinion de tels hommes ne peut avoir pour caractère que démoralisation et intolérance. Écoutons au reste Calvin, écrivant au marquis de Poët, son ami : « Ne faites faute de défaire le pays de ces zélés fanatiques qui exhortent les peuples par leurs discours à se roidir contre nous, noircissent notre conduite et veulent faire passer pour rêverie notre croyance. Pareils monstres doivent être étouffés, comme je fis en l'exécution de Michel Servet, espagnol; à l'avenir, ne pense pas que personne s'avise de faire chose semblable. » L'original de cette lettre a été conservé dans les archives du marquis, à Montélimart. Servet avait écrit à Calvin sur la Trinité. Calvin répondit; de là des injures et enfin une haine implacable. Servet fut emprisonné par les intrigues de Calvin. Il s'évada et se retira à Genève. Son adversaire l'y poursuivit et fit procéder contre lui avec toute la rigueur possible; enfin, à force de crier « que Dieu demandait le supplice de cet anti-trinitaire, » le *charitable* Calvin le fit brûler vif en 1553, à quarante-quatre ans [1].

Voilà donc le Protestantisme comme *opinion*

---

attestari audeo qui funestum et tragicum illius exitum et exitium his meis oculis præsens aspexi.

(Joann. Harennius apud Petr. Cutzenium. — Audin, *Hist. de Calvin*, tom. II. pag. 464.)

[1] Voy. Feller, *Dict. Hist.* tom. XV. pag. 411. — Nonote, *Dict. anti-philos.* et l'*Hist. de l'Egl. Gall.* tom. XVIII.

humaine : il n'est ni pur dans sa source, ni tolérant dans son esprit.

Sous le rapport *religieux*, il est impossible qu'il soit la religion divine; car il faudrait pour cela, dit Bossuet, qu'il fût un fait surnaturel émané de Dieu ; or, il n'en est rien : c'est une hérésie. Mais toute hérésie est une impiété, en ce qu'elle s'attaque à Dieu et aux choses saintes. Fut-il jamais hérésie plus féconde que le Protestantisme, en impiétés, en blasphêmes, en sacrilèges, en attentats de toute énormité contre les mystères les plus révérés dans tous les âges de l'Église !.. Luther, lui-même hérésiarque, nous transmet ainsi le tableau qu'il a crayonné à cet égard : — « On a dit du paon qu'il avait le vêtement d'un Anglais, la marche d'un voleur et le chant du diable. Cet oiseau est l'image de l'hérésie ; car tous les hérétiques veulent passer pour des hommes de Dieu, des saints et des anges. Ils viennent d'abord sourdement et à petits pas, et s'emparent de l'office de prédicateur, *avant qu'on les ait appelés*, et veulent à toute force instruire et enseigner. Ils ont une voix de diable, c'est-à-dire *qu'ils ne prêchent qu'erreur, tromperie et hérésie...* Les chenilles ont des ailes d'or et d'argent ; au-dehors leur parure est brillante, au dedans, elles portent poison. Les hérétiques, eux, se parent de sagesse et de piété, et ils enseignent des doctrines impies et damnables. Quand les papillons meurent, ils déposent une couvée d'œufs, et d'une chenille va naître une foule d'autres chenilles : ainsi l'hérétique en trompe et en séduit d'autres, qui, à leur tour, *enfanteront une foule d'esprits de trouble* [1]. »

C'est là le Protestantisme peint par lui-même ; pourquoi s'en fâcherait-il ? Quels sont, en effet, le but et l'esprit principal de cette hérésie ? Désunir les hommes du centre divin de l'autorité établie par Jésus-Christ ; remplacer la doctrine du Sauveur par des opinions arbitraires, passionnées, anti-évangéliques ; donner à des systèmes essentiellement vicieux et subversifs le titre de *réforme* ; attaquer avec une aveugle fureur l'Église catholique ; abolir tous les freins qui compriment une nature superbe, indépendante et perverse ; mettre la faible et orgueilleuse raison de l'homme à la place de la raison de Dieu, dont l'autorité suprême est soumise à l'examen privé d'une coupable présomption ; s'affranchir des obligations les plus saintes ; anéantir l'antique hiérarchie ; confier les fonctions du sacerdoce à des laïques sans caractère sacré, sans mission divine pour enseigner de la part du ciel, *qui ne prêchent,* comme l'a dit l'hérésiarque allemand, *qu'erreur, tromperie et hérésie, et des doctrines impies et damnables* ; ils osent prendre le titre de *ministres du*

---

[1] Tisch-Reden, 393 ; ap. Audin, *Hist. de Luther,* tom. II. pag. 340.

saint Évangile, lors même qu'ils ne croient pas en général à la divinité de Jésus-Christ!.. Le Protestantisme est *anti-religieux* : il désorganise ; il ne réforme pas, il n'adore point, il blasphème.

« Le perfide Calvin, dit un historien du XVIIe siècle[1], forma un dessein détestable de ruiner l'Église de Dieu, faisant croire de la vouloir *réformer*. En effet, rejeter les sacrements de l'Église et de sept n'en retenir que deux ; oster la vérité du plus grand sacrement, en niant la présence réelle de Jésus-Christ en l'Eucharistie ; de nier la grâce du plus nécessaire sacrement, en soustenant que les petits enfants morts sans baptême sont sauvéz ; abolir le sacrifice de la messe, qui est comme l'âme, l'appuy, le soustien, l'honneur, le bonheur et le renfort de l'Église catholique, n'est-ce pas *une destruction* plutôt qu'*une réformation* ? Et comment pourrait-on appeler *réformateurs* ceux qui ont osté les cérémonies saintes, renoncé aux traditions apostoliques, condamné les conciles, décrets, ordonnances ecclésiastiques, rasé les temples sacréz, égorgé les prêtres et contraint les religieux et les religieuses de violer les vœux qu'ils avaient faits à Dieu ?.. Le Calvinisme s'attribue en vain le nom de religion, n'en ayant ni la forme, ni la figure, ni la substance, ni les accidents, ni le principal, ni l'accessoire, puisqu'il n'a

---

[1] *Hist. d'Orléans*, in-f°, par Guyon, pag. 360.

ni vertu, ni dévotion, ni sacrifice, ni cérémonies, ni foy, ni bonnes mœurs inspirées par le Saint-Esprit. »

Si nous avions à juger le Protestantisme sous le rapport *politique*, nous dirions avec Bossuet « qu'il n'inspire que la révolte, sous prétexte de flatter la liberté. Sa politique met la confusion dans tous les états; il devait nécessairement enfanter des guerres civiles et ébranler les fondements des empires [1]. »

« Il n'y a pas de pays, dit Voltaire, où la *religion* de Luther et de Calvin ait paru, sans faire couler le sang [2]. » Grotius ajoute : « Partout où le Calvinisme a paru, les États ont été bouleversés [3]. » Aussi Mélancton s'écriait-il : « Quelle tragédie nous préparons à la postérité ! » Le fait est certain ; le Protestantisme et ses systèmes républicains embrasèrent l'Allemagne et finirent par rompre en France l'union, la paix des familles, et compromettre le repos du royaume. Pour peu qu'on analyse l'essence de cette hérésie, il reste démontré qu'elle est la source féconde de toutes les révolutions politiques qui affligent le monde depuis trois siècles.

« La révolution du XVIe siècle, dit M. Louis de Haller, et la révolution du XVIIIe se ressem-

---

[1] Bossuet, *Ier Avertis. sur les Lettres de Jurieu*, pag. 5.
[2] Voltaire, *Siècle de Louis XIV*, ch. 33.
[3] Calvini discipuli ubicumque invaluerunt, imperia turbavere. Grot. in animâ Riv. t. IV. p. 649. in-f°, p. 650. édit. 1679.

blent à un tel point, qu'en exposant la première, on croit, sous un autre nom, lire l'histoire de nos jours [1]. » — « En lisant les pamphlets de 93, ajoute un autre écrivain, on retrouve jusqu'aux expressions de Calvin [2]. »

Nous n'avons pas besoin, selon Bergier, de chercher ailleurs que chez nos adversaires les preuves que nous avançons. Bayle, qui ne doit pas être suspect aux incrédules, qui vivait parmi les Calvinistes et qui les connaissait très-bien, leur représente que, quand il est question d'écrire contre le pape, ils ont soutenu avec chaleur les droits et l'indépendance des souverains; que, lorsqu'ils ont été mécontents de ceux-ci, ils ont remis les souverains dans la dépendance à l'égard des peuples; qu'ils ont soufflé le froid et le chaud, suivant l'intérêt du lieu et du moment. Il leur montre les conséquences affreuses de leurs principes, touchant la prétendue souveraineté inaliénable du peuple, et aujourd'hui nos politiques incrédules osent nous vanter ces mêmes principes comme une découverte précieuse et nouvelle qu'ils ont faite; ils ne savent pas que c'est une doctrine renouvelée des Huguenots. Il n'y a point, continue Bayle, de fondement de la tranquillité publique que vous ne sapiez, point de frein capable

---

[1] *Hist. de la Révol. relig.* ou *de la Réform. protest. dans la Suisse Occident.*, par Louis de Haller.
[2] *Hist. de Calvin,* par Audin, tom. II. pag. 431.

de retenir les peuples dans l'obéissance que vous ne brisiez; vous avez ainsi vérifié les craintes que l'on a conçues de votre parti, dès qu'il parut, et qui firent dire que *quiconque rejette l'autorité de l'Église, n'est pas loin de secouer celle des puissances souveraines;* et qu'après avoir soutenu l'égalité contre le peuple et ses pasteurs, il ne tardera pas de soutenir encore l'égalité entre le peuple et les magistrats séculiers. Bayle va plus loin; il démontre que les Calvinistes d'Angleterre ont autant contribué au supplice de Charles Ier que les indépendants; que leur secte est plus ennemie de la puissance souveraine qu'aucune autre secte protestante; que c'est ce qui les rend irréconciliables avec les Luthériens et les Anglicans. Il prouve que les Païens ont enseigné une doctrine plus pure que la leur, touchant l'obéissance que l'on doit aux lois et à la patrie; il réduit à néant toutes les mauvaises raisons par lesquelles les Protestants ont prétendu justifier leurs révoltes fréquentes. Il fait voir que la ligue des Catholiques pour exclure Henri IV du trône de France, parce qu'il était huguenot, a été beaucoup moins odieuse et moins criminelle que la ligue des Protestants pour priver le duc d'Yorck de la couronne d'Angleterre, parce qu'il était catholique. Telle est l'analyse de l'*Avis*

---

[1] *Dict. Hist. Théol.* tom. I. pag. 408. — Œuvres de Bayle, tom. II. pag. 544.

des Réfugiés, qu'aucun Calviniste n'a osé entreprendre de réfuter.

« Je n'ai plus besoin, dit Bossuet, de parler de la France, pour prouver que le Protestantisme est subversif des États ; on sait assez que la violence du parti réformé, retenue sous les règnes forts de François Ier et de Henri II, ne manqua pas d'éclater dans la faiblesse de ceux de François II et de Charles IX. On sait, dis-je, que le parti n'eut pas plus tôt senti ses forces, qu'on n'y médita rien de moins que de partager l'autorité, de s'emparer de la personne des rois et de faire la loi aux Catholiques. On alluma la guerre dans toutes les villes et dans toutes les provinces. On appela les étrangers de toutes parts au sein de la France, comme à un pays de conquête, et on mit ce florissant royaume, l'honneur de la chrétienté, sur le bord de sa ruine, sans presque jamais cesser de faire la guerre, jusqu'à ce que le parti dépouillé de ses places fortes fût dans l'impuissance de la soutenir. Ceux qui n'ont que les Dragons à la bouche, et qui pensent avoir tout dit pour la défense de leur cause, quand il les ont seulement nommés, doivent souffrir à leur tour qu'on leur représente ce que le royaume a souffert de leurs violences, et encore presque de nos jours.. » Que dirait Bossuet s'il avait vécu jusqu'au XIXe siècle !...

« Les Protestants, reprend l'évêque de Meaux,

sont convaincus, par actes et par leurs propres délibérations, qu'on a en original, d'avoir alors exécuté, en effet, par une puissance usurpée, plus qu'ils ne se plaignent à présent d'avoir souffert de la puissance légitime. Le fait en a été posé dans l'Histoire des Variations [1], et n'a pas été contredit. On y a dit qu'on avait en main, en original, les ordres des généraux et ceux des villes *à la requéte des Consistoires*, pour contraindre les *papistes* à embrasser la Réforme *par taxes, par logements, par démolition de leurs maisons et par découverte de leurs toits*. Ceux qui s'absentaient pour éviter ces violences, étaient dépouillés de leurs biens ; il y a encore des actes authentiques des habitants de la Rochelle, où il est porté que la guerre fut renouvelée à l'occasion des prêtres que les Protestants précipitèrent dans la mer jusqu'au nombre de vingt-six ou de vingt-sept : de sorte que ceux qui nous vantent leur patience et *leurs martyrs*, sont en effet les *aggresseurs* et le sont de la manière la plus sanguinaire. Ces Dragons, dont on fait sonner si haut les violences, ont-ils approché de ces excès ; et tout ce qu'on leur reproche d'avoir entrepris sans ordre, de combien est-il au-dessous des violences où les Protestants se sont emportés, par des ordres bien délibérés et bien signés ? On a avancé ces faits

---

[1] Variat. liv. X. n. 52.

publiquement ; M. Jurieu ou quelqu'autre les a-t-il niés, ou a-t-il dit un seul mot pour les affaiblir ? Rien du tout ; parce qu'ils savent bien qu'ils sont connus par toute la chrétienté, écrits dans toutes les histoires ; et, de plus, prouvés par les actes publics. Mais c'étaient, disent-ils, des temps de guerres, et il n'en faut plus parler ; comme s'ils étaient les seuls qui eussent droit de se plaindre de la violence et que ce ne fût pas au contraire une preuve contre leur réforme, d'avoir entrepris, *par maximes de religion*, des guerres dont les effets ont été si cruels [1] !.. »

Le père Lefebvre, prieur des Dominicains de la Rochelle, confirme, dans son *Manuel Historique*, les violences des Protestants dans cette ville. Nous traduisons le texte latin.

« L'hérésie de Calvin, dit-il, comme un poison subtil, prévalut tellement dans l'esprit des habitants de la Rochelle, ville qu'ambitionnait Elisabeth, reine d'Angleterre, qui faisait tous ses efforts pour se l'assujettir ou la gagner, que le dimanche, dernier jour du mois de l'année 1562, les novateurs tinrent sans aucun obstacle leur première assemblée publique, en présence d'une partie de la population, à trois heures de l'après-midi, sur une place voisine du rivage de la mer.

---

[1] Bossuet, *I*ᵉʳ *Avertis. sur les Lett. du min. Jurieu*, t. XXI, pag. 324. édit. de Versailles, 1816.

Ils eurent particulièrement pour auditeurs le seigneur Gui Chabot de Jarnac, gouverneur de la ville, et sept mille personnes de tout sexe. Cette réunion dura près de trois heures. Loin de s'y opposer, les principaux de la ville demandaient l'abolition du culte antique, reçu depuis des siècles dans le royaume; ils étaient également désireux d'abroger les édits et les lois promulgués par les rois très-chrétiens. A l'issue de cette assemblée, les sectaires parurent armés, courant par les rues et les carrefours, en criant tumultueusement et avec fureur : — Liberté! Liberté!.. Évangile! Évangile!..— En même temps, ils se ruèrent contre les lieux saints, et tout ce qui était précieux en ornements et en vases sacrés, ils l'employèrent avec mépris à des usages profanes, ou le livrèrent aux mains de ceux qui leur étaient unis par le sang ou par l'esprit de parti; ce qui fit que plusieurs, d'indigents qu'ils étaient, devinrent tout-à-coup puissamment riches. Après avoir dépouillé les églises pour satisfaire leur honteuse et sacrilège avarice, ils renversèrent les autels, brisèrent les saintes images de notre Seigneur Jésus-Christ, de la bienheureuse Marie toujours Vierge et des autres Saints; ils les mutilèrent par haine et dérision; ils allèrent jusqu'à fouiller dans les tombeaux des fondateurs et des personnes de tout sexe, dont les vertus rendaient les cendres respectables; ils ouvrirent les sépulcres, en dispersèrent çà et là, avec une indécence impie, les corps, les ossements et tout ce qu'ils y trouvèrent. Ce qui échappait au feu était jeté dans la mer. Ils réduisirent en poudre les livres, les stalles et généralement tout ce qui pouvait devenir la proie des flammes. De plus, les monastères devinrent l'objet de leur cupide rapacité ; les religieux et les ecclésiastiques furent victimes de leur cruauté et de leurs violences; ils les obligèrent à abandonner leur asile, leurs propriétés, leur ville et leurs fonctions saintes. Que dire de plus ? Pour leur enlever tout moyen de retour, ils les dépouillèrent, le 14 juillet, de tous leurs revenus et rentes annuels, qu'ils assignèrent à des séculiers de la condition la plus obscure, et introduisirent dans les lieux claustraux de ces mêmes monastères des hommes mariés, avec femmes et enfants. Le 4 novembre, ils établirent le sieur René Berthet, syndic de la ville, homme adroit et propre à cette sorte de régie, afin qu'il eût, d'après une autorisation spéciale signée du maire, des échevins et munie du sceau municipal, à chercher avec soin et à prendre chez les notaires et tous autres officiers quelconques, les actes et les titres des biens et des rentes ecclésiastiques.

« Malgré que l'année suivante, par un édit particulier et à la suite d'une mission donnée avec plein pouvoir aux très-illustres seigneurs René de Bourgneuf, de Cussel, conseiller du roi et maître des requêtes, et Pierre de Masparant, conseiller au grand conseil de Paris, le roi très-chrétien eût, le 13ᵉ jour de septembre, réintégré les religieux dans leurs maisons, néanmoins, exposés à de fréquentes et cruelles vexations dont ils étaient assaillis par des hommes du peuple qu'excitaient contre eux les principaux bourgeois, les religieux ne purent pas jouir, dans leurs couvents et au milieu de leurs pieux exercices, d'une longue sécurité. Bientôt la persécution se montrant plus menaçante, ils furent contraints d'abandonner leur demeure et de chercher au loin leur salut dans la fuite. Enfin la fureur des sectaires fut portée à un tel excès, que les religieux étant revenus dans leurs monastères, y furent pris et garrottés par eux avec la dernière violence, et ainsi conduits, en 1568, dans une haute tour de la ville, qui, pour cela, a été appelée *la tour des Prêtres et du Garrot*. Après y avoir supporté les horreurs de la faim et de la soif, subi tous les genres d'opprobres et tous les mauvais traitements d'une inhumanité barbare, persévérant néanmoins, avec un invincible courage, dans une confession généreuse de la foi divine, ils furent mis à mort d'une manière atroce et précipités dans la mer. Les pierres couvertes de leur sang ont reproché *jusqu'à ce jour* aux plus terribles des sectaires leur crime infâme.

« C'est ainsi qu'une ville, *jadis la plus célèbre entre les villes du royaume pour son esprit de foi et pour son insigne piété*, avait tellement corrompu ses voies, qu'ayant, dans un laps de soixante-seize ans, abjuré la religion catholique pour la plus pernicieuse des hérésies, fière de son faste ambitieux, elle s'est fait remarquer, depuis le dernier jour du mois de mai de l'an du Seigneur 1562, jusqu'à la fin d'octobre 1628, par son amour pour la plus ténébreuse des erreurs [1]».

Le fait *de la tour du Garrot* est ainsi raconté par Antoine Bernard, notaire au Langon en Poitou, et contemporain de cet évènement; sa chronique vient d'être publiée et annotée par M. de la Fontenelle de Vaudoré, dont les remarques et les réflexions, en général, ne respirent pas toujours un catholicisme parfaitement pur.

« En ce temps, dit le notaire du Langon, les prêtres que les Huguenots trouvaient, les mettaient à mort, et à la Rochelle n'en faisaient pas moins; car ayant prins treize pauvres prestres ou gens d'église, ils les menèrent *à la tour du Garrot* et leur lièrent les mains derrière, et, par les mains du bourreau, les firent jeter du haut en bas en la mer, comme j'ai ouï dire cela *à qui l'avait vu*, et icelui qui me dit cette chose était demeurant à Dompierre, natif de Coulonges-les-Royaux, nommé François Miglet [2]. » Arcère nous a égale-

---

[1] *Manuale Historicum* du P. Lefebvre, prieur des Dominicains de la Rochelle, imprimé en cette ville, en 1646, chez Toussaint Gory, pag. 377 et suiv.

[2] Arch. hist. du Bas-Poitou, *Chron. Fontenaisiennes*, p. 60.

ment transmis ce fait odieux. Le règne des Calvinistes à la Rochelle fut une époque de désolation et de tyrannie. En 1592, ils proscrivirent dans cette ville le culte catholique, à tel point que les fidèles étaient obligés d'aller jusqu'aux églises d'Esnandes, de Bourgneuf et de la Jarrie, pour pouvoir participer aux sacrements et assister aux saints mystères. L'éloignement de ces trois paroisses les détermina, de concert avec les habitants de Laleu, à reconstruire l'église de ce bourg, ruinée par les Protestants ; ils s'y réunirent avec plus de facilité et en plus grand nombre, malgré les persécutions des sectaires.

« Le dimanche, ajoute encore Antoine Bernard, septiesme de juin du dit an 1562, les Huguenots de la Rochelle firent leur cène, où il se trouva plus de quatre mille personnes ; après laquelle cène, allèrent par toutes les églises de la ville et rompirent tout et brulèrent selon qu'ils avaient déjà commencé ; et coupèrent aussi un sépulcre, fait en mémoire de la sépulture de Jésus-Christ, duquel un marchand espagnol voulut bailler quatre mille écus, et ne lui fut oncques baillé, mais mis en pièces... »

M. de Vaudoré fait observer qu'on ne trouve point ailleurs la mention de ce précieux monument de sculpture. Il est à croire que le chroniqueur du Langon veut parler d'une riche chapelle, appelée de la Gravelle, fondée par la famille de l'Angliers, dans l'église des Dominicains, et de la curieuse plaque de cuivre ciselée qui la couvrait [1].

Tous ces faits de perturbation et de désordres dans l'Aunis, la Saintonge, le Poitou et *en plus de deux cents villes de France*, comme l'atteste l'histoire, prouvent que Bossuet dit vrai quand il accuse le Protestantisme d'avoir mis le florissant royaume de France sur le bord de sa ruine. Grotius voyait également juste lorsqu'il le nommait le perturbateur des empires.

Enfin Voltaire, qui n'est pas suspect, pense ainsi du Protestantisme : « Les Huguenots, dit-il, faisaient un *État dans l'État* [2]... » Et dans quel but ? L'auteur nous le dit encore : « Il était visible que l'Écosse et l'Angleterre puritaines voulaient s'ériger *en républiques*; *c'était l'esprit du Calvinisme*; il tenta long-temps en France cette grande entreprise ; il l'exécuta en Hollande ; mais en France et en Angleterre, on ne pouvait arriver *à ce but, si cher aux peuples*, qu'à travers des flots de sang [3]. »

---

[1] Antoine de Bourbon, roi de Navarre, conférant la chevalerie à Claude d'Angliers, dans la chapelle de Navarre, sise, dit Barbot, dans l'église des Augustins, et la plus riche, la plus belle qui avait été fondée par les prédécesseurs de sa Majesté, au moment que le prince donna le coup de plat d'épée sur l'épaule d'Angliers, celui-ci ferma les yeux : « Vous serez, lui dit le roi en souriant, vous serez assurément le chevalier craintif. » (Voy. Arcère, *Hist. de la Rochelle.*)

[2] Voltaire, *Essai sur l'Hist. gén.* tom. III. ch. 136. p. 313. édit. de 1756.

[3] *Item*, tom. IV. pag. 162.

Les peuples, depuis 1518 jusqu'en 1843, savent à quoi s'en tenir *sur ce but, si cher aux peuples!!!*. *Si cher* aux novateurs, aux anarchistes, aux révolutionnaires de toutes les nuances, vrais fléaux *des peuples*, l'histoire est là pour l'attester. Ce n'est pas notre faute, ajoute un écrivain judicieux, si l'histoire, même partiale contre la religion catholique, est forcée à de pareils aveux!

Le calviniste Bougars, écrivant à M. de Thou, n'assure-t-il pas que ceux de son parti ne peuvent supporter la royauté; et que, par un effet de cette maladie dont ils sont entachés, ils eussent *réduit la monarchie française à une anarchie* [1]. » La chose n'est plus à faire, elle est faite. « Ils sont séditieux et amis du trouble, écrivait Jean Schutz, protestant, parlant de ceux de sa secte; ils sont perturbateurs du repos public et de la sécurité des empires. Ils n'ont qu'un plan, celui d'exciter des factions, des soulèvements, des divisions, des massacres et l'effusion du sang [2]. « C'est là, ajoute encore Grotius, l'esprit essentiel du Calvinisme [3]. » Le plan du gouvernement ré-

---

[1] Bougars (Jacques), Calviniste, Cons. de Henri IV. lettr. à M. de Thou, pag. 651; édit. de La Haye.

[2] Seditiosi et tumultuosi sunt, pacis publicæ et tranquillitatis politicæ turbatores, quorum hoc unicum institutum est ut seditionum factiones, tumultuum dissidia, ac tandem cædem et sanguinis effusionem procurent.   (*J. Schutz.*)

Spiritum Calvini tumultuosum et inquietum. (*Grot. in animad. Rivetii op. t.* IV. *p.* 649.)

publicain tracé par les Protestants de la Rochelle, le 10 mai 1621, met cette vérité dans toute son évidence. Mais Luther n'avait-il pas caractérisé l'esprit de *la Réforme* en criant : « Allons, mes princes, aux armes! frappez; aux armes! percez! Les temps sont venus, temps merveilleux où, avec du sang, un prince peut gagner plus facilement le ciel, que nous autres avec des prières [1]. » Erasme ne lui reprochait-il pas d'avoir prêché la révolte ? — C'est en vain, lui disait-il, que, dans votre cruel manifeste contre les paysans, vous repoussez tout soupçon de révolte; vos libelles sont là, ces libelles écrits en langue vulgaire; oui, c'est là qu'au nom de la liberté évangélique repose le germe de tous ces tumultes [2]. — Osiander lui adresse le même reproche [3].

Depuis trois cents ans, on voit, sous la bannière ensanglantée de quelques moines apostats et licen-

---

[1] Mirabile tempus, nimirum ut principes multò faciliùs trucidandis rusticis et sanguine fundendo, quàm alii fundendis ad Deum precibus cœlum mereantur. — t. II. op. Luther. fol. 130. — t. II. Witt. fol. 84. 6. — Audin, Hist. de Luth. t. II. p. 167.

[2] Tu quidem libello in agricolas sævissimo suspicionem abs te depulisti, nec tamen efficis quò minùs credant homines per tuos libellos, præsertim germanicè scriptos, in oleatos et rasos, in monachos, in episcopos pro libertate evangelicâ, contra tyrannidem humanam, hisce tumultibus datam occasionem.

(*Erasmi Hyperasp. ap. Audin, tom. II. pag. 166. Hist. Luth.*

[3] Bullam edidit (Lutherus) quâ eos omnes tanquàm feras mactandas esse statuit. Osiand. Cent. 6. p. 103; Cent. 104 ap. id.

cieux, deux camps formés, là où il ne devrait en exister qu'un seul ; car l'*unité* est la pensée éminente de Jésus ; une foi, un baptême, un pasteur, un bercail, puisqu'il n'y a qu'un Dieu ! *Unité* que notre cœur appelle de tous ses vœux et qui certes ferait le bonheur du monde, comme l'hérésie en a toujours été la ruine et le fléau. Pourquoi cette unité de doctrine, d'espérance et d'amour, fut-elle hélas ! si brusquement rompue par des esprits audacieux et turbulents !.. Depuis cette rupture, la guerre déclarée à l'Église catholique par le Protestantisme a démoralisé le monde ; car, dirons-nous ici avec l'auteur de la *Discussion amicale*, il est de fait qu'avant la *Réforme* on ne connaissait guère d'incrédules ; il est certain qu'ils sont sortis en foule de son sein. Ce fut dans les écrits de Herbert, de Hobbes, Bloum, Schastsburg, Bolingbroke, Bayle, que Voltaire et les siens puisèrent les objections et les erreurs qu'ils ont si généralement mises en vogue dans le monde. Selon Diderot et d'Alembert, le premier pas que fait le Catholique indocile, est d'adopter la maxime protestante du *sens privé* : système déraisonnable et impie qui cite au tribunal de l'homme l'autorité de Dieu lui-même. Il s'établit juge de sa religion, la quitte et prend parti pour ce qui est si improprement appelé *réforme* ; mécontent des doctrines incohérentes qu'il y rencontre, il passe à celle des Sociniens, dont les inconséquences le poussent bientôt au déisme ; encore poursuivi par des difficultés inattendues, il se jette dans le doute universel, où, ne trouvant que le malaise, il se résout au dernier pas, et va terminer la longue chaîne de ses erreurs dans l'athéisme. N'oublions pas que le premier anneau de cette chaîne funeste tient à la maxime fondamentale du *sens privé*. Il est donc historiquement vrai que le même principe qui créa le Protestantisme au XVIe siècle, et n'a cessé depuis de l'exténuer en mille sectes différentes, a fini par couvrir l'Europe de cette multitude d'incrédules qui la mettent aujourd'hui si près de sa ruine. Dès que les sectes enfantent l'incrédulité, et par elle les révolutions, il est clair que le salut politique des États ne se trouvera que dans le retour de l'unité religieuse [1].

Le Protestantisme, élément corrosif, apporta en naissant la perturbation dans notre pays de France. Sans aucun doute, les esprits peu éclairés, ou malheureusement trop fidèles aux maximes qui favorisent les penchants désordonnés du cœur humain, nous taxeront d'aigreur ou d'exagération. Ni l'un ni l'autre de ces motifs ne peut nous inspirer. Nous avons étudié le Protestantisme dans ses auteurs et dans ses effets ; nous le jugeons tel qu'il est ; l'histoire impartiale nous guide ; nous ne voulons marcher qu'à la lueur de son flambeau.

[1] Voy. *Disc. amic.* tom. I. p. 100.

Malgré les moyens employés pour empêcher son établissement dans le royaume de St. Louis, cette hérésie parvint, en 1555, à former un premier noyau à Paris, chez un gentillâtre, nommé Laférière. Les hérétiques s'assemblaient chez lui. A l'occasion de la naissance d'un enfant de leur hôte, les sectaires choisirent un sieur Jean Lemasson, dit Larivière, âgé de vingt-deux ans, pour en faire *un ministre du saint Évangile.* Des laïques usurpant, par cet attentat aussi ridicule qu'inusité, l'office exclusif des évêques, présidèrent à cette singulière et bizarre élection. Ils ne portèrent cependant pas l'audace, pour cette fois, jusqu'à user de l'imposition des mains. Telle fut, dit un historien, la première *église réformée* que les Protestants eurent en France. Quelle pitié!.. Calvin arrivait bien tard pour nous prouver sa mission! Depuis quinze siècles, Jésus-Christ n'avait-il pas fondé son Église, avec promesse de sa perpétuité indéfectible et d'une assistance divine de tous les jours? N'avait-il pas constitué sa hiérarchie et donné son sacerdoce au monde? Mais l'erreur et le vice ne raisonnent pas; ils brisent et renversent tou ce qui s'oppose à leur esprit d'indépendance et d'innovation.

En 1556, les Protestants s'établirent à Orléans, à Rouen; Calvin, après sa fuite et *sa honteuse flétrissure,* ne cessait de souffler la révolte chez ses adeptes de Paris, en même temps que de

Genève, où il résidait, il faisait contracter une alliance entre le canton de Berne et la ville où ce coupable hérésiarque avait établi en quelque sorte son quartier-général.

Les partisans de Calvin ont essayé de le justifier sur le crime honteux et la flétrissure dont on l'accusait hautement de porter la marque à l'épaule [1] ; leurs efforts n'ont rien produit d'honorable pour sa mémoire. Car alors même que l'on n'admettrait pas le témoignage de Bolzec, son ci-devant disciple, qui l'accuse d'un crime infâme pour lequel il aurait été marqué du fer chaud; alors même qu'on regarderait comme parjure le Protestant Berthelet, qui fit serment qu'il avait pris sur les registres de l'église de Noyon l'attestation qu'il rapporta du forfait déjà indiqué, comment s'expliquer l'unanimité des auteurs contemporains de Calvin, qui ont parlé d'une manière si expresse de sa débauche? Citerons-nous le savant et vertueux anglais Stapleton, qui atteste, dans son *Promptuarium catholicum*, que les registres si ignominieux dont nous venons de parler existent à Noyon, au moment où il écrit, et que les efforts de ce qu'il y avait d'honnête dans la famille de Calvin avaient été inutiles pour obtenir la destruction de ce monument d'opprobres. Stapleton a vécu vingt-neuf ans du vivant de Calvin. Simon Fontaine rappelait,

---

[1] Voy. *Discuss. amic.* par Trevern, tom. I. pag. 88.

en 1557, sept ans avant la mort de Calvin, les bruits déshonorants de sa vie licencieuse. Dupréau et Dumouchi qui, l'un et l'autre, étaient nés avant Calvin et ne sont morts qu'après lui, déclaraient, du vivant de cet hérésiarque, qu'il avait été exilé de Noyon *à cause de sa mauvaise vie*. Quel témoignage plus recevable que celui de Dumouchi, chanoine de Noyon et qui pouvait connaître tous les détails de la vie de Calvin, depuis sa première enfance ?..

Lavacquerie, dans un ouvrage publié trois ans avant la mort de Calvin, écrivait que ce chef de secte était connu pour avoir été *le plus débauché des débauchés de la ville* [1]. Il est bien remarquable que le conseil de Genève n'a jamais réclamé contre les témoignages de Berthelier et de Bolzec, attestant les turpitudes du novateur. Il faut dire encore que Théodore de Bèze, qui a écrit deux fois la vie de Calvin, n'a pas dit un mot pour écarter le crime de non-conformité que l'on reprochait à son maître, quoiqu'il ait survécu de trente-deux ans à l'écrit flétrissant de Bolzec. Il est vrai que Bèze aurait mérité plus encore que Calvin d'être *fleurdelisé*, puisqu'il se vante, sans détour, du crime contre nature, dans ses *Juvenilia*, poésies qui retracent toute la licence que saint Paul re-

---

[1] Eumdem noverunt inter dissolutos suæ urbis vivos dissolutissimum.

prochait aux prétendus sages du Paganisme. Que l'on juge maintenant si Bayle est recevable, quand il ose dire qu'on n'a accusé Calvin d'une affreuse corruption qu'après sa mort !.. L'information faite par Berthelier était signée des plus notables de la ville de Noyon et avait été faite avec toutes les formes ordinaires de la justice [1].

En 1558, les Protestants, malgré la honte et l'opprobre de leur origine, parvinrent, à force d'intrigues et de séductions, à assembler leur premier club à Paris. Ils saisirent, en 1560, comme occasion favorable, la fameuse conspiration d'Amboise, pour ourdir leurs criminels complots. Car, selon les historiens, la véritable fin qu'ils se proposaient était d'établir le Calvinisme en France par les mêmes voies que le Luthéranisme s'était établi dans le Septentrion, c'est-à-dire, par l'abolition entière de la religion catholique et par le changement de la loi fondamentale de la monarchie [2].

« La Réforme, ainsi que l'enseigne l'histoire de *Calvin et de ses écrits*, en France comme en Alle-

---

[1] Inspiciuntur etiam adhùc hodiè civitatis Noviodunensis in Picardiâ Serinia et rerum gestarum monumenta ; in illis adhùc hodiè legitur Joannem hunc Calvinum, sodomiæ convictum, ex episcopi et magistratûs indulgentiâ solo stigmate in tergo notatum, urbe excessisse.

(*Lessius.* voy. Audin, *Vie de Calvin*, tom. II. p. 345.)

[2] *Hist. Eccl.* de Bérault-Bercastel, tom. XXXI.

magne, jetait partout où elle se montrait le désordre et le trouble. Au lieu d'une symbolique uniforme, elle apportait des confessions contradictoires qui donnaient lieu à d'interminables disputes. En Allemagne, la parole Luthérienne avait fait naître des milliers de sectes, qui voulaient chacune se constituer en république chrétienne sur les ruines du Catholicisme. Carlstadt, Schwenkfeld, OEcolampade, Zwingli, Münzer, Bockold, engendrés de Luther, avaient renié leur père et enseigné des dogmes hétérogènes, dont chacun passait pour procéder du Saint-Esprit. Luther, qui ne se cachait plus dans la robe du moine, mais qui empruntait l'épée ducale, chassait devant lui tous ces anges rebelles et mettait à la porte de son Wittemberg un bourreau, pour en défendre l'entrée. Refoulés dans les autres provinces, les dissidents en appelaient à la force ouverte. Münzer mourait sur l'échafaud; les Anabaptistes marchaient au supplice en reniant et en maudissant Luther, qui violentait leur foi; tout périssait, peinture, sculpture, poésie, lettres humaines : la Réforme imitait Néron et chantait son triomphe sur des ruines et du sang.

« En France, elle devait bientôt exciter de semblables tempêtes [1]. »

En effet, dans une première assemblée qui se

---

[1] *Hist. de Calvin,* par Audin.

tint fort secrètement à La Ferté-sous-Jouarre, où, avec le conseil du prince de Condé, se trouvèrent les envoyés de ses principaux confidents, et les ministres et autres députés de la plupart des églises protestantes, après les premières ouvertures faites par le prince, mais qui ne furent pas approuvées, l'amiral de Coligny proposa son avis pour la défense du Calvinisme, qui fut fort applaudi, et il répondit du secours de la reine d'Angleterre et des autres princes protestants. On enveloppa dans cette conspiration le roi, les reines et toute la famille royale, et il fut résolu par le plus grand nombre de ne pas plus les épargner que les autres. Mais quelques-uns, moins emportés, tâchèrent de modérer cette fureur, et voulurent que toute l'assemblée protestât qu'elle ne verserait pas le sang royal. On ne sait si elle le promit, mais il est certain que cette conjuration allait causer un désordre irréparable dans le royaume, si elle n'eût été découverte [1]. Voici l'esprit calviniste que M. Massiou appelle de *l'affranchissement public* et *du progrès social* [2]!

Dans le même temps, le prince de Condé, rebelle à son roi, traître à sa patrie, abandonna la cour

---

[1] Fleury, *Hist. Eccl.* tom. XXXI, pag. 444. — Bèze, *Hist. Eccl.* liv. II. pag. 256. — Davila, liv. I. pag. 31.

[2] *Hist. civ. pol. et relig. de la Saint.* par M. Massiou, 3ᵉ Période, tom. I. pag. 3.

et se retira en Guyenne, pays déjà traversé par Calvin, qui, comme un fléau, y avait laissé ses influences pestilentielles. L'amiral de Coligny gagna la Normandie; l'un et l'autre favorisant le Protestantisme avec toute l'ardeur d'un fanastisme outré. Dès lors les Calvinistes commencèrent la guerre et leurs affreux désastres dans le Dauphiné, la Provence et plusieurs autres endroits du royaume. Jeanne d'Albret, reine de Navarre, appuyait de toute sa puissance la nouvelle hérésie, non-seulement dans ses états, mais encore dans le pays de Guyenne. De proche en proche, l'incendie de la guerre civile s'alluma aux quatre coins de la France. Pouvait-il en être autrement? Ainsi qu'on l'a remarqué chez tous les hérésiarques, la violence et la cruauté sanguinaires devinrent le moyen que la prétendue *Réforme* employa pour niveler et détruire ce qui ne convenait ni à ses coupables innovations, ni à son odieux projet de tout envahir et de tout confondre; de là des guerres acharnées et tous les effets affligeants de ces conflits inspirés par une haine implacable. « Cette guerre civile, dit Bérault, si funeste en soi, prit un caractère particulier d'atrocité, dont on trouve à peine des exemples dans les autres guerres même de religion. Il s'agissait dans celle-ci de tout ce que le culte chrétien a tout à la fois de plus important et de plus sacré; non-seulement des reliques et des saintes images, si vénérables aux peuples dans tous les temps, mais du sacrifice adorable de la loi nouvelle, de nos plus redoutables mystères, du corps et du sang d'un Dieu fait homme, que ses adorateurs sincères voyaient, entre les mains des novateurs sacrilèges, dévoués aux profanations les plus révoltantes [1]... »

« En la ville de Houdan, dit un chroniqueur de l'époque, au diocèse de Chartres, les hérétiques ayant pris un prestre, le menèrent dans une églize, où ilz le contraignirent de célébrer la messe en leur présence, pour s'en mocquer. Tandisque ce bon homme continuoit ceste saincte action, ilz le frappoyent par le visaige à coups de poings, armez de gantelletz et luy donnoyent des coups de poignard par aultres partyes du corpz. Cependant ce patient, ayant le visaige tout meurtry, et le corpz tout sanglant, continua l'action jusques à la communion. Lors luy arrachèrent des mains le prétieux sang, et ayant jetté le tout par terre, le foulèrent aux pieds. Puis attachèrent ce bon prestre au crucifix, et le harquebusèrent tellement que luy qui sacrifioit au Dieu souverain selon son ordonnance, luy fust mesme sacrifié hostie plaisante en tesmoignage de fidélité [2]... » Nous ne

[1] Bérault-Bercastel, *Hist. Eccl.* tom. IX, pag. 697.

[2] Ce trait est tiré d'un livre fort curieux appartenant à M. Maigrier d'Angoulême. Il est intitulé : *Théâtre des cruautéz des Hérétiques de nostre temps*; ouvrage imprimé *en Anvers* chez Adrien Hubert, en 1588.

prétendons pas, dirons-nous avec un historien, disculper tous ceux qui combattaient pour la religion de leurs pères. Le zèle eut ses excès aussi bien que l'impiété. Il y eut des horreurs commises de part et d'autre, et nous avouerons même que, Huguenots ou Catholiques, il est difficile de prononcer lesquels se permirent des barbaries plus atroces; on peut néanmoins dire sans prévention, et il est constant par l'histoire, que ces excès provinrent de ce que les Calvinistes, dans les commencements, portèrent une main profane sur les reliques et les autres objets de la vénération des peuples [1]. Valliras, dans son histoire de Charles IX, ajoute :

« La licence que se donnoient les Calvinistes de fouiller les tombeaux, leur avoit attiré là (à Angoulême), comme ailleurs, l'abomination publique; ils ne s'estoient pas contentéz de tirer d'une bière de plomb qu'ils avoient convertie en balles d'arquebuse, le corps de Jean d'Angoulesme, grand père de François Ier, mort, il y avoit cent ans, en réputation de sainteté, leur emportement avoit passé jusqu'à vouloir traîner à la voirie ce corps qui s'estoit exempté de pourriture, de crainte, disoient-ils, que les Catholiques *n'en fissent une idole!* Les peuples, à qui la mémoire de ce bon prince estoit en singulière vénération, s'estoient arméz

---

[1] *Hist. Eccl.* par Bérault-Bercastel, déj. cit.

contre les profanateurs de son cercueil, et la maison même de Larochefoucaud s'estoit divisée à ceste occasion. Martron, oncle paternel du chef de la famille, s'estoit mis avec Sansac, à la teste des Catholiques, et avoit si utilement employé les troupes que le maréchal de Saint-André luy avait envoyées après la prise de Poitiers, que les Calvinistes avoient esté chasséz d'Angoulesme. Son neveu, irrité de tant de pertes et plus encore de ce que la noblesse calviniste de Xainctonge et d'Angoumois n'estoit plus si disposée à monter à cheval, parce qu'elle commençoit à douter de la justice des armes prises contre le roy, quoique sa majesté fût en la puissance des triumvirs, assembla soixante ministres dans la ville de Xainctes. La question y fut examinée et *le scrupule* levé par une décision dont le sens estoit que les armes que la régente avoit mises en la main du prince de Condé et de ceux de son party contre les ennemis du roy et du royaulme, estoient tout ensemble *légitimes et nécessaires*. Quelques hommes du party plus modérés trouvèrent trop générale et trop prompte cette décision. En vain le *ministre Léopard* fit des efforts d'éloquence pour persuader le seigneur de Jarnac, quoique zélé Calviniste en tout le reste, qu'il y avoit sûreté de conscience à croire ce qui venoit d'estre prononcé solennellement dans le temple de Xainctes [1]. »

[1] *Hist. de Charles IX*, par Valliras.

A Bourges, les Protestants profanèrent également le tombeau et les restes de la princesse Jeanne, première femme de Louis XII, morte avec la plus grande réputation de sainteté. A Notre-Dame de Cléry, ils se portèrent aux derniers excès envers les dépouilles mortelles de Louis XI et des ducs de Longueville; à Vendôme, ils traitèrent de la même manière les corps des princes de l'auguste branche aînée des Bourbons. Faits odieux que l'histoire a enregistrés pour les transmettre aux siècles futurs, comme une preuve du délire d'une époque à jamais déplorable. A Rouen, ils commirent de très-grands désordres. L'église de Saint-Vivien, en particulier, y fut dévastée; ils en brisèrent les images et profanèrent les reliques [1].

Sous la conduite de Claude de Narbonne, baron de Faugères, les Calvinistes s'emparèrent également de la ville de Lodève, le 4 juillet 1573. « Ce fut, dit un historien, leur dernier attentat en Languedoc, dans la quatrième guerre civile qu'ils avaient suscitée en France. Ils commirent dans cette ville des crimes tellement inouis, que la posrérité aurait peine à les croire, si elle pouvait ignorer qu'il y a eu une secte calviniste!.. Les prêtres, les religieux, les vierges même, qui vivaient dans le cloître, n'échappèrent point à leurs meurtrières fureurs; le sang des habitants ruisse-

---

[1] Arch. mss. du dép. de la Seine-Inf.

lait de toutes parts; les rues, les places publiques étaient jonchées de morts et de mourants. Ils renversèrent le palais épiscopal et les maisons canoniales, après les avoir mis au pillage; la cathédrale, les autres églises, les monastères furent saccagés, profanés, livrés aux flammes ou démolis. Les saintes reliques foulées aux pieds; le corps de saint Fulchan, évêque de Lodève au Xe siècle, qui était l'objet d'une vénération générale, fut par ces furieux dépouillé de ses habits pontificaux, traîné dans les rues de la ville, et enfin transporté à la boucherie, où, à coups de hache, ils lui tranchèrent la tête, mirent en pièces le reste du corps qu'ils vendirent, obligeant les malheureux Catholiques à mêler les fragments du corps saint avec la viande qu'ils venaient d'acheter [1]. » Nous avons vu, à Lodève, une main de ce saint pontife, sauvée de la dévastation huguenote. Cette main, quoique desséchée, conserve sa blancheur, ainsi que trois doigts dont les ongles ne sont pas détachés; il existe une partie de l'épaule avec presque toute la poitrine, qui porte l'empreinte de la corde au moyen de laquelle les Protestants traînèrent le Saint de son sépulcre à la boucherie. Ce corps était resté incorruptible, ainsi que l'attestent la tradition et les nombreux procès-verbaux de Lodève.

---

[1] Voy. l'*Hist. de S. Fulc.*, par de Bousquet et l'*Hist. du Lang.*

Cette guerre, qui eut son principe radical dans le système protestant, et que nous ne suivrons pas en tous lieux, à la trace du sang et des ruines dont elle marqua son passage dans nos provinces désolées, porta ses épouvantables désastres dans la Saintonge, où le prince de Condé vint chercher la mort, non en héros, mais en sectaire, après avoir exercé son empire avec toute la fureur d'un Calviniste exalté. Cette race des Condés, si noble, si brave, devait-elle donc susciter, dans la suite des âges, des ennemis à l'Église et donner au roi de France des sujets révoltés !.. Hélas ! comment l'avons-nous vue finir ? Un despotisme cruel, en 1804, s'abreuva de son sang dans les fossés de Vincennes ; et, en 1830, un vampire infernal et mystérieux absorba son dernier souffle de vie !.. Voilà assurément le crime de l'homme ; ne serait-ce pas aussi le jugement de Dieu ?...

Il fallait donc attaquer cette Saintonge par les armes, puisqu'on n'avait pas pu la pervertir par séduction; elle était *arriérée* et peu susceptible *de comprendre le malaise de son siècle;* car c'est ainsi que la juge officieusement l'*Histoire politique, civile et religieuse* de M. Massiou. « Au midi de la Charente, dit l'honorable écrivain, dans ces fertiles plaines de la haute Saintonge, où la vie est *si molle* et le climat si doux, le *nouveau symbole religieux* trouva d'abord peu de sympathie parmi des hommes que leurs mœurs agricoles et pastorales, leurs idées *stationnaires et traditionnelles* attachaient fortement aux croyances de leurs aïeux [1].. » On le voit, nos Saintongeais, n'avaient pas assez de grandeur dans les vues pour s'élever à la hauteur du Calvinisme; ils n'avaient pas assez d'énergie dans la pensée pour sacrifier une doctrine céleste et antique, aux systèmes d'un jour, offerts au monde par la révolte et la licence; pour nous, nous les félicitons d'avoir su préférer une croyance divine, au *nouveau symbole religieux*. En matière de foi, tout ce qui est *nouveau* est suspect et condamnable. Nous ne les plaindrons point de ce que la Providence les fit naître sous *un climat si doux*, et ne leur donna pas pour sol natal *les îles et les ports de l'Atlantique, les falaises battues par les ouragans, là où l'âme est forte, l'humeur aventureuse, où les têtes sont vives et les idées progressives* [2]!... Pauvres Saintongeais, aux *mœurs agricoles et pastorales*, vous n'avez que les *idées stationnaires et traditionnelles* qui ont fait le bonheur et la gloire de vos pères, pendant quinze siècles!... Que vous êtes donc dignes de compassion de n'être pas nés *sur les falaises battues par les ouragans*!.. Vous auriez *l'âme forte, l'humeur aventureuse, la tête vive, les idées progressives*, et dès lors le *nouveau symbole religieux* vous eut

---

[1] Voy. hist. de M. Massiou, tom. I. 3ᵉ Période, pag. 6.
[2] *Item*, 3ᵉ Période, tom. I. pag. 6.

heureusement fait passer de l'antique foi de vos pères à l'apostasie des novateurs !..

Quoi qu'il en soit, Saintes particulièrement éprouva les tristes et désastreux effets des guerres protestantes. Les scènes sacrilèges des Calvinistes à Tours, où la basilique de Saint-Martin fut envahie par eux, et les reliques de l'immortel Thaumaturge, révérées par tous les peuples d'Orient et d'Occident, depuis des siècles, furent indignement brûlées, à l'exception de l'os d'un bras et d'un morceau du crâne, se renouvelèrent à Saintes avec le même acharnement et la même impiété. Peu d'églises de notre Saintonge purent échapper au Vandalisme des disciples de Calvin. Les îles avaient également subi leur joug. « Ils commencèrent, en 1548, par s'y révolter contre le roy, dit messire Le Berton, Baron de Bonamie, piller et saccager les églyses, particulièrement celle de la Péroche et les biens du prieur du dit lieu ; le 14 novembre 1557, les Protestants de Saint-Pierre prirent, dans l'église paroissiale, la grosse cloche, pesant deux mille cinq cents livres, qu'ils avaient descendue du clocher, et l'envoyèrent vendre à la Rochelle, pour l'argent en provenant être employé à quatre pièces d'artillerie de fonte, pesant, les quatre, treize à quatorze cents livres, comme il paraît par l'acte dudit jour, signé Arthus Mage, seigneur des Chateliers, Arthus Mage, seigneur de Montauzier, et Griffon, notaire. *Un moine apostat* qui sans doute, comme Luther, trouvait que les Pères de l'Église *n'avaient dit que des sottises sur le célibat*, fut le premier ministre protestant dans l'île d'Oleron. Bientôt les Huguenots de l'île appelèrent ceux de Marennes et d'Arvert, qui comme eux, avaient abandonné l'ancienne religion catholique, et tous ensemble, *par un conseil consistorial*, commencèrent à produire les premiers *fruits de leur religion*, en trempant leurs mains dans le sang des prêtres et des catholiques romains, avec serment de n'en laisser vivre aucun, s'il ne reniait sa foi pour se joindre à eux. Ils commencèrent au prieur de Saint-Trojan, qu'ils massacrèrent pendant qu'il disait la messe, et ensuite à ceux de l'aumosnerie de Saint-James, Saint-Nicolas, à la grande églyse de Nostre-Dame, au bourg du Château et aux religieux du couvent des Cordeliers dudit lieu, qui avaient fuy, du moins la pluspart ; car il en fut trouvé peu. Cette cruauté étonna tellement les autres prêtres et les Catholiques romains, qu'il y en eut treize et quelques habitants de Dolus qui se retirèrent dans l'églyse de Saint-André, ou ils furent soudainement assiégéz par ceste maudite troupe, qui les somma de sortir et de se rendre, avec promesse qu'ils ne recevraient aucun mal, à quoy ils consentirent. Mais ces barbares, qui n'avaient ni foy ni loy, les égorgèrent tous, tant prestres que autres habitants catholiques, excepté Pierre Collé, marchand du dit Dolus, et Jehan

Senna de la Gasconnière, qui en échappèrent par le secours de quelques-uns de leurs parents qui étaient du nombre de ces révoltéz [1]... »

Les Protestants exercèrent les mêmes cruautés à Saint-Pierre. Après avoir brisé les images de Jésus-Christ, de la Sainte-Vierge et des douze Apôtres, sculptées en bois et qui ornaient l'église paroissiale, ils s'emparèrent des vases sacrés qu'ils profanèrent en les faisant servir à toute espèce d'orgies. Ils ne manquèrent pas de s'approprier tous les biens des églises de l'île en proie à leur rapacité et à leurs dévastations. Les Rochelais calvinistes, en 1584, se rendirent maîtres de toute l'île et mirent garnison au Château, sous le commandement du sieur d'Aubigné, qui finit par ruiner de fond en comble les églises qui, jusquelà, avaient échappé à la destruction; mais le sieur de Saint-Luc, gouverneur de Brouage, marcha à la défense des malheureux catholiques; il reprit le Château et, par ordre du roi, il en fit démolir les fortifications.

« Si on connaît l'arbre par ses fruits, continue le baron, on jugera, par les actions si noires que les Protestants ont commises, et par les temples de

---

[1] *Abrégé historique de l'établissement du Calvinisme en l'isle d'Oleron*, par M. Marc-Antoine Le Breton, chevalier, seigneur, baron de Bonamie, colonel-général des milices de l'isle d'Oleron; réimprimé au mois d'Octobre 1699, à Bordeaux, chez Pierre Séjourné, march. lib. rue Ste Colombe.

Dieu qu'ils ont détruits, que c'étoient des gens sans religion et poussez par l'esprit de Satan, ennemy de Dieu et de toute justice ! Aussy s'étudioient-ils à en prendre la figure par leurs déguisements; car ils portoient tous des bonnets de peaux de chèvres avec tout leur poil, faits en morion; et s'habillèrent tous d'une nouvelle façon, apparemment pour se mieux reconnaître entr'eux, et ils étoient si hideux dans leurs déguisements, que le pauvre peuple trembloit à leur aspect, et ce n'étoit pas sans raison, puisque, le 28 mars 1595, les Catholiques du dit Saint-Pierre furent obligez de députer à Brouage Laurent Baudier et Louis Morpain, pour présenter requête au sieur de Saint-Luc et le supplier de faire cesser les insolences, malversations, injures et *batteries* que leur faisoient les dits relligionnaires [1]. » Vingt-huit ans après ces premières calamités, de nouveaux troubles furent suscités par les princes de Rohan et de Soubise; l'île fut encore exposée aux cruelles persécutions des Protestants. Le 8 novembre 1621, MM. de Soubise, de Favras et de Saint-Seurin vinrent, à leur tour, faire subir aux Catholiques d'Oleron le joug du Protestantisme. Ces malheureux insulaires ne virent pas seulement profaner les lieux saints, mais ils furent encore témoins du ravage de leurs marais salants et de leurs blés.

[1] *Abrégé hist.* déjà cité, pag. 6.

On les contraignit, avec une rigueur extrême, de livrer leurs denrées et leur or pour l'entretien de l'armée calviniste. Nous ne voyons pas trop pourquoi les hérétiques et les révolutionnaires portent une haine implacable à la noblesse ; car, comme historien consciencieux, nous dirons qu'aux jours néfastes de la féodalité, qu'à l'époque des scènes tragiques du Protestantisme et au siècle de la philosophie voltairienne, c'est dans les rangs des castes nobiliaires que les ennemis de l'ordre, de la foi romaine et de la religion de Clovis et de Charlemagne, ont trouvé plus de sympathies et de puissantes ressources. Notre vue est générale, et nous rendons hommage à d'honorables exceptions ; il n'appartiendrait qu'à une susceptibilité prétentieuse de contredire ici ce que l'histoire rend irréfragable. Mais d'autres scènes affligeantes nous rappellent à Saintes.

Les Protestants, au mois de juin 1562, ainsi que nous l'apprenons d'un procès-verbal du 7 février 1564, s'introduisirent par surprise et par trahison dans la capitale du pays de Saintonge. La porte appelée *Mouclier*, située alors au-dessous du pont, leur fut ouverte. Les assiégeants n'avaient pour armes que des bâtons ferrés ; ils parcoururent, comme des fanatiques, les divers quartiers de la cité et pénétrèrent dans plusieurs églises où ils commirent, selon leur usage, toute espèce de désordres. Ils se dirigèrent vers la cathédrale et, trouvant les portes fermées, ils les brisèrent avec violence. N'obéissant qu'aux mouvements d'une haine effrénée, ils renversèrent les autels, mirent en pièces tous les tableaux et livrèrent aux flammes les livres d'église, les papiers et les titres du chapitre. Pour cette fois, les reliques des Saints, qui étaient en grand nombre à Saint-Pierre, furent sauvées de la ruine commune; on avait eu soin de les cacher, dès le commencement des violations huguenotes. Ces hommes égarés, se promettant de demeurer maîtres de la ville, ne ruinèrent pas, à cette époque, la majestueuse basilique qu'ils venaient de profaner; mais, pendant leur séjour, la chaire où, depuis tant de siècles, la vérité catholique avait été prêchée aux fidèles, servit aux aveugles propagateurs d'une doctrine désolante. Les stalles des chanoines devinrent le siège des hérétiques. A l'entrée du chœur, ils dressèrent une espèce d'estrade où les principaux de la troupe tumultueuse se plaçaient pour écouter des harangues que n'inspirait pas la *tolérance*, encore moins la charité.

Mais la ville de Saintes se vit, pour un moment, délivrée de ses dangereux ennemis. Louis de Bourbon, duc de Montpensier, y rétablit l'ordre et la paix, après la fuite des Protestants. Trois ans plus tard, le roi de France, Charles IX, y fit son entrée solennelle, revenant de visiter les provinces méridionales de son royaume.

L'évêque et le chapitre de Saintes, immédiatement après l'expulsion des sectaires, s'empressèrent de réparer l'église et de lui rendre son antique splendeur ; mais les tableaux ayant été déchirés et les statues mises en poudre, elle fut privée de cette riche décoration. Pendant les travaux que nécessitait la prompte réparation de tant de désordres, l'office divin avait lieu dans l'église *Saint-Maur*, qu'une autre révolution, provenant de la même source, a plus tard transformée en écurie. Honte aux profanateurs !..

On ne manqua pas de faire aussitôt disparaître l'indécent théâtre dressé à l'entrée du chœur par les Calvinistes. Pendant ce temps, un combat avait lieu à Saint-Sornin de Marennes ; les Protestants y furent battus et mis en pleine déroute par les Catholiques. Les intéressés au triomphe de l'hérésie avaient eu soin de répandre la nouvelle d'une victoire complète remportée par les Huguenots, et annonçaient comme certain que les seigneurs orthodoxes avaient péri dans l'action. La supercherie fut bientôt découverte ; car deux pièces de canons arrivèrent à Saintes avec un détachement du corps catholique qui avait vaincu à St.-Sornin [1].

Mais, dans ces temps malheureux, les passions qu'une aveugle fureur enflammait, portèrent bientôt dans la ville de Saintes de nouvelles calamités,

---

[1] Mémoire mss. inéd. de Tabourin, chanoine de Saintes.

en y ramenant l'armée protestante. L'année 1568 fut une époque bien funeste à nos monuments religieux !.. Dans l'Angoumois, la Saintonge et l'Aunis, comme partout, les Protestants, plus barbares que les Goths et les Vandales, attaquèrent les monastères et les temples, ne laissant sur leur passage que des églises ruinées, des croix abattues, des abbayes renversées, des statues de Saints mutilées et les campagnes couvertes d'ossements arrachés des tombeaux. Cette même année vit mourir, entre autres victimes, l'illustre martyr Étienne Chamois, Rochelais, de l'ordre des Carmes. « Rigide observateur de la règle de son couvent, dit Arcère, et vivement opposé en public aux nouveautés du temps, il sortit de la Rochelle pour se dérober à la persécution. Comme il entrait dans la ville d'Annay, il fut reconnu par quelques factieux qui l'avaient poursuivi. Ces furieux l'arrêtent dans la cour du couvent des Carmes et le menacent de le tuer, s'il n'abjure pas la religion catholique. Le pieux religieux paya de sa vie sa généreuse fermeté : il fut massacré à l'instant [1]. »

La ville de Saint-Jean-d'Angély, comme celle de Saintes, vit la dévastation et le carnage arriver dans ses murs avec les démolisseurs de l'époque. Un maire d'odieuse mémoire, nommé Arnaud Rolland, dévoué au Protestantisme, s'y montra l'ardent

---

[1] Arcère, *Hist. de la Rochelle*, tom. I. pag. 358.

zélateur de l'anarchie et du meurtre. Il commença par profaner l'Église, qui, bientôt après, devint la proie des flammes. L'abbaye fut pillée avec des circonstances de brigandage qu'il est impossible de décrire. Quant aux religieux, les uns furent liés comme des esclaves et livrés à toute espèce de traitements infâmes et d'atrocités inouies. L'abbaye, dit un historien, devint une véritable boucherie où chaque moine qui se présentait était sacrifié sang égard. Une armée composée de barbares indisciplinés se serait montrée moins cruelle que les Protestants, dans cette circonstance; l'enfant comme le vieillard, et la mère comme la fille timide n'avaient, à l'arrivée de ces bandes redoutables, d'autre perspective que les plus indignes outrages et tous les genres de tortures. Une enquête, dressée par Guittard des Brosses, sénéchal de Saintonge, et relative aux scènes du Protestantisme à Saint-Jean-d'Angély, donne une idée des emportements de l'intolérance hérétique.

Le curé de la ville, homme qui offrait les titres de la plus éminente vertu, fut lié et garrotté par une troupe de cannibales. Ils le promenèrent de rue en rue, en l'abreuvant d'insultes grossières et de traitements affreux. Après cette promenade dérisoire, ils l'étendirent sur une couche de poudre; puis ils y mirent le feu; de sorte que la victime expira au milieu des plus horribles tourments. La haine de ses meurtriers ne fut pas satisfaite par cette immolation cruelle; l'infortuné pasteur fut privé de la sépulture : son corps fut inhumainement jeté dans les fossés de la ville après avoir subi les plus indignes mutilations [1].

A Fléac, près de Pons, il existait jadis une abbaye de Chanceladais, sous le vocable de Saint-Blaise; il n'en reste aujourd'hui aucun vestige. Le Protestantisme, comme ailleurs, s'y porta aux derniers excès. Voici ce qu'on lit dans un ouvrage de Fleurimond ou Florimond de Raymond, qui était conseiller du roi en sa cour de parlement de Bordeaux; son livre est intitulé : *Histoire de la naissance, progrès et décadence de l'hérésie* [2].

« Que méritoient, dit l'auteur, ces libelles qui couroient par les mains de ces hommes enragés, par lesquels ils déchiroient l'autorité royale à lambeaux, descriant les roys comme bourreaux, Nérons et Domitiens. Qu'on lise les profanes livres de Calvin, qui naquirent en ce temps et voloient partout, on verra les pages toutes entières employées contre l'honneur sacré des roys. Que méritoit l'entreprise d'Amboise contre François II ! Celle de Guiteri dressée contre le roy Charles IX ? Quoy la confédération avec le Turc conclue à Basle, où Bèze, Mallot, Viret, Seguier, Clément, Ranty, d'Amours se trouvèrent? Quoy tant et

---

[1] Voy. *Recherches topog. et hist.* de Merville, pag. 308.
[2] Parag. V. liv. V°.

tant de massacres faits par tous les quartiers de la France? A la Rochelle, trente prestres, fouettéz en la tour du Guet, avec des petits crochets de fer, furent précipitéz dans l'eau. La tuerie de Navarins, de Cléry, d'Angoulesme et celle de Périgueux, où ils ouvrirent les sépulchres, les corps en estant ostés, et ceux esquels il y avoist quelque reste de chair, pognardéz, donnent tesmoignage de leur cruauté. Le puis de Nismes, la cruauté d'un gentilhomme de très-bonne maison, qui rompit avec tant d'infamie tout droit d'hospitalité chez une dame de Périgord où il s'estoit retiré : et infinis autres auxquels l'inquisition d'Espagne eust beaucoup servi pour en guarir les plaies, méritoient bien plus de punition qu'ils n'en ont jamais eu. Le précipice de la tour de Monbrison d'où on contraignoit les Catholiques de se précipiter. A Fléac, on jouoit au rampeau avec les testes des prestres. En la paroisse de Challeneuille, les hérétiques desgradèrent d'une nouvelle forme Louys Fayard, prestre de bonne vie, luy faisant tremper les mains en une chaudière d'huile bouillante, luy en versant sur la teste et dans la bouche. Cela surpasse en cruauté tout ce qu'on pourroit dire des plus barbares et inhumaines nations.... »

Saintes dut à un de ses habitants, aussi traître que lâche, nommé Mézeron dit Butier, une seconde occupation par les hérétiques. Non-seulement la belle cathédrale du XVe siècle devint la proie de leur dévastation, mais ils arrosèrent ses ruines éparses du sang des prêtres et des fidèles. Ceux qui ne furent pas immolés aux pieds des autels, furent inhumainement précipités dans des puits, ou passés au fil de l'épée et jetés dans la Charente [1].

Quand nous accusons le Protestantisme d'avoir été persécuteur et meurtrier, ainsi que le prouve si évidemment l'histoire, nous l'entendons proclamer bien haut, comme pour se justifier, l'évènement tout politique de la *Saint-Barthélémy!* Cette scène d'horreur n'a jamais été commandée par la religion catholique, tandis que que les Calvinistes, — nous l'avons vu, — ne versaient le sang de leurs victimes que par principe de révolte, et selon l'esprit de ce qu'ils appelaient leur *religion réformée*. N'avaient-ils pas été les premiers aggresseurs? Comme l'a dit Bossuet, n'avaient-ils pas, en mille rencontres, donné eux-mêmes un tableau anticipé de la *Saint-Barthélémy?*.. On ne fit que suivre, quoique à tort, le triste exemple de leur cruauté. Au reste, sans nous mettre en peine des prétendues réfutations de l'hérésie ou des clameurs exagérées de la mauvaise foi, nous dirons, avec un auteur impartial, « qu'on peut répandre des clartés sur les motifs et les effets de cette scène

[1] Mss. du chanoine Tabourin.

tragique, sans être l'approbateur tacite des uns, ou le contemplateur insensible des autres ; et quand on enleverait, à la journée de la *Saint-Barthélemy*, les trois-quarts des horribles excès qui l'ont accompagnée, elle serait encore assez affreuse pour être détestée de ceux en qui tout sentiment d'humanité n'est pas entièrement éteint [1]. » Les actes des Calvinistes eux-mêmes prouvent que la religion catholique n'a participé à cet évènement ni comme motif, ni comme conseil, ni comme agent. N'avaient-ils pas déjà formé le dessein d'enlever deux rois ? N'avaient-ils pas soustrait à la soumission et à l'obéissance du Souverain plusieurs villes de son royaume ? N'avaient-ils pas livré quatre batailles rangées au roi de France, après avoir introduit hostilement des troupes étrangères au sein de la patrie, pour y répandre la perturbation et l'anarchie ? Certes, le monarque trouvait, dans cette odieuse conduite de sujets révoltés, assez de motifs de mécontentement pour le porter à dire à Schomberg : « Je n'ai pu les supporter plus long-temps [2]. » Les Protestants n'ont-ils pas rapporté, comme un fait, que les meurtriers disaient aux passants, en leur montrant les cadavres : « *Ce sont ceux qui ont voulu nous forcer, afin de tuer le*

---

[1] Contin. de l'*Hist. Eccl.* de Bérault-Bercast. par le baron Henrion.
[2] Lettr. de Charles IX. — *Hist. gén. de l'Égl.* tom. VIII, pag. 581.

roi. » Le même historien ajoute que « le parlement de Toulouse fit publier quelque forme de volonté du roi, par laquelle défenses étaient faites de ne molester en rien ceux de la religion, ains de les favoriser [1]. » Paris, le 26 août, avait entendu publier semblable édit. C'est donc faire violence au bon sens et à la véracité historique que d'attribuer à la religion le motif d'une résolution prise par des hommes qui, sans doute, la connaissaient fort peu, ou la pratiquaient fort mal.

La religion de Jésus, si sainte et qui n'est qu'amour, clémence et pardon, était loin d'apporter, en pareil cas, des conseils qu'elle réprouva toujours. Elle ne fut représentée ni par ses cardinaux, ni par ses évêques, ni par ses prêtres, dans le divan d'où partit l'impulsion d'un mouvement déplorable. Le duc de Guise n'y parut pas lui-même; il en fut exclu. Il serait aussi injuste d'attribuer aux Calvinistes l'assassinat du cardinal de Lorraine et de son frère, que de rendre les Catholiques responsables de l'affreux massacre de la *Saint-Barthélémy*. Si le Souverain-Pontife Grégoire XIII se rendit en procession de l'église de Saint-Marc à celle de Saint-Louis, s'il annonça un jubilé, s'il donna l'ordre de frapper une médaille mémorative, il n'eut pour principe que le besoin de rendre à Dieu des actions de grâces pour la découverte

---

[1] *Hist. des Mart.* pag. 730. fol. recto. — *Hist. gén.*

de l'odieux complot qu'avaient formé les Calvinistes contre la personne du roi, qui les en accusa auprès de tous les Souverains de la chrétienté. Il était bien loin, au contraire, de la pensée du successeur de Pierre, de commander des réjouissances et des solennités à l'occasion du massacre des Huguenots. La haine et l'ignorance peuvent seules aujourd'hui avancer cette monstrueuse absurdité.

Non, non, la religion du ciel ne descendit point sur la terre avec le Verbe-Dieu, pour stimuler le meurtre et se réjouir de l'effusion du sang ; elle n'entra pour rien dans la journée de la *Saint-Barthélémy* ; cette vérité sera puissamment sentie à mesure que l'histoire se dégagera des entraves que lui ont imposées l'hérésie et le philosophisme voltairien. La religion ouvrit ses lieux de refuge partout où les Calvinistes étaient poursuivis par le peuple. Si, contre la volonté de Charles IX, la persécution s'étendit au-delà de Paris, de l'aveu d'un historien Protestant, à Lyon, les monastères des Célestins et des Cordeliers leur furent ouverts. « *Les couvents*, dit-il, *servirent d'asile aux Calvinistes de Toulouse* [1]. » A Bourges, les Catholiques se montrèrent leurs protecteurs. « A Lizieux, l'évêque s'opposa, non à l'exécution cruelle des ordres du roi, comme le remarque l'abbé de Caveirac, cité par le continuateur de Bérault-Bercastel

---

[1] *Hist. des Mart. pers. et mis à mort*, etc. pag. 716.

— car il est faux qu'il y en ait eu aucun d'envoyé dans les provinces, — mais à la fureur de quelques hommes que le gouverneur ne pouvait contenir, tant ils étaient excités au meurtre par l'exemple, par l'avarice, ou même par le ressentiment [1]. A Romans, les *Catholiques les plus paisibles, désirant sauver plusieurs de leurs amis, de soixante qu'on avait arrêtés, ils en délivrèrent quarante* [2]. A Bordeaux, *il y en eut plusieurs sauvés par des prêtres et autres personnes desquelles on n'eût jamais espéré tel secours* [3]. A Nîmes, où les Calvinistes avaient à deux reprises massacré les Catholiques, on vit les parents et les amis de leurs victimes se réunir à eux pour les sauver d'un carnage trop autorisé par l'exemple, assez exécuté par le ressentiment, nullement permis par la religion [4]. »

Au reste, il est prouvé, avec non moins de certitude, que l'évènement dont nous parlons fut une affaire de proscription. Car, comme le fait encore observer l'histoire, « du moment que les Huguenots prirent les armes, ils devinrent criminels de lèze-majesté. C'est en vain qu'ils disaient alors, et qu'ils disent encore, que c'était pour le

---

[1] *Ibid.* pag. 718 fol. recto. — Voy. *Hist. Eccl.* de Bérault-Bercastel, édit. de 1835, tom. VIII, pag. 582 et suiv.

[2] *Ibid.* pag. 718.

[3] *Ibid.* pag. 730.

[4] En 1567 et en 1569. Voy. *Hist. de Nismes*, tom. V. pag. 9 et suiv. et pag. 50. — *Hist. gén. de l'Égl.* tom. VIII. pag. 583

service du roi, et contre les entreprises des princes de Guise : ces entreprises n'auraient jamais existé sans la jalousie des Coligny; c'est elle qui donna naissance aux troubles du royaume et aux inquiétudes de Catherine de Médicis. Le crime de l'amiral de Coligny et des seigneurs, ses complices, était donc aussi ancien que la première prise d'armes, sans que les édits de pacification en aient interrompu la continuité, bien qu'ils en eussent assuré le pardon. » Le fait de la *Saint-Barthélemy*, horrible en lui-même, surgit donc de la révolte des Calvinistes menaçant le roi et la monarchie; pour se sauver et la sauver, le moyen conseillé à Charles IX fut atroce, quoique le crime des coupables fût énorme. Mais quand des sujets se soulèvent contre l'autorité du prince et que le glaive du prince tire vengeance du soulèvement des sujets, c'est alors que la religion divine proclame qu'elle n'est plus de ce monde, se réservant néanmoins, au jugement final, de prononcer en dernier ressort et sur le crime des révoltés, et sur la nature, la cause et les motifs du châtiment. Telle est sa mission; elle ne peut point en avoir d'autre; le supposer, c'est ne pas la connaître; le croire, c'est lui faire injure, en manquant tout à-la-fois à la saine raison et à l'équité.

Les révolutions ont toujours fait usage du masque de l'hypocrisie, pour voiler le véritable motif qui les porte à persécuter et à détruire. C'est par cette vue séduisante que les Protestants voulaient, en 1568, faire croire qu'ils ne renversaient la cathédrale de Saintes, que parce que les Catholiques avaient enlevé l'estrade érigée dans le chœur, ainsi que nous l'avons dit. Désireux de conserver à la religion et aux siècles futurs leur admirable basilique, les habitants s'y étaient renfermés, afin de repousser l'agression des ennemis de Dieu. Malgré leur zèle et leur généreuse résistance, Saint-Pierre fut forcé par les Calvinistes, quatre jours après leur entrée dans la ville. Tous ceux qui s'y trouvèrent furent impitoyablement massacrés par l'ordre du sieur de Romegoux, frère du capitaine Bourdet[1]. M. Massiou, avec une évidente partialité, ose nous dire qu'à cette époque de douloureux souvenir, les orthodoxes s'insurgeaient, poussés à la vengeance *par les insinuations des prêtres!..* Les avanies et les cruautés des Huguenots étaient certainement assez irritantes pour porter les Catholiques à l'insurrection, sans ici mettre en scène des prêtres qui avaient la perspective des plus horribles tourments, et qui ne pensaient qu'à fuir devant leurs bourreaux.

Bientôt, les Calvinistes commencèrent la démolition de ce temple saint, dont les matériaux, d'après la teneur d'une enquête du 27 février 1590, furent vendus sur place au plus offrant. Le sieur de Bussac, alors gouverneur de Saintes, et celui de Miram-

---

[1] Mémoire mss. inéd. du chanoine Tabourin.

beau s'approprièrent une partie de ces tristes ruines. Les niches d'une si élégante architecture que l'on voit encore au portail de Saint-Pierre, étaient occupées par les statues des douze apôtres ; ces statues ne furent point épargnées ; les nouveaux iconoclastes les brisèrent. Celle de Charlemagne, placée au pied du clocher et au midi, inspira aux perturbateurs une haine non moins effrénée : le Protestantisme fait la guerre aux rois catholiques comme à Dieu ; aussi l'image du fils de Pépin devint-elle l'objet d'une destruction prochaine. Les Huguenots attachèrent des câbles à ce monument colossal et, à l'aide de dix bœufs, ils ne parvinrent à en détruire que la moitié, ainsi qu'on le voit par ce qui nous en reste encore.

Le clocher si beau, si majestueux dans son ensemble et qui devait un jour paraître, après trois siècles, aux yeux de la postérité, comme un symbole vivant de la perpétuité de la foi romaine, fut également attaqué par le bélier des destructeurs. Ils avaient, dans leur délire, formé le dessein de n'en pas laisser pierre sur pierre. La sape commença son action ruineuse du côté gauche en entrant dans l'église. Mais des représentations furent faites par les habitants aux princes de Navarre et de Condé [1], à Dandelot et à l'amiral de Coligny,

---

[1] Mémoires mss. inéd. de l'historiog. Tabourin, chanoine de Saintes.

qui étaient, dans la ville, cause et spectateurs de la démolition de la cathédrale. Ces représentations étaient justes et fort sages; le monument était admirable, et les inconvénients de sa chute tout-à-fait désastreux; mais surtout il pouvait servir de vigie pour apercevoir de loin la marche de l'armée catholique. Cette considération prévalut et le clocher si noble, si gracieux, nous a été conservé tel que nous le possédons aujourd'hui, à l'exception cependant de la statue du prince des apôtres, qui remplaçait alors la croix qui le surmonte. Le 3 avril 1581, le jour de la *Quasimodo*, à sept heures du soir, il s'éleva une horrible tempête; la foudre tomba sur la statue de Saint-Pierre et y mit le feu. Un nommé Bellet, sergent-royal et dont le père avait été recouvreur de l'église, monta au clocher et, avec autant d'intelligence que de courage, alla couper la statue par le pied; action décisive qui sauva d'un incendie ce chef-d'œuvre des XVe et XVIe siècles [1].

Le monastère de Saint-Eutrope, une partie de l'église haute et de la crypte, furent démolis à la même époque. L'église des Jacobins échappa seule alors à la massue du vandalisme. Le second séjour des Calvinistes à Saintes, depuis les désordres sanglants de 1568, ne se prolongea que jusques à la fin d'octobre 1569. « Mais les Protestants ne

[1] *Ibid.*

quittèrent la ville, dit notre manuscrit, qu'après y avoir fait des meurtres si étranges et si cruels, qu'il n'est pas possible de plus grands. Car, outre les massacres qu'ils firent dans l'église, ils prirent deux prestres, vicaires de la cathédrale, prisonniers; l'un desquels avoit plus de quatre-vingts ans, que l'on appeloit messire Michel Magneron. Après l'avoir promené par toute la ville et fait crier, avec une trompette, *à tant le prestre,* à cri public, comme les soldats qui le faisoient crier au plus offrant et dernier enchérisseur, furent arrivés sur les ponts, un habitant du faubourg des Dames, huguenot qui s'appeloit Boudaud, voyant que les dits soldats ne trouvoient rien du dit prestre Magneron, leur dit : Donnez-moi le dit prestre, et je vous en donnerai un *teston* (pièce de monnaie qui ne valait en ce temps-là que douze sols.) Ainsi les soldats, voyant que personne ne vouloit acheter le dit prestre, le livrèrent entre les mains du dit Boudaud, lequel, l'ayant en sa puissance, le dagua et puis le jeta dans la rivière, à droit du lieu qu'on appelle *la Forme*, là où il rendit son âme à Dieu. Son corps paraissait à clair dans l'eau, après qu'il eut été jeté dans la rivière [1].... » L'autre vicaire de Saint-Pierre, maître de la psalette, fut également précipité dans la Charente, ayant une lourde pierre attachée au

---

[1] Mém. mss. de Tab déjà cité.

cou. Le lieu de son supplice était la première arche du pont sur main gauche, en allant de la ville au faubourg des Dames. Cette arche est aujourd'hui comblée par la chaussée. Les *Réformateurs* s'attachèrent surtout à persécuter les ecclésiastiques, au point que le clergé de Saintes fut obligé de prendre la fuite, à l'époque de la *Fête-Dieu* de cette même année 1568. Deux chanoines furent par eux massacrés sous le clocher; c'est pour cela qu'avant la révolution de 1793, au retour de la procession de la *Fête-Dieu*, on chantait un *Libera* en commémoration de cet évènement tragique... L'abbé de Rupt, curé de Saint-Pierre, au commencement du XIXe siècle, abrogea cette coutume monumentale.

Tristand de Bizet, pour lors évêque de Saintes, avait quitté la ville, dès l'an 1565, et il ne revint plus dans le diocèse. Le doyen et le chapitre, ne retrouvant, après le départ des Protestants, que des ruines à la place de leur cathédrale, firent l'office dans l'église des Jacobins, et, plus tard, dans la partie du cloître de Saint-Pierre qui devint dans la suite l'église paroissiale.

Le feu de la guerre civile était allumé depuis Marans jusqu'à Brouage, et depuis St.-Jean-d'Angély jusqu'à Montguyon; partout, des attaques acharnées, des défaites ou des victoires sanglantes; la haine et la fureur enfantaient, dans les hameaux comme dans les cités, avec le carnage et la ruine, des crimes atroces et des meurtres sans nombre. A peine délivrée de la présence d'ennemis formidables qui n'épargnaient ni les hommes ni les monuments, la ville de Saintes se vit assiégée et prise une troisième fois, en 1570, la veille de la Magdeleine. Les batteries du Pré-l'Abbesse du bourg de Saint-Pallais et de l'église de Notre-Dame, les trois cents chevaux de Soubise, les régiments de Blacons et de Glandaye, les huit cornettes de cavalerie de Poyet et toute l'adresse, l'habileté de Pontivy, quoi qu'en dise d'Aubigné, ne furent en quelque sorte qu'un luxe de démonstration hostile. La trahison ouvrit les portes de la ville assiégée, et dispensa le canon calviniste d'en saper les murailles. — D'Aubigné, dit le manuscrit déjà cité, affirme que le marquis de Canillac commandait pour lors dans la ville, et que le comte de Coconasso vint à son secours avec six compagnies seulement, et que la ville fut prise par composition. Le comte de Coconasso était au contraire, pour lors, gouverneur de la cité; et, *par trahison*, il la livra à l'ennemi. Plus furieux que jamais, les Huguenots immolèrent, dans cette circonstance, beaucoup de gens d'église et y firent quelques chanoines prisonniers[1]. — C'est à cette époque seulement que l'église des Jacobins fut renversée de fond en comble, et que les maisons

[1] Mémoires mss. du chan. Tabour.

canoniales, qui n'avaient d'abord été épargnées que parce qu'elles avaient été acquises par des habitants de Saintes, subirent le sort commun de tous nos édifices religieux.

Mais laissons à l'histoire le soin de peindre en grand le tableau de toutes ces horreurs. La tache de sang a été ineffaçable au front du Protestantisme, et les ruines sacrées de nos autels et de nos basiliques, dont il a cru devoir se faire un trône, attestent que le ciel le repousse et que l'erreur et les passions le proclament. Il nous convenait de ne donner ici qu'une simple esquisse, et de rentrer aussitôt dans le cercle de nos écrits. Cependant, nous ne pouvons pas manquer de reporter encore nos souvenirs vers le XVIe siècle, afin de comprendre quelles étaient toutes les richesses et la majesté de notre cathédrale, avant 1568. C'est notre chanoine historiographe et témoin oculaire qui nous décrit ce qu'il a admiré du chef-d'œuvre de Gui de Rochechouart.

En entrant, dit-il, dans l'église de St-Pierre, par la grande porte sise sous le clocher et tournant à droite, on trouve la *vis-torte*, escalier qui conduit sur les voûtes. Cet escalier, d'un architecture élégante et curieuse, existe encore. Avançant du même côté, on voyait la porte, riche de dessins et de figurines, qui ouvrait dans le cloître; aujourd'hui, cette porte est murée; elle donne dans le magasin des chaises. Elle était autrefois nommée *Pax œterna*, parce que cette antienne était écrite dans le cintre en caractères gothiques en saillies. Les Huguenots brisèrent les lettres de cette inscription, dont on aperçoit encore quelques faibles vestiges. Mais une main vandale vient de les masquer par une nouvelle construction adossée au mur de l'église. Quand verrons-nous donc nos basiliques affranchies d'un indécent voisinage, d'où le marteau du manœuvre et les chants du libertin viennent si souvent troubler le recueillement de la prière! A l'entrée du cloître, à main droite, une haute et large plaque en bronze était adossée au mur; elle portait l'effigie d'un chanoine appelé messire du Pratié. Il avait légué, pour fondation de son anniversaire, les prés de *la Palue*, long-temps connus sous la dénomination des *Prés Pratié*. La plaque et l'effigie furent enlevées et détruites par les Protestants.

Rentrant dans l'église par la porte *Pax æterna*, la première chapelle que l'on rencontre était alors celle de la *Visitation* de la Sainte Vierge (1); il paraît que cette chapelle n'avait jamais été décorée ni même disposée pour la célébration des saints mystères. Venait ensuite celle de Sainte-Catherine et de Sainte-Barbe, maintenant chapelle dédiée à saint Maur, afin de perpétuer le souvenir de la paroisse qui portait ce nom avant 1793. Le vénérable abbé Bonnerot en avait été le pasteur.

---

¹ En 1843, *magasin des chaises!*...

Une charte du XVe siècle nous apprend que cette église était anciennement appelée *Notre-Dame-du-Puit*, et qu'elle était considérée comme la plus antique paroisse de Saintes, *intrà muros*. Depuis 1601, les Cordeliers, dont le monastère fut détruit par les hérétiques, la desservirent jusqu'en 1669.

La troisième chapelle latérale était appelée *Notre-Dame de Pitié* ou de *Recouvrance*. En dehors de la cathédrale, du côté du jardin appartenant, *depuis la Révolution*, au sieur Merle, il y avait une très-belle chapelle du Saint-Sépulcre. On y arrivait par deux petites portes cintrées qui ouvraient dans la chapelle de *Recouvrance*, aujourd'hui de Saint-Pierre; on les y voit encore, mais elles sont murées. On n'était admis, dans la crypte du St.-Sépulcre, que depuis le dimanche des Rameaux jusqu'au samedi de la Quasimodo. C'était à cette chapelle qu'étaient attachées les grandes indulgences dont nous avons parlé.

Une quatrième chapelle, actuellement *chapelle des Morts*, était consacrée sous le vocable des Apôtres saint André et saint Jacques. C'est là que les chanoines d'office avaient coutume de venir prendre les chapes pour lire les leçons. Alors, la porte du chœur était vis-à-vis cette chapelle. La cathédrale, à cette époque, était inachevée ; avant 1565 le maître-autel était placé entre les deux piliers les plus voisins du chœur; un parpin avait été posé de l'un à l'autre, et le trône pontifical était dans l'endroit où vient s'asseoir le clergé pendant la prédication. Les stalles des chanoines descendaient jusqu'au dernier pilier de la vis-torte. La nef était loin d'avoir l'étendue qui la rend aujourd'hui si belle. Les deux entrées latérales répondaient aux chapelles de *Saint-Thomas*, dites maintenant de *Saint-Michel*; et à droite de *Saint-André* et de *Saint-Jacques*, celle des *Morts*. « En 1768, un chanoine de la cathédrale étant mort, on voulut fixer dans cette chapelle la sépulture du défunt. On y ouvrit une fosse et, à quelques pieds de profondeur, on trouva un cercueil renfermant le corps de messire Sébastien de Luxembourg, comte de Martigues, duc de Ponthieu et gouverneur de Bretagne, mort en 1569. Le peuple s'y porta en foule pour voir ce corps parfaitement conservé. Le preux chevalier était armé de pied en cape et avait encore sa longue barbe. Messieurs du chapitre, afin d'arrêter le concours, firent refermer le cercueil dans la fosse [1]. » Le comte de Martigues combattit pour son Dieu, pour sa foi, pour son prince. Il mourut en brave, sous les murs de Saint-Jean-d'Angély. Au moment où il pointait lui-même une pièce de canon, il fut frappé au front par une balle d'arquebuse et expira sur-le-champ. Ainsi périt, dit un historien, ce grand

---

[1] Note manuscrite trouvée dans les archives de Dom Menpontet, ancien curé de St. Pallais de Saintes.

chef de guerre, qui entamait tous les combats difficiles et à qui rien n'était dur ni hasardeux [1]. Le comte de Martigues était l'ennemi prononcé des principes anarchiques du Protestantisme, qu'il considéra, avec raison, comme essentiellement nuisible aux droits de son prince légitime et au bonheur de sa patrie. En 1793, d'autres profanateurs des tombeaux violèrent la sépulture de ce héros chrétien. Ils enlevèrent la châsse en plomb dans laquelle il était déposé depuis deux cents ans; ils brisèrent ses restes. Une partie de sa tête fut emportée avec une espèce de vénération par quelques personnes qui avaient eu connaissance des faits de 1768. La blessure de la tête était recouverte d'une petite plaque en argent. Ses ossements sont encore dans la chapelle.

Lors du passage à Saintes de Charles IX, on fit disparaître le parpin qui séparait le grand autel de celui de *Notre-Dame-des-Miracles*; le premier prit la place du second, c'est-à-dire, qu'il fut transporté à peu près au milieu du chœur actuel; ce qui rendit la nef plus spacieuse. L'ancien chœur était environné d'une grille en bois, ce qui permettait, de la porte du clocher, de voir sans obstacle le prêtre à l'autel; mais un chanoine, messire Baudouin, craignant d'être tué dans l'église même par quelque Huguenot, fit fermer le chœur par

---

[1] *Lestoile*, journal de Charles IX.

un parpin qui remplaça une élégante balustrade en bronze [1].

Descendant de nouveau jusques à la porte principale, et prenant à main gauche sous l'orgue, au lieu des fonts baptismaux actuels, nous trouvons, en 1565, une chapelle dédiée au martyr saint Sébastien. Celle de Sainte-Colombe était alors la chapelle de Sainte-Eustelle [2] et de Sainte-Geneviève; celle de Saint-Eutrope était sous le vocable de Sainte-Radégonde; la chapelle de Saint-Michel [3], dédiée autrefois à l'apôtre saint Thomas, était appelée l'*Autel du Crucifix de saint Thomas*. Ce latéral était fermé par un mur qui partait de la chapelle et se terminait au pilier de la nef: c'était là l'autel de la paroisse. Les fidèles, pour entendre la messe paroissiale, se plaçaient dans toute la longueur de cette aile; on n'y arrivait que par le grand portique; toute issue était fermée du côté du cimetière, aujourd'hui place Saint-Pierre. Ainsi que nous l'avons remarqué dans les cathédrales de la même époque, il régnait au-dessous des

---

[1] Mém. mss. de Tab.

[2] Pierre de Maurisse, chanoine de Saintes, archidiacre d'Aunis et abbé de Masdion, mort en 1643, fut inhumé dans cette chapelle. (*Gall. Christ.* t. II, p. 1127.)

[3] Cette chapelle et celle de Ste Colombe sont érigées, comme celle de S. Maur, pour perpétuer le souvenir des paroisses de Saintes, *intrà muros*, que le malheur des temps a livrées à la profanation et à la ruine.

vitraux de la grande nef une galerie circulaire. On en découvre quelques traces entre le clocher et le buffet de l'orgue. Une autre galerie faisait en dehors le tour de cette admirable basilique.

Il y avait, à l'entrée de la porte de *Notre-Dame*, maintenant porte *Saint-Pierre*, un bénitier en métal ; il était placé à droite en entrant, ainsi qu'une horloge qui réglait le service canonial. On descendait dans l'église par neuf ou dix marches. Il fallut même, en 1560, passer en bateau, de la dernière marche de cet escalier au chœur qui était beaucoup plus élevé ; la Charente avait inondé la rue dite des Chanoines, au point qu'on fut obligé de jeter un pont, des maisons canoniales à la place qui est maintenant occupée par le jardin de M. l'abbé Réveillaud, curé de Saint-Pierre. Sur cet emplacement, jadis, on avait construit deux granges, ou hangars, dont l'un servait à la fonte des cloches, et l'autre était destiné à abriter la charpente de la couverture de l'église *Neuve* dont nous aurons bientôt à parler.

Lorsque l'on descendait dans la cathédrale par le portail de *Notre-Dame*, on voyait, à main gauche, une chapelle très-remarquable par son architecture et l'éclat de sa décoration ; elle était dédiée à saint Blaise. On l'appelait aussi la chapelle de Marmory, ou de Rochechouart. On y admirait, sur la droite en entrant, un monument funèbre, surmonté d'une statue d'évêque en marbre blanc et d'un très-beau travail; il était orné de plusieurs anges sculptés en relief avec autant d'art que de goût; l'or et l'azur y étaient prodigués. Deux vitraux peints y ménageaient un demi-jour propre à inspirer le recueillement; l'un donnait sur le cimetière, et l'autre du côté de l'*Église Neuve*; on avait pris soin de les griller, afin de les prémunir contre toute fracture. Hélas! faible barrière contre le vandalisme protestant!.. grilles, vitraux et chapelle, tout a disparu sous ses coups. Là était la sépulture des Rochechouart, qui ont donné à l'Église Santone trois évêques et deux archidiacres.

Au sortir de cette chapelle, on passait sous le grand arceau que nous avons déjà indiqué, et à main gauche, on montait à l'orgue qui était placé au *portail de Notre-Dame*. On voyait au-dessous du buffet de l'orgue un autel érigé en l'honneur de saint Pierre et de saint Paul, momentanément alors autel de la paroisse. Il paraît, en effet, qu'après les premiers troubles du Protestantisme, on décora de nouveau cet autel et on y plaça le tableau des deux apôtres Pierre et Paul; et comme nos pieux ancêtres aimaient à perpétuer les anciens usages, on y fit peindre un crucifix, pour indiquer qu'autrefois là était l'autel paroissial.

Au-delà de l'autel de *Notre-Dame-des-Miracles*, il y avait, à côté de la chapelle de Saint-Jean-Baptiste, actuellement de la Sainte-Vierge, une autre chapelle sous le vocable de l'archange Saint-Michel. Tous les dimanches et fêtes de l'année, on y exposait à la vénération des fidèles les reliques des vierges martyres, compagnes de sainte Ursule. C'est bien à tort qu'on a fait monter à onze mille le nombre de ces femmes héroïques ! On a lu onze mille dans l'abréviation de *onze martyres, vierges, XI M. V.* [1]; de là l'erreur. D'après le manuscrit de notre historiographe, on se portait à cette chapelle avec affluence et beaucoup de dévotion. Cet autel était adossé au mur qui conserve encore un vestige en relief de l'agneau de saint Jean-Baptiste.

En allant à la sacristie, au fond du corridor, il existe une chapelle appelée autrefois *Chapelle de Saint-Barnabé* ou *du Saint-Esprit*. C'était là que se tenait l'assemblée capitulaire. Chaque année, les chanoines s'y réunissaient pour assister à la messe du Saint-Esprit, le jour même de la fête de Saint-Barnabé. La forme en est gracieuse; nous désirons qu'elle soit restaurée : elle le mérite par son antiquité et les souvenirs qui s'y rattachent. Nous ne doutons pas que le respectable curé de Saint-Pierre n'ait déjà formé le dessein de la rendre au culte et de l'embellir avec le goût qui distingue son zèle judicieux et infatigable.

---

[1] Voyez l'*Hist. de France*, par Anquetil, revue et corrigée par Burette, tom. I. pag. 105.

Quant à la sacristie, elle est aujourd'hui ce qu'elle était avant 1568, et telle que la dépeint le manuscrit que nous avons sous les yeux. En sortant de la sacristie à gauche, on aperçoit les restes du tombeau d'un évêque de Saintes, dont nous avons parlé ; les anges en relief qui l'ornaient dans son contour, sont encore visibles, quoique mutilés. La porte qui ouvre à côté de ce tombeau, conduisait à un escalier, par lequel on montait sur la voûte d'une chapelle de Saint-Nicolas, située sur l'emplacement de la cour de M. l'abbé Réveillaud. Cette voûte était carrelée en carreaux peints de divers ornements ; on déposait sur cette voûte, qui formait une espèce de salle, les chapes et les tapisseries de l'église. C'était également là que se trouvait la bibliothèque du chapitre. En descendant de cette voûte pour entrer dans le cloître, on passait par une porte, appelée *Porte Saint-Michel*, au-dessus de laquelle on voit encore un Saint-Michel en relief ; il est mutilé, mais on le distingue fort bien. En avançant dans le cloître, on rencontre une autre porte : c'était celle de la chapelle de Saint-Nicolas, où étaient les fonts baptismaux de la paroisse ; et, dans l'angle à droite, un autel y était dédié à Saint-Eutrope, et les choristes y avaient leur sépulture. Telle était notre cathédrale de Saintes, en 1568, dans toute la partie où se faisait alors l'office divin.

Les édifices, de la dimension et du style architectural de cette belle basilique, ne se construisaient pas ordinairement à une seule époque. Malgré les ressources et le bon vouloir des populations et des nombreuses confréries que produisaient les différents corps d'état, Saint-Pierre était, pour ainsi dire, composé de deux églises, puisque notre *manuscrit* parle d'une partie de ce saint temple qu'on appelait l'*Église Neuve*, et dont il donne une exacte description.

On désignait, par *église neuve*, tout cet espace où sont actuellement bâtis le chœur, le sanctuaire, les ailes et les chapelles du rond-point. Cette partie n'avait pas été terminée, lors des dévastations calvinistes. L'abside du chœur était à faire, la couverture et les vitraux n'étaient pas posés; tous les matériaux étaient prêts; les pierres pour la voûte étaient taillées; la charpente était parachevée et déposée sous les hangars de l'église; les vitraux peints étaient confectionnés; le reste de l'édifice était fini, tels que les voûtes des collatéraux, les gros piliers qui devaient soutenir la voûte du chœur et les galeries. Les chapelles de l'hémicycle n'étaient pas toutes achevées; cependant, dans quelques-unes, on célébrait les saints mystères.

Il y avait dans cette *église neuve*, à côté du vitrail de la chapelle de Saint-Blaise, vers le cimetière, un assez grand espace, occupé aujourd'hui par les maisons si maladroitement bâties et adossées au mur de l'église, depuis la porte collatérale de

Saint-Pierre jusqu'à l'ancienne rue dite des *Chanoines*; ce lieu était destiné pour la construction de nouvelles chapelles. Mais en 1567, on y éleva une espèce d'éperon, pour préserver l'église de ce côté du Nord; la précaution fut inutile, puisque, l'année suivante, tout fut renversé par les Protestants. Au-delà de cet emplacement, à peu-près vis-à-vis la psalette, aujourd'hui maison neuve appelée le *Salon*, il y avait une chapelle dont la voûte et la toiture n'avaient pas été construites, et l'autel n'y était pas encore placé; elle avait été fondée sous le vocable de Saint-Laurent. Venait immédiatement une espèce de tourelle dont l'escalier était exécuté en spirale, à l'instar de la *vistorte* du bas de l'église : il conduisait sur les voûtes des chapelles circulaires, ainsi qu'aux galeries intérieures et aux grandes voûtes de la nef, qui n'étaient que commencées; à l'issue de cet escalier, mais en dehors de l'édifice, on avait bâti un charnier propre à recevoir tous les ossements des morts, à mesure que l'on renouvelait les tombeaux. A la suite de cet escalier venait la chapelle de la *Sainte-Trinité*; elle était entièrement achevée. C'est maintenant celle du *Sacré-Cœur*. L'abbé Durefuge, doyen du chapitre, l'avait fait bâtir à ses frais. L'endroit où les ouvriers recouvreurs de Saint-Pierre font si inconvenablement mourir la chaux et déposent leurs ardoises, était alors la chapelle du *Saint-Esprit*. On y célébrait souvent les saints mystères; elle était fort belle et très-magnifiquement ornée. On y voit encore quelques vestiges de peintures. Un jour, nous l'espérons, elle sera rendue à sa première destination. En parlant ailleurs du doyen de Tourètes, nous avons donné la description de la jolie chapelle dite aujourd'hui de *Saint-Louis de Gonzague*. Enfin, quatre autres chapelles sans voûtes et sans décorations se prolongeaient jusqu'à celle des *Gommard*, où est placé le confessionnal de M. le curé de Saint-Pierre. Elles n'avaient point d'autels et elles n'étaient même pas encore dédiées. Celle des *Gommard* doit son origine à un doyen de Saintes, appelé *Charles* Ier *Gommard*; elle date de 1529 ou 1531 [1]. L'on remarque, à droite et à gauche, des restes d'architecture de l'époque; il y avait deux statues représentant, l'une, saint Jean écrivant son Évangile, et l'autre, le même apôtre écrivant son Apocalypse. Ce doyen y avait fondé deux chapellenies. La richesse du style le disputait à l'éclat de l'or qui recouvrait l'autel et le tabernacle. D'autres chapelles devaient successivement être construites jusqu'à la sacristie; les pierres d'attente y sont encore, mais les révolutions destructives y ont mis obstacle [2].

Si l'antique capitale des Santons, convertie à

---

[1] *Gall. Christ.* jamj. cit.
[2] Mss. de Tab. déjà cité.

la foi divine par saint Eutrope, éprouva les sanglants désastres du Protestantisme, du moins elle demeura inattaquable du côté de son orthodoxie, de l'aveu même de M. Massiou, qui semblerait faire à la ville de Saintes un très-grand crime de ce qui fait sa gloire. « Saintes, dit-il, fortement imbue des vieilles mœurs dynastiques, ... ville éminemment monarchique, n'avait jamais adopté les dogmes de la *Réforme* ; ... *stationnaire en religion*, elle avait peu de part *au mouvement intellectuel* qui remuait les populations entières [1]... » Nous faisons observer à l'auteur que la foi catholique est essentiellement *stationnaire* en elle-même, par la raison qu'elle est toute la vérité ; elle met les intelligences en progrès, parce que les intelligences sont de nature à se perfectionner de plus en plus ; mais la foi catholique, étant intrinsèquement parfaite, reste immuablement dans toute sa perfection, comme le soleil dans toute sa lumière qui n'est progressive que pour notre œil. Dans son foyer inextinguible, le soleil reste *stationnaire*, parce qu'il est essentiellement, dans sa nature, toute la lumière. « La vérité catholique, dit Bossuet, venue de Dieu, a d'abord sa perfection : et l'hérésie, au contraire, comme une faible production de l'esprit humain, ne se peut faire que par pièces

---

[1] *Hist. pol. civ. et relig. de la Saint.* 3ᵉ Période, tom. II. pag. 17.

mal assorties... » *Le mouvement intellectuel qui remuait les populations entières et avait tant d'empire sur les imaginations rêveuses*[1], de ceux surtout qui habitaient *les falaises battues par les ouragans, où l'humeur est aventureuse*, ne pouvait être qu'un mouvement rétrograde, ainsi que nous l'avons déjà dit : trois siècles de désordres et d'anarchie le prouvent évidemment; ainsi, *Saintes*, *fortement imbue des vieilles mœurs dynastiques*, (mœurs qui en valaient bien d'autres tant vantées et si peu dignes de l'être!), *ville stationnaire en religion*, c'est-à-dire, invariablement attachée à tout ce qui constitue l'ordre et le bonheur des peuples, au lieu d'avoir à rougir des reproches bénévoles qu'on lui adresse, elle s'en glorifie; c'est un éloge du bon esprit qui l'animait à une époque de dévergondage et d'impiété. *Elle s'effaça du théâtre de l'histoire*, ajoute-t-on ; oui, sans doute, elle devait s'effacer du théâtre de l'apostasie, du vandalisme et de la rebellion qu'on est convenu, dans des temps de vertige, d'appeler *un devoir*, mais qui, certes, ne seront jamais, aux yeux d'une saine raison et au témoignage d'une conscience intègre, que des actes flétrissants et coupables. Au reste, ne pourrions-nous pas dire que les siècles heureux sont ceux qui, tranquilles, sans commotions, en paix,

---

[1] *Hist. polit. civ. et rel. de la Saint.* Massiou, tom. I. pag. 29.

passent presque inaperçus; et que ce sont les factions turbulentes, les folies démagogiques, les crimes et les horreurs en tout genre, qui remplissent les pages de l'histoire. Mais, il en est temps, rattachons-nous à nos souvenirs.

Dieu qui, depuis l'an 600, avait donné aux reliques de saint Eutrope de si grandes preuves d'une protection conservatrice, se montra avec la même providence, quand il fallut les soustraire aux profanations du XVIe siècle. Nous l'avons vu : les Huguenots, en dévastant de fond en comble le monastère, et en renversant une partie notable de l'église de Saint-Eutrope, firent main-basse sur tout ce que le culte divin avait de plus remarquable et de plus riche en ornements et en vases sacrés. Ils ne manquèrent pas, dans leur haine pour les Saints, de livrer leurs ossements aux flammes. Mais, ainsi que l'atteste un procès-verbal sur parchemin, conservé dans les archives de l'église de Saint-Eutrope, sous la date de 1562, et que nous allons citer, le chef et un bras du saint martyr avaient été soustraits aux recherches des profanateurs. Cette pièce authentique est toute dans le style de l'époque.

« Aujourdhuy, pardevant moy, notaire royal, ayant soubscript, et en présence des tesmoingts soubnommés, maistres Jehan Duron, Laurens Nadault et Jehan Thomas, aagés, scavoir : le dit Duron, de soixante ans; le dit Nadault, aussy de soixante ans, et le dit Thomas, de cinquante ans, ou environ; Jehan Rabion, aagé de soixante et dix ans; Thomas Pillet, aagé de quarante et deux ans; Henry Morisset, cinquante et cinq ans, et Thomas Erry, de cinquante et cinq ans ou environ, demourants en bourg Sainct-Eutroppe lez Xainctes, ont tous ensemble, en leurs personnes, raconté avoir parfaictement veu le *chef* et le *bras* de monseigneur saint Eutrope à eulx monstrés par dom Bègue et Jehan Bernard, chantre relligieulx au prieuré du dict Sainct Eutroppe, pour sçavoir s'ils le recougnoistroyent, ont recogneu, certiffié et attesté que c'estoyent le *chef* et le *bras* du dict Sainct Eutroppe, qu'ils avoyent véus de tout temps en l'esglyze du dict Sainct, et s'esmerveilloyent les dicts attestants commant les dicts relligieulx les avoyent peus garder, attendeu les troubles et motions faictes puys le moys de may dernier par ceulx qu'on appelle Huguenaulx, lesqueulx se sont transportéz en la dicte esglyze, prins les joyaux, rompeuz et abaptuz images, desmoly les autels, rompeu portes et serrures; de sorte qu'il seroyt aulcunement possyble mettre en seure garde en la dicte esglyze les dits *chefs* et *bras*, et convient les tenir serréz en quelque chambre ou lieu asseuré avec garde. Ce que ont faict les dicts relligieulx, ayant en ce grandes poynes, veu les menasses qui leurs estoyent faictes, disent les dicts attestants, se n'y a que les dicts relligieulx dessus nomméz et dom François de la Roche, cellerier, qui sont troys seulement au dict prieuré pour faire le service divin, qu'ils ne pouvoyent faire sans ayde de quelqun. Si l'ung d'eux ou les deux estoyent absents, le dict service seroyt cessé, qui seroyt en escandalle du peuple. Joinct comme ils ont ouy dire qu'il avoyt esté commandé par monseigneur le duc de Montpensier, estant puys naguères en la ville du dict Sainctes, que le service divin fust faict en chescune esglyse, comme avoyt esté accoustumé; disoyt aussy qu'il y a long temps que ordinairement et encore à présent y a plusieurs soldarts logéz en la ville et faulxbourg de Xainctes, et jusques devant la dicte esglyze, dont les aulcuns vont par les champs et villaiges, destroussent et pillent les personnes allans et venans, par puys leurs ostant leur argent et chevaulx, et ce qu'ils ont, de sorte que nul y peult aller en asseurance et sans dangier. Toutes lesquelles choses ils sçavent pour l'avoyr veu et sceu. Dont de tout ce que les dicts prévost et chantre à ce présents tant pour eulx que pour le dict cellerier ont à moy le dit notaire requis demandé acte que leur ai octroyé et faict [1].

« Faict et passé en la chapelle du chapistre du dict prieuré, présents et tesmoingts à ce appelés

---

[1] Archiv, mss. de l'église de St. Eutrope, liasse n° 6, signée Fonrémis de Lamothe Li..' Sénéch.

et requis, Jehan Grangereau et Jehan Gauldin, demeurants au dict bourg, le vingt deusiesme jour de novembre, l'an mil cinq cens soixante et deux.

« Chapus, notaire royal à Xainctes. »

La relique du martyr resta donc saine et sauve entre les mains de ses gardiens fidèles. L'inconcevable fureur des impies de tous les temps, contre les objets de la vénération du peuple catholique, est aussi criminelle qu'elle est impuissante. Ils ont beau faire ; après, comme avant eux, saint Eutrope sera honoré, et son intercession consolera toujours l'antique Église qu'il a cimentée de son sang et enrichie de ses précieux restes !... Et ici les faits, pour l'attester, se pressent sous notre plume.

François Noël, abbé du monastère, voyant avec alarmes les déplorables désastres se succéder dans l'Église de Saintes, particulièrement depuis 1568 jusqu'en 1570, comprit qu'il serait imprudent de demeurer encore dans cette ville en combustion. Déjà, par acte du parlement de Bordeaux, dom Noël avait été établi dépositaire des joyaux, des calices, de la relique et du reliquaire de saint Eutrope, conjointement avec les titres. L'acte est du mois de novembre 1562, et signé de Pontac [1]. Mais, désireux d'emporter le *chef* avec lui, il

---

[1] Pièce inéd. en parchemin, portant le sceau royal de Charles IX ; n° 2. arch. de St.-Eutrope.

avant le départ, dresser, de concert avec ses religieux, un nouveau procès-verbal qui dût garantir, aux yeux de la postérité, l'identité de la relique. Cet acte est du mois d'août 1571; il est ainsi conçu :

« Aujourd'huy, pardevant moy notaire et tabellion royal, à Xainctes, se sont comparus et esté présents en leurs personnes au temple et esglyse basse du prieuré de Sainct-Eutrope de Xainctes, envyron sur huit à neuf heures du matin, vénérables et relligieuses personnes domp François Noël, docteur régent en théologie en l'université de Bordeaux, prieur dudict prieuré; domp François de la Roche, relligieux cellérier; domp Jehan Lucas, aulmosnier; domp Jehan Bernard, chantre; tous relligieux au dict lieu, et messire François Bossard, curé de Nieuïl, demeurant au dict lieu de Sainct-Eutrope, lequel domp François Noël, prieur susdit, en présence de tous les susnommés a produict et représenté tout à nud le *chief* de monsieur sainct Eutroppe pour estre recongneu des susdicts et aultres ; que les dicts de la Roche, Lucas Bernard et Bossard ont bien teneu, manié le dict *chief*; tous unanimement ont dict et déclaré estre le *chief* du dict sainct Eutrope, que de tout temps ils ont monstré au peuple chreptien despuyx qu'ils sont relligieulx en la maison; et devant l'envelloper et remestre aux sacz de soye en lesqueulsx il avait acoustumé estre envellopé, il a esté advisé et ordonné par eulx, ce requérant le dict Noël prieur, qu'il seroict *marché* [1] de certaines *marches* par lesqueulles désormais il seroict plus facile à recongnoistre, affin que le transportant et transumant de lieu en aultre, icelui même soyt rendu sans varrier ne prandre lung pour laultre. Et deslors feurent les dictes *marches* ordonneés qui sont que au dict *chief* y a deulx cycatrices l'une plus longue que large près loye droicte, et l'aultre quasy tout rond estant assez petit au derrière de la teste près la nuque; oultre, il y a deulx dentz entières en chascun costé de la machouére haulte, qu'on nomme les dentz euilières despuys l'une desqueulles dentz jusques à l'autre il y a tréze pertuys bien entiers où soulloyent estre les dentz, les queulles deulx dentz lune à droite lautre il y a même longueur que le traict en suivant ⸺⸺⸺⸺⸺⸺ et oultre, tout le dict tais [2] est comme en tirant à la coulleur des Mores ou Ethiopiens.

« Et ce faict, le dict *chief* a esté remis et renvellopé en quatre sacz ou poches; le premier desquelz est de taffetas couleur viollet; le second de taffetas rouge quasy incarnat et olivastre pour avoir esté baisé par peusyeurs foys; le troysiesme pareillement de taffetas jaulne; le quatryesme qui envellope les troys précédants est de taffetas

---

[1] C'est-à-dire que, sur le procès-verbal, on fit mention des marques distinctives du chef.

[2] *Tais* pour *teint*.

picqué de soye rouge des deulx coustés tout pellu qu'on soulloyt appeller *le chappeau*.

« Toutes lesqueulles chouses susdictes, les dicts de la Roche, Lucas, Bernard et Bossard ont affirmé estre véritables, pour tesmoygnaige de quoy ont mis leur sceing manuel cy-dessous : dont du tout le dict Noël, prieur susdict, a requis et demandé acte à moy ledict notaire pour servir à la postérité de perpétuelle *marche* et mémoyre, que je luy ay octroïé.

« Faict devant l'autel du dict sainct Eutroppe, en l'églyse dudict lieu, l'an mil cinq cent soixante-onze, le vingt quatriesme jour d'aougst. Fr. Noël, prieur dudict sainct Eutroppe, Lucas Bossard, Jehan Bernard [1] ».

Après cette sage et prudente formalité, l'abbé Noël se réfugia à Bordeaux et mit le *chef* du martyr en sûreté sur la paroisse de Sainte-Eulalie, dans la maison presbytérale qu'il habitait. On comprendra de quelle importance il était, pour ce pieux et savant prieur, de conserver avec soin une relique vénérée depuis tant de siècles, et si célèbre, dans l'Église de Saintes, par les grâces que Dieu avait attachées à son culte. Dans le laps de temps écoulé depuis 1571 jusques en 1576, ce digne abbé mourut dans son exil. Mais saint Eutrope, du

---

[1] Archiv. mss. de l'église de St.-Eutrope de Saintes, liasse n° 13, signé Fonrémis de Lamothe, l.¹-sénéch.

haut de sa gloire, veillait sur la succession des abbés de son monastère, comme il présidait à l'élection des évêques propagateurs des fruits divins de son apostolat. Potentien de la Place devint, en effet, prieur après la mort de François Noël; mais le *chef* ne fut confié à sa garde que pour peu de temps. Potentien mourut lui-même à Bordeaux. Pierre III de la Place lui succéda et reçut également, comme un héritage de famille, le dépôt sacré. Il le prouva bien par toutes les précautions qu'il sut prendre avec autant de sollicitude que de sagacité. Le ciel sembla n'avoir prolongé les jours de ce nouvel abbé, qu'afin de lui donner tout le temps nécessaire pour transmettre aux âges suivants les garanties les plus complètes de l'authenticité du *chef* du saint martyr. Que le lecteur observe ici tout ce qui se prépare de vraiment providentiel, au sujet de ce précieux dépôt; car l'espèce de conflit dont il fut l'objet entre les deux paroisses de Bordeaux, Sainte-Eulalie et Saint-James, devint le moyen que Dieu employa pour lui donner un nouveau titre à nos hommages.

Il paraît que l'abbé Noël, toujours désireux de conserver à la piété des habitants de Saintes le trésor de leur Église, avait promis aux pères Jésuites de les constituer, à sa mort, les dépositaires du *chef* de saint Eutrope. Après son décès, le lieutenant du roi en la sénéchaussée de Guyenne rendit une ordonnance, à la requête des Jésuites, qui désignait l'église de *Saint-James* comme le lieu destiné à recevoir la relique du martyr, jusqu'au moment où le feu des guerres civiles une fois éteint, il fut possible et sûr de la rapporter à Saintes. Mais Dieu voulut, dans cette circonstance, lui donner l'inviolable sceau de l'authenticité.

L'archevêque de Bordeaux, Antoine de Prévost de Sanzac [1], prélat aussi modeste que zélé, apprit les dispositions peu pacifiques des paroissiens de Sainte-Eulalie, s'opposant, avec une énergique volonté, à la translation du *chef* dans l'église de *Saint-James.* Afin de mettre un terme à ces chaleureuses discussions, le pontife ordonna que la relique de saint Eutrope serait désormais déposée dans le trésor de l'église métropolitaine, avec les autres corps saints, comme étant le lieu le plus digne et le plus convenable. Depuis cette époque, elle y resta jusqu'en 1602 [2]. Voici, au reste, l'acte notarié de ce fait intéressant; nous le citons, parce

---

[1] Ce prélat était sans doute de la famille de ce Prévôt de Sansac dont François I*er* disait : « Nous sommes quatre gentilshommes gascons (aquitains) qui courons lance contre tous venants : moi, Sansac, d'Essé (Montalembert) et Châtaigneraye (Vivonne).

[2] La tradition populaire a conservé dans la paroisse Sainte-Eulalie le souvenir de cet évènement, à l'occasion de la procession des reliques ; on dit encore qu'à une époque, une des reliques resta à l'église métropolitaine.

qu'il entre dans notre sujet comme une preuve péremptoire de la vérité de notre récit.

« Aujourd'huy vingtiesme, et troysiesme dymanche du moys de febvrier, an mil cinq centz septante cinq, jour dédié pour la processyon ordynaire et accoustumée estre faicte le troysiesme de chascunq moys en ceste ville de Bourdeaux, en l'honneur et révérence du sainct sacrement du précieulx corps de nostre Seigneur Jésus-Christ. Estant la processyon assemblée audedans de l'esglyze de Saincte-Aulaye [1] de la dicte ville, après la messe dicte et célébrée, et le sermon sainctement et doctement faict par monsieur maistre Anceline de Cotheblanche, docteur en théologie, chantre et chanoine théologal de l'esglyze métropolytaine Saint-André; assistant sur le grand aultel le précieulx *chef* du benoist martyr sainct Eutroppe, lequel avoict esté porté dans la maison de la chappelenie de la dicte esglyze, par feu domp François Noël, quand vivoit prieur du prieuré de Sainct-Eutroppe les Xainctes, docteur régent en théologie en l'université de ceste dicte ville, et docteur ou vicaire perpétuel de la dicte esglyze de Saincte-Aulaye, s'y estant retiré à cause des guerres civilles.

« Pardevant nous, Pierre Reynier et Sixte Quay, notaires tabellions royaulx de la dicte ville et

---

[1] Pour Sainte-Eulalie.

cité de Bourdeaux et séneschaucée de Guyenne, dans le chœur d'ycelle esglyze, se sont présentés noble monsieur maistre Jehan de Pontac, conseiller, notaire et secrétaire du roy, et greffier civil et criminel de la cour de parlement de Bourdeaux, et monsieur maistre Jehan de Faure, conseiller magistrat en la cour présidialle; Arnaud Grasmourceau, scinditz; Jehan Moureau dict le Cossé, et Jehan Dorin, bourgeois et marchans de Bourdeaux, ouvriers et fabriqueurs de la dicte esglyze Saincte-Aulaye. Les quels et susdicts nommés, parlant par l'organe du dict sieur de Pontac, à révérendissime père en Dieu messire Anthoyne Prévost, archevesque de Bourdeaux et primat d'Aquitaine; luy ont remonstré que, comme estant saisis de ce précieulx *chef* de sainct Eutrope délaissé dans la dicte maison de la rétorie d'ycelle esglyze par leur dict feu curé, qu'il devoict demouré dans la trésaurerie de la dicte esglyze, offrant le garder seurement et s'en charger pour le rendre et délivrer tottefois et quantes qu'ils en seront requis, à quil appartiendra, priant et requérant les susdicts nomméz le dict sieur archevesque de le laisser dans la dicte esglyze.

« Aussy c'est présenté maistre Pierre Piot, prestre, par lequel a esté dict que comme estant au service du dict feu prieur, luy vivant il seroit demuré chargé du dict *chef*, et que le procureur des relligieux du dict Sainct-Eutrope de Xainctes auroict présenté requeste contre luy, aux fins de leur délivrer, requérant en estre deschargé, leqµel sieur archevesque assistant nobles messieurs maistres Jehan de Massey, Jehan Lange de Luye et Charles Dusanet, conseiller, et le dict sieur Dusanet, advocat général du roy en la dicte cour de parlement de Bourdeaux; noble monsieur maistre Thomas de Ram, conseiller du roy et lieutenant général en la séneschaucée de Guyenne, ensemble messieurs maistres Qaray de Montrigault, archidiacre; de Cerneux; le dict sieur de Cotheblanche, chantre susdict; Pierre Arnaudeau, segrestaing; Mathurin Busseau, soubzchantre; Arnaud; Jehan Barreau; Jehan Rousseau; Jehan Dhirigaray; Arnaud de Larat; Robert de Montaigrin; Michel Guévry; Jehan Ayrault, chanoine de la dicte esglyze métropolitaine Sainct-André, a respondu qu'ayant par le dict sieur lieutenant général et aultres officiers du roy et greffier en Guyenne, trouvé le dict *chef* de sainct Eutroppe dans la dicte maison, en faisant l'inventaire des meubles du dict feu prieur, il auroict esté requis par le recteur et docteurs régens du collége de la compagnie du nom de Jésus, estably et ordonné par commandement et permission du roy en ceste ville de Bourdeaux, de leur bailler le dict *chef* en garde, estant porté dans leur esglyze et prieuré de Sainct-Jammes, ce qui auroict esté ordonné par le dict sieur lieutenant général, pour y demurer en despost jusques à ce que les guerres civiles auroient prins fein ; le dict sieur archevesque auroict aussy ordonné la processyon estre faicte en la dicte esglyze Saincte-Aulaye, et faict porté le dit *chef*, de la dicte maison sur le dict grand'autel, pour y estre pendant la messe et divin service, dévoctement honoré de tout le peuple y assistant ; et d'ycelle, porté et conduict en honneur et révérence en la dicte esglyze et prieuré de Sainct-Jammes.

« Tottefois d'aultant que, auparavant la dicte messe commencée, le dict sieur archevesque auroict esté adverty que aulcuns des scindictz, ouvriers et fabriqueurs, ou des paroissiens de la dicte esglize Saincte-Aulaye se voulloyent opposer à ce que le dict *chef* fust porté de la dicte esglyze dans la dicte esglyze de Sainct-Jammes et qu'ils se seroyent adressés au dict sieur lieutenant pour ycelluy requis, ordonne qu'il demourast en la dicte esglyze ; lequel auroict respondu que, s'ils l'eussent requis plus tôt, ou lorsque les dicts recteurs et docteurs, régentz du dict collége, le requirent, qu'il l'auroict vollontiers ordonné ; mais attandu, auroict jà ordonné qu'il seroict porté en la dicte esglyze Sainct-Jammes, auroict dérogé, ordonne que son appoinctement tiendroit ; et pour éviter à scandalle ycelluy sieur archevesque et susdicts sieurs doyen, chanoines et chappitre auroienct advisé et arresté de la faire porter dans la dicte esglyze métropolitaine Sainct-André et au trésor aveq les aultres relliquaires des corps saincts d'ycelle, comme y estant plus honorablement et seurement et pour y demeurer comme en despost jusques à ce que les guerres civilles auroienct prins fein; qu'alors chemins seroienct libres et que l'esglyze du dict Sainct-Eutroppe de Xainctes se verra asseurée pour le dict précieulx *chef* y estre porté et qu'il sera requis; duquel cependant ycelluy sieur archevesque, doyen, chanoines et chappitre demureront chargés, et le dict Piot et tous aultres deschargéz : sur quoy le dict sieur de Pontac et susdicts nommés, a protesté de se pourvoir par la cour.

« Et ce faict, ycelluy *chef* de sainct Eutroppe a esté porté dans la dicte esglyze Sainct-André, en grande vénération, honneur et dévoction, assistant en la dicte processyon aveq le sieur archevesque et chanoines, les curés ou vicaires perpétuels, bénefficiers et relligieux des couvents de la présente ville et grand'multitude de peuples, habitants d'ycelle. Et après avoir esté dévoctement et en grand honneur et humillité vénéré, baisé et révéré au grand aultel par le dict sieur archevesque et les chanoines et les susdicts sieurs de Massey, Lange, Dusanet et de Ram, et grand'multitude d'habitants de la dicte ville, a esté porté dans la trésaurerie de la dicte esglyze et baillé à garde à messire René Fruchelatuère, prestre-curé de l'esglyze paroissielle de Moulon entre deux mers, comme garde d'ycelle trésaurerie, pour y demurer en despost jusques ainfin que dict est. Estant le dict précieulx *chef* entier aveq deux dentz de dessus seullement, lune de chascunq cousté ; sauf que du cousté senestre est à dire une partie du dict *chef*, que luy seroict tumbé d'un coup de cogniée qui luy fust baillé, lors de son martire, comme il est porté par sa légende ; ainsy que a esté vanté par le dict sieur chantre et chanoine théologal en son sermon dans la dicte esglyze Saincte-Aulaye.

« Et de tout en dessus a esté requis acte à nous dicts notaires par les dicts sieurs archevesque, chanoines et conseillers, ensemble par les susditcs de Pontac et dicts nommés Piot, pour leur servir en temps et lieu que de raison et à qu'il appartiendra ; ce que nous leur avons octroyé pendant le deur de nos offices. Faict les jour, lieu et an susdits. Ainfin signés à la cédée : A. de Prévost, archevesque de Bourdeaux ; Massey ; Lange ; Dusanet ; Anceline de Cotheblanche ; Quaray de Montrigauld ; de Pontac ; Arneauldeau ; Barreau ; M. Busseau ; Rousseau ; de Larrat ; de Chirigaray ; Guévry ; Fruchelatuère ; Robert ; Priquein de Montabit ; Ayrauld ; Reynier, notaire royal ; et Quay, notaire royal ; lequel susdict acte je Pierre Lhoumeilz, notaire et tabellion royal en la ville et citté de Bourdeaux et séneschaucée de Guyenne, soubsigné commis et subdellegué de maistre Pierre Mauraquier, aussi notaire royal et collationnaire général des papiers des notaires décédés en la dicte ville et séneschaucée, ay extroict et grossoïé sur procédure receuë par feu Me Sixte Quay, quand vivoict notaire royal en la dicte ville, pardevers le quel la dicte cédée est demurée; et ycelluy dellivrer à domp Pierre de la Place, prieur du dict prieuré de Sainct-Eutroppe, ce requérant à Bourdeaux le vingtiesme de septambre mil six cents. Lhoumeilz, notaire royal [1]. »

Les révolutions peuvent bouleverser les établissements, mais elles ne détruisent pas toujours l'esprit qui y préside. On persécute les hommes; on les exile; on ruine les édifices; mais la vérité demeure ce qu'elle est; nous l'avons vu. François Noël meurt pendant la persécution protestante; un successeur lui est immédiatement donné. Celui-ci paie également son tribut à la mort, et aussitôt Pierre III de la Place est élu abbé du monastère de Saint-Eutrope. C'est à ce dernier qu'il était réservé de ramener en triomphe, à Saintes, le *chef* du martyr, objet de tant d'hommages et muni de tout ce qui assure et sanctionne l'inviolabilité d'un dépôt.

Mais si la garde placée auprès du tombeau d'Eutrope reste invincible, malgré l'orage, croyons-le bien, quoique la foudre calviniste ait frappé la

---

[1] Arch. mss. inéd. de St.-Eutrope, liasse n° 17, sign. et paraph. par Fonrémis de Lamothe, l.^r sénéch.

cathédrale, monument digne, à tant de titres, de passer à la postérité la plus reculée, elle n'empêchera pas l'autorité épiscopale de continuer son action conservatrice et sa consciencieuse surveillance sur ce dépôt, confié par Saint-Pallais à tous ses successeurs.

Après la démission de Tristand de Bizet, Nicolas de la Courbe-de-Brée vint prendre possession du siège de Saintes. Au sujet de cet illustre prélat, M. Massiou aurait-il dû citer une anecdote indécente et mensongère, inventée par le satyrique et souvent obscène d'Aubigné? On regrette qu'une plume savante n'ait pas su planer dans une région plus pure. Une calomnie est odieuse, et l'écho qui la répète est-il bien la voix sévère et grave de l'histoire? Un d'Aubigné peut insulter à la vertu; mais un Domat la respecte, la proclame et la venge.

Madame Françoise Ire (2e du nom de la Rochefoucaud), attaquée par les mêmes armes, était une abbesse aussi admirable par la trempe de son noble caractère que par l'éclat de ses vertus modestes. Les auteurs protestants et les panégyristes bénévoles ou malicieux du Calvinisme, ont dû, selon leur usage, flétrir l'abbesse et l'évêque de Saintes. Ces deux vertueux personnages ont su lutter avec tant de succès contre les violences de l'hérésie!.. Pendant l'administration de madame Françoise de la Rochefoucaud, les Calvinistes menacèrent sa communauté d'une ruine totale. Ils avaient même commencé la démolition de l'église conventuelle. Cette religieuse avait un frère attaché à leur parti. Il se montrait l'un des plus ardents destructeurs; mais sa sœur, usant de son rang et de son crédit, obtint, à force d'instances et de prières, que l'ordonnance du prince de Condé n'eût pas son exécution, et elle sauva ainsi l'église et l'enclos de son monastère, dont la destruction était réservée pour une autre époque, également hostile aux établissements catholiques. L'abbesse dont nous parlons gouverna avec piété et beaucoup de sagesse, pendant quarante-sept ans. On lisait cette épitaphe sur sa tombe dans l'église abbatiale [1].

Lorsque le nouvel évêque vint prendre possession de son siège, hélas! dans quel état trouva-t-il l'Église de Saintes!.. Que de plaies profondes saignaient encore! Quel deuil universel dans les familles!.. Que de ruines dans sa ville épiscopale!.. Sa cathédrale n'offrait plus que de lugubres décombres, des pans de murailles à demi-renversées! Le seul clocher dominait les débris épars de nos temples saints!.. A la vûe de tant de désastres,

---

[1] Hîc sita est D. Franc. de Rupefucal. Solo obiit et cœlo abiit XXVII aprilis, ætatis suæ anno LXXIX, cùm hanc domum XLVII annis, pietate, exemplo, sapientiâ et feliciter rexisset anno Domini MDCVI, in parte superiori chori.

(*Gall. Christ.*)

le nouveau pontife pouvait s'écrier avec le vieillard Mathathias : « Malheur à moi !.Pourquoi suis-je né pour voir l'affliction de mon peuple et le renversement de la sainte cité ?.. Son temple auguste est aujourd'hui comme un homme dans l'ignominie !.. Les vases de sa gloire ont été emportés sur une terre étrangère ! Ses vieillards ont été massacrés dans les rues, et ses jeunes hommes sont tombés sous le glaive de ses ennemis !.. Toute sa magnificence lui a été enlevée !.. Elle était libre ; elle est devenue esclave !.. Et tout ce que nous avions de saint, de beau et d'éclatant, a été désolé et souillé par les nations profanes ! Pourquoi donc vivons-nous encore[1] ? »

La Providence venait d'accorder à l'Église de Saintes un prélat d'un vrai mérite ; il était destiné à la consoler après les jours d'épreuves. Messire de la Courbe, conseiller d'État, fils d'Ambroise, seigneur de la Courbe-de-Brée, chevalier des ordres du roi, et de Magdeleine de La Jaille, fut appelé

---

[1] Dixit Mathathias : Væ mihi ut quid natus sum videre contritionem populi mei, contritionem civitatis sanctæ, et sedere illìc, cùm datur in manibus inimicorum? Sancta in manu extraneorum facta sunt : templum ejus sicut homo ignobilis. Vasa gloriæ ejus captiva abducta sunt; trucidati sunt senes ejus in plateis, et juvenes ejus ceciderunt in gladio inimicorum....... Omnis compositio ejus ablata est. Quæ erat libera facta est ancilla. Et ecce sancta nostra, et pulchritudo nostra, et claritas nostra desolata est, et coinquinaverunt ea gentes. Quò ergò nobis adhùc vivere? (*Lib. 1. cap. 2. Macchab.*)

à l'épiscopat. En 1576 [1], il conçut le projet de reconstruire sa cathédrale, dont les arcs-boutants, d'une forme pyramidale si gracieuse, nous font de plus en plus regretter la destruction. A la vérité, l'architecte désormais ne s'exercera plus, comme il le fit au XIVe et XVe siècles, à embellir la nouvelle basilique des plus habiles ciselures, des élégantes ogives, des corniches fleuries, des chapiteaux transparents et des mille figurines d'anges et de saints qui décoraient l'église de Gui de Rochechouart; mais, heureux de pouvoir relever de ses ruines le temple du Seigneur, le zélé pontife ordonna les travaux qui commencèrent le 15 janvier 1582. Le 26 du même mois, il plaça la première pierre sur le pilier qui autrefois supportait la grande voûte. Ce pilier est situé à côté de l'escalier de la *vis-torte* dont nous avons parlé [2]. Ces premiers travaux comprirent la nef, et les deux ailes voûtées jusques au chœur. Ils durèrent trente-six ans; car cet ouvrage ne fut terminé qu'en 1618, millésime gravé à la voûte du collatéral droit en entrant. Treize années plus tard, on pensa à rééditier le chœur tel qu'il existe aujourd'hui, ainsi que les ailes de l'hémicycle. Le chapitre se détermina à l'exécution de ce dessein en 1647.

Messire de Raoul, alors évêque de Saintes,

---

[1] *Gall. Christ.* tom. II. pag. citat. *Clerg. de Fr.* tom. II.
[2] Mémoire hist. mss. inéd. du chan. Tab. déjà cité.

donna de grandes espérances, en promettant, et comme il le fit par son testament, la troisième partie des lots et ventes de sa terre de Barbezieux, qui, d'après l'estimation qu'on en faisait, devait fournir une somme très-considérable. Le chapitre n'en retira que huit mille francs; et encore fallut-il se soumettre aux inconvénients de plusieurs procès, pour parvenir à réaliser cette somme. Malgré ce désappointement, le projet ne fut point abandonné.

Louis de Bassompierre, dont nous parlerons ailleurs, s'offrit, plus tard, de payer la moitié des frais de cette nouvelle construction, et de solliciter avec zèle, de la bonté du roi, un secours proportionné à l'importance de l'ouvrage commencé. Le chapitre profita donc de l'occasion favorable et, en 1647, un contrat fut passé pardevant Tourneur, notaire royal, entre M. de Raoul et les députés du chapitre, pour une somme de cinq mille cent livres, allouée pour la réédification de l'église. Plusieurs autres contrats eurent aussi lieu entre Louis de Bassompierre, le chapitre et les architectes André Boyer et Louis Lemâtre, depuis 1649 jusqu'en 1660, pour le même objet. La quittance du paiement final est du mois de décembre 1662. Ainsi le chœur de Saint-Pierre et ses bas-côtés ont été commencés à peu-près en 1650, et terminés à la fin de l'année 1662. Les Protestants n'avaient laissé sur pied que quelques chapelles; le temps leur manqua pour les faire entièrement disparaître.

Le projet du prélat la Courbe-de-Brée était de porter l'élévation de la grande voûte à la hauteur de celle de Gui de Rochechouart ; mais le niveau de l'impiété n'a pas permis cette élévation. Dans un siècle qui a abjuré la foi divine, on retrouve, à chaque pas, la bassesse des pensées de l'homme ! En 1762, on fit construire en briques une voûte qui n'est qu'un contre-sens insoutenable avec le reste du vaisseau. Le goût assurément n'a pas présidé à sa confection ; elle est loin de rendre à la basilique quelques-uns des nobles traits de sa majesté primordiale. Quand l'œil observateur a contemplé le grandiose du clocher et qu'il se fixe sur l'œuvre intérieure de 1762, il se ferme sous l'impression pénible du regret. Le clocher lui-même excite ce sentiment, quand, après l'aspect de sa forme gigantesque, il ne laisse plus apercevoir à sa cime qu'une espèce de calotte en plomb !.. On voit que là ne devait pas s'arrêter la sublime inspiration de l'habile architecte ; elle cherchait l'éternité, quand les circonstances des temps arrêtèrent son essor. Une flèche hardie, élancée et se perdant dans l'infini, attend encore une volonté puissante pour remplacer la calotte de plomb, qui semble n'être là que momentanément, comme abritant le reste, honteuse en quelque sorte du rôle difforme qu'elle y joue.

M. l'abbé Réveillaud qui, depuis vingt années,

gouverne cette église, veuve de ses évêques, a mis la dernière main à sa décoration. Les colonnes en marbre qui ornent le maître-autel et supportent un élégant baldaquin, appartenaient naguère à l'église abbatiale de Sainte-Marie. Elles sont aujourd'hui d'un très-bel effet dans le majestueux et vaste sanctuaire de notre ancienne cathédrale. La distribution du chœur, l'embellissement des chapelles, l'ensemble des fonts baptismaux et le rétablissement de l'orgue, sont autant de témoignages qui attestent le bon goût et la foi du respectable restaurateur de Saint-Pierre. Si ses paroissiens ont toujours répondu à ses invitations, quand il s'est agi de la décoration du lieu saint, les paroissiens n'ignorent pas que leur vigilant pasteur a su faire tous les sacrifices, pour rendre cette église la plus belle du diocèse et digne encore de devenir un jour la *cathédrale de Saintes*.

Le chanoine Tabourin nous apprend quelles étaient, avant le pillage et la persécution des Protestants, les richesses du trésor de cette église. On comptait dans la tour jusques à quatorze cloches de différents calibres. « Les beffrois actuels de nos églises, dit un auteur, ne sauraient donner une idée des anciennes sonneries, composées quelquefois de douze et même de dix-huit cloches [1]. » Deux étaient en argent; on disait alors qu'elles

---

[1] Voy. le liv. intitulé : *Les Églises gothiques*, pag. 153.

avaient appartenu à l'église de Saint-Eutrope : le prieur avait été contraint de les donner, afin d'acquitter des dettes contractées envers le chapitre. Les plus fortes par leur poids se nommaient : *Le Saint-de-Dieu. — Le gros Guillaume. — Le gros Archambeau. — La grosse cloche de Nostre-Dame. — Le sieur Monier. — Le Saint-Neuf. — Le gros Comlbeaud*, etc. Toutes sonnaient aux fêtes solennelles. En y comprenant la petite cloche de *Notre-Dame-des-Miracles*, il y en avait dix-sept en mouvement !

Aujourd'hui, une pareille sonnerie paraîtrait à bien des gens une pure monomanie, un luxe inutile ; pour nos pères, qui valaient bien leurs enfants, cette harmonieuse sonnerie était l'expression symbolisée des joies du ciel, dont leur cœur chrétien était heureux, toutes les fois qu'il s'agissait de glorifier le Très-Haut. Tout est relatif à la foi vive et sublime, ou à la froide et dédaigneuse indifférence ; ce que les uns admirent, les autres le condamnent. « Cependant, considérée comme harmonie, dit le vicomte de Châteaubriand, la cloche a indubitablement une beauté de la première sorte : celle que les artistes appellent le *grand*... Avec quel plaisir Pythagore, qui prêtait l'oreille au marteau du forgeron, n'eût-il pas écouté le bruit de nos cloches, la veille d'une solennité de l'Église ! L'âme peut être attendrie par les accords d'une lyre ; mais elle ne sera pas saisie d'enthousiasme, comme lorsqu'une pesante sonnerie proclame, dans la région des nuées, les triomphes du Dieu des batailles. Et pourtant, ce n'est pas là le caractère le plus remarquable du son des cloches ; ce son a une foule de relations secrètes avec nous. Combien de fois les tintements d'une agonie, semblables aux lentes pulsations d'un cœur expirant, n'ont-ils point surpris l'oreille de l'athée, qui osait peut-être écrire qu'il n'y a point de Dieu !... Étrange religion qui, au seul coup d'un airain magique, peut changer en tourments les plaisirs et faire tomber le poignard des mains de l'assassin ! Tels sont les sentiments que font naître les sonneries de nos temples ; sentiments d'autant plus beaux, qu'il s'y mêle un souvenir du ciel. C'est Dieu même qui commande à l'ange des victoires de lancer les *volées* qui publient nos triomphes, ou à l'ange de la mort de sonner le départ de l'âme qui vient de remonter à lui. Laissons donc les cloches rassembler les fidèles ; car la voix de l'homme n'est pas assez pure pour convoquer au pied des autels le repentir, l'innocence et le malheur. Chez les sauvages de l'Amérique, lorsque des suppliants se présentent à la porte d'une cabane, c'est l'enfant du lieu qui introduit ces infortunés au foyer de son père [1] : si les cloches nous étaient interdites,

---

[1] *Génie du Christianisme*, par le vicomte de Châteaubriand.

il faudrait choisir un enfant pour nous appeler à la maison du Seigneur [1]... »

Les Huguenots, en 1568, s'emparèrent des cloches de Saint-Pierre, ainsi que de plusieurs colonnes en bronze et de l'*aigle* de même métal qui était au milieu du chœur comme lutrin. Une partie de ces pieux objets fut vendue et envoyée à la Rochelle. Un Protestant, nommé Piaud, demeurant sur la paroisse de Saint-Vivien, fit achat du reste. Mais, en 1581, on fit fondre quatre nouvelles cloches; trois seulement furent placées dans la tour de la cathédrale; la quatrième fut envoyée à Saint-Sauvan, parce que celle de cette église ayant été brisée, les fragments avaient été apportés à Saintes, pour être fondus avec la matière qui devait former les nouvelles cloches de notre basilique. Les hommes qui, en 1793, ont *protesté* contre l'autorité des rois, en vertu du principe de ceux qui, en 1568, *protestèrent* contre l'autorité de Dieu, ont envoyé les cloches de nos églises dans le creuset de la *Constituante*. M. l'abbé Réveillaud, jaloux de donner de la solennité au culte divin, a réparé cette perte, à la satisfaction de tous les vrais Catholiques. L'une porte le nom du prince des apôtres; l'autre, celui de Sainte-Colombe; et la troisième, celui de Saint-Louis, en mémoire du triomphe de Taillebourg et de la présence du saint roi dans la cathédrale de Saintes, au milieu du XIIIe siècle.

Tout était riche et magnifique dans le trésor de notre Église. Les livres de messe et d'office étaient de vélin ; les caractères en étaient d'or et la couverture garnie en argent. Les instruments *de paix*, niellés par les émules de l'habile Benvenuto-Cellini, étaient en vermeil et revêtus d'émail. Les chandeliers du maître-autel étaient de cuivre, mais d'un travail ciselé admirable. Ces chandeliers étaient placés au-dessus de l'autel ; ceux qui servaient aux fêtes solennelles étaient en argent doré ; les enfants de chœur les portaient aux encensements et ne les déposaient jamais qu'au pied du sanctuaire. Le trésor de la cathédrale se composait aussi, dit notre historiographe, « d'une quantité de vaisselle d'argent, comme calices, croix, crosses, bourdons, bassins, coupes, chauffettes, *paix* et quelques douzaines de chandeliers d'argent... [1] »

Les ornements sacerdotaux étaient également d'une rare magnificence. Le jour de la Pentecôte, le trésorier de Saint-Pierre avait coutume de porter à l'office une chape couverte de plaques d'or de la largeur d'un double ducat ; son poids était fort lourd ; deux enfants de chœur la soutenaient par les extrémités, et *deux bâtonniers de la confrérie de Saint-Jacques* la portaient par derrière, veillant à ce qu'aucune des plaques ne se détachât et ne se perdît. Le costume de ces *bâton-*

---

[1] Mém. hist. mss. inédit déjà cité.

niers était une robe courte à l'instar des manteaux de palais, et leurs insignes, une baguette d'argent. Les reliques y étaient en grand nombre et les châsses qui les renfermaient étaient en vermeil. Celles de sainte Ursule et de ses onze compagnes étaient ordinairement exposées, les jours de fête, sur l'autel de Saint-Michel, comme nous l'avons déjà fait remarquer. On y voyait alors les reliques de saint Trojan, dont la châsse était d'argent massif; des lévites portaient ce précieux reliquaire dans les processions publiques, ainsi que le *chef* de saint Léger. La cathédrale de Saintes possédait une notable portion de la *vraie croix,* déposée dans une croix d'or d'une grande dimension. On était dans l'usage, le troisième jour du mois de mai, de la porter solennellement en procession. Au reste, il n'y avait pas de chapelles où l'on ne vît, sur les autels, de saintes reliques enchâssées dans l'or et les pierreries [1] Comme tout a changé dans le caractère des objets qui composent le mobilier et l'intérieur de l'église ! Ceux-ci, dirons-nous avec un judicieux auteur, ont éprouvé l'effet des influences novatrices ou dévastatrices qui ont agi sur le monument. Tout est devenu grêle, sec et mesquin. Les ornements du prêtre ont perdu de leur magnifique ampleur. L'ancienne mitre épis-

---

[1] Mém. hist. mss. inéd. déjà cité.

copale, chargée de sculptures et de ciselures, qui affectait la parure de la tiare, est aujourd'hui un simple morceau de tissu. Quelle comparaison à faire entre les maigres enroulements des crosses de nos évêques, entre les formes pauvres et froides des vases sacrés que renferment des tabernacles encore plus pauvres, et les crosses à reliquaires et à statuettes, les vases à puissants reliefs du moyen-âge, et même de l'époque transitoire de la renaissance! Ni l'or ni les pierreries n'étaient suffisants alors pour les choses saintes; il fallait que l'art, l'art poussé au dernier degré de perfection, l'art entièrement libre dans ses abondantes inspirations, vînt donner à ces matières le prix qui leur manquait. On se rappelle le concours qui eut lieu entre Raphaël et Michel-Ange pour un candelabre. Alors une foi divine inspirait les artistes [1].

Indépendamment de toutes ces richesses, si estimables aux yeux de la foi, qui aime à voir dans le temple saint l'éclat, la pompe et la majesté, notre cathedrale était ornée, aux fêtes annuelles, de tentures et de tapisseries tissues de soie et de fils d'or et d'argent. Elles descendaient des galeries jusques sur le haut des stalles du chœur. Elles représentaient plusieurs dessins d'un très-beau

---

[1] Voy. le livre intitulé : *Églises goth.* déjà cité.

travail, tels que la destruction de Jérusalem, l'histoire de Judith et d'Holopherne, le déluge et la ruine de Sodome et de Gomorrhe. Plusieurs autres tapisseries de moindre dimension servaient à recouvrir le trône pontifical et la chaire. Elles étaient fort belles, mais seulement elles différaient des premières, en ce qu'elles étaient d'un tissu de capiton et de laine. Quelques-unes des plus petites étaient cependant faites de fils d'argent et de soie, ou de fils d'or, d'argent et de laine. Les unes représentaient l'entrée de Jésus à Jérusalem; les autres, la prison de saint Pierre et sa sortie de prison sous la conduite d'un ange. Des tentures plus communes et d'un travail moins magnifique couvraient ordinairement les stalles du chœur : celles-ci figuraient le miracle de la multiplication des pains. Lors de l'approche des Protestants, on s'empressa de dérober à leur coupable rapacité ces objets précieux. On déposa dans deux gabarres les tapisseries, les vases d'or et d'argent, ainsi que les ornements de la cathédrale, afin de les transférer dans le château d'Angoulême, que l'on croyait à l'abri d'un coup de main. Mais de faux-frères, hommes sans honneur, sans conscience et sans foi, instruisirent le sieur de Sainte-Mesme, ardemment dévoué au Calvinisme, que le trésor de Saint-Pierre voyageait sur la Charente. Sainte-Mesme ne manqua pas de se trouver au passage. Il pilla, sans qu'il en soit jamais rien revenu, les riches effets que contenaient les gabarres expédiées pour Angoulême. Notre *manuscrit* ajoute que ces faux-frères étaient des chanoines ; ce qui prouverait évidemment que, s'il y a sans aucun doute des chanoines canonisés, tous les chanoines n'ont pas mérité de l'être : Judas se trouva dans la société de Jésus et des apôtres [1].

Mais la sollicitude pastorale du seigneur de la Courbe-de-Brée ne se bornait pas au soin de l'édifice matériel. Il s'occupait surtout du rétablissement de la discipline ecclésiastique et de l'intégrité de la Foi. Aussi s'empressa-t-il d'assister, en 1583, au concile tenu à Bordeaux par le métropolitain, Antoine Prévôt de Sansac. Il se trouva également aux États-généraux du royaume, assemblés à Paris en 1614, à l'occasion de la majorité de Louis XIII. Ce digne prélat favorisa d'utiles établissements dans sa ville épiscopale. Les Récollets et les modestes filles de Sainte-Thérèse vinrent s'y fixer. Les révérends pères Jésuites y furent appelés [2].

Long-temps avant la fondation d'un collége à Saintes, on s'y était occupé de l'instruction de la jeunesse. A la vérité, le mode était relatif à l'esprit de l'époque; il devait être fort restreint, quant

---

[1] Mém. hist. mss. inéd. déjà cité.
[2] *Gall. Christ.* tom. II., loco jam citato.

à ce qui faisait la matière des études et quant à ce qui concernait les méthodes qu'on y suivait. Mais ce que nous pouvons affirmer comme un fait incontestable, c'est que la religion divine catholique, source de la science qui élève l'homme à la hauteur de sa dignité, en le rendant chrétien vertueux et sincère, était l'âme de l'éducation. Des systèmes secs et arides, plus ou moins hasardés, étrangers le plus souvent à l'heureuse influence de la Foi, ne réglaient pas alors l'enseignement; il reposait au contraire sur des principes certains, invariables et consciencieux; aussi savait-on former le cœur en même temps qu'on s'exerçait à cultiver l'esprit. Les connaissances étaient moins variées; elles n'en étaient que plus solidement acquises. Les élèves possédaient avant tout la science des devoirs dont l'accomplissement fait le bonheur.

Des délibérations du conseil de la ville de Saintes, prises vers le milieu du XVIe siècle et au commencement du XVIIe, font assez voir qu'on y possédait un établissement d'instruction publique dirigé par un *principal régent*; et certes l'éducation et les connaissances spéciales n'y étaient pas sans garanties, puisque la religion y présidait. Une pièce authentique, portant la date du 13 mars 1604, nous donne la certitude que cet établissement était dirigé par des hommes qui comprenaient toute l'importance des saines doctrines dans l'art sacré de l'éducation de la jeunesse. On aurait tort de vouloir prouver, par cette pièce, l'existence d'un système arbitraire consacrant un honteux monopole.

A la vérité, le duc d'Epernon, gouverneur de Saintonge pour le roi, d'après cette délibération, invite le conseil de la commune à veiller à ce qu'il n'y ait à Saintes de régents particuliers; une autre délibération, du mois d'août 1604, fait connaître la défense portée à toutes personnes de s'occuper de l'instruction de la jeunesse. On lit même que les pères et mères qui placeraient leurs enfants ailleurs qu'au collége, subiraient une amende de mille livres. Telle était la teneur de la copie d'une requête que le *principal régent* avait adressée au conseil, qui renvoya cette affaire à l'évêque et au chapitre. Il ne s'agissait évidemment, dans cette défense, que d'une question de conscience et de moralité. La foi était violemment attaquée par le Protestantisme, qui, après avoir brisé les croix et détruit les sanctuaires, voulait surtout déraciner dans les cœurs les principes de la religion catholique. Ils s'efforçait de s'emparer de l'éducation, comme du moyen le plus sûr pour inoculer le venin pernicieux de l'hérésie. On comprend dès lors les raisons puissantes qui portèrent à prohiber les établissements particuliers et à centraliser dans le collége, où une science modeste était loin d'être hostile à la foi orthodoxe, toute l'instruction donnée à la jeunesse; c'était là pour elle la sauve-garde de sa religion et de ses mœurs. A ce titre, nous applaudissons à la requête du *principal régent*.

L'évêque La Courbe-de-Brée vit avec satisfaction les maire et échevins demander au roi d'autoriser la fondation du collége. Henri IV donna en ces termes ses lettres patentes :

« Henry, par la grâce de Dieu, roi de France et de Navarre, à tous présents et à venir salut.

« Sur ce qui nous a été remontré et fait entendre par les maire et échevins de nostre ville de Xainctes, qu'en ycelle, combien qu'elle soit la capitale de Xainctonge, il n'y a aucun collége pour l'instruction de la jeunesse aux bonnes études et sciences, et qu'ils désireraient, tant pour l'avantage de ladite ville, que pour retirer les enfants de l'oisiveté en laquelle ces enfants ont été jusqu'à ce jour plongés, d'y en établir un....

« Voulant bien et favorablement traiter les nobles, bourgeois, manants et habitants de ladite ville en choses si utiles et nécessaires au bien de nos subjets, qui, par ces moyens, seront rendus d'autant plus capables de nous servir....

« A ces causes, nous leur avons permis, accordé et octroyé, permettons, accordons et octroyons, voulons.... qu'ils puissent et leur soit loisible de faire construire et bâtir un collége en nostre dite ville de Xainctes, en une place d'ycelle, depuis la maison de nouveau bastie par François Chambéré, et le long de la rue jusqu'à l'étable de M. Dominique Du Bourg, docteur en médecine, y comprenant les appartenances des jardins et basses-cours des Jacobins, tirant droit vers le jardin du sieur Leslau.... comme estant le lieu qui incommode le moins la ville ainsi qu'il est porté et contenu par l'ordonnance de nostre très-cher et amé cousin, le duc d'Epernon, gouverneur, et nostre lieutenant-général de la province, mise au pied de la requête à lui présentée à cette fin;.... en payant et récompensant les propriétaires des lieux de gré à gré, pour icelui collége ainsi construit et basti estre rempli de tel nombre de personnages qu'ils choisiront de la capacité et suffisances requises pour y faire les fonctions nécessaires aux classes, formes et règles qu'ils aviseront, ainsi qu'il se fait aux colléges des bonnes villes de nostre dit royaulme; et afin que les dits maire et échevins aient plus de moyens d'entretenir et accommoder les maîtres, régents et autres officiers qui seront pris et mis dans le dit collége, nous leur avons aussy permis d'accepter les fondations qui leur seront faites par les dits nobles, bourgeois, manants et habitants... etc. ; car tel est nostre plaisir. Et afin que ce soit chose stable à toujours, nous avons fait mettre notre scel à ceste présente.

« Donné à Paris, au mois de juillet, l'an de grâce mil six cent cinq, de nostre règne le seizième. Signé, HENRY. »

L'évêque s'attacha à faire un digne choix des

maîtres qui allaient être chargés de la direction du nouveau collége. La société de Loyola lui offrait toutes les garanties désirables. Henri IV, juste appréciateur de l'illustre compagnie, adressa, sur la requête de l'évêque de Saintes, des lettres datées du mois d'octobre 1607 et qui autorisaient l'établissement des Jésuites dans cette ville :

« Henri, par la grâce de Dieu, roi de France et de Navarre, à tous présents et à venir, salut. Par notre édit du mois de septembre 1603, vérifié en nostre cour du parlement de Paris, nous avons, entre autres choses, ordonné qu'il ne pourrait être dressé aucun collége de la société des pères Jésuites ès villes et lieux de nostre obéissance, sans nostre expresse permission. Et nous ayant nostre amé et féal le sieur évesque de Xainctes, les doyen, chanoines et chapitre de l'église cathédrale et nos chers et bien amés les maire, échevins, manants et habitants du dit Xainctes très-humblement supplié et requis de permettre qu'il en soit institué unq en la dite ville pour l'instruction de la jeunesse, *en l'honneur de Dieu et aux bonnes sources et mœurs*, à cette cause, les voulant favoriser, avons permis et, par ces présentes signées de nostre main, permettons à la dite société et compagnie des Jésuites de pouvoir établir un collége en la dite ville de Xainctes, et de le composer de tel nombre de personnes d'icelle société qu'ils verront y être nécessaires pour le service divin et instruction de la jeunesse aux bonnes lois et mœurs, et aux classes, règles et formes dont ils ont accoutumé user ès collèges qu'ils ont en autres villes de nostre royaulme, et, à cet effet, de pouvoir bâtir icelui collége et accepter les conditions qui leur seront pour ce baillées, et ensemble les biens meubles et immeubles qui seront délivrés par les manants et habitants... Et notamment la fondation que nostre amé et féal conseiller en nostre conseil d'État et président au siège présidial de la dite ville, maistre Jacques Guitard, sieur des Brousses, désire faire à ses dépens, suivant les charges et commandement que défunt maistre Charles Guitard, son père, vivant doyen de la dite église de Xainctes, lui en donna, le jour de son décès, le tout sous les expresses charges et conditions portées par le dit édit du mois de septembre; et, afin que les susdits habitants aient moyen d'accommoder les dits Jésuites, nous voulons qu'ils puissent et leur soit loisible de leur bailler et laisser leur collége, si aucun en ont, bâti ou à bâtir, et pour l'agrandir et accommoder le lieu où sera celui de la dite société, s'il se trouve à propos de le faire en autre endroit de la dite ville, de prendre des jardins et maisons proches et adjacentes pour bâtir une église et autres choses nécessaires pour cet effet, en payant les propriétaires du prix d'icelles de gré à gré. Cy donnons en mandement au fiscal de Xainctonge ou son lieutenant et gens tenant nostre siège présidial du dit lieu, et à tous nos autres officiers qu'il appartiendra, que du contenu ci-dessus ils fassent ceux de la dite société et les dits maire et échevins, manants et habitants de la dite ville de Xaintes, pour en user pleinement et paisiblement sans leur faire, mettre, ni donner, ni souffrir ou permettre qu'il leur soit fait, mis, ni donné aucun trouble, ou impôts aucuns au contraire. Car tel est nostre bon plaisir ; et afin que ce soit chose ferme et stable, nous avons fait mettre notre scel à ceste présente, sauf en autres choses notre droit et d'autrui en tout.

« Donné à Paris, au mois d'octobre, l'an de grâce mil six cent sept, et de notre règne le dix-neuvième. Ainsi signé : HENRY [1]. »

Après plusieurs difficultés aplanies, on construisit le collége et, un peu plus tard, la chapelle que les Jésuites avaient demandée avec instance, sous peine d'abandonner l'établissement, si on se refusait plus long-temps à sa construction. Le collége de Saintes, lors de la révolution de 89, était riche de trente mille livres de revenus ; l'instruction des externes y était gratuite.

Le collége a changé de maîtres ; le couvent des Récollets est devenu un comptoir, leur église un magasin ; le monastère des Carmélites, transformé naguères en loge maçonique, racheté en-

---

[1] Arch. du collége de Saintes ; secrétariat de la mairie.

suite par la Religion, fut enfin rendu à sa destination sainte, comme on le verra.

Le 25 novembre 1615, Louis XIII et Anne d'Autriche reçurent, des mains de l'évêque La Courbe-de-Brée, la bénédiction nuptiale, dans l'église de Saint-André de Bordeaux [1], et non pas de Jean-Jacques Dusault, évêque de Dax, comme l'avance, avec un peu trop de prétention, messire Dusault, conseiller du roi et assesseur au présidial de Saintes [2].

Mais, au nom de Bordeaux, nous nous rappelons que le *chef* dont nous déplorons depuis long-temps l'absence, est encore loin de la ville de Saintes. Nous ne pouvons oublier que, dans leur délire, les Protestants, après avoir renversé le monastère, ont commencé la destruction de l'église de Saint-Eutrope. Le ciel avait réservé au seigneur La Courbe la consolante mission de seconder de tout son pouvoir le zèle et les efforts de l'abbé Pierre III de la Place, et de travailler à réparer l'église du Martyr, afin d'y faire de nouveau reposer ses saintes reliques. Malgré l'esprit destructeur de cette déplorable époque, les églises étaient promptement restaurées ou reconstruites. Il tardait aux fidèles de se retrouver aux pieds des tabernacles, d'y jouir de la protection divine, d'y goûter cette paix

---

[1] *Gall. Christ.* tom. II. *Eccl. Sant.*

[2] Voy. *Comment. sur l'usance de Saintes*, pag. VI.

de l'âme que donne la prière humble et fervente. L'évêque et son troupeau virent donc avec joie, après un temps assez court, la basilique de Saint-Eutrope rétablie et préparée pour la célébration des saints mystères. Le 23ᵉ jour de décembre 1601, le prélat et son chapitre s'y rendirent en procession, suivis d'une très-grande affluence de Catholiques, pour procéder à la cérémonie de la réconciliation de cette église profanée. Un acte latin atteste cette circonstance; il fut signé de la main du pontife; nous le traduisons sur la pièce originale et inédite.

« Nicolas, par la grâce de Dieu et du Saint-Siège apostolique, évêque de Saintes, faisons connaître à tous fidèles que, aujourd'hui dimanche, vingt-trois du mois de décembre mil six cents un, l'église du prieuré conventuel de Saint-Eutrope, hors les murs de la ville de Saintes, a été réconciliée par nous, et le maître-autel dédié et consacré, ainsi que les autres autels de ladite église, en l'honneur dudit saint Eutrope; qu'au milieu du maître-autel nous avons déposé des reliques du bienheureux martyr; de plus, nous avons accordé des indulgences spéciales, pour un an, à tous ceux qui, avec piété et humblement, visiteront cette église, le jour de la réconciliation.

« Donné dans l'église même de Saint-Eutrope, sous notre sceing et le sceing de notre secrétaire, les jour, mois et an susdits.

† Nicolas, *évêque de Saintes.*

Par mandement de Monseigneur révérendissime Évêque :

NAUCHEN, *secrétaire*.

† Lieu du sceau [1].

L'assemblée capitulaire donna également son attestation par l'organe de son doyen :

« Nous doyen, chanoines et chapitre de la cathédrale de Saint-Pierre de Saintes, à tous ceux qui ces présentes verront, faisons savoir et affirmons que l'église du prieuré conventuel de Saint-Eutrope, près et hors les murs de ladite ville de Saintes, a été reconstruite en grande partie par Pierre de la Place, prieur dudit prieuré et religieux digne de tout éloge; que, de plus, elle a été réconciliée par le révérendissime évêque de Saintes; de sorte que ledit prieur et sa communauté pourront désormais, d'une manière décente et commode, y célébrer les saints mystères et y conserver sans risque et en toute sécurité la relique de saint Eutrope exposée aux hommages et vénérations des pieux fidèles.

« En foi de quoi, nous avons soussigné ces présentes, les avons munies de notre sceau capitulaire et fait remettre par le secrétaire de notre chapitre audit sieur de la Place.

---

[1] Mss. pièces origin. inéd. de l'Église de St.-Eutrope de Saintes, liasse n° 4.

« Donné et fait en notre dit chapitre, le VIIIᵉ jour du mois de janvier l'an du Seigneur mil six cent deux.

 Michel RAOUL, *doyen de la cathédrale.*
Par mandement des chanoines :
 MESTASEAU, *secrétaire du chapitre.*
† Lieu du sceau [1]. »

Enfin l'heureux moment approchait où le *chef* miraculeusement conservé allait reparaître au lieu saint qu'il avait occupé pendant une si longue suite de siècles. Tous les préparatifs avaient été faits pour donner un grand éclat à cette auguste cérémonie. L'abbé de Saint-Eutrope et ses religieux s'étaient rendus à Blaye, pour la translation de la relique. La métropole ne se montra point insensible à la joie de l'église suffragante; voici ce qu'en raconte Tillet :

« En 1601, fust foicte grand'cérémonie pour la translation du *chef* de saint Eutrope, qui avoist esté porté à Bourdeaux par les habitants catholicques de Xainctes, à cause des guerres; et l'en retournèrent avec dévotion tesmoignée, aussy par tous les habitants de Bourdeaux, dans l'église dédiée à l'honneur du dict Saint, où fust foicte une belle prédication et comme quoy les reliques des Saints se plaisoient aux lieux où première-

---
[1] *Item.*

ment elles avoient esté remises en repos : *Exultabunt Sancti in gloriâ, lætabuntur in cubilibus suis* [1]. »

Il y avait en effet, alors, une église à Bordeaux, dédiée à saint Eutrope. Un missionnaire irlandais, chassé de son pays avec plusieurs de ses compatriotes par le despotisme britannique, vint dans cette ville, en 1603. Il y fut accueilli par le cardinal de Sourdis, qui en était archevêque et qui lui donna, ainsi qu'à ses confrères fugitifs, l'église de Saint-Eutrope pour leurs exercices religieux [2]. Nous avons vu, dans l'église métropolitaine de Saint-André, une chapelle érigée sous le vocable de notre saint apôtre; cette chapelle, restaurée par les soins du digne prélat Daviau de Sansay, est monumentale; elle rappelle l'évènement que nous avons décrit. La cérémonie dont parle Tillet n'eut lieu qu'à la fin de l'année 1601, et la translation du *chef* de Bordeaux à Saintes ne s'effectua que l'année suivante, ainsi que le prouve la date du procès-verbal délivré par le chapitre métropolitain, constatant la remise de la relique entre les mains de l'abbé dom de la Place :

« Du vendredy 8 febvrier 1602.

« Sur la réclamation présentée par dom Pierre de la Place, prieur de Sainct-Eutroppe lez Xainctes,

---

[1] Tillet, *Chron. Bourdeloise*, pag. 113.
[2] *Clerg. de Fr.* tom. II. déjà cité.

le chappitre a ordonné que le chef de monsieur sainct Eutroppe, mis en dépost et baillé et gardé au chappitre, sera rendu au sieur de la Place, prieur de Sainct-Eutroppe, en rapportant par luy charge et pouvoir des pieux relligieux du couvent de Sainct-Eutroppe, pour prendre et pour percevoir le *chef*; il a baillé bonne et vallable décharge au dict chappitre.

Faict les jour, mois et an susdits.

FLORENTIN, secrétaire du dict chappitre [1] ».

Le cardinal de Sourdis voulut lui-même porter le précieux *chef* jusqu'à Blaye. Toute la ville de Bordeaux l'accompagna jusqu'à la rive. On remarquait, dans cette procession générale, messieurs de la cour de parlement en corps; ils comprenaient les intimes et glorieux rapports de la religion et de la magistrature; l'une est la sanction de l'autre. Arrivé à Blaye, le cardinal rendit aux religieux, qui l'attendaient, l'auguste dépôt. Ceux-ci se mirent aussitôt en marche, suivis de la nombreuse députation de Saintes et des fidèles, qui accouraient de toutes parts pour honorer les restes sacrés du martyr. Mais au moment où le cortège traversait le bourg d'Etaulier, une femme protestante reçut, par l'invocation du Saint, avec la

---

[1] Extraict du registre du chappitre de l'Eglyze métropolitaine Sainct-André de Bourdeaux. — Mss. arch. inéd. de l'Église Saint-Eutrope de Saintes, liasse n° 4.

guérison corporelle, les lumières de la foi divine [1].
L'évêque de Saintes vint avec son clergé en procession jusqu'à Pons ; l'abbé et les religieux de Saint-Jean-d'Angély s'y étaient également transportés pour ajouter à la pompe de cette réception solennelle. Le jour, pour la rentrée du *chef* à Saintes, avait été fixé au 21 avril 1602. Toutes les populations de la ville et de la banlieue, après tant d'années d'absence, l'accueillirent avec les plus vifs transports de respect et d'amour. Des arcs-de-triomphe avaient été élevés, des guirlandes et des couronnes avaient été suspendues sur le passage de cet imposant cortège. Telle est la description que nous en donne une hymne composée, dans le temps, pour perpétuer le souvenir de cette fête [2].

[1] Rem novam ! fedæ mulier protervos
    Hæresis cœtus toties secuta
Non potis certum patiens in auras
    Fundere partum.
Martyris sacrum caput inter altas
Eminens turmas colit : indè læta.
Parturit, sectam fugiens nefandam
    Hæreticorum.
    (*Hymn. Off. relat. cap. S. Eutropii.*)

[2] Alma palmares pietas acervos
Et triumphales reduci coronas
Nectit, ac lauro meritâ decoros
    Erigit arcus.
    Obviam clerus pede Santonensis
Urbis et præsul, parochique sacris

Le pontife, la mitre en tête et la crosse en main, s'avança jusqu'au pied du maître-autel sur lequel venait d'être déposé le riche reliquaire qui contenait l'objet de la vénération. Après les oraisons et encensements d'usage, et une touchante allocution relative aux merveilles que Dieu opère en faveur de ses Saints, établis dans la gloire pour

> Vestibus clari veniunt sonorâ
> Voce canentes.
> Gaudio festas populus triumphans
> Excitat flammas, plateasque pictis
> Cingit aulæis et amæna sternit
> Compita sertis.
> Martyris tellus cecinit tropheæ
> Illius plausit meritis Olympus,
> Sed triumphatus genuit subactam
> Hæresin orcus!
>
> (*Mss. arch. de S. Eutr. off. transl. cap. Mart.*)

> A ce *chef* qui revient une foi vive et pure
> Décerne avec transport des couronnes de fleurs ;
> Et de palmes de gloire et de lauriers vainqueurs
> Elle a dressé pour lui mille arceaux de verdure !
> L'évêque a revêtu ses ornements sacrés ;
> Il marche à sa rencontre, et son clergé fidèle
> Fait retentir les cieux de ses chants inspirés,
> Que le peuple répète, animé d'un saint zèle.
> Ce peuple qui triomphe exprime son bonheur
> Par des feux que sa joie allume pour la fête ;
> Des emblêmes partout, pieux échos du cœur,
> Annoncent du martyr l'immortelle conquête.
> Si le ciel s'associe aux sentiments joyeux
> Qu'inspirent les vertus d'Eutrope l'invincible,
> L'hérésie abattue a, d'un regard terrible,
> Contemplé le retour de ce *chef* glorieux.

devenir les protecteurs du monde, le prélat prit dévotement la relique et, au milieu des hymnes de la foi et de la reconnaissance, il la plaça de nouveau avec honneur dans la crypte qui lui était destinée; le sceau épiscopal y fut apposé comme un signe indubitable de véracité. Depuis cette mémorable époque, une fête annuelle fut établie, au 21 avril, sous le titre : *De la translation du chef de saint Eutrope, de Bordeaux à Saintes* [1]. Cet évènement heureux et ses circonstances remarquables sont une preuve vivante de la protection du ciel sur cet objet sacré du culte catholique.

De l'an 600 à l'année 1602, les documents sont certains; ils attestent une conservation providentielle. Nous aurons ailleurs sujet de publier encore de nouveaux faits relatifs à la gloire qui environne, dans tous les temps, le tombeau du martyr. Mais continuons notre marche depuis le commencement du XVIIe siècle jusqu'aux scènes affligeantes du XVIIIe.

L'Abbaye royale de Saintes qui avait vu mourir, le 27 avril 1606, à l'âge de soixante-dix-neuf ans, son abbesse Madame Françoise Ire de Laroche-

---

[1] Ecce redit ad templum sanctum suum triumphator Eutropius : exurgamus et exeamus in occursum ejus et gloriâ suscipiamus eum, dicentes : Revertere, revertere, ô Pastor et Episcope animarum nostrarum ; revertere, revertere, ut teneamus te nec dimittemus.   (*Off. fest. relationis capitis S. Eutropii.*)

foucauld, fut aussitôt gouvernée par une nouvelle supérieure d'un grand nom et d'une solide vertu, Madame Françoise IIe, première abbesse du nom de Foix. Elle était fille de Louis de Foix, comte de Gurzon qui, au combat de Montraveau, près de Nérac, succomba, avec ses deux frères, à la journée du 23 juin 1580, et de Dame Charlotte Diane de Foix Candalle. Malgré les mille prestiges attachés à son illustre extraction et les séduisants attraits que le monde offrait à sa jeunesse, elle n'éprouva qu'éloignement et indifférence pour les plaisirs frivoles qui n'intéressent ordinairement que les âmes légères; elle leur préféra, avec sagesse, la douce paix que la religion procure aux cœurs innocents et dociles. Encore adolescente, elle vint chercher à l'abbaye un asile où, libre de toute préoccupation, elle pût s'adonner sans réserve aux exercices d'une piété fervente. Parvenue à l'âge où il est permis de choisir un état, elle s'engagea, avec autant de liberté que de bonheur, par la profession religieuse, à ne servir plus que Dieu seul dans la pratique de l'humilité, de l'abnégation et de la prière.

Elle fit ses vœux à vingt ans, le 2 juillet 1600, entre les mains de l'abbesse Françoise de Larochefoucauld. Une vocation aussi visiblement céleste ne put qu'être suivie des plus éminentes vertus. Madame de Foix devint, en effet, un modèle de perfections et de régularité; le ciel promettait au monastère, dans cette jeune plante, les fruits de grâce, de zèle, de prudence et de sainteté que devait, un jour, produire l'administration prévoyante et ferme de cette future abbesse. Six ans après sa profession, elle succéda à Madame de Larochefoucauld.

A peine élevée à la dignité abbatiale, deux objets principaux occupèrent sa pensée : le rétablissement dans sa maison de la discipline et de l'ordre, et les réparations nécessaires dans le matériel du couvent. Malgré les soins, le crédit et le courage de madame de Larochefoucauld, l'abbaye avait beaucoup souffert sous ce double rapport, pendant la durée des guerres précédentes. De toutes parts, les anciens bâtiments étaient menacés d'une ruine prochaine, et leurs distributions n'étaient au reste ni commodes ni salubres. Madame de Foix s'appliqua à leur reconstruction ; mais un incendie, arrivé le 10 septembre 1608, réduisit en cendre son nouvel édifice ; il fallut recommencer sur de nouveaux frais. Tous les dortoirs furent refaits, pour devenir, quarante ans plus tard, la proie des flammes, le 8 septembre 1648. Afin d'obvier efficacement aux incendies destructeurs, elle conçut le projet de faire voûter le grand bâtiment ; ce qui existe encore dans toute sa solidité. Ce travail admirable ne fut terminé que sous l'abbesse qui succéda à madame de Foix.

Mais le temporel était d'un ordre bien inférieur

à celui de la réforme qu'elle méditait. Les bouleversements politiques de l'époque avaient affaibli l'esprit régulier, par suite des dévastations du monastère et de la fuite que furent obligées de prendre les religieuses, privées des premières ressources de la vie. Pour parvenir au rétablissement de la ferveur monastique, elle avait le puissant empire de ses édifiants exemples, de son amour très-prononcé pour les moindres observances de la règle, et de son courage, quand il s'agissait de défendre les intérêts de Dieu et de la religion.

L'ensemble de toutes ses vertus disposait heureusement ses religieuses à marcher sur ses traces et à seconder ses efforts. Madame de la Rochefoucauld avait préparé cet important travail. Elle ne se dissimulait point les difficultés qu'elle aurait à vaincre en voulant changer entièrement les usages des anciennes religieuses; aussi cette sainte abbesse avait préféré donner tous ses soins aux novices qui devaient un jour remplacer les professes, et suivre sans obstacle l'impulsion de son utile réforme. Dans cette vue, madame de la Rochefoucauld n'avait admis de nouvelles postulantes dans sa maison, qu'à la condition qu'elles fissent en entrant serment, sur les saints évangiles, de n'apporter aucun empêchement à l'œuvre de réforme qu'elle méditait. La Providence ayant ainsi disposé les esprits et les choses, madame de Foix sut tirer un heureux parti de tous ces antécédents. Elle mit la dernière main à cette glorieuse entreprise, en 1629, époque à laquelle elle obtint du Souverain-Pontife, Urbain VIII, la bulle de mation. C'est d'après son texte que l'on régla les exercices du jour et de la nuit; ce qui fut suivi avec beaucoup d'édification jusqu'aux tristes jours du XVIIIe siècle. Cette bulle, précieusement conservée avant 1793, au trésor des chartes de l'abbaye, était un monument de piété et de sagesse, et comme un commentaire fidèle de la règle de Saint-Benoît.

Madame de Foix, désirant donner à sa réforme une existence solide et durable, fit construire un noviciat tout-à-fait isolé du monastère, afin d'inspirer plus particulièrement l'esprit claustral dont elle était elle-même un principe vivant. Les jeunes religieuses, après leur profession, demeuraient cinq années consécutives dans ce corps de bâtiment, sous la conduite d'une maîtresse de novices, pénétrée du bon esprit de l'abbesse. Ainsi formées aux vertus monastiques, on comprend quelle heureuse influence elles exerçaient sur le reste de la communauté, lorsqu'elles venaient se réunir aux anciennes. De si saintes dispositions ont long-temps produit les avantages d'une parfaite régularité. Madame de Foix atteignit ce louable but en rendant sa vertu douce et aimable. Sa piété, loin d'être sombre et exigeante, loin de se montrer avec les grands airs d'une solennelle domination, était au contraire simple et modeste, communicative et gracieuse; elle charmait les cœurs, qui, sans résistances et sans peine, sympathisaient avec ses vues, ses intentions et ses désirs. Elle fut vraiment la restauratrice de son monastère.

Cette édifiante abbesse voulant, de plus en plus, faire des progrès dans la voie de la sainteté et de la perfection, avait su apprécier les grandes vertus d'un homme de Dieu qui vivait de son temps; elle l'avait appelé dans sa communauté, pour qu'il évangélisât l'abbesse et les religieuses. Cet homme de Dieu était le père Surin, jésuite, si connu par ses ouvrages ascétiques. Nous jugerons, par la nature des avis de ce saint prêtre, de quelle ferveur était alors animée l'abbaye de madame de Foix. Il lui laissa ses conseils par écrit; nous les retrouvons dans le recueil de ses *Lettres spirituelles*; ils caractérisent l'esprit religieux de cet antique monastère :

« A Xaintes, 25 décembre 1632.

« Pour satisfaire à la demande que vous m'avez faite de vous donner par écrit ce que je vous prêchai dernièrement de la pratique que doit observer une âme qui veut se rendre vraiment intérieure, je la réduis à trois points. Vous pourrez vous souvenir du discours que je fis pour prouver combien il nous importe de nous rétablir dans la vie intérieure, et de suivre une conduite qui, nous retirant du dehors, nous ramène au-dedans, où Dieu habite. Je vous marquerai ici, en abrégé, ce que nous devons faire pour prendre cette conduite, et pour nous y affermir.

1° Nous séparer de tous les engagements que notre cœur pourrait avoir à l'égard des objets de la vie présente. Pour en venir là, il faut faire deux choses : la première, il faut observer avec soin les mouvements de notre cœur, et voir à quoi ils aboutissent. Les principaux sont : la joie, la tristesse, la crainte et le désir. Entre les choses de ce monde, celles qui émeuvent en nous ces quatre passions sont les tyrans qui tiennent la place de Dieu dans notre âme. Nous devons tâcher de les reconnaître, et, pour cet effet, demander la lumière du Saint-Esprit et nous rendre attentifs à ce qui se passe au-dedans de nous. La seconde, après avoir découvert les objets de nos attaches et de nos engagements, appliquer courageusement nos soins à nous en défaire, mortifiant en nous ces quatre passions, dans toutes les rencontres ou elles se soulèvent, et leur en opposant d'autres contraires, fondées sur la vue des objets importants et éternels, qu'il faut souvent nous représenter pour en être touchés tantôt de joie, tantôt de componction, tantôt de crainte, et tantôt de désir.

2° Nous lier fortement à Dieu par une étroite dépendance, qui consiste en trois actes dans lesquels nous devons nous exercer. Le premier est un abandonnement, une résignation, une perte de nous-mêmes 'entre les mains de Dieu, nous confiant en sa fidélité et nous appuyant entièrement sur la conduite de sa paternelle providence, comme des enfants qui n'ont point d'autre soin que de plaire en toutes choses à leur père. Le second est une fréquente oblation de nous-mêmes à Dieu, pour tout ce qu'il lui plaira qui nous arrive, nous exposant universellement à toutes ses volontés pour le regard des choses à venir. Le troisième est une acceptation et un agrément de tout ce que Dieu ordonne ou permet présentement à notre égard. Ces trois actes lient fortement notre volonté à Dieu.

« 3° Procéder dans la conduite de notre vie spirituelle d'une manière intérieure, nous efforçant d'être non-seulement des gens de bien, mais des âmes intérieures. Pour cela deux choses sont nécessaires : la première, de conformer notre vie, non-seulement à la loi et à la volonté de Dieu, laquelle nous est déclarée extérieurement, ou par les livres, ou par la voix des hommes, mais encore à cette même loi et volonté, laquelle nous est dictée intérieurement au fond de l'âme par les mouvements secrets du Saint-Esprit, qui préside en nous, comme suprême vérité, et nous régit par ses instincts. Nous nous y conformons par trois opérations : la première, en consultant toujours dans nos actions l'oracle intérieur, invoquant Dieu, lui demandant conseil, sans nous laisser prévenir et surprendre par l'esprit humain et inférieur, qui se fourre et se produit toujours en toutes choses par son activité. Il faut nous habituer à l'arrêter, et à nous mortifier pour donner lieu au mouvement du Saint-Esprit. Secondement, en obéissant à ce divin Esprit, avec un grand respect et une grande fidélité, lorsque nous sentons qu'il nous pousse intérieurement à quelque bonne action, comme quand il nous inspire de nous mortifier; autrement, il se retire et nous abandonne. Troisièmement, en faisant les choses à quoi nous sommes appliqués, en la vue de Dieu, en esprit d'adoration et d'amour : de sorte que nous ne soyons point occupés de ce que nous faisons, mais de Dieu, qui nous est présent comme la fin et comme le principe de notre action. La seconde chose nécessaire, pour rendre notre conduite intérieure, est d'appliquer et de joindre ce qui est de plus intérieur, c'est l'intention de plaire à Dieu, la plus sincère et la plus simple, la plus profonde, la plus forte que nous puissions former.

« Ce qui est de plus intérieur dans les choses que nous faisons, c'est le bien solide qui y est caché, et qui tend à l'éternité : comme, par exemple, quand j'obéis à mon supérieur, ce qu'il y a de plus intérieur dans mon action d'obéissance, c'est que mon supérieur me tient la place de Dieu; quand je rends un bon office à quelqu'un, le plus intérieur de cette action, c'est que je regarde

Jésus-Christ dans cette personne, sans l'envisager ni comme mon parent, ni comme mon ami, ni comme étant de mon pays ; quand je prie Dieu, quand je communie, ce qui est de plus profond dans mon oraison, dans ma communion, c'est que, par ces saints exercices, mon âme s'unit à Dieu pour faire sa volonté, et non pas qu'elle y goûte des douceurs et des consolations sensibles. Ainsi, pour devenir intérieurs, il faut aller chercher, par notre plus intérieure et plus profonde affection, ce qu'il y a de plus pur en chaque chose, et par cette affection nous arrêter là, et faire toutes nos actions de cette manière. Voilà le moyen de nous rendre vraiment intérieurs et parfaits ; il faut nous en servir, et, pour cela, nous avons besoin de courage et de fidélité. C'est la grâce que je demande à notre Seigneur pour vous, madame, et pour vos chères filles [1]. »

Ce langage d'une sublime perfection nous révèle le degré de foi et de charité qui faisaient alors l'apanage des âmes pures gouvernées par madame de Foix.

Cette sainte abbesse eut à soutenir, dans l'intérêt temporel de sa maison, de nombreux procès, afin de rassembler, après mille obstacles, les biens de l'abbaye passés dans des mains étrangères. Sa patience à toute épreuve et son invincible courage

---

[1] *Lettres spirituelles* du R. Père Surin, jésuite, t. I. p. 138.

la firent triompher de toutes les difficultés. Elle travailla également à remettre les terres du monastère en pleine valeur. Mais sa plus admirable entreprise, en ce genre, fut de réunir au temporel de l'abbaye les prieurés qui en dépendaient. Ces bénéfices, dans l'origine, n'étaient que de simples obédiences; mais, par la suite, la cupidité en fit l'objet de ses envahissements et les sépara du corps des abbayes-mères, qui en étaient les propriétaires légitimes.

L'abbaye de Saintes avait dans sa dépendance un grand nombre de ces bénéfices ; mais elle était privée de leurs revenus, par la raison que des religieuses étrangères les avaient, de la cour de Rome, obtenues en commande. Madame de Foix dut long-temps, pour parvenir à recouvrer les revenus de son monastère, lutter contre l'avarice des seigneurs voisins, qui avaient cru du ressort de leur audacieuse féodalité de prendre possession de ces prieurés et d'en envahir les terres.

La longanimité, le zèle infatigable et la haute capacité administrative de cette femme forte, déjouèrent toutes les intrigues, confondirent tous les mensonges des spoliateurs. On peut dire que sa réputation de mérite en tout genre donna beaucoup d'éclat et de célébrité à son abbaye. Elle fit faire la profession, pendant le cours de sa supériorité, à cent trente-cinq religieuses qui, presque toutes, étaient d'une naissance distinguée. Cette illustre et vénérable abbesse était la mère des pauvres ; elle distribua d'abondantes aumônes, décora l'église abbatiale, après avoir orné, par ses leçons et par ses exemples, le temple spirituel. Elle eut la consolation de voir revivre l'esprit primitif de la règle. Sa mort fut sainte comme sa vie; elle s'endormit dans le Seigneur, le dix-neuvième jour d'avril 1666, à l'âge de quatre-vingt-six ans, dont soixante s'étaient écoulés dans le gouvernement de l'abbaye. Sa nièce, madame Françoise III et 11e du nom de Foix, lui succéda. Cette nouvelle abbesse était fille du comte Frédéric de Gurzon, grand sénéchal de Guienne, et de Charlotte de Caumont, fille de Francois, comte de Lauzun. Elle marcha sur les traces de sa tante et gouverna pendant vingt années son monastère.

Le digne pontife de la Courbe-de-Brée avait terminé sa carrière en 1617. On l'inhuma dans le chœur de sa cathédrale; aujourd'hui, cet ancien chœur fait partie de la nef. La pierre tombale a été enlevée pendant la révolution [1]. Un an avant le décès de ce vertueux prélat, il eut à gémir sur le scandale que donna une religieuse de l'ab-

---

[1] Cette pierre forme aujourd'hui le foyer d'un appartement bas de la maison qu'habitèrent les respectables abbés de Rupt et Bonnerot. Le propriétaire de cette maison, M. Fleury, nous a dit qu'il se proposait de donner cette pierre, afin qu'elle soit replacée sur le tombeau de l'évêque La Courbe de Brée. Nous ne pouvons que le féliciter de cette honorable intention.

baye ; et c'est sans doute cet évènement isolé qui a inspiré à M. Massiou, dans son *Histoire de la Saintonge*, la page qu'il consacre au récit des *nombreuses* migrations opérées dans ce monastère en faveur du Protestantisme. Le fait est bien loin d'être exact ; mais serait-il exact, qu'en conclure, sinon que des individus auraient perdu l'esprit de la foi et des vertus religieuses, et se seraient abandonnés à l'erreur, pour ne plus trouver d'obstacles à leur immoralité ; ce qui, certes, n'est pas honorable pour le Protestantisme : on en jugera par le fait suivant.

Une religieuse, issue d'une grande maison, avait abandonné le monastère, après avoir donné des preuves certaines d'une vocation douteuse, d'une ambition excessive et d'une légèreté suspecte. Non-seulement elle abjura ses vœux ; elle fit plus, elle abjura sa foi. Ainsi marquée au coin de la honte, elle mit le comble à son opprobre en passant dans les rangs de l'hérésie. Après avoir troublé la communauté, elle ne rentra dans le monde que pour troubler sa famille. Elle fit assigner son beau-frère, voulant avoir partage dans la succession de ses père et mère. Le mensonge et l'imposture ne coûtent plus à une âme vendue à l'iniquité. Elle se fondait sur ce qu'elle avait pris e parti du cloître contre sa volonté ; qu'elle n'avait jamais fait profession ; que si le couvent avait été son séjour, pendant vingt ans, on ne devait l'expliquer que par la force et la violence dont elle avait été la victime; que son beau-frère l'avait contrainte à habiter une maison claustrale, comme il avait, par menace, obtenu la main de sa sœur aînée; et tout cela pour parvenir à s'approprier leur immense fortune.

Le beau-frère soutint que sa conduite était à l'abri de tout soupçon; que la modération et la justice l'avaient guidé en tout temps; qu'il n'avait jamais abusé de la faveur et de l'autorité qu'il avait reçues des rois qu'il avait fidèlement servis; que son mariage n'avait eu lieu que du consentement de l'évêque d'Aire, oncle de son épouse, ainsi que de tous les membres de la famille; qu'il était faux que sa belle-sœur eût fait son séjour de l'abbaye, par suite de la violence dont elle le disait l'auteur; qu'on savait qu'elle avait fait librement et volontairement ses vœux entre les mains de l'abbesse de Saintes, sa propre tante; que jusques au moment où l'esprit de vertige et de séduction s'empara d'elle, elle ne s'était point montrée ennemie de son état, mais qu'ayant cédé aux inspirations de l'orgueil et de la cupidité, l'apostasie était devenue sa ressource, et le mensonge, la force de ses calomnieuses accusations. Lebret, avocat-général au parlement de Paris, fit ressortir l'odieux de la conduite de cette religieuse sans foi, et ruina tous les moyens dont elle prétendait user contre sa famille. Un arrêt intervint qui débouta la coupable transfuge de ses demandes, fins et conclusions [1].

Messire Michel Raoul, doyen du chapitre, monta, immédiatement après la mort de la Courbe-de-Brée, sur le siège épiscopal de Saintes. Il reçut la consécration des mains du nonce du pape, dans l'église des Dominicains de Paris, le 18e jour du mois de mars 1618. Il fit son entrée sans pompe et sans faste, n'estimant que l'honneur d'être le successeur d'un apôtre-martyr. Quatre ans après sa prise de possession, Charles de Courbon, chevalier de l'ordre du roi, lieutenant de la compagnie de cent hommes d'armes du duc d'Épernon, seigneur de Saint-Légier, vicomte de Saint-Sauveur, etc., lui fit acte de foi et hommage comme à son suzerain; et, en sa qualité de vassal, il se reconnut obligé envers l'évêque de Saintes *au devoir d'unq espervier, de toutes les dîmes grandes et petites des fruits croissants et naissants dedans les fins, mottes et confrontations de la paroisse de Corme-Escluze* [2]. Mais des faits plus dignes d'un évêque eurent lieu pendant son épiscopat. Les Capucins, entre autres, s'établirent dans l'île de Ré.

A ce sujet, nous dirons que les disciples de St. François d'Assise avaient perdu, au XVIe siècle, l'esprit de régularité de leur illustre fondateur.

---

[1] *Mém. du Cl. de Fr.* édit. in-4°. tom. IV. pag. 93.
[2] Mss. inéd. arch. de M. le comte de Brémond-d'Ars.

Dieu suscita, en 1516, un certain Mathieu Baschi, homme d'oraison et de courage, qui, malgré les persécutions de tout genre, parvint à ranimer l'observance régulière de l'ordre des Frères Mineurs. Le pape Clément VII, charmé du zèle et de la candeur de Mathieu, autorisa la règle de réforme, qui n'était autre chose que la règle même donnée par saint François. Cette branche de la grande famille séraphique portait un costume que Mathieu Baschi déclara être celui qu'avait indiqué le saint patriarche de l'ordre à ses premiers disciples. Le surnom de Capucins leur venait du capuchon dont il se couvrait habituellement la tête. Cet ordre religieux fut célèbre dans l'Église. On sait que le corps de saint François d'Assise ne fut découvert que sous le pontificat de Pie VII, en 1818. « Le pape permit au frère de Bonis, ministre général de l'ordre des Mineurs conventuels, de faire des recherches sous le maître-autel de la basilique d'Assise. Paul V l'avait autrefois défendu expressément. Le travail fut entrepris en secret, prolongé pendant cinquante-deux nuits et poussé avec une vigueur incroyable. Après avoir brisé et rompu des roches, des massifs, des murs, on trouva une grille en fer qui renfermait un squelette humain, couché dans un cercueil de pierre ; et il exhalait une odeur très-suave. Le Souverain-Pontife délégua les évêques d'Assise, de Nocera, de Spolette, de Pérouse et de Foligno, pour en faire l'examen juridique et en constater l'authenticité ; et ensuite, conformément au décret du concile de Trente, il nomma une commission de cardinaux et de théologiens, et, le 5 septembre 1820, du haut de la chaire de toute vérité, il s'en expliqua ainsi dans un Bref solennel :

« Bénissant le père de toute consolation, et animé de la vive confiance que la merveilleuse découverte du corps de saint François nous est un éclatant témoignage et une nouvelle assurance de la protection et de l'assistance salutaire que ce grand saint nous accordera dans des circonstances aussi difficiles, de notre autorité apostolique, nous déclarons, par la teneur de ces présentes, qu'il conste, par l'identité du corps récemment trouvé sous le maître-autel de la basilique d'Assise, que ce corps est véritablement celui de St. François, fondateur de l'ordre des frères Mineurs [1]. »

Si l'esprit primitif des institutions monastiques était resté dans sa ferveur, le monde aurait peut-être été affranchi de toutes ces grandes perturbations qui ont amené le scandale, la perversité, le carnage et les crimes. Les fondateurs d'ordre comprenaient que la pauvreté de Jésus-Christ donnait à ceux qui la pratiquaient héroïquement, des titres auprès de la miséricorde et rendaient leurs vœux et leurs larmes propi-

[1] *Hist. de S. François d'Assise*, par Emile Chavin de Malan.

tiatoires en faveur des peuples. Saint François ne fut épris de l'amour de la pauvreté évangélique que parce qu'il savait que le Sauveur du monde en avait doté ceux qu'il envoya dans l'univers pour confondre toutes les erreurs, déraciner tous les vices, faire germer toutes les vertus; apaisant le ciel par leur abnégation et sauvant la terre par leur enseignement. Il était convenable et d'un puissant exemple qu'une classe d'hommes détachée, en spéculation et en pratique, des faux biens terrestres, indiquassent, de la voix et du geste, à leurs semblables, trompés par le prestige des richesses du siècle, le chemin de cet autre monde où l'humanité régénérée jouit des éternels trésors de l'adoration, de l'amour et de la paix, vrais et seuls biens de l'intelligence et du cœur!

« La poésie, l'éloquence et l'art, dit un auteur, Dante, Bossuet et Giotto ont célébré la pauvreté de saint François. » Ce souvenir nous transporte jusqu'au pied de son tombeau. Pieux pèlerin arrivant de Pérouse, nous nous arrêtons sur le pont de San-Vittorino; notre âme est saisie à la vue du colossal édifice, du majestueux ensemble du *Sagro-Convento*. Là nous frappent, nous enchantent toutes les traditions du moyen-âge, de l'art, de la poésie, de l'histoire ! Nous montons la *colline du Paradis* ; nous entrons dans l'église intérieure, après avoir traversé les immenses galeries gothiques. Ce lieu est véritablement la porte du ciel ; il s'en exhale un parfum de Christianisme, une odeur de pénitence et de componction qui saisit, qui pénètre et remplit l'âme d'un délectable et profond recueillement !.. Les murs racontent les magnifiques histoires de Jésus et de son serviteur François. Les rayons du soleil n'y descendent qu'à travers l'auréole des vitraux aux mille couleurs. La voix puissante de l'orgue qui, tantôt mugit, tantôt soupire et prie dans une religieuse extase, vous ébranle jusqu'au fond de l'âme ! Du sanctuaire retentissent, en l'honneur de François, les chants liturgiques dans les graves modulations grégoriennes ; le cœur est épris d'une paix ineffable, d'un charme divin. Oh ! que ces mélodies prédisposent à la méditation ! L'âme, oublieuse des temps et des lieux, jouit alors de tout le bonheur de la prière !..

« Au fond de la chapelle dite du Crucifix, deux portes s'ouvrent dans un double cloître gothique : c'est le cimetière, le *Campo-Santo* de la basilique franciscaine. C'est là que l'on retrouve le respect et l'antique affection pour les morts : des mains fraternelles y roulent le linceul ; la tombe a sa place dans la demeure, au sein des habitudes de la vie. Les quatre cloîtres sont grandioses et d'un aspect imposant. La partie occidentale du couvent plonge dans un rapide précipice, au fond duquel coule un torrent ; la galerie du midi est incomparablement belle ; de là, on voit toute la vallée de l'Ombrie, avec l'horizon bleu des montagnes de l'Apennin. Sur la même ligne d'Assise s'élèvent en amphithéâtre les villes pittoresques de Spello et de Trévi; çà et là, dans les renfoncements de la montagne, d'antiques châteaux ruinés. Au milieu de la plaine, sur un mamelon isolé, Monte-Falco dessine ses tours sur l'azur du ciel; au fond, Spolette et sa forteresse; Pérouse à l'extrémité opposée.

« La physionomie de la ville d'Assise est toute religieuse : à chaque pas, vous trouvez un sanctuaire. C'est l'église de Sainte-Claire; c'est l'église de la Minerve; c'est la cathédrale de San-Rufino, avec sa grande tour et son curieux portail; c'est l'église neuve, bâtie sur l'emplacement de la maison paternelle de saint François. A l'extrémité orientale, près des vieilles murailles flanquées de tours crénelées, c'est l'humble couvent des Capucins.

« Autour du tombeau de l'humble François, de l'homme pauvre par excellence, l'art et la poésie des siècles de foi ont rayonné de leur plus vif éclat. La basilique d'Assise est double. L'esprit chrétien qui avait animé, qui avait creusé la figure de François, qui avait courbé son corps sous le poids de la vie intérieure, prit peine aussi à façonner son tombeau; il y dit son histoire, il y raconta toute sa vie dans de merveilleuses fresques; rien n'y manque : ses souffrances, ses joies, ses miracles et son amour. L'église basse représente François souffrant et dans l'âme et dans le corps ; l'église haute est le symbole de François éternellement glorifié dans le ciel [1]. »

Le pèlerin, dans le sanctuaire d'Assise, pleure d'amour, de componction et de reconnaissance ; mais l'historien, en présence des révolutions, pleure de regret, lorsqu'il ne retrouve plus que des ruines sur les rives de l'île que Michel Raoul avait dotée d'une colonie de religieux fervents et modestes !...

L'évêque de Saintes, qui aimait à satisfaire les désirs de sa piété par des institutions propres à conserver, à propager la foi, ne se montrait pas moins attentif à assurer, dans l'Église, l'observance des règles canoniques, et à prémunir le clergé contre toute infraction aux lois imposées pour l'exercice du saint ministère. Le cardinal de Sourdis convoqua un concile provincial, tenu à Bordeaux, en 1624 ; Michel Raoul y° assista. Ce concile dura tout le mois d'octobre ; il eut vingt-quatre congrégations particulières et trois sessions. Les actes latins manuscrits nous ont été communiqués ; ils traitent de la résidence des curés, des privilèges des chanoines et des droits des chapitres ; ils sont souscrits par les évêques suffragants de Condom, d'Angoulême, d'Agen, de Poitiers, de Périgueux, de Saintes, de Maillezais et de Luçon. On termina

---

[1] *Hist. de S. Franç. d'Ass.* par Emile Chavin de Malan.

les sessions par les acclamations et les vœux ordinaires pour le pape, les évêques, le roi et les princes, pour la gloire de l'Église romaine et pour la prospérité du royaume de France. D'où vient que, dans un siècle qu'on nous représente comme l'apogée de tout ce qui est civilisation, et surtout *liberté*, les consistoires protestants et les synagogues iraëlites, sont-ils des lieux de conciliabules et de synodes où, sans être inquiété par aucune surveillance, on discute, on agite, au risque habituellement de ne pas s'entendre ; mais enfin la *liberté* de convocation et de réunion y est acquise ; tandis que les évêques et archevêques n'ont pas le droit de convoquer un concile provincial ou national ; pourquoi deux poids et deux mesures ?... Les empires, pour se perpétuer, ont-ils donc à demander des secours au mensonge, qui est l'élément le plus nuisible à leur conservation, à leur prospérité et à leur gloire ?.. N'appartient-il pas exclusivement à la vérité catholique de défendre et de sauver ce que l'erreur attaque et renverse !. Mais nous avons à parler de deux monastères fondés pendant l'épiscopat de Michel Raoul, l'un appelé les *Notre-Dame*, dans le faubourg de Saint-Vivien ; l'autre, en Saint-Pallais, nommé les *Saintes-Claires*.

Les religieuses de *Notre-Dame*, établies à Saintes, étaient une colonie de la maison de Bordeaux. Cette communauté principale avait pour fondatrice une dame de distinction, connue sous le nom de Jeanne de Lestonnac. Cette pieuse femme naquit en 1556, de Richard, conseiller au parlement, et de la sœur du célèbre Michel de Montaigne. A l'âge de dix-sept ans, elle prit pour époux Gaston, marquis de Montferrand, dont elle eut sept enfants. Devenue veuve, elle se détermina à consacrer le reste de sa vie, dans l'état religieux, à la contemplation et à la pénitence. Elle prit l'habit en 1603, dans le monastère des Feuillantines de Toulouse. Sa santé ne répondant point à son zèle, elle ne put pas faire profession. Elle reprit la route de Bordeaux. Là, toujours désireuse de glorifier Dieu par d'utiles et saintes entreprises, elle forma le projet de fonder, pour les personnes de son sexe, une congrégation à l'instar de la compagnie de Jésus. François IV d'Escoubleau de Sourdis était alors archevêque de la métropole. Il se montra favorable au dessein de la fervente Jeanne de Lestonnac. En conséquence, il députa auprès du Saint-Siège le curé de Sainte-Colombe, nommé Moisset; sa négociation eut un heureux résultat. Le pape apprit avec joie et édification les projets de la noble marquise : Paul V expédia, le 16 avril 1607, la bulle d'érection de l'institut des filles de Notre-Dame qui commence ainsi :

« Paul V, pape. Pour mémoire perpétuelle.

« Comme nous occupons sur la terre, tout indignes que nous en sommes, la place de notre Seigneur Jésus-Christ, lequel fait éclater, même dans le sexe fragile et le plus faible, les trésors de sa sagesse et de sa puissance, nous asquiesçons volontiers au désir des pieuses filles et femmes qui, renonçant aux attraits du monde, s'appliquent à servir ce divin Sauveur, leur céleste époux, et à vaquer encore au salut du prochain, et leur départons les faveurs et les grâces convenables, selon que nous voyons qu'il est à propos.

« Ainsi donc, comme on nous a fait connaître que Jeanne de Lestonnac, dame, veuve de feu Gaston de Monferrand, soudan de Latran, seigneur et baron de Laudiras, de Lamothe et autres places, Serène Coqueau, Marie Boux, Raimond de Capdeville, Blanchine Hervé, Anne Richelet et plusieurs autres filles de la ville de Bordeaux, poussées par le Saint-Esprit, désirent vouer à Dieu chasteté perpétuelle, et lui rendre service agréable, pendant leur vie, et inspirer aux personnes de leur sexe les vertus chrétiennes et catholiques; nous, estimant et louant grandement leur utile dessein en notre Seigneur, et voulant les y fortifier, et leur donner des faveurs et des grâces spéciales par ces présentes lettres apostoliques, les absolvons et déclarons absoutes toutes et chacune d'elles, de toute excommunication, suspension et interdit, et de toutes autres censures ecclésiastiques et peines encourues ou par le droit, ou par sentence particulière d'un supérieur quelconque; et pour quelque occasion que ce fût, si elles étaient en quelque manière liées, afin d'obtenir l'effet de ces présentes seulement.

« Excité aussi par les humbles prières que notre très-cher fils François, du titre de saint Marcel, prêtre-cardinal de Sourdis, par concession apostolique, archevêque de Bordeaux, nous a faites à ce sujet, de l'avis et conseil de nos vénérables frères les cardinaux de la sainte Eglise Romaine, commis aux consultations et affaires des évêques et réguliers, auxquels nous aurions donné cette affaire à examiner, pour nous en faire leur rapport, érigeons et instituons à perpétuité, par autorité apostolique et par ces présentes, sans préjudice de personne, un monastère ou maison de religieuses, de tel ordre que ledit François, cardinal, choisira une fois entre tous les ordres mendiants, ou non mendiants, approuvé par le Saint-Siège.... Nous établissons à perpétuité que le nom que portera ce monastère soit de *Notre-Dame*, mère de Dieu et toujours Vierge, afin que cette maison religieuse porte le nom de celle qui est pleine de grâce, et le modèle de toutes les vertus, et que les religieuses qui y vivront à l'avenir mettent toute leur application et tout leur soin à imiter cette Vierge sainte.

« Donné à Rome, à Saint-Pierre, sous l'anneau du pêcheur, le VIIe jour du mois d'avril 1607; de notre pontificat l'an deux [1] ».

---

[1] Extrait des archiv. du monast. de Notre-Dame de Saintes. *Règles et Constitutions des Relig. de N.-D.* in-12, pag. 1.

Un an après la réception de cette bulle, le cardinal de Sourdis agrégea le nouvel institut à l'ordre de saint Benoît, et donna l'habit religieux à la marquise de Montferrand, ainsi qu'à quatre de ses compagnes. Cette cérémonie eut beaucoup de solennité. On admirait l'influence de la foi sur le cœur de madame de Lestonnac, qui faisait à Dieu non-seulement le sacrifice de tout ce qu'elle possédait dans le monde, mais encore d'elle-même, de sa liberté et de sa vie. L'illustre fondatrice fut soumise à une douloureuse épreuve. L'archevêque de Bordeaux, après l'avoir reçue au noviciat, refusa plus tard de l'admettre à prononcer ses vœux selon la règle de *Notre-Dame*. Il lui fit observer que son refus était fondé sur un motif pur, et qu'il s'agissait d'un plus grand bien ; que Dieu tirerait plus de gloire de son sacrifice, si elle se déterminait à faire profession chez les Ursulines. Ce projet du cardinal l'affligea à un point extrême ; elle ne se sentait aucun attrait pour cette réunion. Elle fit part au prélat de sa douleur et de sa répugnance, avec un ton de modestie, de candeur et de résignation tel, que l'archevêque asquiesça sans délai à l'accomplissement de ses désirs. Mais une supérieure intrigante et pleine d'astuce parvint, plus tard, à la supplanter. Les esprits que l'ambition dévore ont un talent particulier pour saisir le côté faible des grands dont ils veulent mériter l'appui et gagner la bienveillance ; rien ne leur échappe; ils sont d'une habileté rare dans le choix de leurs moyens : tantôt, ils se font obséquieux, désintéressés et modestes; tantôt, ils se montrent actifs et zélés pour la défense de droits soi-disant compromis; ils savent faire douter du mérite de ceux dont ils pourraient craindre l'influence; ils se prononcent sans réserve sur le compte de ceux qu'ils s'imaginent être un obstacle à leur élévation et à leur bonne fortune. De tels esprits sont tellement tortueux, tellement souples et dissimulés, qu'il faut, pour les bien connaître, une longue étude du cœur humain; car leur amour-propre est aussi subtil pour se cacher, que leur cupidité est ardente pour parvenir. L'antagoniste de madame de Lestonnac était une femme exercée dans cet art de finesse et de duplicité. Il fallait détruire, dans l'esprit du cardinal, la haute estime qu'il avait conçue pour la fondatrice. Un moyen réussit à l'intrigante au-delà même de ses espérances. Elle n'ignorait pas ce que pouvait sur l'âme de l'archevêque la question de juridiction épiscopale; elle la traita adroitement. Des nuages ne tardèrent pas à s'élever, dans l'esprit du pontife, sur le compte de la marquise de Montferrand, car elle lui avait été représentée comme entretenant, avec la cour de Rome, une correspondance active ayant pour but de solliciter de Paul V un bref qui affranchît la nouvelle communauté de la juridiction de l'archevêque. Le cardinal servit, sans le savoir, la passion d'une femme ambitieuse qui sacrifiait à sa cupidité la vérité, la justice et la reconnaissance. Dieu permit que la coupable supérieure avouât elle-même, en présence de l'Éminence, que la jalousie et l'orgueil l'avaient portée à mentir à sa conscience, en attaquant une vertu qui n'aurait dû commander que ses hommages. La honte fut le partage de l'intrigue, et la gloire resta à l'innocence.

Madame de Lestonnac vit prospérer son œuvre; trente monastères de son ordre furent fondés par elle. Elle mourut en odeur de sainteté, le 2 février 1640 [1]. Le couvent de Notre-Dame de Saintes exista jusqu'à la révolution du dix-huitième siècle. Cette communauté compta au nombre de ses religieuses une personne, entre autres, très-remarquable par sa vertu. Elle était native d'Ozillac en Saintonge et se nommait Amélie Boisbellaud. Son père était avocat au parlement de Bordeaux, et juge-sénéchal d'Ozillac; sa mère était Susanne Brassier. Sa famille appartenait à une des plus honorables bourgeoisies de la province. Ses ancêtres avaient occupé, depuis long-temps, à Bordeaux et à Saintes, un rang distingué dans la magistrature.

---

[1] *Clergé de France*, tom. II. pag. 230.
On instruit, depuis quelque temps, la cause de la béatification de Mme de Lestonnac, et tout porte à croire qu'un jugement solennel du Saint-Siège proclamera la sainteté de cette âme d'élite.

La jeunesse d'Amélie fut éprouvée par de cuisants chagrins : Dieu voulait sans doute user de ces afflictions pour la porter à un plus généreux détachement d'elle-même. Le rang que sa famille occupait dans la société, sa beauté remarquable, ses qualités rares pouvaient la faire prétendre à un établissement avantageux ; mais une lumière supérieure à celles de la simple raison, lui découvrait un état plus glorieux que toutes les alliances proposées par ses parents. Sa piété noble, généreuse et persévérante, l'exposa de la part de sa famille à des reproches humiliants, à une persécution sévère, mais impuissante pour affaiblir ses résolutions chrétiennes. Sa mère surtout ne l'aimait pas ; et souvent ce qui fait naître, entre les frères, la discorde et la haine, se retrouvait dans les paroles et la conduite de madame Boisbellaud à l'égard de ses enfants. Elle était exclusive dans son affection. Amélie ne recevait que les témoignages de sa froideur ; mais la religion, qui réglait les mouvements de son âme et toutes ses démarches, la porta toujours à respecter l'autorité maternelle, lors même que cette autorité se montrait excessive dans ses exigences. Elle n'aspirait qu'à la vie religieuse, et toujours de nouveaux obstacles l'empêchaient de réaliser ses pieux désirs. Elle avait déjà atteint sa trentième année, lorsqu'il lui fut enfin permis d'entrer, comme postulante, chez les religieuses de la communauté de Notre-Dame de

Saintes, dont la supérieure alors était madame Marie-Geneviève de Racine. Ses vœux étaient accomplis : le cloître avait toujours eu des charmes pour cette âme méditative. Pendant six ans, elle fit l'admiration de ses sœurs par son humilité profonde et sa parfaite obéissance.

Un puissant attrait pour l'adoration et l'amour de Jésus-Christ dans le mystère eucharistique, était le caractère de sa foi vive. Sa vie fut une pratique constante de toutes les vertus de son état. Des infirmités et de longues souffrances ne purent altérer, dans son cœur, la douce paix dont elle jouissait habituellement. Sa patience, au milieu des tortures d'une cruelle maladie, fut inaltérable ; Amélie ne perdit rien de son égalité d'humeur : elle avait fait ses délices de la mortification, pendant les jours d'une santé florissante, elle sut encore, dans les langueurs de son mal, accroître ses mérites par son édifiante résignation. Elle mourut de la mort des justes, le 16 décembre 1766. Son monastère avait à cette époque, pour supérieure, Anne Martin de Chateauroy [1]. Mais de plus amples détails nous sont fournis sur la fondation des Clarisses de Saint-Pallais : un manuscrit historique, que nous devons à l'obligeance de M. l'abbé Delaage de Saint-Germain, nous offre de précieux documents sur l'origine et l'esprit de

---

[1] Arch. mss. de la paroisse d'Ozillac.

cette communauté. Ce manuscrit est l'ouvrage d'une religieuse Sainte-Claire, qui se nommait *sœur Marie de l'enfant Jésus.* Elle se détermina à cet utile travail par le conseil d'un père Macaire du Verger, confesseur et supérieur de son monastère. On voit que l'auteur ne se propose d'autre but que de dire vrai et d'édifier. La fondatrice de cette maison était fille de messire Jean de Cerizay, seigneur de la Guérinière, très-illustre famille d'Anjou, et de dame Jeanne de Raoult, sœur des deux évêques dont nous avons parlé. Joachim et Charles de Cerizay, ses frères, furent, l'un, doyen de la cathédrale de Saintes, et l'autre, archidiacre. Elle se nommait Françoise. La piété de ses vertueux parents présida à son éducation. Les dons de la nature furent chez elle perfectionnés par ceux de la grâce. Elle était douée d'un esprit vif et pénétrant; son jugement était solide et toutes ses inclinations nobles et généreuses. Son port était majestueux, mais d'une dignité modeste. L'abbé de Raoult, son oncle, doyen du chapitre, la fit venir à Saintes. Elle y épousa Charles de Dreux[1], fils de messire de Dreux, greffier en

---

[1] Nous aimons ce nom : il n'est pas moins glorieux au XIXᵉ siècle qu'au XVIIᵉ; la chambre des Pairs laisse assez souvent arriver jusqu'à nous de nobles accents, qui prouvent à la France, comme au monde, que, dans la famille des Dreux-Brézé, le talent et la foi sont héréditaires, comme l'illustration et la fidélité.

chef du conseil de la maison et couronne de France, et receveur en titre des décimes du diocèse de Saintes. Ce mariage eut lieu en 1612. Madame de Dreux de Cerizay devint veuve, quatre ans après cette heureuse alliance, n'ayant pour consoler sa douleur que les vues sublimes de la foi et deux enfants, unique objet de sa tendresse. Elle ne tarda pas à abandonner le monde, pour se livrer exclusivement à la pratique des bonnes œuvres. Elle fit construire un appartement à l'hôpital de la *Charité*, à quelque distance de l'évêché. Là, ne conservant de son nombreux domestique que deux servantes dévouées, elle étudia avec soin la pharmacopée, afin de soulager les pauvres, qu'elle tint à honneur de servir jusqu'en 1624. Elle n'obéissait point à une vaine sensibilité, à une *philanthropie* prétentieuse ; elle ne connaissait que les généreux élans d'une foi divine et d'une ardente charité. L'héroïsme de son sacrifice lui mérita de la part du ciel des grâces de choix, qui ne firent qu'augmenter dans son cœur le désir d'être à Dieu sans réserve. L'amour qu'elle portait aux pauvres était un sentiment chrétien qui la rendait vénérable à tous, et, au milieu des soins qu'elle leur prodiguait, Dieu parlait à son âme un langage intérieur, qui lui fit enfin comprendre qu'il l'appelait à une vie plus parfaite. Bientôt, elle acquit la conviction que le cloître et la solitude étaient le lieu où le ciel la voulait. Mais ce qui lui paraissait spécial dans sa vocation, c'est que l'attrait pour la vie religieuse était, chez elle, accompagné de la vue d'une fondation dont elle devait être le principe et l'agent. Aussi, après avoir pris le conseil de personnes sages et savantes, dit l'historiographe, elle fonda un monastère de la plus étroite observance de la règle de Ste-Claire.

Madame de Dreux fit, en 1624, l'acquisition de plusieurs maisons situées dans le faubourg de Saint-Pallais. Quelques filles pieuses se réunirent à elle et, dès la seconde année, elle fut obligée d'agrandir les bâtiments de sa communauté. Elle s'était associée une dame veuve, appelée Marie Samson Lainez, qui désirait coopérer à l'œuvre de la nouvelle fondation, d'autant plus que l'une et l'autre, en se communiquant leurs pensées, furent frappées de la coïncidence d'une vision dont Dieu les aurait favorisées pendant le sommeil. « Une religieuse de Sainte-Claire, dit le manuscrit, leur apparut à l'une et à l'autre, vêtue de la même manière que les religieuses que Madame de Dreux a établies furent vêtues depuis; ce qui leur resta si bien dans l'esprit, qu'elle servit de modèle à notre digne mère pour les habits et les coiffures de ses filles, sans qu'elle eût vu, jusqu'alors, de vestement semblable [1]. »

Cependant la coadjutrice abandonna l'entre-

---

[1] Mss. inédit des Saintes-Claires de Saintes.

prise et Madame de Dreux demeura seule occupée de consolider l'œuvre commencée. Son premier soin fut surtout de faire construire une chapelle où elle pût, aux pieds des autels, satisfaire la ferveur de sa foi. L'évêque, son oncle, lui refusa d'abord la permission d'avoir le Saint-Sacrement dans son oratoire; il y consentit cependant plus tard, vint lui-même faire la cérémonie de la bénédiction et dit la messe, au commencement du mois de mai 1625. Elle continua avec persévérance la construction de son monastère, s'élevant courageusement au-dessus des mille obstacles qui entravaient sa marche.

Les difficultés suscitées par l'achat du terrain ne lui paraissaient pas les plus grandes à surmonter. L'évêque de Saintes voyait avec déplaisir le dessein que sa nièce avait formé de fonder un monastère; sans doute, parce que le prélat craignait que ce projet restât sans succès, ou parce qu'il pensait que Madame de Dreux pouvait faire un plus grand bien dans le monde par l'ascendant de ses vertus. Il soupçonna les Récollets de favoriser le dessein de la fondatrice; en conséquence, il leur intima l'ordre de cesser avec elle et ses compagnes toute direction spirituelle; il leur défendit même d'aller leur dire la messe. Les Jacobins furent choisis par le pontife pour les remplacer. Il pria l'abbé Desprouëts, visiteur apostolique de l'abbaye royale de Saintes et, depuis, évêque de

Saint-Papoul [1], de les diriger. Sur ces entrefaites, les travaux, les macérations et les peines occasionnèrent à Madame de Cerizay une assez grave maladie, pendant laquelle elle eut lieu de s'apercevoir que l'opposition momentanée de son oncle n'altérait en rien l'attachement sincère qu'il lui avait voué. Il lui fit plusieurs visites. Elle sut, dans les jours de sa convalescence, mettre à profit les témoignages d'intérêt du pontife, en disposant peu-à-peu son esprit en faveur de son religieux projet. Son habileté à saisir l'à-propos produisit l'heureux effet qu'elle avait toujours attendu du haut mérite et de l'excellent cœur de son oncle; il lui remit enfin, et à plusieurs reprises, d'assez fortes sommes pour la construction de sa maison claustrale. La victoire n'était pas encore complète; quelque bienveillant que se montrât l'évêque, il était loin de vouloir se prononcer pour la vie religieuse avec profession et vœux solennels. Il pensait à voir vivre Madame de Dreux dans l'exercice ordinaire des vertus chrétiennes. Doué d'un génie pénétrant, le prélat se convainquit bientôt que, non-seulement sa nièce se proposait de prononcer les vœux monastiques, selon les règles du saint concile de Trente, mais qu'elle avait également l'intention de s'adjoindre, pour la même fin, sa jeune fille, Mademoiselle Françoise de

---

[1] Nous possédons le portrait de ce prélat.

Dreux. Dans cette occurrence, il ne balança plus à convoquer une assemblée de famille, dans la crainte que la résolution de Madame de Cerizay ne causât un préjudice notable à ses deux enfants, Françoise et Pierre de Dreux, dont elle était tutrice; car il supposait qu'une partie de ses biens serait consacrée à la fondation qu'elle méditait. La famille redoutait surtout que l'exemple, la tendresse et les conseils de la mère ne fortifiassent, de plus en plus, dans le cœur de sa fille, l'intention de se faire religieuse. On employa donc tout ce que l'adresse et l'autorité ont de plus persuasif et de plus imposant, pour amener Madame de Cerizay à prendre une autre détermination. Elle demeura invariablement attachée à son dessein. Mais il fallait que cette grande âme passât par les épreuves les plus cuisantes: c'est ainsi toujours que l'œuvre de Dieu souffre persécution. Cette opposition de l'évêque de Saintes nous rappelle l'éloignement prononcé de l'évêque de la Rochelle pour l'établissement des religieuses de la *Providence*, lorsque l'abbé de Rupt lui communiqua son projet de fondation.

Madame de Dreux n'avait encore rien ressenti d'aussi pénible et d'aussi déchirant que l'impression causée par la connaissance des desseins de sa famille et de l'évêque de Saintes. Elle aimait uniquement sa fille, qui lui paraissait, au reste, une de ses plus grandes ressources pour le succès de son entreprise; mais, croyant voir dans la nécessité de ce sacrifice la volonté de Dieu, elle se résigna. Son oncle vint en effet lui-même chercher la jeune personne et la mit en pension à l'abbaye royale. Cependant, quelque sublime que soit la vertu, un cœur maternel ne perd jamais ses droits; ils sont sacrés. Madame de Dreux, malgré son humble résignation, ne s'accoutumait point à la séparation cruelle qu'on lui avait imposée. Elle fit connaître à sa fille qu'elle la souhaitait auprès d'elle, lui suggérant de demander à ses oncles de la faire sortir de la communauté qui était son séjour depuis quelques mois. Cette jeune enfant, qui n'était là que par contrainte, aimant autant sa mère qu'elle en était chérie, n'eût pas de peine à s'y résoudre. L'évêque l'alla voir à sa pension; elle ne manqua pas de lui faire part du chagrin qu'elle éprouvait loin de sa mère, et de ce qu'elle était renfermée ailleurs qu'avec elle; elle le supplia donc de la sortir de l'abbaye. Il le lui accorda; mais ce ne fut que pour la conduire au palais épiscopal, où il espérait, par les relations qu'elle y aurait avec la haute société, de lui faire perdre le désir d'entrer en religion avec sa mère.

On s'étonne qu'un évêque si recommandable ait pu partager les idées fausses d'un monde étranger à l'esprit de l'Évangile ! Quelle plus belle et plus douce existence cependant que celle d'une âme pure, appelée par le ciel à jouir du calme de la solitude!.. Les devoirs y sont grands, mais la grâce les rend faciles. Tout est relatif aux lumières reçues, aux goûts intérieurs, aux attraits inspirés. Pourquoi ne pas donner à Dieu, quand il le demande, un être dont assurément il veut faire le bonheur?.. Est-il donc plus raisonnable et plus juste de livrer la jeune vierge, en contrariant ses désirs et ses nobles propensions, à des habitudes tumultueuses pour lesquelles son âme innocente et méditative n'éprouve qu'un invincible éloignement?.. Quelle félicité pourra jamais remplacer le bonheur qu'on ne veut pas qu'elle goûte? Chaque état a ses charmes: pourquoi prétendrait-on que la religion n'a pas les siens? Ah! Quand elle appelle à la paix du cloître, c'est pour apprendre que là, plus qu'ailleurs, son joug est doux et son fardeau léger!...

Mademoiselle de Dreux n'eut pas moins de dégoût pour le grand monde de l'évêché que pour le séjour de l'abbaye. Sa mère, après Dieu, était tout pour elle. La piété faisait ses délices et sa vocation était certaine; la société qu'on la contraignait de voir, loin d'étouffer ses désirs, fortifiait ses résolutions, en lui révélant tout ce que le siècle a de frivole dans ses entretiens et ses prétendues jouissances. Rien ne pouvait lui plaire. La tristesse peinte sur son visage fit bientôt comprendre quels étaient ses sentiments. Aussi la surveillait-on avec soin, dans la crainte où l'on était qu'elle ne disparût et n'allât trouver sa vertueuse mère. Ne pouvant plus vivre dans cet état de gêne et de contrainte, elle épia le moment favorable pour son évasion. Un jour qu'elle vit une nombreuse réunion à l'évêché, s'étant aperçue que l'évêque était fort occupé, elle sortit, feignant d'aller à l'église de Saint-Pierre, où elle passa recommander à Dieu son généreux dessein; et de là elle se dirigea vers le pont, avec une vitesse qui semblait surpasser ses forces. Craignant qu'on ne la poursuivît, elle entra dans une petite chapelle de la Sainte Vierge, qui était alors bâtie sur ce pont; fort heureusement la porte en était ouverte; elle y entra et, dans un transport de joie, elle se jeta humblement à genoux aux pieds de l'autel, fit vœu d'être religieuse et en conséquence elle se coupa elle-même les cheveux. N'écoutant que le sentiment de sa douce piété et fondant en larmes, elle dit à la reine du ciel : « Oh! très-sainte Vierge, je mets sous vostre protection la résolution que je viens de prendre de n'avoir jamais d'aultre époux que vostre fils monseigneur Jésus-Christ [1] ! »

Cependant on s'était aperçu de son absence; on la poursuivait et de si près, dit le manuscrit,

---

[1] Arch. mss. du couvent des Saintes-Claires de Saintes, pag. 21.

« qu'on l'auroict facilement joincte, si elle ne s'estoit pas arrestée dans cette chapelle, quy luy fust comme azyle pour esviter la violence qu'on luy auroict immanquablement foicte, si on l'eust treuvée en chemin [1]... » Les émissaires arrivèrent chez madame de Dreux et demandèrent la jeune fugitive; elle les assura qu'elle ne l'avait pas vue, leur promettant que, si elle venait, elle ne manquerait pas d'en avertir le prélat. Sur cette promesse, ils se retirèrent. Quelques instants après leur départ, Mademoiselle de Dreux entra chez sa mère; elle se jeta aussitôt à ses pieds et la supplia de la recevoir pour vivre et mourir avec elle. Elle lui apprit qu'elle en avait fait le vœu en présence de Marie. Sa pieuse mère, aussi édifiée qu'émue, la relève et l'embrasse, en remerciant Dieu de la grâce qu'il faisait à sa fille!..

Mais il convenait à tous égards d'instruire l'évêque de Saintes de l'arrivée de sa nièce au couvent de Sainte-Claire. Il importait beaucoup de ne pas l'indisposer de plus en plus; d'autant mieux, que cette nouvelle circonstance était bien loin de pouvoir lui paraître agréable. Le pontife ne se fit point attendre; il vint accompagné du doyen, son neveu. L'un et l'autre ne manquèrent pas d'adresser à leur jeune parente des reproches vifs et amers sur sa conduite; Mademoiselle de Dreux les écouta

[1] *Item*, pag. 23.

sans s'émouvoir : une vraie piété ne se déconcerte jamais ; car elle a toujours pour elle le témoignage d'une bonne conscience. Ils la pressèrent de revenir à l'évêché et de renoncer au désir d'entrer en religion. Alors, découvrant sa tête sans cheveux, elle leur dit : « Voyez, mes oncles, ceste teste n'est plus propre pour le monde auquel j'ay renoncé de toute mon affection ; elle n'est propre que pour un voile que j'ay résolu de prendre et de n'avoir jamais d'aultre époux que Monseigneur Jésus-Christ. Laissez-moy jouir des douceurs célestes qu'il foict goûter aux âmes quy luy sont entièrement dévouées [1]... »

La fermeté de leur nièce et l'expression de ses sentiments les touchèrent beaucoup, et l'évêque et le doyen consentirent à reconnaître la volonté du ciel dans la vocation de Mademoiselle de Dreux. Réunie enfin à sa fille, Madame de Cerizay n'eut plus qu'un désir, celui d'établir sa maison sur un principe solide de durée, quant à l'ordre moral et quant à l'ordre temporel. Elle s'occupa d'une règle monastique et indiqua l'oraison et l'obéissance comme les deux plus puissants moyens de perfection. Elle sut, par ses leçons et ses exemples, former ses religieuses à la vie active et contemplative ; le travail manuel consistait dans la confection des ornements d'église. La sainte fondatrice désirait, de-

---

[1] Mss. du couvent des Saintes-Claires de Saintes.

puis long-temps, mettre son monastère sous la juridiction des révérends pères Récollets. Elle eut recours à l'un d'entre eux, homme distingué par son mérite et par ses talents, le père Marcellin de Montauzon. Il lui donna le conseil d'écrire au révérendissime père général, pour lui demander que le monastère qu'elle voulait fonder sous la règle de Sainte-Claire, fût agrégé à l'ordre séraphique, sous la conduite et juridiction des Récollets de la province de Guienne. Elle reçut une réponse favorable datée de Rome. La Providence permit, à la même époque, que le père de Montauzon fût élu provincial. L'évêque de Saintes, qui était fort pieux, revint de toutes ses préventions et donna son consentement dans toutes les formes, renonçant à tous les droits de juridiction sur le monastère fondé par sa nièce, à la réserve cependant de ceux qui étaient acquis par le droit et par les réglements du saint concile de Trente.

Madame de Dreux forma un autre projet : elle demanda aux pères Récollets de lui donner trois religieuses du couvent des Clarisses de Tulle, dont les leçons et les vertus seraient propres à communiquer l'esprit religieux à sa nouvelle communauté. Le père provincial, acquiesçant aux volontés de Madame de Cerizay, adressa aux religieuses de Tulle leur obédience, en ces termes :

« Frère Léon Vaquier, ministre provincial des pères Récollets de l'Immaculée Conception de Nostre

Dame en Guienne, à nos bien-aimées sœurs Claire de Sainte-Luce, Claire de Saint-François, Thérèse de Jésus, professes au monastère de Sainte-Claire de Tulle, et Marie de Jésus, novice au monastère, salut et paix en nostre Seigneur.

« L'établissement nouveau d'un monastère de Sainte-Claire, fait en la ville de Xaintes sous nostre jurisdiction, requiert que nous y envoyions des religieuses professes du même ordre, pour la fondation et constitution d'iceluy et observance régulière; pour ce, nous assurant que, par vostre zèle et vertu, vous avancerez à sa perfection cette œuvre de Dieu; ayant observé tout ce que les saincts canons ordonnent estre faict sur ce sujet;

« Nous vous commandons, en vertu de saincte obédience, de sortir de vostre monastère de Tulle et vous acheminer à celuy de Xaintes, pour vous y employer aux fins que dessus. Faict en nostre couvent de Tulle, le vingt-deux mars 1629 [1] ».

Les religieuses de Tulle se mirent en route pour Saintes, le 23 avril de la même année, et passèrent par Chalais, Angoulême et Cognac. « Comme elles s'en venoient, dit notre manuscrit, de Cognac à Saintes, Madame de la Roche du Mayne, proche parente de la mère Claire de Saint-François, qui étoit de la famille de la Cha-

---

[1] Arch. mss. du monast. des Saintes-Claires de Saintes, pag. 52.

pelle-Baston et veuve de messire du Bastiment de
Larochechouard, ayant appris leur voyage, vint
au-devant d'elles et les rencontra à Chapnier, à
une lieue de Xaintes. D'abord qu'elle les apperçeut,
elle sortit de son carrosse pour les saluer; ce que
firent aussy les religieuses. Quand elle vit la mère
Claire de Saint-François couverte de ce gros habit,
et dans un état si austère et pénitent, se souvenant
de l'éclat et de la pompe où elle l'avoit vue dans
le monde, son cœur en fust pénétré et, fondant
en larmes, elle se jetta à ses pieds et baisant son
habit avec grande dévoction, elle admiroit dans son
cœur les puissants effets de la grâce. Après toutes
ces tendres civilitéz, ceste dame, qui avait un
très-bel équipage, voyant que celuy des religieuses
se sentoit de la fatigue du voyage et qu'il ne pouvoit leur servir qu'aveq poyne, les obligea de
monter dans son carrosse qui les conduisit jusques
à Xaintes, où elles arrivèrent le vingt-neuf d'avril,
d'assez bonne heure. Le père Laurens Cheyron,
gardien des Récollets de Saintes, les alla treuver
au bourg de Saint-Pallais; quand elles furent près
de la grande abbaye de Saint-Benoist, le père
Cyrille, qui les accompagnoit à pied depuis Tulle,
fist arrester le carrosse, croyant que ce fust le monastère de Sainte-Claire; mais ayant apris que non,
il voulut que l'on passât oultre; il déféra pourtant au père Laurens, gardien de Saintes, qui voulût
qu'elles fussent à l'abbaye saluer madame l'abbesse.

« Ayant aveq poyne fendu la presse d'une multitude innombrable de personnes de toutes les conditions qui s'estoient assemblées pour les voir, elles se rendirent à la porte qui entre dans l'intérieur de l'abbaye, elles y treuvèrent *Madame de Xainctes*, qui avoit demandé au père Marcellin, leur supérieur, de leur permettre d'entrer chez elle : elle les y reçeut aveq les marques de tendresse et de bonté dignes de la grandeur de son âme et de sa haute piété, et leur fist voir tout ce qu'il y avoit de plus curieux dans son abbaye; après quoy les pria de demeurer jusques au lendemain et le demanda instamment au père Gardien; mais luy ayant fait cognoistre que cela ne se pouvoit pas, elle se rendit à ses raisons. Après les avoir gardées quelques heures qu'elle employa à admirer la grande modestie, religiosité et austérité d'habits et de vie de ces illustres dames qu'elle savoit estre de la plus noble qualité, elle leur donna sa bénédiction et leur fist ouvrir la porte [1]... »

Les religieuses de Tulle furent accueillies avec un bien vif transport de joie par Madame de Dreux. La régularité et la ferveur monastiques augmentèrent avec le nombre des novices et des professes. En 1631, cette maison claustrale fut

---

[1] Arch. mss. du monastère des Saintes-Claires de Saintes, fol. 56.

réduite au penchant de sa ruine, par suite d'une famine générale qui désola la France : elle dut son salut au zèle infatigable et prudent d'une fille, qui faisait au dehors les affaires de la communauté. Cette vertueuse personne était de la paroisse de Saint-Simon, en Saintonge; on la nommait Marguerite Collardeau. Plus tard, elle prit l'habit religieux chez les Saintes-Claires, sous le nom de *Sœur Marthe de la Transfiguration*. Elle savait merveilleusement intéresser la charité publique en faveur du monastère, dont la détresse avait été telle, que trois des religieuses de Tulle retournèrent à leur couvent, bien persuadées que celui de Madame de Dreux ne pourrait point se maintenir. La fondatrice ne perdit point courage; elle parvint à payer toutes les dettes et vit bientôt le nombre de ses religieuses augmenter sensiblement. Cette maison Clarisse a existé, dans toute sa ferveur et l'austérité de la règle, jusqu'à l'époque de la révolution. La dernière religieuse de cette communauté, qui était connue à Saintes sous le nom de *Sœur des Anges*, vient de mourir en 1842; elle fut en tout digne de son saint institut. Sa mort a été, comme sa vie, précieuse et édifiante.

L'histoire manuscrite de la sœur *Marie de l'enfant Jésus* nous apprend qu'en 1641 on creusa, pour les fondements de cette communauté, jusqu'à la profondeur de quinze pieds. On jugea qu'il fallait descendre plus bas pour trouver la terre ferme; ayant, en effet, creusé deux pieds de plus, on découvrit des canaux de plomb d'une si prodigieuse grosseur, dans l'étendue de soixante pieds, que l'on en vendit à plusieurs marchands jusqu'à la concurrence de douze cents livres, sans compter ce qui fut réservé pour le clocher, où il en fut employé pour plus de cent écus [1].

Sous la chapelle, on avait établi des caveaux qui existent, sans doute encore, sous la place qui, maintenant, est située devant la prison construite sur le terrain des *Saintes-Claires*. Nous ne voulons plus de monastères; mais en revanche, sur leurs ruines nous sommes fiers de bâtir des cachots; c'est peut-être, dans notre siècle de prodiges, une preuve évidente que la *morale publique* est en progrès!... Ces caveaux sont voûtés. Quatorze sépulcres en pierre, sept de chaque côté, y furent bâtis, et, au milieu, une allée de huit à neuf pieds de large, pour la sépulture des pensionnaires et des postulantes. Madame de Dreux et sa fille furent déposées dans deux de ces tombeaux, l'une, le 24 juillet 1643, et l'autre, le 22 août de la même année. Par respect pour la mémoire de ces vénérables religieuses, leurs tombeaux sont

---

[1] Nous pensons que ces canaux se prolongent beaucoup plus loin sous les maisons du faubourg, dans l'alignement de l'ancien monastère des Saintes-Claires, et même au-delà du faubourg, dans la direction de l'aqueduc dont on voit, à quelque distance de Saintes, des vestiges sur la route de Saint-Jean-d'Angély.

restés célés ; et, dans les temps mauvais, Dieu n'a pas permis, du moins que nous sachions, que des mains impies parvinssent à les souiller. La fin de la mère et de la fille fait trop bien comprendre ce que la religion inspire d'héroïsme et de nobles sentiments, au moment de la mort, aux cœurs qui ont été animés de son esprit divin, pendant la vie, pour ne pas transmettre ici le tableau que le manuscrit déjà cité nous en fait :

« Tandis que nostre révérende mère de Cerizay travailloit avec sa sainte fille à la perfection et à la conduite spirituelle et temporelle de sa communauté, avec tout le succès que leur zèle pouvoit attendre, elle se sentit attaquée d'une fièvre *empourprée*, environ le huit ou neufvième juillet, qui, malgré sa violence, ne l'empescha pas de mettre ordre à toutes les affaires de la communauté, escrivant tous les papiers de sa propre main, jusqu'au vingtième juillet, trois jours avant son heureux décez. Elle n'oublia pas ses propres affaires, ny le soin de son âme, s'estant munie de tous les sacrements ; depuis le dit jour, 20 juillet, elle ne s'appliqua plus qu'à terminer saintement sa vie par mille actes de résignation, de patience et de désirs ardents d'aller à Dieu. Surtout elle fit une action bien digne de la grandeur de son âme, et qui attendrit et édifia merveilleusement toute la communauté. Elle fit appeler la révérende mère Françoise, sa fille et son abbesse, ayant demandé de luy parler en présence de toutes les religieuses ; quand elles furent toutes arrivées, elle se fit lever et, se mettant dans une posture aussi humiliante que son accablement lui pouvoit permettre, elle s'adressa à la révérende mère abbesse, sa fille, et lui demanda sa bénédiction en ces propres termes : « Ma très-révérende mère ! Je suis vostre mère, à la vérité, selon le monde que j'ay quitté ; mais je suis vostre fille dans la religion que j'ay embrassée et dans laquelle je veux mourir ; je vous prie de me donner vostre bénédiction. »

« Il semble que ces expressions d'une mère mourante devoit jeter la fille dans des attendrissements excessifs. Mais cette âme généreuse qui étoit accoustumée aux grandes actions, ne se déconcerta point ; elle donna la bénédiction à sa mère ; et puis, se prosternant à ses pieds, elle luy demanda la sienne à son tour, en ces termes : « Ma mère, je suis vostre fille et selon le monde et selon la religion, puisque vous m'avez donné la vie dans ces deux états ; je suis aussi bien que vous fort proche de ma fin ; je vous demande vostre bénédiction ; je vous la demande encore pour mon frère, qui vous la demanderoit, s'il étoit icy. » S'étant mutuellement donné leur bénédiction, nostre chère mourante fit encore assembler la communauté, pour luy dire le dernier adieu ; luy ayant recommandé, sur toutes choses, de conserver l'esprit de religion qu'elle avoit tâché de lui inspirer, et d'observer exactement la règle, telle qu'elle avoit eu dessein de la faire garder, en fondant le monastère avec tant de peine et de contradictions ; peu de temps après, elle expira, en disant ces paroles : O Marie, mère de grâce!.. Et termina ainsy une vie ornée de toutes les plus belles vertus du Christianisme, âgée de 48 ans.

« Après sa mort, Dieu voulut sensiblement faire connoître combien cette âme luy étoit agréable, par un rejaillissement de gloire qui parut sur son visage. Je ne voudrois pas avancer cette circonstance, si je n'avois quatre témoins oculaires et dignes de foy, que j'ay priés, par tout ce qu'il y a de plus sacré, de me dire la vérité ; ils m'ont tous protesté qu'après sa mort, son visage, que la petite vérole et ses pénitences avoient flétri, devint si beau, si vermeil et si animé, que le menuisier, encore vivant, qui avoit fait sa bière, m'a protesté qu'il avoit eu de la peine à fermer son cercueil, ne pouvant croire qu'elle fût morte. Elle fut ensevelie le soir, à sept heures, en présence de M. le doyen, son frère, et d'un concours extraordinaire de peuple ; Monseigneur l'évêque, son cousin germain, n'y assista pas, parce qu'il étoit absent et qu'on lui cacha sa mort.

« Quelque affligée que fût la communauté sur la perte considérable qu'elle venoit de faire, elle trouvoit pourtant, dans la fille de cette digne mère, de quoy la réparer et se consoler. Sa douceur et toutes ses rares qualités la faisoient aimer tendrement de toutes les religieuses ; mais son zèle l'ayant portée à des austérités que la délicatesse de sa complexion ne put soutenir, la réduisit à une espèce de langueur, accompagnée d'une toux si importune, qu'elle ne luy donnoit pas un moment de relâche, et qui enfin ulcéra ses poumons. Elle souffrit cela pendant un an, avec une patience héroïque, et redoubla même sa ferveur. Enfin, se sentant accablée par la violence de son mal, elle demanda les sacrements, qu'elle reçut avec une piété extraordinaire ; après avoir renouvellé ses vœux. Étant proche d'expirer, elle fit une action qui marquoit combien elle s'étoit exercée, toute sa vie, à la parfaite obéissance. Le révérend père Calixte Martin, provincial, qui l'assistoit à la mort, luy fit présenter un bouillon ; elle luy dit doucement : « Mon père, je vous prie de me dispenser de le prendre : je suis seure que, dès le moment que je l'auray pris, je mourray ; si pourtant vous me l'ordonnez, je le feray et je seray bien aise que la dernière action de ma vie soit une action d'obéissance. Le père provincial, ne prévoyant pas qu'elle dût mourir si tost, luy dit : » Ouy, ma fille, prenez-le, ce n'est que pour vous soulager et vous donner un peu de force. Elle le prit et expira un moment après, et laissa toute la communauté dans une affliction extrême, de perdre en moins d'un mois ces deux saintes mères, qu'elle regardoit comme sa lumière, son soutien, son appui, son modèle et, après Dieu, son tout. Elle mourut à vingt-neuf ans; elle fut inhumée le 22 août. Monseigneur l'évêque, son cousin second, y fit l'office, assisté de M. le doyen, son oncle, et de deux ausmoniers, en présence du révérend père Martin Carrier, provincial, et de deux autres religieux. Son corps fut mis dans le sixième sépulcre, à main droite en entrant dans le caveau.

« Monsieur l'évêque ressentit vivement cette mort, qu'on ne put luy cacher comme la première; mais la bonne odeur des vertus de ses illustres parentes et l'onction de leur sainteté qui se répandait, adoucit sa douleur et lui fit une consolation [1]. »

Que d'âmes saintes ont ainsi pris leur essor vers le ciel, depuis l'époque où la foi divine fut donnée à cette ville par saint Eutrope!.. Notre siècle les oublie; il profane les tombeaux où reposent des restes sacrés; mais il n'étouffera pas la voix de nos hommages, et les âmes que Dieu glorifie dans l'éternité exauceront les vœux de notre espérance!..

En 1647, Monsieur de Dreux, conseiller au parlement de Rennes, se trouvant à la Pommeray

---

[1] Arch. mss. du couvent des Saintes-Claires de Saintes.

avec toute sa famille, visitait souvent les religieuses Saintes-Claires et leur donnait des témoignages tout particuliers de son estime et de son attachement, ne pouvant oublier que cette communauté avait été fondée par sa mère et sa sœur. Le respect et l'affection que lui portait ce monastère, lui fit concevoir le projet d'obtenir le titre de fondateur; mais comme sa sainte mère lui défendait, par son testament, de l'exiger des religieuses, il se contenta de manifester un simple désir. Toute la communauté se sentait portée à le lui accorder. Elle présenta, en conséquence, une requête au définitoire des révérends pères Récollets, sous la juridiction desquels elle avait été mise par madame de Cerizay. Mais, pour certaines clauses que le seigneur de Dreux et les religieuses ajoutaient dans leur requête, les Récollets se refusèrent à la demande. Ce refus causa beaucoup de regrets au fils de la fondatrice ainsi qu'au monastère. M. de Dreux et son oncle, l'abbé de Mornac, conseiller au grand conseil, en conçurent une espèce d'indignation, ainsi que toute la famille, qui demeura indifférente et froide pour cette maison jusqu'en 1681.

En 1680, le père Machaire-Duverger, dont nous avons parlé, ayant été nommé confesseur des Saintes-Claires, prit des informations sur la famille de Dreux, et inspira aux religieuses de faire des recherches pour connaître le lieu qu'elle habitait.

Guillaume de la Brunetière ayant été nommé, à cette époque, évêque de Saintes, on apprit de lui, lors de la visite qu'il fit à la communauté, et de M. Ducourroy, prieur de St-Eutrope, que Joachim Dreux était chanoine de Notre-Dame à Paris et conseiller au grand conseil; qu'un autre, nommé Thomas Dreux, était conseiller au parlement de Rennes. D'après ces renseignements, la mère Pacifique de Thézac, alors abbesse, écrivit à ce dernier. La réponse ne se fit pas attendre. Il lui mandait avec beaucoup de bienveillance qu'il avait dessein de se rendre en province et qu'il verrait le monastère de Madame de Cérizay avec intérêt et consolation.

A son arrivée à Saintes, la révérende mère de Thézac pria le père Machaire Duverger de l'aller voir, ce qu'il fit avec beaucoup de zèle, car il désirait que le titre de fondateur, refusé autrefois au père, fût accordé à ses fils. Il parla dans ce sens, et ce langage plut infiniment à M. de Dreux, qui, le jour même, vint au monastère. Il fut reçu de toute la communauté avec une joie inexprimable; il s'y montra très-sensible; il écouta tout ce qu'on lui dit, avec une bonté et une complaisance qui commandèrent la gratitude; « et comme plusieurs de celles, ajoute notre manuscrit, qui avoient vu sa grand'mère et sa tante, vivoient encore, il prenoit un singulier plaisir à se faire raconter ce qui les regardoit et reçeut avec vénération une croix de bois qu'une religieuse lui présenta et qui avoit été à l'usage de sa sainte ayeule. Il traita si cordialement toutes les religieuses, qu'on n'eust point dit que c'estoit un conseiller du premier parlement de France, mais le frère de chacune ; il ne faisoit pas de même avec les messieurs du prézidial, avec qui il tenoit son rang, que sa taille et son port soutenoient fort bien.»

« On vint ensuite à parler des propositions qui luy avoient été faites par leur supérieur, qu'elles confirmèrent avec plaisir, luy promettant de luy donner la qualité de fondateur, avec toutes les prérogatives qu'il jugeroit les plus avantageuses. Et luy, de son costé, leur marqua que si elles avoient le moindre penchant de s'accommoder de la Pommeray, quoiqu'elles n'eussent point d'argent, il se contenteroit, pour un certain temps, des contracts, des aumosnes dotales et des autres sommes qui pourroient être dues au monastère. Cette proposition fut reçeue de toutes les religieuses ; le prix en fut arresté ; et, de plus, il promit, de son propre mouvement, de faire un présent pour le titre de fondateur, qu'on offroit sans exiger de retour et uniquement par l'attachement que la communauté avoit pour nos chères mères et pour leur famille.

« Sur quoi il faut remarquer qu'il étoit venu pour vendre ce bien et employer les deniers avec d'autres, dont il s'étoit défait pour acheter le marquisât de Brézé, que Monsieur le prince luy vendit pour une somme très-considérable, et qu'il refusa de la Pommeray beaucoup plus que nous ne pouvions luy en donner; et, par conséquent, il ayma mieux en avoir moins et nous marqua par là son affection.

« Tout étant ainsi arresté et conclu d'une manière positive de part et d'autre, il partit pour s'en retourner à Paris, où il communiqua toutes choses à Monsieur l'abbé de Dreux, son frère, conseiller, et qui entra ensuite dans le contract de vente, qui fut fait conjoinctement avec luy.

« Dans tout le temps que cette affaire se ménagea, la révérende mère Pacifique, abbesse, entretenoit Monsieur Dreux dans la bonne volonté des projets qu'on avoit faits, et toutes les religieuses furent unanimes dans le désir de voir se réaliser ce projet. Étant donc revenu à Saintes, quelques jours avant Noël de la même année 1682, il trouva un nombre de personnes de tous les ordres qui tâchoient d'empescher que la Pommeray fût vendue aux religieuses de Sainte-Claire, et qui luy offroient six ou sept mille livres au-delà du prix dont elles avoient fait l'estimation avec luy. On voyoit, d'un œil jaloux, un si joli bien tomber en main-morte; la Pommeray était un lieu dont la situation est très-agréable, sur les bords de la Charente, à une lieue de Saintes, où il y avoit une assez belle maison, deux métairies, un mélange de tout ce qui peut rendre un bien utile, presque tout noble, avec justice haute, moyenne et basse. Tout cela faisoit envie et attiroit des partisans pour l'acquérir; mais Monsieur de Dreux tint ferme à préférer ses chères filles à tous autres, ne voulant d'autres intérêts que de remettre ce bien entre les mains des personnes qu'il regardoit comme les filles héritières des vertus de ses saintes parentes. On peut dire, par cette raison, que ce bien n'est point sorti de la famille de Messieurs de Dreux, puisque cette communauté se fera toujours un honneur et un plaisir de les regarder comme ses pères.

« On eut soin de donner avis, de bonne heure, au très-révérend père Robert Seguin, pour lors, provincial des Récoléz de Guïenne, et supérieur majeur de cette communauté, de tout ce qu'on avoit fait avec Monsieur de Dreux, qui, non-seulement le trouva bon, mais qui confirma et approuva avec plaisir le dit contract dans tous les points, aussi bien que le don et concession que le monastère luy avoit fait du titre et qualité de fondateur, et luy en envoya ses lettres patentes datées du vingt-unième décembre de la mesme année 1682. Il en prit possession par l'apposition de ses armes, qu'il fit mettre aux trois principales portes du monastère [1]. »

---

[1] Arch. mss. inéd. du monast. des Saintes-Claires de Saintes.

M. de Dreux fit alors un présent de cinq cents écus et d'une lampe d'argent de la valeur de quatre cents livres; il y ajouta de riches ornements d'autel et, de plus, un calice en argent et un voile broché d'or et de soie, qu'il offrit au révérend père Robert Seguin. Par l'achat des deux terres de la Pommeray et de la Petite-Faye, dans la paroisse de Chermignac [1], cédée par messire de Montagne Porte-Pain, conseiller au parlement de Bordeaux, la communauté des Saintes-Claires fut à l'abri de l'extrême disette dont elle avait été jusques-là fort souvent affligée. Dieu la récompensa de sa grande régularité et de plusieurs bonnes œuvres qu'elle fit en faveur des pauvres et des étrangers. Elle se chargea, en particulier, de l'éducation d'une jeune enfant dont la mère se trouvait réduite à l'indigence par un concours fâcheux d'évènements. « C'estoit une Italienne, dit notre manuscrit, qu'un gentilhomme du costé de Cognac, nommé Desmoulin, avoit en voyageant épousée, étant à Rome, se disant grand seigneur et bien plus riche qu'il n'estoit. Après avoir dépensé tout le bien de sa femme, il se décida, pour la contenter, à venir en France, pour y jouir des grands biens qu'il luy faisoit espérer. En effet, il la mena jusques à

---

[1] L'année 1793 s'est *approprié* le domaine de ce couvent, comme Cartouche et Mandrin avaient coutume de *s'approprier* le domaine de ceux qu'ils détroussaient. Honnêtes hommes!...

Lyon. Ils y demeurèrent six mois avec leur famille qui estoit de deux garçons et une fille, et consommèrent tout l'argent qu'ils avoient porté de Rome. Il mourut là, par une saignée qu'on dit qu'il se fit faire volontairement.

« Cette pauvre dame voulant continuer son chemin, et sa dépense ayant été beaucoup au-delà de ce qu'elle avoit porté d'argent, elle fut obligée de laisser pour gage tout le linge, meubles et habits qu'elle transportoit, pour satisfaire à son hoste, s'attendant de le retirer lorsqu'elle seroit arrivée au païs où elle croyoit trouver un gros héritage et où elle ne trouva pas un pouce de terre, le peu de bien que son mari avoit laissé étant possédé par une fille d'un premier lict; si bien qu'elle fut contrainte de recevoir logis par aumosne, où elle croyoit entrer comme propriétaire. Heureusement pour elle, elle trouva des personnes qui l'avoient vue et connue à Rome; ce qui fit qu'on la reçut et qu'on luy procura le secours du charitable évêque de Saintes, M. de Bassompierre, père des pauvres et le refuge assuré des misérables, qui fit étudier ses enfants en ville et nous donna la fille, qui, avec sa mère, a fini ses jours chez madame de Brémond, personne très-charitable. Ils moururent assez jeunes [1] ».

---

[1] Arch. mss. du couvent des Saintes-Claires, déjà cité.

Mais laissons le vallon de Saint-Pallais; montons au Capitole.

De la Courbe-de-Brée, en appelant dans sa ville épiscopale les modestes filles de Sainte-Thérèse, n'avait pu leur offrir qu'un logement assez restreint et peu convenable par sa position; il était situé auprès des remparts du Port-Soleil; c'est aujourd'hui la maison de la famille Serin [1]. Alors on y manquait d'air et celui qu'on y respirait était loin d'être salubre. Michel Raoul fut assez heureux pour obtenir du roi un local plus vaste, dont le site était, à tous égards, propre à donner asile à une communauté de religieuses contemplatives. Nous pouvons faire part au lecteur des renseignements qui nous ont été fournis relativement à la fondation des Carmélites.

Louis XIII, ayant favorablement reçu la supplique de l'évêque de Saintes, donna son brevet royal, le 13 août 1629, en ces termes :

« Aujourd'huy 13ᵉ août 1629, le roi étant à St.-Germain-en-Laye; désirant continuer les effets de sa piété et singulière affection envers l'ordre des religieuses Carmélites, Sa Majesté leur a fait don de tous les matériaulx provenants de la démolition de la citadelle de Xainctes, ensemble de la place où étoit le donjon d'icelle, maisons restantes, fossez et places vuides du dedans et

---

[1] Arch. de la Mairie de Saintes.

des environs, à prendre depuis le derrière du jardin de Sa Majesté[1] jusques aux murs qui servent d'enceinte à la ville, le tout pour bâtir un monastère au dit lieu, à la réserve des espaces nécessaires pour le chemin et passage de rondes, et qui seront jugés raisonnables par le sieur de Laubardemont, conseiller du roi en son conseil d'État et commissaire-député pour le razement de la ditte citadelle, auquel sera mandé de mettre les dittes religieuses en possession, et les faire jouir du dit don, m'ayant Sa Majesté commandé d'expédier toutes lettres à cet effet nécessaires, et ce pendant le présent brevet, qu'elle a signé de sa main et fait contresigner par moi, son conseiller secrétaire d'État et de ses commandements : Ainsi signé : LOUIS ; et plus bas : BOUTHILLER. »

La voix royale devait être entendue, dans cette circonstance, d'une manière plus précise et plus solennelle encore, afin que les âges suivants reconnussent l'inviolabilité de la possession des Carmélites à Saintes. Les lettres patentes parurent donc pour sanctionner la nouvelle donation ; nous les transcrivons textuellement :

« Louis, par la grâce de Dieu, roi de France et de Navarre, à nostre amé et féal conseiller en nostre conseil d'Estat, le sieur de Laubardemont, commissaire par nous député au razement de

---

[1] Aujourd'hui jardin de l'hôpital.

la citadelle de Xainctes, et d'autres fortifications en ce royaulme, salut. Désirant tesmoigner en tout ce qui nous est possible, aux religieuses Carmélites, nostre affection particulière envers leur ordre, sur ce qui nous a été représenté qu'il n'y a point de lieu en nostre ville de Xainctes plus propre pour y bastir leur esglise et monastère que la place où estoit ci-devant la ditte citadelle, nous avons aux dittes religieuses Carmélites donné, octroyé, cédé, quitté, transporté et délaissé, et par ces présentes, signées de notre main, donnons, octroyons, cédons, quittons, transportons et délaissons la place où estoit le donjon de la ditte citadelle, maisons restantes d'icelle, les fossés et places vuides du dedans et des environs, à prendre depuis le derrière de nostre jardin jusques aux murs qui servent d'enceinte à nostre ditte ville, réservant seulement les dits espaces nécessaires pour le chemin et passage des rondes qui seront par vous jugéz raisonnables, pour, par les dittes religieuses Carmélites jouir dorénavant de la ditte place, comme de chose *à elles propre, vrai et loyal acquét;* et pour leur donner d'autant plus de moyen d'y bastir leur ditte esglise et monastère, nous leur avons de plus accordé et fait don de tous les matériaulx, provenants de la démolition de la ditte citadelle ; sy vous mandons et commettons que, de nostre présent don, cession et transport et de tout ce que dessus, vous faciez jouir et user les dittes religieuses, pleinement et paisiblement, nonobstant opposition ou appellation quelconque pour lesquelles ne voulons estre par vous déféré en retenant la cognoissance à nous et à nostre conseil ; de ce faire vous donnons pouvoir, autorité, commission et mandement spécial, mandons et commandons à tous nos officiers, justiciers subjets qu'à vous en ce faisant soit obéi ; car tel est nostre plaisir.

« Donné à Saint-Germain-en-Laye, le XIVe jour d'août, l'an de grâce mil six cent-neuf, et de nostre règne le XXe. Signé, Louis. »

Mais, pour que tout fût coordonné d'une manière régulière et convenable, les Carmélites avaient besoin d'un représentant auprès du sieur de Laubardemont, député du roi en Saintonge, pour le *renversement de la citadelle*. Cette forteresse, construite sur les ruines du Capitole, devait sans aucun doute son origine aux premières guerres des Goths et des Vandales. Nous pensons que l'historien de la vie de saint Vivien voulait parler, vers la fin du Ve siècle, de cette citadelle [1], quand

---

[1] Ingenti quippe vallatu muros atque propugnacula obsidente barbarico exercitu, dùm fundis atque tormentis lapideas moles intrà murorum ambitum jaculari properarent, dùmque portas robustissimâ arietatione concutere tenderent, eccè subitò innumerabilis exercitus militiæ *in summis arcibus* atque per murorum propugnacula adstans emicuit.

(*Ex Vet. Script. et Mon. Ampl. collect. jam cit.*)

il raconte l'attaque des Saxons. Elle fut fortifiée lors de l'invasion des Normands; puis entretenue plus tard par les Anglais, rebâtie ou fortifiée encore par Henri IV, lorsqu'il fit relever les murs de la ville; dans les derniers temps, elle devint le boulevard de la défense ou de l'attaque de la cité, pendant les guerres du Calvinisme.

La révérende mère Hélène de la Croix, première prieure des Carmélites de cette ville, fit donc choix, pour son procureur-général, d'un sieur Philippe Aubert, qui était prieur de Marsilly en Aunis. La procuration fut faite *pardevant le notaire et tabellion royal héréditaire et par la bonne volonté de la mère Hélène;* le prieur Aubert fut créé et constitué son représentant spécial, auquel « *elle donna pouvoir de comparoir* pour elle et ses religieuses, avec puissance de substituer et présenter toutes requêtes, icelles faire appointer et signifier les appointements, prendre toutes conclusions requises et nécessaires, donner, fournir toutes défenses, répliques et dupliques, contester, causer, appeler, relever et s'en désister, si besoin est, et par spécial comparoitre pardevant messire de Laubardemont, pour demander la délivrance du terrain accordé par le roi, et pouvoir de s'en emparer, pour s'en servir toutes fois et quantes que besoin seroit. Le tout fut fait et passé à Xaintes, au-devant de la grille du parloir, en présence de Jehan Boyer et Hélie Lallemand, témoins à ce requis. ».

Mais, pour connaître tout le détail et les circonstances de l'établissement des Carmélites, nous allons laisser parler Jean-Martin de Laubardemont, seigneur et baron dudit Laubardemont, Saint-Denis-de-Pile, Saint-Georges-de-Guytres et autres lieux. Il rapporte succinctement le texte du brevet et des lettres patentes que nous venons de citer; puis il continue ainsi :

« Serions, le dix-huitiesme jour d'août 1629, partis de la ville de Paris pour nous acheminer en celle de Xainctes, où estant arrivés le mardi vingt-huitiesme du dit mois, sur le soir, nous nous serions logés en la maison du sieur Aymar, conseiller du roi, garde des sceaux du présidial et maire de la ditte ville, sise dans la grande rue; et advenant lendemain vingt-neuviesme, envyron les deulx heures amprès, messire Philippe Aubert, prieur de Marcilly [1], comme procureur et ayant charge des dittes dames religieuses Carmélites, par procuration passée pardevant Bouyer, notaire royal audit Xainctes, se serait présenté en nostre hostel pardevant nous; ayant prins pour greffier en la

---

[1] Le prieuré de Marsilly, en Aunis, dépendait de l'ancienne abbaye de Fontdouce; on y voit, dans l'église actuelle, les restes d'une très-belle basilique. Il existe de vastes souterrains qui s'étendent jusqu'à la mer et qui prouvent qu'avant d'être un simple prieuré, Marsilly était un monastère considérable, qui occupait l'emplacement qui couvre les souterrains dont nous parlons.

ditte commission Guillaume Desjardins, nostre secrétaire, après lui avoir faict faire le serment en tel cas requis et accoustumé ; lequel sieur Aubert nous auroict représenté un brevet de Sa Majesté par lequel elle fait don aux dittes dames religieuses de tout le contenu aux dittes lettres patentes ; nous requérant lecture en estre faite en nostre présence par nostre dit greffier, ensemble des dittes lettres, pour sur icelles requérir ce que de raison, et après que les dits brevets et lettres ont esté remis ès-mains de nostre dit greffier, luy aurions ordonné d'en faire lecture ; ce que fait, luy aurions, à la requisition dudit sieur Aubert, enjoint d'insérer en fin de nostre présent procès-verbal tant brevet que lettres, pour y avoir recours par les parties, quand besoin sera. Et advenant le vendredy trente-un du dit mois, envyron les sept heures du matin, se seroit de rechef présenté pardevant nous, en nostre dit hostel, le dit sieur Aubert, lequel nous auroit dit que la mère prieure des dittes Carmélites, accompagnée de sa sous-prieure et d'une aultre des dittes religieuses, ensemble de dame Rétice de Gourgues, veuve de feu sieur de Rabesne, vivant trésorier-général en Guyenne, leur fondatrice, s'estoit faict conduire en la place qui leur a esté donnée par le roy, nous requérant y vouloir descendre pour les mettre en possession d'icelle place et des aultres choses à elles données par Sa Majesté ; ce que nous luy aurions octroyé ; et afin que le dit acte de prise de possession fut plus solennel, nous nous serions accompagnéz tant des sieurs Herpin, antien advocat du roy, et Guy, sieur de la Besne, procureur de Sa Majesté audit siège, que du dit sieur Maire et de messires Nicolas Lescuyer et Dominique Duplaix, eschevins de la ditte ville ; et estant arrivéz en la place qui est entre le jardin de Sa Majesté et celle où estoit ci-devant le dit donjon, nous y aurions rencontré les dittes religieuses et dame de Rabesne, lesquelles nous auroienct fait dire et remonstrer par le sieur Aubert, leur procureur, en présence des officiers subsnommés et aultres habitants de la ditte ville que Sa Majesté nous auroict commis et députés pour les faire jouir du contenu ès-dits brevet et lettres patentes, dont ils nous auroienct requis estre faict lecture, et ensuite qu'il nous pleust faire marquer par Jehan Hervé, arpenteur là présent, les espaces que nous jugerons devoir estre laisséz pour le chemin et passage des rondes entre les murs de la ditte ville et ceulx de leur closture, et de les mestre en pleine possession et jouissance tant de la ditte place que des maisons, bâtiments et aultres choses contenues en leur dit don., conformément à laquelle réquisition, après que lecture a esté faicte des dits brevet et lettres par nostre greffier, et ayant fait faire le serment en tel cas requis et accoustumé audit arpenteur, nous lui aurions faict mesurer la ditte place; laquelle il nous auroit rapporté contenir de circuit deux cent quarante-neuf toises quatre pieds; en ce non compris l'espace de vingt pieds que nous avons laissés entre les bornes de la closture des religieuses et les murs de la ville, tout à l'entour d'iceulx; sçavoir, despuis le coing de la muraille du jardin du roy du costé du levant, tirant vers le couchant, jusqu'au bout de la fonderie, cinquante cinq toises un pied, et despuis la ditte fonderie tirant vers le nord, jusqu'audit espace de vingt pieds marqués entre la place des dittes religieuses et les murs de la ville, cinquante-cinq toises quatre pieds; et de là, tirant vers le levant, jusqu'à une petite maisonnette, servant ci-devant de corps de garde et icelle comprise, soixante-seize toises un pied. Et despuis la ditte maisonnette jusqu'au susdit coing de muraille du jardin du roy, tirant vers le midy, soixante-deux toises quatre pieds; faisant la ditte place en sa totalité, à la réserve des espaces de vingt pieds, trois journaux soixante-quatorze carreaux, à l'arpent du roy usité en Xainctonge, à raison de cent carreaux par journal et dix-huit pieds en quarré pour chascun carreau, ainsi que plus particulièrement appert par le rapport à nous baillé par le dit Hervé, arpenteur, suivant que nous luy aurions ordonné, qui sera inséré en fin du présent procès-verbal. »

Ce préliminaire ne se rattachait qu'au matériel de l'opération; le terrain étant bien mesuré, les matériaux provenant de la démolition de la citadelle ayant été adjugés, selon les intentions du roi, sans en rien excepter et réserver, même la tuile qui était sur les maisons habitées par les sieurs Maurice et Lembert, messire de Laubardemont continue son narré en ces termes :

« Ordonnons que du tout les religieuses jouiront doresnavant et pourront disposer comme de leur chose propre, vrai et loyal acquêt, faisant inhibitions et défenses à toutes personnes de les y troubler, ni empescher, ni de prendre ou enlever sans leur consentement aucuns matériaulx, bois ou aultres choses provenantes et dépendantes de la ditte démolition, à peine de mille livres et aultres plus grandes, s'il y échoit ; leur avons permis et permettons de faire, dès à présent, tous actes possessoires et de propriété, faire planter croix en la ditte place, y bastir et édifier un monastère, quand bon leur semblera, et afin que personne n'en prétende cause d'ignorance, de faire publier et afficher nostre présente ordonnance, et icelle signifier à qui elles verront bon estre, laquelle à ces fins leur sera délivrée par extrait; et à l'instant nous, à la requisition des dittes religieuses, les aurions menées et conduites dans toute l'étendue de la ditte place, comme à elles appartenante, ensemble ès maisons et bastiments estant en icelle; sçavoir, dans l'ancienne fonderie qui auroit esté ouverte par Claude Gargasse, ayant charge du sieur de Pernès, gouverneur de la ditte citadelle, auparavant le razement d'icelle, en laquelle fonderie il y avoit quantité de bois de charpenterie et plusieurs planches, nous aurions aux dittes religieuses permis de faire et user, comme de leur chose propre, ensemble d'icelle fonderie, et aurions enjoint audit Gargasse d'en délivrer les clefs au sieur Aubert, comme aussy aurions mené les dittes religieuses dans l'arcenal, lequel auroit pareillement esté ouvert par le dit Gargasse, dont les aurions aussy mises en possession, et d'autant qu'il y a dans le dit arcenal des armes appartenantes au sieur de Pernès, ainsy que nous a dit le dit sieur Gargasse ; luy aurions enjoint de les retirer, et les aultres choses à lui appartenantes, et de laisser aux dittes religieuses le libre usage du dit arcenal dans trois jours, ce que le dit Gargasse s'est chargé de faire sçavoir au sieur de Pernès, et de rapporter les clefs aux religieuses dans le dit délai. Aurions aussy mené les dittes religieuses dans deux loges ou maisonnettes, habitées par Claude dit le Provençal, sergent, et le nommé Lefranc, soldat de la garnison, qui étoit ci-devant en la ditte citadelle ; desquelles les aurions mises en possession et enjoint aux dits Provençal et Lefranc, parlant à leurs femmes et enfants, de vuider les dittes loges dans le susdit délai, et en rendre les clefs aux religieuses, à poyne de trois cents livres, et à eulx faict aussy défenses de rien démolir, rompre, ou emporter d'icelles, sur mesmes poynes.

« Et ce faict, les dits sieurs maire, eschevins nous auroienct remonstré que, pour le bien, commodité et décoration de la ditte ville, il seroit utile et mesme nécessaire de laisser une ruë entre les murailles de jardin du roy et l'enclos des dittes religieuses, et aubout d'icelle faire une porte de ville dont le public recevroit grand avantage, nous requérant de distraire de la place donnée aux religieuses l'espace nécessaire pour faire laditte ruë, les priant aussy d'y vouloir consentir; lesquelles dames religieuses d'un commun accord nous auroient fait dire par le sieur Aubert, que bien qu'en laissant le dit espace au public elles se privent d'un droit qui leur est acquis, dont elles pourroient recevoir grande commodité, veu mesme que la muraille du jardin du roy leur eust servi de closture de ce costé là, ce neanmoings elles désirent l'utilité publique à leurs propres intérêts, espérant qu'en ceste considération, les dits sieurs maire et eschevins se facent marquer l'espace de la ditte ruë; tel et semblable que nous l'avons laissé entre leur closture et les murs servant d'enceinte à la ditte ville, ce qui auroit esté accepté par les sieurs maire et eschevins; et de tout ce que dessus les dittes parties nous auroient requis acte, que leur aurions octroyé. Et peu amprès, les dittes religieuses nous auroient faict dire par le sieur Aubert qu'elles souffrent de grandes incommodités en la maison où elles sont de présent, estant fort petite et sans air, et qu'il leur est fort important d'en sortir au plus tost ; qu'à ces fins, attendant que leur closture de monastère se bastira, elles souhaiteroient fort se pouvoir loger dans les bastiments cy-dessus desclaréz et qu'il leur feust permis de faire un réduit despuis les dits fonderie et arcenal jusques aux murs de la ditte ville, nous requérant leur bailler la ditte permission ; et les sieurs maire et eschevins d'y vouloir consentir ; à quoi les dits sieurs maire et eschevins nous auroient déclaré, par la bouche du sieur maire, qu'ils n'empeschent point que les religieuses facent construire leur réduit jusques aux dits murs par provision et jusques à ce que leur closture soit foicte, à la charge néanmoings que si, pendant le dit temps, il arrivoit quelque nécessité publique qui les obligeast d'aller en l'entour de la ditte ville, ils n'en seront empeschéz au moyen du dict réduit ; dont les dittes parties nous ont pareillement requis acte que leur aurions accordé ; et ce foict, nous sommes retirés en nostre hostel.

« Et advenant le samedy premier jour de septembre, envyron les cinq heures après midy, le dit sieur Aubert nous seroit venu remonstrer que messire Joachim de Cerizay, conseiller aumosnier ordinaire de la royne, mère du roy, doïen de l'esglyze cathédrale de la ville de Xainctes et vicaire-général de monsieur l'évêque absent, avoit promis de se treuver à la ditte heure, en la place de laquelle nous avons mis en possession les dittes religieuses, pour, avec les sieurs chanoynes de la ditte esglyze et aultres du clergé, faire la bénédiction d'une croix que le dit sieur Aubert avait foict foire pour planter au dit lieu, nous requérant nous y vouloir treuver, ce que luy aurions accordé et serions allés à la ditte place, où ayant treuvé les sieurs doïens et chanoynes revêtus de leurs surplix, et avecq eulx plusieurs habitants de la ditte ville, le sieur doïen auroit béni la croix avecq les prières, cérémonies et solemnités accoustumées, et la croix estant élevée au lieu le plus éminent de la ditte place, du costé de l'Orient, nous l'aurions tous ensemble révérée; dont le sieur Aubert nous auroict aussy requis acte que lui aurions accordé.

« Après quoy nous serions retirés en nostre hostel ; et de tout ce que dessus aurions droissé nostre présent procès-verbal, et ordonné, ce requérant le dit sieur Aubert, que les originaulx des dits brevet et lettres luy seront délivréz par nostre greffier pour servir de tiltre aux religieuses à l'advenir; ensemble copie de nostre présent procès-verbal, lequel a esté signé à l'original tant par nous que les dits advocat et procureur du roy, maire, eschevins et Aubert.

« Foict à Xainctes, les jours, mois et an susditz; ainsy signé : Martin de Laubardemont, Herpin,

Goy, Aymar, Duplaix, Lescuyer et P. Aubert ; signé au livre de M. de Laubardemont[1]. »

Quand on lit avec calme et sang-froid les pièces que nous venons de citer, est-il possible de ne pas reconnaître la *légitime propriété* des dames Carmélites ?.. Cette propriété n'était-elle pas fondée sur ce qu'il y a de plus authentique, de plus sacré et de plus inviolable parmi les hommes ?.. L'arbitraire et la violence de quelques masses de perturbateurs ambitieux, ne constituent pas un droit, quel que soit leur soin de se faire les représentants du plus grand nombre qu'ils cherchent à s'associer pour couvrir leur forfaiture. Au reste, la tempête n'est pas l'état normal du monde physique ; l'orage porte la foudre qui écrase, mais le ciel azuré et son soleil radieux dominent et la foudre et l'orage, qui ne peuvent rien contre leur beauté native. La rapacité et le pillage dévorent et dispersent ; mais éternellement la justice reste ; et, du haut de son impérissable tribunal, elle crie à chaque génération qui passe : « Ne faites pas à autrui ce que vous ne voulez pas qui vous soit fait !... » Les spoliateurs la laissent crier ; mais sa voix solennelle n'en est pas moins la voix de la justice.

Revenons à l'évêque de Saintes, absent de sa ville épiscopale, pendant la cérémonie d'installation

---

[1] Mss. arch. du monastère des Carmélites de Saintes, dépos. au secrét. de la mairie de cette ville.

que nous venons de décrire. Un fait nouveau prend ici sa place ; il prouve que le Protestantisme n'a jamais joui des privilèges accordés par nos rois, que pour abuser avec plus d'audace de la liberté qu'ils lui rendaient. Toujours, par instinct naturel, disposés à la révolte, les Calvinistes n'avaient-ils pas déjà su saisir les occasions qui leur avaient paru favorables, pour ébranler la monarchie et pour persécuter les Catholiques ? Espérant voir leur hérésie la religion dominante, au moment surtout où, par la mort du duc d'Alençon, arrivée en 1584, le roi de Navarre, chef des Huguenots, devenait l'héritier présomptif de la couronne, le mouvement des sectaires se fit sentir en Saintonge, et Henri III, obligé d'arrêter et de comprimer la force des ennemis de sa puissance royale et du bonheur de la France, révoqua, par un édit donné en 1585, tous les privilèges accordés à des sujets qui payaient ses plus larges bienfaits par la plus noire ingratitude. Ce prince écrivit alors, sous la date du 17 mars 1585, à messire de Bremond, seigneur d'Ars, chevalier de son ordre, commandant pour son service en Angoumois et Saintonge. Il s'agissait des sourdes menées des Protestants dans cette province :

« Monsieur d'Ars, mandait le roi, oultre les bruits qui courent assez communs, j'ay advis en forme, de plusieurs endroits de mon royaulme, qu'il se fait quelques associations, ligues et levées de gens de guerre contre mon service et aultres, et mesme en mon pays d'Angoulmoys, dont je ne puis penser la cause, n'en ayant laissé aucun argument à qui que ce soit. Car dung costé j'ay foict soigneusement garder et observer mon édict de pacification, autant qu'il en est possible, et dailleurs, je n'obmets rien que je puisse et ne prends aulcun plus grand soin que destablir ung bon ordre en toutes choses et pourvoir par tous moyens au soulagement et descharge de mon peuple, leur ayant diminué leurs tailles, cette présente année, de la somme de six mille quarante livres trois sols trois deniers, ainsy que jespère foire cy amprez, année par année, comme mes affaires le pourront permettre, et encorre que je ne puisse croire que ces nouveaux remuements viennent à aulcun effet, toutefois, ne voulant rien négliger en affoire si importante, jay bien voulu, sçachant la grande affection qu'avez tousiours desmontrée au bien de mon service, vous foire ceste lettre, pour vous prier que, continuant à men foire paroistre les effets, ainsy qu'avez foict par le passé, vous exhortiez et admonestiez ceux de bon advis que vous scaurez sestre laissé ou estre en voulenté de se loisser aller et entendre aux dictes associations et pratiques, qu'ils oyent à sen retirer et départir de bonne heure, comme dung glissant et dangereux précipice, mettant en considération que le meilleur et plus seur est de se tenir et ranger de mon costé et de me rendre l'obéissance qui m'est deue, comme Dieu l'a ordonné, et le debvoir de naturels subjetz qu'ils me sont les y oblige, avec asseurance qu'ils s'en trouveront bien d'avoir cru cest advis et conseil, qui est le plus sain et salutoire qu'ils puissent suivre, ainsy que je sçay que leur sçaurez très-bien représenter et foire entendre ; et vous me ferez fort grand et agréable service, priant Dieu, monsieur d'Ars, vous avoir en sa saincte garde. De Paris, le XVIIe jour de mars 1585. « HENRY[1]. »

Au XVIIe siècle, les Protestants continuaient à susciter des entraves à la religion catholique, redoutant son influence et l'empire de ses doctrines célestes. L'évêque de Saintes était désireux, à l'imitation de ses prédécesseurs, de rallier à l'unité les âmes que l'individualisme avait livrées à l'arbitraire. Pour atteindre ce but, si digne du zèle épiscopal, il donna mission à des prêtres dont la foi et les talents lui étaient connus, d'exposer, par la prédication, les dogmes antiques et divins de la foi romaine ; d'employer particulièrement la voie des conférences, comme étant la plus propre à instruire avec méthode et simplicité. Il fit choix d'un père Tissier, jésuite, homme très-distingué sous le rapport du mérite et de l'érudition ; mais

---

[1] Mss. inéd. arch. de M. le comte de Bremond-d'Ars, lettre copiée sur la lettre autographe du Roi.

lorsque l'envoyé de l'évêque se présenta aux portes de Saint-Jean-d'Angély, les autorités, qui étaient protestantes, lui refusèrent l'entrée de la ville, ce qui était une infraction manifeste des édits royaux.

L'évêque de Saintes eut recours au parlement de Bordeaux, qui, conformément à sa requête, rendit un arrêt, le 4 décembre 1619, portant injonction aux gouverneur, maire et échevins de Saint-Jean-d'Angély, d'y recevoir le révérend père Tissier ; et défenses à tous les gouverneurs, maires et échevins, d'empêcher les prédicateurs qui seraient envoyés par l'évêque diocésain [1]. Cet arrêt rétablit tout dans l'ordre. Se douterait-on, au XIXe siècle, de l'esprit du Protestantisme, aux XVIe et XVIIe, si on pouvait croire à son langage cauteleux et hypocritement modéré. Il se couvre de la peau de brebis, trop peu vaste pour cacher tous ses traits ; il se montre extérieurement inspiré par ce qu'il appelle avec emphase la *tolérance, la charité qu'il n'a pas, qu'il ne peut pas* avoir ; *l'amour de la paix*, qu'il n'a jamais donnée ; de *l'ordre*, qu'il a toujours troublé, l'histoire l'atteste ; mais lorsqu'on l'étudie, en plaignant sincèrement ceux qu'il égare, lorsqu'on l'observe, le connaît de science certaine, on ne voit dans cette nouvelle tactique

---

[1] *Mém. du Cl. de Fr.* tom. I. pag. 1729, édit. in-4°.

qu'un prestige trompeur. Ce système corrosif, anti-rationnel, s'harmonise avec l'état désordonné des hommes qui désirent aveuglément, pour leurs passions exigeantes, une conscience sans remords, une loi morale sans autorité, une religion sans pratique, un culte sans sanction, une divinité sans puissance pour contraindre et sans justice pour punir. Plus les hommes se démoraliseront, plus le Protestantisme aura d'accès auprès d'eux, c'est un fait; car il est négatif, essentiellement négatif de toute loi divine répressive. Il réalise la pensée de l'*homme indépendant*; il est, dès lors, hostile par nature à toute doctrine d'autorité; il favorise nécessairement ce qu'elle proscrit, et quand il prêche la *tolérance*, il est conséquent avec lui-même; il ne veut pas être condamné comme *une erreur*; il tend à revendiquer un droit de passage comme *une vérité*; il en veut prendre l'attitude, s'en donner les caractères; il s'efforce inutilement d'en avoir le langage : il reste ce qu'il est, *une négation absolue*, un corps ruiné, divisé, qui n'a plus de vie. Toutes les passions humaines lui doivent cependant des actions de grâces; car il ne les comprime pas, il les flatte, il les déchaîne et contre Dieu et contre l'homme. La logique, la bonne foi, la raison et l'impartialité dans l'examen du système protestant, le montreront toujours sous ce point de vue. Ah! s'il ne fallait que le sang de nos veines, pour arracher à cette opinion ténébreuse et anti-chrétienne tous nos nobles frères qu'elle empoisonne et qu'elle abuse, nous serions heureux de le verser à l'heure même, et ici, cet aveu du cœur est une conviction profonde de la conscience ; les hommes ne le croiront pas, mais Dieu le sait.

Michel Raoul se démit de son siège en faveur de son neveu[1]. Il mourut le 14 septembre 1630. Sa sépulture eut lieu dans l'église des Dominicains, aujourd'hui faisant partie d'un jardin au couchant, et au levant n'étant plus qu'une profane remise !

Si nous remontons la colline de Saint-Eutrope, l'abbé du monastère, Pierre de la Place, a pris son rang sous la dalle du cloître, où la mort, depuis onze cents ans, amène les cénobites qu'elle moissonne. Dès 1611, Claude Renou succédait au pieux restaurateur de la vieille basilique; mais il mourut également, peu de temps après, puisque, dès 1618, François III Chesnu gouvernait le monastère dont Pierre IV Villain était abbé en 1633 ; il résigna sa charge au religieux Benoît Bugné. Pendant que ces deux prieurs se succédaient, Jacques Raoul, jadis président à la chambre des comptes de Bretagne, était évêque de Saintes; il avait été conseiller au parlement de Rennes. Il était sénéchal de Nantes, lorsque la Providence, au commencement de l'année 1631, l'appela à l'épiscopat. Philippe de Cospéan, assisté des évêques de Vannes et d'An-

---

[1] *Gall. Christ.* — *Clergé de Fr.* déjà cité.

gers, le sacra à Nantes, le 11 janvier 1632. Voici comment un historiographe de l'époque a parlé de cette cérémonie et du prélat :

« L'an 1632, le dimanche après la feste des roys, unziesme jour de janvier, R. P. en Dieu Jacques Raoul, évesque de Xainctes, fut sacré en l'église cathédrale de Nantes, par nostre prélat assisté des illustrissimes évesques d'Angers et de Vannes, en présence d'une infinie multitude de peuple de tout ordre et sexe, qui se trouva à ceste belle solennité. Plusieurs esprits relevés s'exercèrent sur un si beau subject et présentèrent au nouveau prélat leurs poëmes et épigrammes de congratulation, l'un desquels le sieur du Pousseau Poulain, advocat du roy au présidial de Nantes, non moins chéri des Muses qu'admiré des plus équitables adorateurs de la déesse Astrée, exprime admirablement bien les deux diverses passions dont le peuple Nantois se trouvoit combattu en ceste solennité : de tristesse, pour se voir privé d'un si digne magistrat, et de joye, pour le voir (comme un autre sainct Ambroise) de la judicature séculière eslevé par ses mérites au throsne épiscopal. Voici comme il luy fait parler le Génie Nantois :

« Sacré Prélat, tu vois de Nantes le Génie,
Qui salüe le tien en ce célèbre iour :
Et te vient tesmoigner en ceste compagnie,
Par l'excès de son dueil celui de son amour.
Excuse le regret sensible qui me touche,

DE L'ÉGLISE SANTONE.

Si mon front et ma voix sont tristes aujourd'huy.
Je ne saurais avoir le ris dedans la bouche,
Et porter dans le sein la douleur et l'ennuy,
En me représentant que le jour de ta feste
Sera bien tost suivi de ton éloignement.
Je dy qu'en te posant la mitre sur la teste,
On m'arracha du chef mon plus cher ornement.
Ce pompeux appareil m'est un subject de plaintes,
Ces trofées me sont importuns en effect ;
Et ne puis sans gémir voir la ville de Xainctes
Qui triomphe chez moy du tort qu'elle me fait.
Qui eust jamais pensé, t'aimant avec tendresse,
Que tes prospéritez m'eussent tant affligé,
Que j'eusse désiré, au fort de ma détresse,
Que le Pape et le Roi t'eussent moins obligé.
Mon païs qui vantait l'honneur de ta naissance,
N'eust pas creu que l'Aunis t'eust brigué dessus luy,
N'y qu'aulcun accident eust assez de puissance,
Pour le rendre jaloux de la gloire d'autruy.
Le Loire murmurant de sa perte apparente,
S'est enflé de despit, prest de se déborder :
Et va dans l'Océan quereller la Charente,
Qui lui ose ravir l'heur de te posséder.
Ceste solemnité me serait fort plaisante,
Si je pouvais encore après te retenir :
Mais les chatoüillements de la joie présente,
Cédent aux sentiments de mon mal à venir.
Puisque tu es Pasteur, ie te voudrois le nostre,
Si le grand Cospéan ne retenoit mes vœux.
Ne pouvant avoir l'un sans me priver de l'autre,
Je ne puis par raison vouloir ce que je veux.
Mais puisqu'un saint décret maintenant vous assemble,
Je suis bien consolé de vous voir en ce lieu :
Car les noms de Philippe et de Jacques ensemble,
Sont d'un heureux présage en l'Esglize de Dieu [1].

[1] Sacre de Mgr Jacques Raoul, évesque de Saintes, à Nantes.

Au mois d'octobre de l'année où Jacques de Raoul reçut la consécration épiscopale, mourut, à Saujon, une personne d'une éminente piété, dont la vie mérite d'occuper une place dans nos souvenirs. Nous empruntons ce récit au père Surin, qui avait une connaissance exacte des vertus de cette âme prédestinée ; ce vertueux jésuite écrivait à la mère *Espérance de Miséricorde*, Carmélite :

« A Xainctes, le 20 décembre 1632. »

« Pour continuer nos entretiens spirituels, ma très-chère sœur, je veux vous mettre devant les yeux un modèle de sainteté qui est venu depuis peu à ma connaissance, et dans lequel paraissent abondamment les merveilles de la grâce. Vous y verrez combien notre Seigneur est libéral de ses dons les plus précieux envers les personnes séculières qui se donnent entièrement à lui, et comme il prend plaisir à introduire dans les voies les plus intérieures, et à élever à l'union divine la plus sublime, les âmes qui, dans l'état du mariage et parmi les soins et l'embarras d'une vie extérieure, sont fidèles à suivre la conduite de son esprit. Je vous ferai simplement le récit de ce que Dieu m'a fait connaître des vertus et des grâces d'une sainte femme qui a tout rempli ce pays de Xaintonge de l'odeur de ses bonnes œuvres et de ses mérites. Je m'arrêterai principalement aux dispositions intérieures et aux beautés secrètes de cette âme si chérie du ciel. Vous en tirerez, comme j'espère, un sujet de louer Dieu et de croître en son amour.

« Le troisième jour d'octobre de cette année 1632, mourut, à Saujon en Xaintonge, une grande servante de Dieu, nommée Marie Baron, femme de M. du Verger, marchand de Marennes. Elle en était partie, quelques jours avant sa mort, pour visiter madame de Saujon, avec qui elle avait une sainte liaison.

« Nous dirons quelque chose, en abrégé, des grandes grâces que notre Seigneur avait mises en elle, de la manière que nous les avons pu connaître, pendant le peu de temps que nous avons communiqué avec elle, et, laissant à part ce qui a paru de vertus dans sa vie extérieure, et qui a pu être remarqué de tout le monde, nous tâcherons de découvrir ce qu'il y avait de plus saint dans ses dispositions intérieures et secrètes.

« Dieu, la voulant élever au plus haut état de l'union divine, l'a fait passer par un long et rigoureux purgatoire, qui a eu pour effet une éminente pureté. Cette purgation intérieure et surnaturelle s'est accomplie, tant par une opération de Dieu extraordinaire, que par la fidèle coopération de cette sainte âme. Ce qu'elle a contribué de sa part à se purifier et à se disposer à l'union divine, consiste en deux points dignes d'admiration. Le premier est une fuite du péché si exacte, si constante, qu'elle ne se souvenait pas d'en avoir jamais, en toute sa vie, commis aucun, ni grand ni petit, de propos délibéré ni avec une pleine connaissance du mal. Ses fautes n'étaient que de fragilité et de surprise. Ce qui marque une admirable pureté de cœur et une volonté entièrement déterminée au bien. Dès qu'elle s'apercevait clairement que Dieu était tant soit peu offensé en quelque chose, elle s'en éloignait de tout son pouvoir. Quand elle voyait des personnes qui, après s'être laissé aller à quelque désordre, étaient aussi tranquilles que si rien n'eût été, elle ne pouvait comprendre comment cela se pouvait faire. Une fois, la crainte d'avoir dit quelque chose contre la vérité lui causa tant de peine, qu'elle ne put dormir toute la nuit ; non que cela vînt de scrupule, mais d'une extrême délicatesse de conscience. Le deuxième point qui fait voir la grande pureté de son âme, est que jamais, non pas même dans son enfance, elle n'a trouvé de joie ni de consolations dans les choses de la terre : c'est-à-dire que ni les récréations, ni les autres plaisirs des sens, ne l'avaient presque touchée, et qu'elle n'y avait jamais attaché son cœur. Elle prenait toutes ces choses, quand elle était obligée d'en user, sans goût et comme si elle n'y eût pas eu de part. Ce qui est un point d'une sublime perfection, et d'ailleurs très-certain, puisqu'elle nous l'a plusieurs fois confirmé, lorsqu'elle nous rendait compte de ses dispositions intérieures.

« Quant à la purgation surnaturelle que Dieu

a opérée en elle, l'on en pourrait dire des merveilles. Cette sorte de purification, comme savent les personnes spirituelles, se fait par des souffrances intérieures, qui sont extrêmes, et dans lesquelles la rouille de la nature corrompue se consume, et l'âme se purifie et se raffine, comme l'or dans le feu. Marie Baron avait passé vingt années entières dans de perpétuels travaux d'esprit ; et, durant tout ce temps-là, elle avait vécu comme dans un désert affreux, dans des aridités et des désolations extrêmes, sans rien perdre néanmoins du soin continuel qu'elle avait de plaire à Dieu. Une crainte démesurée de s'éloigner de ce qu'elle devait à la majesté divine la tourmentait incessamment. Ce n'était point l'appréhension de l'enfer : cette idée ne fit jamais beaucoup d'impression sur son cœur ; c'était seulement la crainte de ne pas rendre à Dieu ce qu'il méritait. Dans cet état, elle avait des scrupules étranges, et personne n'y pouvait apporter de remède. A ces grandes peines, elle ajoutait les jeûnes perpétuels et si excessifs, qu'à la fin, son estomac s'en rétrécit tout-à-fait.

« Ces vingt années se passèrent de la sorte, mais principalement les cinq dernières, pendant lesquelles son tourment crut jusqu'à un tel point, qu'elle n'en pouvait plus. Les grandes maladies et les douleurs de ses couches, qui lui survenaient pour lors, lui servaient comme de soulagement, divertissant un peu son esprit de l'attention à son mal principal, qui était dans l'âme. Nous lui avons ouï dire que, pendant ce martyr intérieur, elle était comme dans un enfer; et que, si elle eût vu un feu allumé au milieu de la place, il lui eût été doux de passer au travers, en comparaison de ce qu'elle souffrait. Son tourment de ces cinq années, autant que l'on a pu juger, le lui entendant raconter, était fort mystérieux et divin : car ce n'était pas tant un état de crainte, qu'un état d'amour purifiant et éprouvant. Elle avait un désir de plaire à Dieu si extrême, qu'il allumait dans son cœur un feu qui la dévorait, et comme ce feu trouvait des imperfections et quelques restes des péchés de sa vie, dont elle n'était pas encore entièrement purifiée, ce feu agissait rudement contre ces restes d'impureté qu'il rencontrait en elle. Cette opération de l'amour divin était si forte et si rigoureuse, qu'elle en demeurait accablée; et l'esprit de Dieu, qui est amour, la préparait à une très-haute union et à des consolations extraordinaires, dont il la voulait honorer : il agissait fortement, et ne pardonnait rien à la nature.

« Elle racontait que, durant ce temps-là, tous les péchés de sa vie lui étaient mis devant les yeux, l'un après l'autre, jusqu'aux plus petits; que, dans la vue de chaque péché, elle souffrait de merveilleux tourments, causés par l'amour divin; que son âme se sentait comme dans une fournaise et dans un creuset, où elle se voyait devenir, de jour en jour, plus pure et plus brillante. Non-seulement ces divines opérations crucifiaient l'esprit, mais elles consumaient aussi le corps, de sorte que ceux qui avaient intérêt en sa conservation, se crurent obligés de consulter les médecins sur son mal, où personne ne connaissait rien. On la fit voir, entre autres, à un médecin fort habile et renommé pour les grands secrets qu'il savait; quand il l'eut vue, il jura qu'il connaissait bien la cause de son mal, qui ne venait, disait-il, que de l'esprit. Mais comme il était huguenot, il attribuait cette maladie à une passion humaine, et non à l'amour divin, qui, en effet, en était la véritable cause. Sa peine allait toujours en augmentant, sans trouver aucun remède, et Dieu continuait de faire son ouvrage, formant en elle l'image de Jésus-Christ avec le feu et le marteau d'un amour fort comme la mort, et dur comme l'enfer. Ainsi se façonnait et se perfectionnait cette image, afin qu'elle fût ensuite si belle, qu'elle pût donner de l'admiration aux anges, et charmer le cœur de celui qu'elle représentait.

« Enfin, après une saison si rigoureuse, un si rude hiver, vint un printemps délicieux, un été lumineux et un automne merveilleusement abondant en toute sorte de fruits de bénédiction.

« Il semble que Dieu fit venir son mauvais

temps à la rencontre d'un père de la Compagnie de Jésus, le père André Bajole, qui était un homme fort spirituel et d'un grand mérite, et qui, ayant quelque connaissance d'elle, se figura qu'un grand trésor était caché dans cette bonne âme, et se sentit fortement poussé à la secourir dans ses peines. Le Démon tâcha d'empêcher l'effet de cette heureuse rencontre, donnant à la pauvre affligée une extrême aversion pour le charitable médecin qui voulait travailler à sa guérison; si bien qu'autant que celui-ci apportait de soin à la chercher, autant en apportait-elle à le fuir; jusqueslà qu'une fois elle aima mieux ne se point confesser, que d'aller à lui à confesse. Néanmoins, s'étant trouvée, un jour, dans une occasion où elle ne put échapper, elle fut contrainte de lui parler de sa conscience, et Dieu, qui gouverne les hommes par les hommes et principalement par les prêtres, donna sa bénédiction au zèle de ce religieux. Incontinent après cette première conférence, le temps de son purgatoire, c'est ainsi qu'elle parlait, étant accompli, elle trouva son âme dilatée, et, en moins de huit jours, tout son état âpre et cuisant devint doux et délicieux. Sa tristesse se changea en joie, et les ténèbres de l'obscure nuit qui enveloppait son esprit s'étant dissipées, les splendeurs divines commencèrent à briller de tous côtés et à éclairer toutes les puissances de son âme. Sa mémoire fut occupée de très-hautes visions et représentations des choses célestes. Son entendement fut rempli de l'intelligence des mystères et des grandeurs de Dieu ; et dans sa volonté il s'alluma un brasier d'amour qui la consuma doucement jusqu'à la mort; en un mot, elle se trouva, dans toutes ses facultés, entièrement et continuellement unie à Dieu, non tant par aucun effort qu'elle fit, que par l'attrait de l'esprit divin, et par le ravissement de son esprit en Dieu.

« Or, afin de voir plus clairement la sublimité de son état, où elle a vécu trois ans, et comment Dieu, en peu de temps, accomplit ses desseins en elle, nous remarquerons en détail les grandeurs où elle fut élevée.

« 1° Son esprit entra soudainement dans une étendue immense de lumière, qui lui faisait jour pour pénétrer dans toutes les choses qu'elle devait connaître pour sa perfection ; mais particulièrement elle fut éclairée à l'égard de deux objets, savoir : Dieu et elle-même.

« Elle avait de sublimes notions de l'Être divin, de la Trinité des personnes divines, des divins attributs, des mystères de Dieu et de ses œuvres. Dieu lui donnait des sentiments de sa puissance, de sa force, de sa douceur et de sa majesté, dans lesquels son entendement demeurait perdu. De la vue de toute sorte d'objets, elle prenait occasion de s'élever à la contemplation des perfections divines.

A la Pentecôte dernière, il tonna furieusement, la nuit, à Marennes : pendant tout ce temps-là, l'esprit de cette sainte femme fut hautement occupé à contempler la force de Dieu, qui lui était représentée par le tonnerre, et, opposant cette force épouvantable à la douceur charmante que Dieu lui faisait alors sentir, elle était surprise de voir qu'un Dieu si fort fût si doux, et que celui qui tonnait dans le ciel se montrât si bon et si pacifique dans son cœur.

« Cette lumière qui l'éclairait était non-seulement grande, étendue, pénétrante, mais encore continuelle ; quelque action qu'elle fît, quelque occupation qu'elle eût, jamais elle ne perdait de vue la majesté de Dieu. Elle sentait Dieu qui l'environnait comme une certaine grandeur, où elle se trouvait absorbée, et qui lui jetait incessamment dans l'âme des rayons et des douceurs. Son expérience lui faisait connaître que, plus elle donnait d'attention à cette lumière intérieure, plus elle avait de capacité pour agir dans les choses extérieures. Les conversations et les visites, quelque longues qu'elles fussent, ne la détournaient jamais de son application à Dieu, et ne l'embarrassaient nullement. Son âme envisageait toujours ce flambeau, qui ne se cachait jamais. Si elle eût perdu seulement, pour quelques moments, la présence de Dieu, il lui eût semblé, me disait-elle, que son âme fût renversée. Ce qui me faisait souvenir de ce que disent quelques philosophes, que, si le soleil s'absentait pour peu que ce fût, il arriverait dans le monde de grandes altérations.

« Pour se tenir en la présence de Dieu, il ne lui fallait faire aucun effort. Cela lui était aussi aisé que de tenir les yeux ouverts.

« Ce que je vais dire de la connaissance qu'elle avait d'elle-même, semblera peut-être étrange. Comme elle voyait, des yeux purs de la foi, continuellement Dieu, elle se voyait soi-même continuellement avec une pareille facilité, discernant dans son âme, comme dans un miroir, les moindres mouvements, et sa voix était si lumineuse, que Dieu lui manifestait tout son état et la faisait pénétrer dans toutes ses actions intérieures et extérieures, pour en reconnaître les motifs et pour découvrir l'imperfection qui s'y glissait, distinguer ce qu'il y avait d'humain et de divin, sans que rien pût échapper à ses yeux. Dans l'oraison même, sinon lorsqu'elle y était ravie, elle avait cette continuelle vue d'elle-même, cette lumière de discernement l'accompagnant partout et ne la quittant jamais; en quoi elle était si fidèle, qu'elle n'eût pas laissé le moindre mouvement sans l'examiner; c'est pour cela qu'elle disait que son examen durait tout le long du jour. Comme on lui demandait si elle ne pouvait pas, du moins pendant quelque demi-heure, se laisser un peu plus aller à la nature sans y regarder de si près, dans les choses ordinaires et indifférentes, elle répondit que cela lui serait impossible, et que ce serait pour elle tomber dans un chaos et dans une confusion insupportable, que d'aller contre la lumière divine dans la moindre action du monde.

« Si quelque légère imperfection lui échappait par mégarde, elle s'en apercevait aussitôt, et, avant de passer outre, elle y remédiait. Si, même étant à table, elle venait à se souvenir de quelque petit déréglement, elle n'eût su manger un morceau qu'elle n'eût expié le passé par quelque pénitence secrète, et qu'elle n'eût pourvu à l'avenir par quelque sage précaution. Après cela, elle demeurait dans sa paix ordinaire et dans les dispositions nécessaires à une âme qui adore incessamment Dieu en esprit et en vérité, n'ayant nul autre soin que de lui plaire.

« Au reste, il ne faut pas s'imaginer que cette étude de pureté si exacte se fît par des réflexions inquiétantes : elle se faisait par une grande douceur et liberté d'esprit, Dieu, qui voulait être parfaitement honoré en sa servante, l'appliquant à cet exercice par l'onction de son esprit et par un attrait d'amour, plutôt qu'elle ne s'y appliquait elle-même par son travail. Ainsi l'amour était le principe de sa pureté, et elle disait que, le soir, à son examen, s'étant représenté les défauts dont elle pouvait se souvenir, il venait aussitôt une flamme qui les consumait.

« Au commencement de ces trois années de délices, un jour, elle se forma l'idée d'une colombe qui volait dans son cœur, et, battant des ailes, le becquetait pour en arracher les restes de ses imperfections; en effet, elle avouait depuis, avec une humble reconnaissance, que notre Seigneur avait consumé ses péchés jusques à la racine.

« La sainte gaîté qui paraissait toujours sur son visage, venait de la pureté de son cœur et de l'assurance que sa conscience lui donnait qu'elle était bien avec Dieu. Cette abondance de lumière que le St-Esprit versait dans son âme ne l'éclairait pas seulement pour se connaître, elle lui servait encore pour connaître les autres, et pour pénétrer dans l'intérieur de ceux avec qui elle conversait. Je sais, par une expérience assurée, qu'elle a découvert ce qui se passait dans l'âme d'une certaine personne, et qu'elle toucha le point que celle-ci tenait secret, aussi clairement et distinctement que si on l'en eût pleinement instruite.

« C'était encore par une effusion de cette lumière surnaturelle qu'elle participait abondamment aux trésors de la sagesse et de la science de Jésus-Christ, ayant un merveilleux talent pour parler des choses spirituelles, et un rare don de conseil. Elle était capable de donner des avis à ceux-mêmes dont elle faisait profession de suivre la conduite, et ses avis se trouvaient très-solides et très-utiles : sur quoi l'on pourrait dire, en particulier, des choses bien considérables et fort assurées.

« 2° Les admirables splendeurs dont Dieu l'avait remplie, produisaient en elle une pareille ardeur, et ce feu d'amour divin qui la possédait, ne pouvant se contenir dans son âme, s'étendait jusque sur le corps. Il se faisait sentir à elle en deux manières bien différentes : la première était fort douce ; c'était comme une chaleur vitale qui, se répandant délicieusement dans toutes ses facultés et dans tous ses membres, lui donnait toute la force qu'elle avait pour agir et pour se mouvoir ; car ses grands travaux, ses jeûnes, ses autres macérations et ses infirmités la rendaient si faible, qu'elle n'eût pu subsister sans ce feu céleste qui la restaurait et soutenait, la rendant si vigoureuse, qu'elle se sentait disposée à entreprendre de longs voyages à pied, pourvu que ce fût pour le service de Dieu. La deuxième manière d'agir de ce feu divin était véhémente et impétueuse ; l'excès en venait quelquefois jusqu'à ce point qu'il semblait qu'elle allât expirer. Il lui causait des consolations qu'elle nommait insupportables, et des transports si violents, qu'elle n'en pouvait plus et ne savait que devenir. Son cœur était comme une fournaise, ses yeux étincelaient et son visage paraissait enflammé comme un charbon ardent. Il lui est souvent arrivé, pendant l'oraison, de se sentir comme au milieu d'un feu miraculeux, dont elle était environnée et investie de toutes parts. Quelquefois, entrant dans l'église, elle se représentait sortir du tabernacle où reposait le Saint-Sacrement, des brandons qui la venaient saisir et embraser. Souvent, étant prête de communier, elle se figurait le corps de Jésus-Christ qui jetait des flammes comme des bluettes d'or et d'argent qui lui entraient dans la bouche et dans l'estomac.

« Il semblait que son élément fût le feu. J'ai lu, dans un papier écrit de sa main, une chose étrange : c'est qu'un matin, à son réveil, une foudre tomba du ciel sur elle, et la mit tout en feu, sans pourtant lui faire de mal ; au contraire, il la pénétra toute d'une douceur merveilleuse et la ravit en Dieu. Enfin, l'on peut dire que ce fut l'amour divin qui lui ôta la vie ; et, entre ses dernières paroles, on remarqua celle-ci : *Amour ! amour ! ô amour de Jésus !* Paroles qu'elle élançait avec une grande ferveur.

« L'amour de Dieu l'avait mise quasi hors d'elle-même, et l'éloignait de la pensée et de l'affection de toutes les choses créées ; car, bien qu'elle s'appliquât extérieurement à tout ce qui était de son devoir, elle avait néanmoins l'esprit dans une très-grande abstraction. On eût dit qu'elle ne vivait presque plus de la vie naturelle, faisant si peu de réflexion sur son corps, qu'elle ne le sentait presque plus que comme si c'eût été un vieux haillon abandonné, ne trouvant aucun goût en tout ce qu'elle mangeait, ne donnant presque point d'attention aux objets des sens, et n'en recevant nul plaisir. Elle disait que le matin, à son réveil, elle se trouvait comme dans un pays étranger ; il lui semblait qu'elle n'était plus de ce monde, et elle s'en sentait comme bannie et confinée dans son intérieur, comme dans une profonde solitude qui lui présentait de vastes espaces pour se cacher aux yeux des hommes. Ce seul mot d'*intérieur* la ravissait hors d'elle-même, et elle conseillait aux personnes spirituelles d'agrandir et de dilater incessamment leur intérieur, et de n'y rien souffrir qui pût le rétrécir et le borner. C'était là qu'elle habitait et que l'amour la tenait occupée hors des atteintes de toutes les choses extérieures.

« Son occupation intérieure était une perpétuelle oraison où elle s'unissait à Dieu si fortement, que rien ne l'en pouvait distraire. Quand on lui eût porté la nouvelle du monde la plus fâcheuse, comme la ruine de sa maison, la mort de ses proches, elle reconnaissait que cela n'eût pas été capable de lui causer une distraction. Si elle en avait quelquefois, c'était par l'effort des malins esprits, et ses distractions faisaient si peu d'impression sur son esprit, qu'il demeurait toujours libre, sans jamais y adhérer. Outre les heures réglées qu'elle donnait à la prière, pendant la journée, le soir, lorsque tous ceux de la maison étaient couchés, elle se retirait secrètement en son oratoire, pour y passer une ou deux heures avec Dieu ; et, afin d'avoir plus de temps à prier, elle en dérobait le plus qu'elle pouvait à son sommeil, dormant fort peu.

« 3° Quand elle sortit de ses peines pour entrer dans son nouvel état, elle dit que notre Seigneur lui apparut et lui dit : *Je te veux faire vivre désormais comme dans le paradis.* En effet, les trois dernières années de sa vie furent pour elle comme l'essai et le noviciat de l'éternité bienheureuse, tant elle eut part à la lumière, à l'amour et à la joie, qui font la félicité des Saints dans le ciel. Sa joie était un écoulement de ces torrents de saintes délices qui inondent la maison de Dieu.

« Elle était pure, solide, immense, inaltérable, presque comme celle des Bienheureux, procédant, comme la leur, de la parfaite liberté d'esprit, et de l'admirable pureté de cette âme, et de l'abondance des biens spirituels qu'elle possédait. Cette joie allait quelquefois jusqu'à ces transports que l'on ne peut cacher, et jamais rien ne la troublait. Plus cette sainte femme sentait de mal, plus sa joie croissait.

« Elle fait connaître qu'il ne se passait point de jour qu'elle ne reçût une ou plusieurs visites du ciel, avec des faveurs et des consolations extraordinaires. Jésus-Christ, dans le Saint-Sacrement, lui faisait des grâces qui ne se peuvent exprimer. Toutes les fois qu'elle communiait, il se manifestait à elle d'une nouvelle façon; mais ordinairement c'était sous des symboles de feu et de lumière. Elle décrit, dans quelques papiers que l'on a trouvés après sa mort, une certaine communication avec notre Seigneur dont la manière est incompréhensible : c'était comme s'il eût fait toucher sa divinité à la substance de cette âme céleste, ce qui lui laissait d'admirables impressions de l'amour divin. Elle assure que, trois mois avant sa mort, elle avait continuellement en la bouche une saveur surnaturelle et sensible de la sainte Eucharistie, qui la remplissait de délices et lui causait un dégoût des viandes de la terre. Cette saveur s'augmentait, toutes les fois qu'elle pensait à cet adorable mystère ou qu'elle parlait de Dieu, mais surtout lorsqu'elle communiait.

« La faim qu'elle avait de ce pain des anges ne se peut concevoir. Quand elle ne pouvait le recevoir, elle fondait en larmes, adorant d'ailleurs, avec une humble soumission, les ordres de la Providence qui l'en privait, si bien qu'elle se trouvait, tout ensemble, et désolée et contente. Pour avoir l'avantage de communier une fois plus qu'à l'ordinaire, elle eût entrepris un voyage jusqu'au bout du monde; et néanmoins, quand la communion ne lui était pas permise, elle demeurait en paix, acquiesçant parfaitement à l'obéissance.

« Elle voyait souvent l'état intérieur des prêtres qui lui donnaient la sainte communion, et des personnes qui communiaient avec elle; et, quoiqu'elle eût les yeux fermés, elle les voyait des yeux de l'esprit.

« Ce lui était une chose fort ordinaire, à ce qu'elle dit, de voir l'état des morts pour qui elle priait; et cette manifestation si fréquente des grands objets de l'autre vie, dont la vue ravit les anges et les saints, était une des sources de sa joie.

« Elle raconte que la Sainte-Vierge, pour qui elle avait une tendre dévotion, la consolait souvent de ses visites et de ses entretiens. Elle passa sa dernière fête de l'Assomption et toute l'Octave dans un ravissement d'esprit, pour avoir vu le triomphe de cette souveraine princesse de la manière qu'il se fit à son entrée dans le ciel. Elle en décrit la pompe dans son journal et dans une lettre à un religieux de sa connaissance. Nous savons qu'elle a eu quantité d'autres visions et de faveurs merveilleuses, qui se pourront voir dans l'histoire de sa vie, quand on l'aura donnée au public [1].

« Je ne puis omettre ce qui regarde saint Joseph, le patron de presque toutes les grandes âmes de ce siècle. Elle dit que ce Saint la prévint et l'assura qu'il la prenait sous sa protection, avant qu'elle eût encore pour lui aucune dévotion

---

[1] Lettr. du P. Surin.

particulière. Ce fut un jour de sa fête qu'il se montra à elle par surprise, et qu'il lui communiqua de grandes lumières pour l'avenir. Depuis ce temps-là elle se considérait comme sa fille, et quoiqu'elle conversât d'ordinaire avec plusieurs Saints, pas un autre ne lui apparaissait plus souvent que saint Joseph. Peu de jours avant sa mort, étant en prières dans la chapelle du Saint, qui lui a été dédiée dans le temple de la Rochelle, elle reçut de lui de grandes illustrations et des faveurs signalées. Un jour, une œuvre imposante que saint Joseph avait faite pour elle étant achevée, elle crut voir le Démon sous la forme d'un pourceau attaché avec une chaîne et relégué bien loin par la puissance du Saint, contre lequel il écumait de rage, à cause de ce qu'il venait de faire. Elle eut souvent des révélations, touchant les grandeurs et les prérogatives de ce chaste époux de la Vierge, et elle en disait de si grandes choses, qu'on n'oserait les supporter, tant elles sont rares. Elle se croyait lui être redevable des principales grâces dont Dieu l'avait ornée, et elle disait que la Sainte-Vierge et saint Joseph la jetteraient aux pieds de Jésus-Christ.

» Quoique son état, pendant ces trois ans, fût, comme j'ai dit, un banquet perpétuel, une fête sans interruption, une abondance de consolations sans aridité, une plénitude de toutes sortes de biens, elle ne laissa pas de souffrir quelques tentations du Démon, sans compter mille sortes d'illusions qu'il lui voulait faire passer pour des vérités, dont elle découvrait incontinent la tromperie. Elle résistait à ces attaques avec un merveilleux courage. Au commencement de son état de lumière, elle fut tentée, durant trois jours, de pensées subtiles et relevées contre l'être et la nature de Dieu, avec une telle opiniâtreté de la part de l'ennemi, qu'elle ne savait que faire. Elle se roidissait néanmoins si courageusement et combattait si fidèlement pour Dieu, qu'à diverses reprises elle se dressait sur ses pieds, et suait à grosses gouttes de la violence de l'effort qu'elle faisait pour résister. Le fruit de sa victoire fut d'être affranchie pour toujours de cette sorte d'attaque.

« 4° Ses vertus répondaient aux grâces dont Dieu la comblait. Il y aurait de quoi en faire un livre. Je dirai seulement un mot de chacune.

« La connaissance qu'elle avait de la grandeur de Dieu, et de son néant, la rendait si humble et si petite, non-seulement devant cette souveraine Majesté, mais encore devant toutes les créatures, que rien n'était capable de lui donner des sentiments d'élévation. Un jour, au commencement de ses grandes peines, elle eut une merveilleuse lumière, qui, en un clin-d'œil, éleva son esprit pour voir comme en gros l'état de sa vie passée, tous ses péchés, toutes ses infidélités, ses ingratitudes, ses infirmités, ses faiblesses, son néant. De quoi elle demeura si confuse, si persuadée de sa petitesse, que, depuis, elle n'eut aucune pensée du contraire. Mais cette lumière, qui lui fut donnée comme habituelle, la disposait tellement, qu'elle ne pouvait recevoir aucune atteinte des louanges ni des honneurs, du blâme ni du mépris, demeurant toujours dans la vue de ce qu'elle était. A l'ouïr parler, et à voir l'opinion qu'elle avait d'elle-même, on eût dit qu'elle était la plus méchante créature du monde. Ses manières étaient communes, et elle avait tant d'adresse pour se cacher, que ceux mêmes qui avaient le plus d'habitude avec elle, ne pouvaient presque rien découvrir des richesses de son âme. Quand notre Seigneur lui faisait quelque faveur, elle le priait qu'elle ne parût point au dehors et qu'elle ne fût connue de personne.

« Sa fidélité à remplir les desseins de Dieu, et à coopérer avec la grâce dans toute son étendue, allait à une exactitude que nous admirions. Elle possédait un don de chasteté qui semblait l'avoir élevée à la condition des purs esprits. Qui saurait à quel point de perfection elle était parvenue en cette matière, serait bien surpris de voir jusqu'où Dieu, dans l'état même du mariage, porte une âme qui se donne entièrement à lui. Nous en savons les particularités, qui ne se peuvent dire. Je dirai seulement, en général, que si l'on connaissait les merveilles que notre Seigneur a opérées dans son épouse, pour seconder son amour de la pureté, l'on y trouverait bien des sujets de louer et de bénir la grâce de cet adorable époux des âmes pures. Elle disait hautement qu'à moins d'être excellemment chaste, l'on ne pouvait goûter les douceurs de la sainte Eucharistie, et qu'elle avait reconnu, par des preuves certaines, que l'hérésie qui combat si opiniâtrément ce mystère de la Foi, est extrêmement charnelle. « Ce corps divin, disait-elle, qui est l'ouvrage du Saint-Esprit et le fruit d'une mère vierge, ne peut bien être savouré que par une âme entièrement pure et dégagée des plaisirs du corps, non-seulement des illicites, mais encore de plusieurs de ceux dont l'usage est permis. »

« Son abstinence était si rigoureuse, qu'on s'étonnait comme elle pouvait vivre du peu qu'elle mangeait. Elle était dans un continuel exercice de mortification intérieure; et, quant à l'extérieur, elle en pratiquait autant qu'elle pouvait en obtenir de ses directeurs, à qui elle était si soumise, qu'elle préférait toujours l'obéissance à ses propres sentiments et aux révélations mêmes.

« La sainte simplicité qui paraissait en toute sa conduite, donnait un merveilleux lustre à ses action, étant incapable de finesse et de dissimulation. Elle était fort magnifique et généreuse, incomparablement au-dessus de l'ordinaire des personnes de sa condition, comme savent tous ceux qui l'ont connue. Sa patience et sa douceur étaient à l'épreuve de tous les plus fâcheux évènements.

« Dans son domestique, elle était prudente, paisible, extrêmement vigilante, ayant l'œil à tout, sans empressement, et pourvoyant à toute une grande famille, où il y avait beaucoup à faire ; parfaitement soumise à son mari, et si condescendante à toutes ses inclinations, qu'elle ne lui répugnait jamais ; aimant ses enfants avec des tendresses incroyables, mais sans attache ; pleine de bonté pour ses serviteurs et de soin pour le salut de leur âme. Je lui ai ouï dire que, quand ses enfants étaient malades, elle sentait en même temps une douleur qui lui transperçait le cœur, et une entière résignation à la volonté de Dieu, pour ce qui leur pouvait arriver, et que son esprit se trouvait aussi libre que si elle n'eût point eu d'enfants. Elle ne pouvait laisser passer aucune faute à ceux qui dépendaient d'elle sans la reprendre, et l'esprit de Dieu la poussait à cela et ne lui permettait pas de faire autrement. Que si elle-même croyait avoir fait quelque faute, en leur présence, elle leur en demandait aussitôt pardon.

« Mais la vertu qui a paru en elle avec le plus d'éclat, ça été la charité envers les pauvres. On peut dire qu'elle était leur vraie mère et l'organe de toutes sortes de bonnes œuvres pour la gloire de Dieu. On sait qu'elle donnait tout ce qu'elle pouvait donner. Sa maison était le refuge de tous les misérables. Elle pansait souvent de sa main des pauvres pleins d'ulcères et d'infection, et rendait les plus bas offices à des malades qu'une charité moins fervente que la sienne eût eu de la peine à supporter.

« Enfin, ses aumônes, sa prudence, sa modestie, sa ferveur pour toute sorte de biens, lui avaient acquis une si grande estime dans le pays, qu'on la regardait comme une personne extraordinaire dans la grâce. Les Huguenots mêmes la respectaient grandement. C'est ce qui parut surtout après sa mort, lorsque son corps fut rapporté de Saujon à Marennes.

« M. le baron de Saujon et madame sa femme, qui désiraient passionnément de la voir, avaient instamment prié M. du Verger, son mari, de lui permettre de leur accorder cette satisfaction. M. du Verger était un homme des plus signalés en piété, en zèle, en courage, en magnificence, pour tout ce qui regardait les affaires de Dieu et de la religion, et généralement pour toute sorte de biens, qu'il y eût peut-être en France; de quoi je puis rendre témoignage, pour l'avoir fort pratiqué et pour avoir su les sentiments que plusieurs personnes, même les plus remarquables, avaient de lui. La considération qu'il eut pour M. et Mme de Saujon, l'obligea de leur mener lui-même sa chère épouse; mais elle ne fut presque pas plus tôt arrivée, qu'elle se trouva saisie de la maladie dont elle mourut dans peu de jours[1].

« Il semble que la Providence en disposa ainsi, afin que son corps, étant rapporté à Marennes, y fût reçu comme en triomphe. Tout le peuple alla au-devant : c'était une procession perpétuelle ; le chemin, jusqu'à deux lieues de la ville, était rempli de monde qui allait lui rendre honneur, aussi bien les hérétiques que les Catholiques, les uns et les autres témoignant également leur douleur de la perte que le pays faisait, en cette occasion. Un témoin digne de foi assure qu'il vit pleurer deux mille personnes. Surtout les pauvres jetaient des cris qui perçaient le cœur de tout le monde. Le saint corps fut porté d'abord en la halle, pour satisfaire à la dévotion du peuple. Il y avait sept à huit mille âmes qui entendirent, avec une grande attention et avec beaucoup de larmes, l'oraison funèbre prononcée par le révérend père Français Penot, religieux fort intérieur et d'une éminente vertu, supérieur de la résidence de la compagnie de Jésus, qui avait été son directeur, et qui fit le récit des choses les plus illustres qu'il savait des vertus héroïques et des grâces extraordinaires de cette sainte femme. Son corps fut enterré dans l'église de la même compagnie, à Marennes, où sa mémoire sera en vénération,

[1] *Lettr. Spirit.* du R. P. Surin, lett. 129ᵉ tom. II. pag. 85.

tandis que les fidèles en conserveront le souvenir. »

Le père Surin ajoute que cette pieuse dame avait inspiré son amour de la vertu à une jeune fille, nommée Magdeleine Boinet, de Saintes, qui fut chargée d'élever les deux demoiselles du Verger. « Elle les éleva si saintement, dit-il, qu'on peut dire qu'elle leur rendit en quelque sorte cet esprit intérieur qu'elle avait reçu de leur sainte mère. Toutes deux quittèrent le monde et se firent Carmélites au monastère de Xaintes, où elles sont mortes en réputation de sainteté [1]. » Pour Magdeleine Boinet, après une vie toute consacrée à l'oraison et aux bonnes œuvres, elle mourut à Bordeaux, le 19 octobre 1650, et fut inhumée dans l'église de Saint-Siméon. Les lettres que le révérend père lui écrivait nous font connaître l'éminente perfection de cette âme prédestinée.

Une marquise d'Ars [2], en Saintonge, de la famille des Bremond d'Ars, fut également en correspondance spirituelle avec le père dont les réponses prouvent qu'à cette époque on savait allier, sans respect humain, à un nom illustre, la pratique

---

[1] *Lettr. Spirit.* du R. P. Surin, pag. 111.

[2] Cette noble dame joignait à une piété éminente un courage héroïque. Les archives de famille et la tradition racontent qu'elle alla plusieurs fois, pendant le siège de Cognac, porter elle-même des vivres aux assiégés, parmi lesquels se trouvait alors son mari, qui mourut, le 27 mai 1652, des suites d'une blessure reçue en défendant cette ville contre les Frondeurs.

que de la voie civile. Il se récriait sur ce que le promoteur, comme curé de la ville, s'était porté comme juge et partie; mais où prenait-il que les promoteurs étaient des juges? Et, de plus, voulait-il qu'on destituât le promoteur pour en créer un autre exprès dans le procès qu'on lui intentait si justement? Il ajoutait que l'évêque de Saintes avait approuvé son sermon et rétracté son ordonnance de renvoi pardevant l'official. Ce n'était que de l'audace et de la jactance de la part de ce religieux Récollet, contre qui tous les faits s'établissaient avec une évidence et une force invincibles.

« Au reste, nosseigneurs, disaient les curés de Saintes, en terminant leur réponse, nous n'avons voulu faire paraître cette réponse qu'après avoir demandé la protection de monseigneur notre illustre prélat, et sa Grandeur nous l'a promise avec une bonté toute paternelle. Nous espérons que vous nous accorderez semblablement la vôtre, et c'est avec cette confiance qu'ayant pris la liberté de vous adresser notre très-humble réponse, nous la concluons en vous assurant que nous sommes avec un très-profond respect, de vos illustrissimes et révérendissimes Grandeurs, les très-humbles et très-obéissants serviteurs, prêtres soussignés, curés de la ville et faubourgs de Saintes : — J. de Léglyze, curé de Saint-Pierre, bachelier de Sorbonne ; E. Blanchet, curé de Saint-Eutrope, docteur de l'uni-

versité d'Aix ; A. Maignan, curé de Saint-Maur ;
E. Clopin, curé de Saint-Michel; P. Dufau, chanoine, curé de Saint-Pallais, gradués de l'université de Bordeaux; P. de Lagarde, P. Foc et J. Daviaud, tous chanoines et curés de Saint-Pallais, et
ledit Foc, curé de Saint-Vivien ; aussi tous trois
gradués de l'université de Bordeaux[1]. »

L'affaire fut ramenée à la compétence du tribunal ecclésiastique; le P. Justin donna sa déclaration telle que l'évêque diocésain l'exigea, et
les curés, après avoir fait preuve de leur fidélité
et de leur dévoûment à la saine doctrine, surent
faire comprendre que le zèle qui poursuit l'erreur
est toujours compatible avec la charité qui chérit
l'errant.

La même année, qui fut le terme d'une vie pleine
de mérite, pour l'illustre de La Brunetière, vit son
successeur prendre en main le bâton pastoral de
l'Église Santone : au mois d'août, Messire Alexandre
de Chévrières de Saint-Maurice fut nommé évêque
de Saintes. Ce prélat était fils d'Honoré, comte
de St-Maurice, d'une ancienne famille de Franche-
Comté, et de Claudine de Damas-Thianges. La consécration épiscopale lui fut conférée l'année suivante, le vingt-cinquième jour du mois de mars.
Ce pontife ne vécut que sept ans après son sacre ;
il mourut le 3 juin 1710. En 1705, le 31 mars,

---

[1] Arch. de l'évêché de Saintes.

aider pour la conduite de son âme, elle sait conserver, par sa fidélité, le souvenir et le goût de Dieu [1]. »

Que cette morale est douce et sage ! Si elle pénétrait encore les cœurs, quel tableau ravissant nous offrirait la société ! Riche de toutes les vertus qui font aimer tous les devoirs, l'ordre, la paix et l'union seraient tour-à-tour son apanage et sa gloire !...

Mais Jacques Raoul nous rappelle.

Ce prélat se trouva aux assemblées du clergé de 1635 et 1645. Son mérite supérieur, ainsi que nous nous réservons de le dire ailleurs, le fit passer, en 1646, au siège de Maillezais, transféré à la Rochelle. C'est à ce pontife, aussi pieux qu'il était savant, qu'on fut redevable du séminaire de Saintes, construit en grande partie avec les matériaux tirés des anciennes fortifications de la ville [2]. Cette maison cléricale fut bâtie sur l'emplacement de l'antique monastère de Saint-Vivien, qui, alors,

---

[1] *Lettr. Spirit.* du P. Surin, tom. I. pag. 287.

[2] C'étaient les fortifications situées sur le terrain appelé aujourd'hui *Cours Reverseau*. Le couvent des Cordeliers fut bâti également avec les débris des remparts et des tours de la cité. Nous avons extrait ce document d'un vieux manuscrit, où il est dit qu'anciennement le faubourg Saint-Pallais, qui *fesait partie de l'île de la Palue, était, comme la ville, renfermé, au nord et au midi, par des murailles dont on trouva des vestiges aux environs de l'Abbaye.*

(Pièces mss. de la maison de Thézac.)

n'était plus qu'un simple prieuré tombant en ruines. Mais, à ce sujet, nous avons à entretenir le lecteur de ce qui a trait à l'histoire des transformations de ce monastère du Ve siècle.

Il est certain que la maison conventuelle, fondée par saint Vivien, subsista pendant cinq cents ans comme chapitre séculier. Ce chapitre avait, dans le laps du temps, obtenu, pour tout patronage, le droit de l'église paroissiale dite de Saint-Vivien et, de plus, la desserte d'une chapelle sous le vocable de Saint-Séverin, sise sur la même paroisse et chargée de la célébration d'une messe, chaque jour de l'année. Tel était tout le patrimoine honorifique et utile de ce chapitre séculier.

Au XIe siècle, il devint, comme beaucoup d'autres, un chapitre de chanoines réguliers, soumis à la règle de saint Augustin, jusqu'à la fin du XVIIIe siècle. Alors, le titre collatif du prieur fut supprimé et le revenu du prieuré conventuel réuni à la maison des missionnaires de Saint-Louis de Rochefort, fondée par Louis XIV et confirmée par la bulle d'Innocent XII.

Au commencement du XVIe siècle (1516), ce prieuré avait été mis au nombre des bénéfices consistoriaux, conformément au concordat passé entre François Ier et le pape Léon X. Jusqu'à cette époque, le prieur régulier avait été électif. Par sa nouvelle transformation, le prieuré put être possédé par des ecclésiastiques séculiers. Il le fut en effet par messire Raoul, évêque de Saintes, en 1618. Le chevalier de Malte nommé de Cambaud fut son dernier titulaire.

L'ordre et la parfaite discipline qui régnaient dans ce prieuré régulier, lui méritèrent l'affection et les faveurs des archevêques de Bordeaux et des évêques de Saintes. Ils lui donnèrent, à différentes époques, le patronage honorifique de vingt-six bénéfices-cures. Ces cures étaient possédées et desservies par les chanoines réguliers de Saint-Vivien.

Il y en avait trois dans le diocèse de Bordeaux : Saint-Martin de Preignac, Saint-Pierre de Blagnan et Saint-Seurin de Cadourne. L'acte de donation fut fait par Amat, légat apostolique et métropolitain, sous l'année 1101. Cet acte fut confirmé par Arnaud Géraud de Cabenac, son successeur.

Dans le diocèse de la Rochelle, formé alors d'une partie de l'ancien diocèse de Saintes, le prieuré de Saint-Vivien comptait dans sa dépendance les paroisses de Sainte-Marie de Rochefort, de Magné, de Loyré et du Verjou.

Dans le diocèse de Saintes, celles de Saint-Gervais de Jonzac, de Saint-Pierre de Royan, de la Magdeleine, de Biron, de Luchat, de Pessine, de Champagnac, de Saint-Médard, de Meux, de Moings, de Sainteville, de Villars, de Rouffiac, de Lescure, de Saint-André des Combes, de Saint-

Thomas, de Saint-Amand, de Saint-Quentin et de Sainte-Mesme.

Une disposition du droit canonique avait amené un changement aux anciens usages. Les bénéfices autrefois au pouvoir des titulaires séculiers ne pouvaient plus être possédés que par des réguliers; et même spécialement membres du prieuré de Saint-Vivien, d'après une règle du droit canon qui ne permettait pas de conférer les bénéfices-cures d'une maison régulière à d'autres qu'aux religieux profès de cette maison. Tous ces usages ont subi diverses variations, selon les temps et l'opportunité des circonstances ; car, à ces dispositions canoniques dont nous parlons, on vit succéder d'autres coutumes qui admettaient aux bénéfices-cures dépendant de Saint-Vivien, des prêtres séculiers qui les possédaient en commande, et même des chanoines réguliers qui appartenaient à d'autres congrégations, ainsi qu'il est facile de s'en convaincre par la nomenclature des prieurs-curés de Saint-Gervais de Jonzac, que l'on trouve en tête du manuscrit qui nous a été confié.

Au XVIIIe siècle (1770), une déclaration du roi fit revivre la disposition favorable aux réguliers, mais en les obligeant à se borner aux bénéfices-cures de leur congrégation ; accordant néanmoins, à cet égard, une assez grande latitude aux supérieurs généraux, de donner leur consentement mutuel à ce que leurs sujets respectifs possédassent réciproquement des bénéfices de leurs congrégations. Messieurs les prieurs de Jonzac, de Royan, de Champagnac et autres paroisses déjà désignées, fournissaient de gré à gré, chaque année, au prieur, aux chanoines, aux officiers laïques de Saint-Vivien et au prêtre séculier desservant la chapelle de Saint-Séverin, certaines redevances alimentaires et pécuniaires pour leur vestiaire et leur luminaire. C'était de leur part un acte de reconnaissance envers la maison de St-Vivien ; *comme bonne et tendre mère, elle fournissait à chacun desdits bénéfices un ou deux chanoines conventuels, pour les aider dans leurs fonctions pastorales.* Ils avaient, de plus, un pied à terre au prieuré de Saintes ; on les y hébergeait en toute bienveillance et hospitalité.

Deux fois l'année, le prieur tenait un chapitre ou synode : à la Pentecôte et à la Toussaint. C'est alors qu'on nommait au prieuré conventuel. Tous les bénéficiers, membres et sujets, étaient appelés à cette élection, ainsi qu'il appert par une charte du XVe siècle (1470), et les actes capitulaires du XVIe (1518). Cette communauté célèbre a cessé d'exister, faute de ressources, en 1616[1]. Le Protestantisme l'avait soumise au niveau de ses destructions.

Cette maison religieuse compta au nombre de

---

[1] Mss. inédit de la cure de Jonzac.

ses abbés *un gentilhomme de fort bonne part et bon lieu*, comme nous l'apprend sire de Brantôme, *appartenant à des plus grands de la France*. Cet abbé était Jean de Bourdeille, de l'illustre maison de Bourdeille, en Périgord. « Cette famille est non-seulement illustre, entre toutes les autres du Périgord et de l'Aquitaine, en prospérités temporelles, mais encore est remarquable en antiquité, par la valeur de ses ancêtres. Le roi Charlemagne témoigna bien qu'il en faisait grand état, lorsque, fondant en Périgord la belle abbaye de Brantôme, il désira avoir pour adjoint en cette pieuse action le *seigneur de Bourdeille*, afin qu'étant avec lui fondateur de cette maison, il en fût le protecteur contre tous ceux qui voudraient molester ses religieux en la jouissance de leurs biens. Il est porté, par titre de cette fondation, que, dès lors, la famille de Bourdeille était notable en richesse et en zèle pour la religion. Cette maison tient un des premiers rangs parmi celles qui se vantent d'être descendues des rois, puisque son origine remonte à Marcomer, roi de France, et à *Tiloa Bourdelia*, fille du roi d'Angleterre [1]. »

Jean de Bourdeille était frère du fameux Brantôme, qui lui-même devint abbé de Saint-Vivien au XVIe siècle, par la résignation de son frère, appelé plus tard le *capitaine Bourdeille*. Il laissa

---

[1] Voy. *Lett. de la Noblesse franç.*, par Dinet.

en effet l'état ecclésiastique, dont il n'avait reçu aucun ordre sacré, et il prit le parti des armes. *Il fut haut à la main et bouillant, vaillant et brave;* il fut tué à vingt-huit ans, d'un boulet qui lui emporta la tête et le bras, au moment qu'il buvait un verre d'eau sur la brèche[1]. Le célèbre Brantôme ne fut pas seulement abbé de Saint-Vivien, après le capitaine Bourdeille, il eut encore en commande le prieuré de Royan. C'est le roi Henri II qui lui donna l'abbaye de Brantôme.

Jacques Raoul, dernier prieur de Saint-Vivien, moins sensible à l'honneur du titre, aux avantages lucratifs des bénéfices, qu'au bien qui devait résulter pour son diocèse de l'établissement d'un séminaire, destiné à réunir, sous l'influence de la science et de la piété, la jeunesse lévitique, fit connaître au roi ses vues et son utile projet. Le monarque, désireux de seconder son zèle, s'empressa de souscrire à la demande de l'évêque de Saintes. Les lettres patentes de Louis XIV furent bientôt expédiées; elles sont ainsi conçues :

« Louis, par la grâce de Dieu, roi de France et de Navarre, à tous présents et à venir, salut. Notre amé et féal conseiller en nos conseils, le sieur évêque de Xaintes, prieur de Saint-Vivien,

---

[1] Voy. *OEuv. du seig. de Brantosme*, om. XV, pag. 37 et 54; petit format.

au faubourg de la dite ville, nous ayant remontré qu'ayant été résolu, dès l'année 1636, en l'assemblée générale du clergé dudit diocèse en plein synode, d'ériger un séminaire de jeunes Ecclésiastiques, ce saint œuvre a été différé, faute d'un lieu propre et convenable pour y faire ledit établissement, et de moyens pour la subsistance dudit séminaire : mais, depuis, ledit exposant ayant considéré que ledit prieuré de Saint-Vivien était totalement ruiné, dès lors qu'il en a été pourvu ; et les emplacements des logis et église ancienne d'icelui, pleins de ronces et halliers, il était impossible de l'en réparer, à cause du peu de valeur et revenu d'icelui prieuré : il a été estimé, pour le bien et utilité d'icelui prieuré, d'arrenter, sous notre bon plaisir, lesdits anciens emplacements dudit prieuré, dépendants de nous, et la pièce de terre de deux journaux ou environ y attenant, dont, après plusieurs publications et autres formalités faites et observées, le syndic du clergé dudit diocèse s'est rendu adjudicataire, comme plus offrant et dernier enchérisseur, en la sénéchaussée et siège présidial de ladite ville de Xaintes, le 20 mai 1643, pour la somme de cinquante livres de rente noble, directe et foncière, pour faire bâtir, suivant l'institution dudit clergé, un logis propre pour le séminaire dudit diocèse, et le surplus pour servir de cour et de jardin, et autres commodités nécessaires pour la demeure, tant des jeunes gens ecclésiastiques qui seront audit séminaire, que de ceux qui en auront la direction. Pour effectuer lequel louable dessein, suivant la disposition du concile de Trente, touchant l'érection des séminaires, et nos ordonnances sur le même fait, l'exposant, de l'aveu des députés du chapitre de l'église cathédrale, députés et syndic du clergé dudit diocèse, a érigé, le 18 mars dernier, un séminaire de jeunes Ecclésiastiques, natifs et originaires dudit diocèse, pour y être élevés et instruits en la discipline ecclésiastique des prêtres de la congrégation de la mission du père Vincent[1], et le 13 avril en suivant, en l'assemblée synodale du clergé dudit diocèse, l'érection dudit séminaire et choix desdits prêtres de la mission ont été approuvés d'une commune voix. Et, à faute de bénéfices simples, dépendants de plein droit de la collation dudit exposant, qui se puissent commodément unir audit séminaire, il a été à propos d'unir à icelui séminaire la cure de Saint-Preuil, suivant le consentement de maître Pierre d'Houguy, pourvu d'icelle; du revenu de laquelle, n'en pouvant recevoir, toutes charges faites, que huit cents livres, pour l'entretien dudit séminaire, ledit clergé a consenti, suivant l'arrêt dudit synode, de l'an 1643, et conformément à icelui, qu'il soit imposé et levé, sur ledit diocèse, la somme de douze

---

[1] Saint Vincent de Paul.

cents livres par an, attendant qu'il soit pourvu d'autre fonds de pareille valeur, par union de bénéfices, ou autrement : suivant laquelle déclaration, l'exposant, par ses lettres du 26 juin dernier, a uni la cure de Saint-Preuil audit séminaire, aux clauses et conditions y contenues : le tout ci-attaché sous le contre-scel de notre chancellerie, que ledit exposant nous a supplié d'agréer et confirmer.

« A ces causes, voulant, à l'exemple du feu roi, notre très-honoré seigneur et père, que Dieu absolve, favoriser et autoriser le zèle dudit sieur évêque de Xaintes, à la plus grande gloire de Dieu, et l'établissement dudit séminaire, pour l'institution des jeunes prêtres et ecclésiastiques dans son diocèse, de l'avis de la reine régente, notre très-honorée dame et mère, nous avons, de notre grâce spéciale et autorité royale, par ces présentes signées de notre main, approuvé, ratifié et homologué, approuvons, ratifions et homologuons l'arrentement des emplacements des anciens logis et église dudit prieuré de Saint-Vivien, aux fauxbourg de la dite ville de Xaintes, et pièce de terre y attenant, institution dudit séminaire audit lieu, et l'union de la dite cure de Saint-Preuil, pour être icelui séminaire régi et gouverné par les prêtres de la congrégation de la mission dudit père Vincent, aux clauses et conditions portées par lesdits actes. Et pour subvenir aux frais de l'entretien dudit séminaire, nous avons permis et permettons audit clergé dudit diocèze, d'imposer et lever sur icelui la somme de douze cents livres par an : attendant qu'il soit pourvu d'une somme de pareille valeur pour union de bénéfices ou autrement. Si donnons en mandement à nos amés et féaux conseillers les gens tenant notre grand conseil, que du contenu en ces présentes ils fassent et laissent ledit séminaire et les dits prêtres de la mission, établis pour la direction perpétuelle d'icelui, jouir et user pleinement à toujours, sans souffrir leur être fait, mu ou donné aucun trouble ou empeschement, au contraire. Et, en cas d'opposition ou difficulté, nous leur en avons attribué toute cour, jurisdiction et connaissance : icelle interdisons à toutes nos cours et juges quelconques, à peine de nullité de tout ce qui sera fait au contraire : car tel est notre plaisir. Et afin que ce soit chose ferme et stable à toujours, nous avons fait mettre notre scel à ces dites présentes, sauf en autre chose notre droit, et l'autrui en toutes. Donné à Paris, au mois de septembre, l'an de grâce mil six cent quarante-quatre, et de notre règne le dixième. Signé, Louis [1] ».

Aujourd'hui, ce séminaire est un hôpital de la marine, régi par des religieuses de Saint-Vincent-de-Paul, quand il y a des malades ; ce qui arrive

---

[1] *Mémoires du Clerg. de Fr.* tom. II. pag. 651.

assez rarement. Il suffisait sans doute que cet établissement diocésain changeât de nom, pour effacer le souvenir de la spoliation. Les prêtres de la mission avaient, dès l'année 1634, commencé à évangéliser le diocèse de Saintes. Leurs travaux y furent bénis. Un témoin en écrivait en ces termes : « Notre Seigneur bénit, plus qu'on ne peut croire, la mission de Saintonge. Il s'y fait quantité de conversions de mœurs et de religion. Ce qui porte à admirer le travail des missionnaires, c'est que, selon leur méthode accoutumée, ils font voir aux peuples la beauté de la religion catholique, *sans disputer*; ce qui fait que plusieurs hérétiques se convertissent [1]... »

Le bien qu'opéraient ces hommes de Dieu détermina Jacques Raoul à conjurer Saint-Vincent-de-Paul d'avoir pitié de son peuple, et de lui accorder un secours fixe et permanent; ce qui eut lieu. Les vœux du pontife furent accomplis. Un des ouvriers de Saint-Vincent écrivait, à l'occasion d'une de leurs missions : « Nous sommes à la fin de notre mission, qui a duré sept semaines. Je n'ose presque vous mander les bénédictions que nous y avons reçues, de peur de me trop satisfaire. C'est tout dire, que cette paroisse N., que les inimitiés, les désordres, les meurtres et les autres abominations faisaient passer pour la

---

[1] *Vie de S. Vinc. de Paul*, édit. in-4°. Nancy.

plus perdue de la Saintonge, est maintenant, par la miséricorde de Dieu, toute changée et fait une réparation publique des scandales qu'elle a donnés. »

En 1647, ils donnèrent une mission à Gemozac; elle y eut de grands succès; plusieurs Protestants s'y montrèrent dociles à la raison, à la conscience, à la foi divine, et rentrèrent dans l'unité catholique où se trouvent, avec Jésus-Christ, le salut et la paix.

Un prêtre de Saint-Lazare écrivait à Saint-Vincent-de-Paul :

« L'un de ces convertis est un vieillard, lequel nous avions exhorté plusieurs fois, mais inutilement; et, après avoir fait notre dernier effort, un peu avant notre départ, voyant que nous ne pouvions rien gagner sur lui, nous eûmes la pensée de recourir à la Sainte-Vierge, et la supplier d'employer ses intercessions, pour obtenir la conversion de ce pauvre dévoyé. Nous allâmes, à cette intention, nous prosterner à genoux et réciter les litanies; et voilà que, les ayant achevées, nous voyons notre vieillard revenir à nous, et nous avouer qu'il reconnaissait la vérité, et qu'il était en volonté d'abjurer son hérésie; ce que nous lui fîmes faire; et ensuite sa confession générale, et puis nous le reçûmes à la sainte Communion ; et, en nous disant adieu, il nous pria instamment de le recommander aux prières de tous les Catholiques. »

Le supérieur de la maison de mission de Saintes

manda, dans une de ses lettres, qu'ayant demeuré un mois entier à travailler dans le bourg de N., il se trouva tellement accablé, aussi bien que les autres missionnaires qui étaient avec lui, de la grande foule du peuple qui venait de tous les lieux circonvoisins, qu'ils furent contraints, se voyant tout-à-fait épuisés jusqu'à tomber de faiblesse dans le confessionnal, de cesser les exercices de la mission et de laisser, avec beaucoup de regret, un très-grand nombre de personnes qui accouraient de toutes parts, sans leur pouvoir rendre le service qu'ils désiraient. Il ajouta que, pendant cette mission, il y avait eu plus de quatre cents réconciliations faites, et plus de cent procès terminés. « Et ces bonnes gens, dit-il, avaient un tel désir de faire leurs confessions, que, sachant que nous ne recevions personne au bénéfice de l'absolution qui ne se fût auparavant réconcilié, et qui n'eût fait raison noblement de ce qui était en son pouvoir pour terminer ses procès, ils allaient de maison en maison se chercher les uns les autres à cet effet. La veille de notre départ, un grand nombre de peuple se trouvant en l'église, aux prières du soir, comme M. le curé eut dit tout haut que les missionnaires lui demandaient sa bénédiction, pour se retirer le lendemain, et voulant de là prendre occasion de les exhorter à faire un bon usage des exhortations qui leur avaient été faites pendant la mission, toutes ces bonnes gens en furent extrêmement touchés, et se mirent à crier et pleurer en telle sorte, qu'il ne put jamais leur dire un seul mot qu'ils voulussent entendre; et les missionnaires eurent la peine de se séparer d'eux, ne les voulant pas laisser partir [1]. »

L'évêque Raoul fut si heureux du bien qui s'opérait dans son diocèse par ces hommes vraiment apostoliques, qu'il en écrivit à Saint-Vincent-de-Paul : — « J'ai fait venir vos prêtres en cette ville, pour s'y reposer quelques jours; car, certes, l y a six mois qu'ils travaillent avec une telle assiduité, que je m'étonne qu'ils aient pu fournir; et j'ai moi-même été sur les lieux pour les ramener.» Les Lazaristes ne furent pas seulement, à l'exemple de saint Eutrope, les apôtres de la Saintonge, mais encore ils devinrent, un peu plus tard, les directeurs du nouveau séminaire [1].

Cette époque est remarquable, dans l'histoire de l'Église de France, par les grands hommes qui s'occupèrent de renouveler, dans le clergé et chez les fidèles, l'esprit de la foi et le règne des vertus de l'Évangile. Ce mouvement régénérateur avait été produit incontestablement par le saint concile de Trente. La congrégation de Saint-Sulpice commençait à vivre dans la personne de son célèbre

---

[1] *Vie de St. Vincent de Paul*, liv. IV, ch. II, § II.
[2] *Item*.

fondateur M. Olier ; il avait évangélisé les campagnes comme missionnaire, avant de diriger, comme chef, la société sainte et savante qui, depuis deux siècles, n'a pas cessé de rendre à l'Église les plus importants services. Le père de Condren, second général de l'Oratoire, avait su également comprendre tout ce que le ciel destinait de grâces aux prêtres et aux peuples par la prédication d'hommes apostoliques formés à son école. Il comptait, au nombre de ses disciples, un prieur de Champdolent nommé Denis Amelotte. Les exemples de zèle que donnait le pieux Olier et les fruits extraordinaires de ses missions, inspirèrent à Denis Amelotte et à quelques autres prêtres de ses amis de partir de Paris, à pied, le bâton à la main et sans serviteurs, ainsi que le mandait le père de Condren à l'évêque de Comminge. Arrivés à Champdolent, ils en évangélisèrent la population, qui, touchée par leur parole de paix, se montra avide des grâces que lui offrait leur ministère [1].

« Le père de Condren, ajoute l'auteur de la vie de M. Olier, toujours occupé de la pensée des séminaires, songeait alors à réunir en société plusieurs ecclésiastiques. Pour les séparer de leurs familles en les éloignant de Paris, il détermina, au printemps de l'année 1638, M. Du-

---

[1] Voy. l'*Hist. et Vie de M. Olier*, nouv. édit. 1841. tom. I. pag. 166.

ferrier à aller passer l'été avec M. de Bassancourt et M. Amelotte, à Champdolent en Saintonge, où ils firent quelque temps en commun leurs exercices de piété, et, peu après, il leur envoya le fameux Meyster, grand homme de Dieu de l'époque, pour les former aux travaux des missions [1]...»

Pendant toutes ces œuvres de zèle, dont le clergé de France se ressent encore aujourd'hui, des changements s'opéraient dans le personnel de l'Église de Saintes, soit parce que la mort y exerçait ses ravages, soit parce que des mutations avaient lieu dans le régime administratif. L'abbé du monastère de Saint-Eutrope était, en 1650, un parent des fondatrices du couvent de Sainte-Claire; il se nommait Thomas de Dreux. Messire Louis II de Bassompierre était évêque de Saintes, depuis 1648; car, en 1646, Jacques Raoul avait été transféré au nouveau siège de la Rochelle, ainsi que nous le dirons ailleurs. M. Massiou a très-grand tort d'avancer que Louis II était *fils naturel*. Nous aimons à supposer que l'honorable écrivain a puisé, sans le savoir, à une source inexacte; car Hugues Dutemps et les auteurs de la *Gaule Chrétienne* disent formellement le contraire. Ce digne évêque était fils de François de Bassompierre, chevalier des ordres du roi, maréchal de France, colonel-général des Suisses, et de dame Marie de Balzac d'Entragues,

[1] *Vie d'Olier,* nouv. édit. tom. I. pag. 166.

que le maréchal avait *légitimement épousée* [1].

Que d'erreurs on s'expose à commettre quand la prévention nous inspire! Elle trahit les plus beaux talents; elle attaque les plus nobles vertus; elle compromet tout à la fois l'histoire et l'historien.

Nommé d'abord à l'évêché d'Oléron, notre nouvel évêque obtint ensuite ses bulles pour le siège de Saintes, en 1648. Henri de Béthune, archevêque de Bordeaux, assisté des évêques d'Agen et de Périgueux, le sacra à Paris, un an après, et le dix-septième jour de janvier [2].

La France était alors en proie à des agitations intestines. Mazarin n'avait pas peu contribué à cet état de crise. Les mécontents mirent à leur tête le fameux cardinal de Retz, prélat d'une ambition démesurée, ne vivant que d'intrigues et qui, ne pouvant gouverner le royaume, dit un historien, prit le parti de le bouleverser. Les perturbateurs allumèrent le feu de la sédition dans la capitale et au milieu des provinces. Mazarin fit tout pour aigrir et indigner le prince de Condé,

---

[1] Ludovicus, filius Francisci Domini de Bassompierre, genere nobili apud Lotharingos, qui fuit Helveticæ militiæ præfectus generalis, eques torquatus Franciæque marescallus, matrem habuit Mariam de Balzac d'Entragues *dignam quam conjugem duceret Bassumpetrœus.*
(*Gall. Christ. tom. II. pag.* 1085.)

[2] Dutemps, tom. II. — *Gall. Christ.* tom. II.

qui, malheureusement, prit les armes contre son roi. La Saintonge n'eut pas peu à souffrir des guerres civiles que ce rebelle fit à Louis-le-Grand, pendant sa minorité. La ville de Saintes, en particulier, put long-temps en faire voir les déplorables effets. Condé s'en était emparé; le sieur de Chambon, gouverneur, fit mettre le feu au faubourg de Saint-Pallais. Dans ce désastre, les deux monastères des Bénédictines et des Saintes-Claires, isolés des bâtiments embrasés, devinrent le refuge de toute la population. Les religieuses avaient obtenu, par la protection de madame de Tourville, de la maison de Larochefoucaud, des lettres de sauve-garde qui se firent un peu attendre, mais qu'elles reçurent enfin du camp de Saint-Porchaire, et signées par Louis de Bourbon, accompagnées de celle-ci de madame de Tourville :

« A madame l'abbesse de Sainte-Claire.

« Ma révérende mère, j'ai appris, par de bons pères récoléz, que vous désiriez une sauve-garde de monseigneur le prince; je vous l'envoye, estant très-faschée que le secrétaire aye été si long-temps à l'expédier. Je vous prie très-humblement de ne pas croire qu'il y ait de la faute, ma révérende mère, de vostre très-humble et très-obéissante : Louise de la Rochefoucaud-Tourville. »

« A Bourdeaux, le 28 décembre 1651[1]. »

---

[1] Manuscrit déjà cité, f° 28.

Cette même année, Cognac, après Saintes, fut assiégé par le prince de Condé. Le comte de Jarnac commandait dans la ville; il était cependant partisan de la Fronde. Sa fidélité était suspecte aux citoyens, qui le surveillèrent. Dans l'impossibilité de livrer la ville, il la défendit. Le siège se prolongea pendant huit jours. Les habitants firent preuve d'une héroïque énergie. Le sieur de Bellefond, maréchal-de-camp, prit bientôt, au nom du roi, le commandement de la place. Les chefs qui se signalèrent dans cette circonstance par leur talent militaire et leur bravoure, furent plus particulièrement les seigneurs de Blénac, de Bellefond, des Fontenelles, le marquis d'Ars dont nous avons déjà parlé, de Chateauchénel, de Réals, de Saint-Trojan, de Duvernou, d'Estré, d'Authon, de Beaulieu, de la Soge, de Rignoltes, le chevalier de Marcillac et de Boismorin.

Le comte d'Harcourt, qui commandait l'armée royale, fit parvenir, par Boismorin et Rocqueservière, aux habitants, l'ordre précis d'opérer une sortie prompte et vigoureuse. Pour pouvoir se reconnaître, l'ordre du comte d'Harcourt portait qu'il fallait marcher à l'ennemi, *les chemises hors des chausses;* tel est le texte. Les Frondeurs furent culbutés, massacrés ou dispersés. Les habitants de Cognac rentrèrent en triomphe, au cri d'amour des vieux Français : *Vive le roi!* L'émulation avait été générale; les enfants eux-mêmes, formant un bataillon, s'étaient portés sur les remparts pour lancer des pierres contre les assiégeants. Les habitants de la cité victorieuse, après s'être montrés fidèles au roi, voulurent également se montrer fidèles à Dieu. Ils décidèrent qu'à perpétuité une procession solennelle serait, chaque année, l'expression de leur reconnaissance envers le ciel, et comme un monument de leur attachement envers leur prince. Cette ville rappelle de grands souvenirs historiques; mais ce glorieux fait d'armes l'honorera, tant qu'on appréciera, parmi les hommes, la bravoure et la fidélité [1].

Quelque temps après cet évènement, les séditieux qui étaient campés à la Jard, ayant été mis en pleine déroute par les troupes royales; Saintes capitula bientôt et rentra, au commencement de février 1652, sous l'obéissance de son roi légitime. Mais laissons parler l'historiographe du couvent des Saintes-Claires :

« La sauve-garde (obtenue par madame de Tourville) servit beaucoup, parce que, l'ayant présentée à M. de Chambon, gouverneur de la ville de Xaintes, dont le prince s'estait rendu maistre, il donna ordre de démolir les maisons qui entouroient le monastère, afin que le feu qu'il fit mettre au reste, ne s'y prît pas. Mais nous pou-

---

[1] Extr. d'une pièce mss., en forme de journal du siège de Cognac.

vons dire que la protection du ciel leur fut favorable et toute visible. Quoyqu'on ne doibve pas croire trop facilement ce qu'on dit des choses extraordinaires, il ne faut pas aussi refuser sa docilité aux grâces que Dieu fait de temps en temps, en faveur des personnes qui luy sont chères et pour lesquelles il a une providence et un soin particulier; c'est pour cela que je ne feray pas plus de difficulté de les écrire que le père Macaire, puisque, oultre le tesmoignagne des personnes qu'il cite, plusieurs aultres, mortes avant qu'il fust nostre confesseur, assurèrent devant moy la chose comme tesmoings oculaires; et la manière dont il refuse d'en parler doit faire connoistre combien cela étoit public et passoit pour indubitable; voicy comme il s'en explique : — Je ne veux point alléguer certaines circonstances qui seroient miraculeuses, si elles étoient véritables et que je ne debvrois pas laisser, si j'en voulois croire à ce que plusieurs personnes déclarent avoir remarqué; je ne feray donc pas difficulté de dire icy que le feu ayant embrazé les maisons qui étoient vis-à-vis le monastère et qu'on n'avoit pas démolies, la pointe des flammes allant plus haut que celle du clocher, on vit dans ce mesme clocher trois personnes vêtues en religieuses qui, avecq des voiles qu'elles tenoient en leurs mains, s'opposoient aux flammes et les écartoient. On assure que quelques chanoines de l'esglyse cathédrale les virent aussy bien que plusieurs aultres personnes, dont quelques-unes s'imaginoient que c'estoient des religieuses de la communauté, ne faisant pas réflexion que de pauvres filles renfermées, entourées de gens de guerre, qui tiroient incessamment sur tous ceux qu'ils apercevoient, et, d'ailleurs, si épouvantées d'un embrazement si terrible, n'avoient garde de penser à une action si hardie; si elles avoient été capables de quelque aultre réflexion que de celle d'implorer le secours du ciel, elles auroient dû, au moins, après le péril passé, prendre un authentique de cela; ce qui leur auroit esté facile, par la quantité de tesmoings qui avoient aperceu ceste merveille, qui doibt estre d'aultant mieux crue, qu'il ne se pouvoit faire sans miracle qu'un si petit couvent, où il ne falloit qu'une bluette de feu pour le réduire en cendre, y ayant pour lors six ou sept milliers de bois, n'en receut point d'aultre dommaige que de quelque gervis de la voûte de l'Église où le feu commençoit à prendre et qu'on eut soin de jetter promptement à terre. La désolation fust si grande dans tout le quartier, qu'on fust obligé d'ouvrir la porte à quelques habitants les proches voisins, de l'un et de l'autre sexe, qui n'y demeurèrent que pendant que cet embrazement dura. Il y en eut d'autres qui se retranchèrent dans le parloir extérieur et d'autres dans l'esglyze; pendant que le reste du faubourg chercha un azyle plus vaste et plus commode à l'abbaye de Saintes, où madame de Foix les receut dans ses appartements extérieurs d'icy et de ses biens de campagne, avec ceste charité qui luy estoit comme naturelle, et qui la faisoit regarder comme la mère des pauvres de son temps [1]...»

Malgré ce désastre, les religieuses demeurèrent courageusement dans leur clôture... « Oultre la protection visible de Dieu pendant l'embrazement du fauxbourg, nous devons y ajouter que, pendant que les gens du prince furent dans la ville, ils ne cessoient de tirer tantost d'un costé, tantost de l'aultre, et souvent les balles donnoient dans le dortoir, et perçoient jusques dans les cellules des religieuses, sans que jamais aulcune en receut le moindre mal, quoy que plusieurs des dictes balles fussent *friser au visaige* de quelques-unes qui me l'ont dit [2]... » Elles éprouvèrent une aultre inquiétude; en voici l'occasion citée par le même auteur :

« Une aultre chose les alarma beaucoup : c'est qu'ayant, dès l'année précédente, fait une fort bonne provision de bled, ce qu'on ne pouvoit ignorer, cela vint à la connoissance des officiers des troupes qui estoient en garnison dans la ville qui, estant despourvue des provisions nécessaires pour la

---

[1] Mss. inéd. du monast. des Saintes-Claires de Saintes, f° 60.
[2] *Item.*

subsistance des habitants et de la garnison, au cas d'un siège, résolurent de venir enlever le bled du monastère. Ils sommèrent les religieuses de leur ouvrir la porte, ce qu'elles ne purent s'empescher de faire. Étant entrez, ils firent la visite, et comme ils étoient sur le point de faire tout enlever, Dieu y pourveut par une manière assez *plaisante*, mais qui fust très-efficace. Une villageoise ayant descouvert quelques chevaux qui, apparemment portoient quelques denrées dans la ville, retourna sur ses pas, criant par tout le fauxbourg que l'armée du roy s'approchoit et n'estoit pas à mille pas du fauxbourg; sur les cris de ceste femme, les sentinelles s'écrient; on fait battre la générale; on se met sous les armes; les officiers qui estoient dans le monastère, entendant le tambour et un grand bruit, demandèrent ce que c'estoit et ayant appris que c'estoit les ennemis, ne pensèrent plus qu'à se faire promptement ouvrir la porte, de peur qu'estant renfermez dans le monastère, ils n'y fussent traistez comme des réfractaires aux ordres du roy, et comme des sacrilèges, qui, sans ordre, s'estoient saisis d'un monastère de filles pour le voler. Ainsy ceste alarme, qui se treuva fausse, ne servit qu'à préserver la maison du péril qui la menaçoit [1]...»

Dans cette circonstance critique, elles faillirent

---

[1] Arch. mss. du monast. des Saintes-Claires de Saintes, p. 70.

perdre leur église. Les chefs qui commandaient dans la ville pour le prince de Condé, résolurent, dans un conseil de guerre, de la faire démolir, parce qu'ils craignaient que les troupes royales ne s'en servissent pour battre la ville et même la citadelle; car cette église, au moyen de terrassements, était assez forte pour porter des canons *de douze à quinze livres de balles*. La Providence permit que, le jour même où l'on devait effectuer cette démolition, les troupes du prince de Tarente, qui venaient de ravager Pons et se préparaient à porter secours aux rebelles qui occupaient Saintes, fussent battues près du bourg de la Jard par l'armée royale, ainsi que nous l'avons déjà dit [1]. Dans ces graves circonstances, l'évêque Bassompierre se rendit vraiment digne des plus grands éloges, pour l'intrépidité toute patriotique avec laquelle il s'efforça, pendant ces temps de trouble et de tempête, de continuer ou de ramener dans le devoir les habitants de la Saintonge. Ce prélat se distingua, dans tout le cours de sa vie pastorale, par une piété exemplaire et une inépuisable charité envers les pauvres. Ses vertus étaient apostoliques. Nous croyons devoir faire mention ici d'un évènement arrivé sous l'épiscopat de ce digne pontife. Le clergé manifesta de l'opposition relativement à la suppression de quelques fêtes,

---

[1] *Item*.

comme si l'autorité épiscopale eût outre-passé les bornes de ses pouvoirs dans cet acte de suppression. Les mêmes murmures éclatèrent dans les diocèses de la Rochelle et de Périgueux. A cette occasion, il parut un livre, en forme de dialogue, entre un jurisconsule et un curé, intitulé : *Dissertations ecclésiastiques sur le pouvoir des évesques, pour la diminution ou augmentation des festes.* Le principal dessein de cet ouvrage était de faire voir l'injustice des plaintes que quelques-uns avaient fait entendre contrairement aux ordonnances des prélats qui, depuis peu, avaient diminué le nombre des fêtes de leurs diocèses respectifs. Les censeurs, ainsi qu'on en trouve toujours et partout, et souvent chez les moins capables, avaient avancé que les évêques avaient excédé leur pouvoir et qu'il n'y avait que le pape qui pût faire de semblables réglements. L'auteur se contenta de dire un mot de la soumission due à l'épiscopat, en établissant que chaque évêque peut, dans son diocèse, tout ce que peut le pape par toute la terre, excepté dans les choses qui sont spécialement réservées au Saint-Siège ; principe indubitable, dont l'exposition suffisait pour démontrer que le pouvoir de régler les fêtes qui se doivent célébrer en chaque diocèse, n'a jamais été réservé au pape, et qu'il est une prérogative essentielle de l'autorité des évêques.

Louis de Bassompierre s'expliqua sur cette question avec autant de force que de lucidité ; c'est ainsi qu'il s'exprime dans sa lettre pastorale adressée au clergé de son diocèse :

« Comme les raisons, dit prélat, qui nous avoient obligé de diminuer le nombre des festes, nous avoient paru très-pressantes et tout-à-fait plausibles, nous avions crû que nostre ordonnance seroit receuë avec une approbation générale. Et en effet, tous les gens de bien un peu éclairéz ont loüé Dieu de ce qu'il avoit inspiré à plusieurs évesques le dessein de remédier à une infinité d'abus que la multitude des festes causoit parmy le peuple. Néantmoins, il s'est trouvé quelques zélés, peu instruits des véritables principes de la discipline ecclésiastique, qui n'ont pas laissé d'y trouver à redire, et qui, soubs prétexte d'une fausse dévotion contre les règles de la véritable et solide piété, ont tasché de la décrier. Parce que nous ne prétendons point estre infaillible, nous ne trouvons pas mauvais qu'on examine nos ordonnances, pourveu qu'on les examine par les règles de l'Escriture-Sainte, des Conciles et des Pères. Et nous ne nous pleignons point qu'on doute de leur justice ; mais nous aurions souhaitté qu'on se fust addressé à nous pour nous proposer ses doutes, ou pour nous faire part de ses réflections. Nous aurions esté bien aise de profiter des unes, si elles avoient esté raisonnables, et d'éclaircir les autres avec douceur et charité. Nous aurons toujours obligation à ceux qui nous donneront quelques avis importants pour la conduite de nostre diocèze, et nous ne refuserons jamais de donner tous les éclaircissements nécessaires à ceux qui les demanderont. Nous croyons estre établi de la part de Dieu principalement pour cela, et nous espérons de sa bonté qu'il ne manquera pas de nous donner les lumières dont nous aurons besoin pour l'instruction de ceux qui nous consulteront. L'évesque estant le casuiste né de son diocèze, asseurément que si l'on faisait quelque faute contre la loy de Dieu en suivant son conseil, elle seroit en quelque façon excusable : et dans les matières de pur droit ecclésiastique, il est vray de dire qu'on ne peut en faire aucune, quand on obéit à ses ordres, à moins que l'Église, par une loy générale, ne commandast expressément le contraire. Mais, quelque sujet que nous ayons de nous pleindre du procédé de ces censeurs, nous leur protestons qu'il n'a rien diminué de la charité que nous sommes obligé d'avoir pour enx. Nous n'avons point d'autre pensée que de les retirer de l'erreur qui les porte à une désobéissance qui est sans doute très-dangereuse, parce qu'elle scandalise les foibles, dont nous sommes particulièrement obligé d'avoir soin, et qu'elle les rendra certainement criminels devant Dieu, s'ils y persistent avec opiniastreté. C'est pourquoy nous avons eu beaucoup de joye de ce que

Dieu, qui ne manque jamais de tirer quelque bien des désordres qu'il permet, s'est servi de celuy-cy pour inspirer à un de vos confrères le dessein d'estudier à fond toute la matière des festes, très-peu entenduë pour l'ordinaire de ceux mesme qui font profession de science, et de la traiter en forme de dialogue, d'une manière claire et convaincante. Les preuves en sont décisives, les recherches très-belles et tout-à-fait curieuses. Vous y verrez avec plaisir quantité d'exemples de retranchements de festes faits, de temps en temps, par des évesques recommandables pour leur science et leur piété, qui justifient hautement le droit qu'ont les évesques de faire ces sortes de réglements, et la possession dans la quelle ils ont toujours esté. Mais, de plus, vous remarquerez, dans toutes les ordonnances de ces grands évesques, qu'ils ont esté portés à les faire par les mesmes raisons qui nous ont obligé de publier la nostre, à l'exemple de nos confrères. Et comme l'auteur de cet ouvrage a bien voulu nous le mettre entre les mains pour en disposer comme nous jugerions à propos, après l'avoir leu exactement, nous avons crû qu'il ne suffisoit pas de luy donner nostre approbation, mais que nous devions vous l'addresser avec une recommandation particulière, en vous exhortant et mesme, s'il est besoin, vous ordonnant de le lire soigneusement, avec asseurance que vous y trouverez tout ce vous pouvez souhaitter sur le sujet des festes, pour vostre satisfaction particulière et pour instruire les autres, si vous avez quelque obligation de le faire.

« Fait à Xaintes, dans nostre palais épiscopal, le premier jour d'octobre 1669. »

« † Louis de BASSOMPIERRE, évesque de Xaintes [1]. »

Cette lettre produisit les plus heureux effets; les esprits se calmèrent et tout rentra dans l'ordre à la voix de l'évêque. Deux mois avant cette ordonnance, le même pontife fut obligé d'intervenir avec sa sagesse et son autorité, dans un conflit de juridiction et de préséance. Le curé de la paroisse de Saint-Maur revendiquait le premier rang dans les processions; il fondait son droit sur ce que l'église était, après la cathédrale, la plus ancienne de la cité. Ce droit était reconnu par le curé de Saint-Michel, qui disputait le pas à celui de Sainte-Colombe, alléguant que, *dans les assemblées sous les armes* et dans les anciens registres des tailles, la paroisse Saint-Michel venait toujours après Saint-Maur. Le pasteur de Sainte-Colombe s'attribuait l'honneur de la seconde place, donnant pour raison que, dans tous les synodes, il était ordinairement placé immédiatement après Saint-Maur.

Toujours est-il vrai que les curés de Saintes agitaient vivement la question de leurs droits.

---

[1] *Dissert. ecclés. sur le pouv. des Év. pour la diminut. ou l'augmentat. des fêtes.* — in-12. pag. 1.

Pour en finir, le promoteur donna ses conclusions *à ce que saint Maure serait maintenu au premier rang, attendu l'aveu qu'en fesoient les curés de Saint-Michel et de Sainte-Colombe, et, pour le regard des curés de Saint-Michel et de Sainte-Colombe, conclud à ce que le curé de Sainte-Colombe tienne sa place après le curé de Saint-Maur, et que le curé de Saint-Michel aura le sien après celui de Sainte-Colombe.*

Ces débats nous paraissent peut-être puérils de la part du prêtre, dont le caractère est si noble et si grand! Cependant nous rappellerons, à ce sujet, avec quel zèle dom Barthélémy *des Martyrs* soutint, sur la même question, ses droits devant les pères du concile de Trente. Car, il faut le dire, ce n'est pas un droit personnel que soutient un curé, c'est celui de sa place et de ses successeurs; seulement il est à craindre que les prétentions ne soient poussées trop loin. Louis de Bassompierre sut tout régler avec justice et prudence. Il déploya, dans une autre occasion, toute son énergie pour rappeler à l'ordre ceux qui ne rougissaient pas de le troubler. Il s'agissait encore de préséance; la pièce suivante en fait foi. L'évêque s'en explique ainsi :

« Sçavoir faisons que, sur ce qui nous a esté remonstré par maistre Paul Delestre, nostre promoteur, que le désordre arrivé cejourd'huy en nostre esglyse cathédrale, entre les porte-bannières des paroisses de Saint-Eutrope et de Saint-Pallais, est une insolence sacrilège qui mérite les censures ecclésiastiques, et une contravention au réglemen. donné par nostre prédécesseur immédiat, pour les rangs que les croix et bannières des paroisses doivent tenir aux processions générales, et qu'il est besoin d'y apporter, par notre autorité, comme seul juge en cette matière; le remède nécessaire à ce qu'à l'advenir, ces abus et désordres ne se commettent plus, tant en nostre esglyse cathédrale que dans le cours des dites processions, nous requérant à cet effet de juger définitivement les droits des dites paroisses, icelles dûement appelées, le réglement de nostre prédécesseur n'étant que provisionnel, auquel quelques paroisses ont manqué cejourdhuy d'obéir, ne s'estant pas trouvées à la procession, spéciallement celle de Saint-Vivien, quoique mardy le dit réglement aye esté signiffié, à sa requeste, au curé de la dite paroisse Saint-Vivien, et à ceux de celles de Saint-Pallais; nous, faisant droit de la dite remontrance, avons ordonné qu'à la diligence de nostre dit promoteur, les curés et fabriqueurs des paroisses de ceste ville et fauxbourgs seront appelés pardevant nous, à jour compétant, pour, eux oüis nostre dit promoteur, estre donné un réglement définitif tel qu'il appartiendra, mandant à cet effet au premier prestre, clerc tonsuré, sergent royal catholique, ou appariteur sur ce requis, de faire, pour l'exécution des présentes, tous exploits de significatious et assignations requis faisant relation.

« Fait à Xaintes, en nostre palais épiscopal, le quinzième août 1669.

« † Louis, évesque de Xaintes. »

Il s'ensuivit, en bonne et due forme, une assignation juridique en ces termes[1] :

« A vous, maistre Jehan Mousnerau, président au siège présidial de Xaintes et fabriqueur de l'églyse de St-Maur de ceste ville de Xaintes. Je soussigné, de la religion catholique, apostolique, romaine, demeurant audit Xaintes, reçu et immatriculé au siège présidial d'icelle, à la requeste de messire Pol Delestre, prestre promoteur de la cour ecclésiastique du diocèse de Xaintes, lequel a eslu sa maison au dit Xaintes pour domicile, vous signifie, notifie, et fais dhûment assavoir le contenu en l'ordonnance de l'autre part, afin que n'en puissiés prétendre cause d'ignorance, et en outre, vous donne assination à estre et comparoir mercredy prochain, heure de neuf du matin, et intimation pardevant monseigneur l'illustrissime et révérandissime évesque de Xaintes, en son pallais épiscopal de l'évesché de Xaintes, pour voir régler la marche de la croix et de la bannière de vostre églyse aux processions qui se feront en la dite

[1] Arch. mss. de la paroisse de Saint-Maur; secrétariat de l'évêché de Saintes, case 50°, liasse n° 1.

ville, et représenter vos tiltres, si aucuns avez, et autrement procéder comme de raison. Fait le dix-septiesme d'août 1669, par le présent exploit délaissé à vostre domisille, parlant à luy. En présence de Louis Geoffroy et Gabriel Audière, clercqs, demeurants au dit Xaintes, soussigné Audière, Geoffroy, et Bellou, huissier ».

Par ces formalités judiciaires, le pontife voulait apprendre à messieurs les curés de Saintes à conserver entre eux une paix fraternelle et à ne se distinguer du reste des Chrétiens que par une modestie plus exemplaire. Sans doute que les croix et les bannières marchèrent désormais en bon ordre et que les pasteurs comprirent qu'une vertu sincère vaut mieux qu'un premier rang.

Le clergé, aujourd'hui, sait autrement soutenir sa dignité et comprendre sa mission sublime; il se met peu en peine des préséances; il défend l'Église, conserve la Foi et glorifie Dieu.

Louis de Bassompierre donna beaucoup à son séminaire, qu'il avait confié à la direction des Lazaristes, à condition qu'ils entretiendraient deux clercs et y feraient faire les exercices de dix jours à tous ceux du diocèse. Il fit construire une partie du pont et le quai adjacent. Pendant son épiscopat, Anne d'Autriche, reine-mère, rebâtit, hors de la ville, le couvent des Frères-Mineurs. On ignore l'époque de la fondation de ce monastère à Saintes. On lisait, au-dessus de la porte de l'église conventuelle, que cette maison religieuse avait été détruite par les Protestants, et reconstruite par les bienfaits de la reine [1]. Nous pensons que la rue qu'on nomme *la Montée de Saint-François* est ainsi appelée parce que ce couvent était sans doute situé dans cette partie du faubourg Saint-Eutrope.

Le sage et zélé prélat, voulant donner à l'ancienne aumônerie du chapitre, (nous indiquerons plus tard tout ce qui a trait à la haute antiquité de cette aumônerie) une consistance nouvelle et procurer aux infirmes des secours plus adaptés à leurs besoins, souscrivit aux louables désirs des maire, échevins et habitants de la ville de Saintes, demandant le concours de l'évêque auprès du roi, à la fin d'obtenir pour cet hôpital une colonie des religieux de Saint-Jean-de-Dieu, ou de la *Charité*. Le roi donna, en conséquence,

---

[1] D. O. M.
Virginique Lauretanæ verbum hominem divinitùs
Concipienti has sacras ædes domumque Franciscanam
Calvinistarum olim effrænato furore funditùs eversas,
Christianissima Regina mater Anna Austriaca,
Semper pia, semper augusta, lautiùs instauravit,
Suadente suo confessario fratre Philippo Roy minore
Santonensi, doctore Sorbonico, ac totius seraphicæ
Religionis diffinitore generali.
M. DC LXVI.
(*Gall. Christ. tom. II. pag.* 1086.)

des lettres patentes du mois de novembre 1653. Elles sont ainsi conçues :

« Louis, par la grâce de Dieu, roy de France et de Navarre, à tous présents et à venir, salut. Comme ainsy suit que l'hôpital ou aumosnerie de Saint-Pierre de nostre ville de Xaintes, soit sous nostre protection particulière et direction de nos officiers présidiaux conjointement avec le chapitre de l'esglyse cathédralle du dit Xaintes, et qu'il nous appartient d'avoir soin que l'hospitalité y soit bien exercée en faveur des soldats malades et blessés, qui vont et viennent de nos armées qui sont sur les frontières des provinces du Languedoc, Guyenne et en Cathalogne, et aultres pauvres personnes du sexe masculin, pour cet effect nous avons estimé ne pouvoir faire un meilleur choix que des religieux de l'ordre de la Charité, dont l'institut particulier est de traitter, pencer et médicamenter les pauvres malades et de procurer le salut de leurs âmes par l'administration des saints sacrements, joint l'affection qu'ils nous ont tesmoigné avoir à nostre service, concernant les malades et blessés en plusieurs de nos armées et s'employant continuellement à la mesme assistance des malades dans nos bonnes villes où ils sont établis avec beaucoup d'édification du public, et à nostre satisfaction entière : A ces causes, voulant gratiffier et favorablement traitter les dits religieux de la Charité, nous leur avons fait et faisons don, par ces présentes signées de nostre main, de l'hospital ou aumosnerie de St-Pierre de la ditte ville de Xaintes, toutes ses appartenances et dépendances de maisons, cours, jardins, meubles, immeubles, fonds, rentes, revenus et émoluments quelconques appartenant au dit hospital, pour y recevoir, nourrir, pencer et médicamenter les pauvres malades du sexe masculin, et pour y vivre et en jouir, par les dits religieux et leurs successeurs, à perpétuité, suivant et conformément aux règles et constitutions de leur ordre, ainsy qu'ils font aux aultres hospitaux où ils sont établis avec tous les privilèges, grâces et faveurs qui leur ont esté accordés par les roys nos prédécesseurs et confirmés par nous, enregistrés en nos cours souveraines, à condition, toutefois, que l'auditoire et prisons dudit chapitre de Xaintes, qui sont dans l'enclos du dit hospital, demeureront et seront conservés en l'état auquel elles sont, pour s'en servir; si donnons en mandement à nos amés et féaux les gens tenans notre cour de parlement de Bordeaux séant à la Réollé, sénéschal de Xaintonge ou son lieutenrnt, et tous autres nos justiciers et officiers qu'il appartiendra, que ces présentes il fasse lire, publier et régistrer, et du contenu en icelles jouir et user les dits religieux de la Charité et leurs successeurs à perpétuité pleinement et paisiblement, sans leur faire ny permettre leur estre faict, mis ou donné aucun trouble ny empeschement au contraire, car tel est nostre plaisir, et afin que ce soit chose ferme et stable à toujours, nous avons fait mettre nostre scel à ces dittes présentes, sauf en autres choses nostre droit et celuy d'autruy en toutes. Donné à Chaslons, au mois de novembre, l'an de grâce 1653, et de nostre règne le onziesme. »

« Signé : Louis, etc. [1]. »

A l'occasion de l'établissement des religieux de la Charité et des lettres patentes du roi, le chapitre se réunit trois fois en assemblée capitulaire, le 21 mars 1653, 21 juin 1653 et 20 mai 1654. Il résulta de ces assemblées un contrat passé avec les religieux et l'évêque de Saintes portant consentement de leur établissement dans l'hôpital St.-Pierre, avec l'union de l'aumônerie, à la réserve cependant de l'auditoire et des prisons du chapitre. Une des clauses était que les choristes et habitués de la cathédrale, en cas de maladie, seraient reçus dans ledit hôpital, par préférence à tous autres, placés dans une chambre séparée, pour y être assistés et secourus de toutes choses nécessaires pendant leur maladie. Ce contrat fut signé par Moyne Laisné, doyen et par le chanoine Basiffe, syndic. On décida qu'une pierre de marbre serait incrustée dans une muraille de l'hôpital, portant sommairement la date et le nom des fondateurs de cet établissement.

[1] Arch. mss. de l'hôpital de la Charité de Saintes.

L'évêque rendit ainsi, le 26 novembre 1653, son ordonnance d'adhésion :

« ... Veu la requeste à nous présentée par frère Germain Lembert, provincial et vicaire-général de l'ordre de la Charité du bienheureux Jean-de-Dieu de France et les religieux du dit ordre, à ce que, suivant et conformément au don à eux fait, par le roy, de l'hospital et aumosnerie Saint-Pierre de la ville de Saintes, pour, au moyen de son revenu, y recevoir, nourrir et médicamenter les pauvres malades de la ville, soldats, blessés et autres qui viendront au dit hospital, suivant et conformément à leur institut, règles et constitutions, il nous plaise leur permettre de s'establir au dit hospital, y planter la croix, sy besoin est, faire publier les indulgences concédées à leur ordre par les Souverains-Pontifes, et généralement pour touttes leurs fonctions régulières et hospitalières, comme aussy de quester et faire quester tant dans la dite ville que dans nostre diocèze ; veu aussy par nous l'original du don à eux fait par sa Majesté, par les lettres patentes données à Chaslons-sur-Marne, au présent mois et an, et informé de l'institution pieuse de nos vénérables confrères les doyen, chanoines et chapitre de nostre esglize cathédralle Saint-Pierre de la ville de Xaintes, tant par deux actes capitulaires, en datte du 21 mars et 20 juin de la présente année, que par plusieurs conférances que nous avons eues sur ce sujet avec vénérables et discrettes personnes MM. Nicolas Gombaud, doyen, et Charles Moyne de Montignac, députés du dit chapitre, par les quels nous sçavons qu'ils ont arresté décider tout le droit qu'ils ont dans le dit hospital, qui est de leur fondation et collation, aussy les religieux de la Charité, et nous ont mesme commis de nous employer auprès de sa Majesté pour leur en faire obtenir le don; le tout veu, examiné et considéré, désirant contribuer au pieux dessein de sa Majesté pour le soulagement des pauvres malades et blessés, avons permis et permettons par ces présentes au sieur Provincial des Religieux de la Charité de s'establir au dit hospital de Xaintes, y planter la croix sy besoin est, faire publier les indulgences concédées à leur ordre par les Souverains-Pontifes, après qu'elles auront esté approuvées par nous ou nos grands-vicaires, quester ou faire quester tant dans la ditte ville que dans nostre diocèze, et généralement y faire touttes leurs fonctions régulières et hospitalières, suivant leur institut, règles et constitutions, comme ils font dans les aultres hospitaux de leur ordre en France, à condition de mestre dans le dit hospital quelques prestres de leur ordre, pour, après notre permission et approbation, y administrer les Sacrements aux malades, où, à défaut de religieux-prestres, un séculier pour chapelain, aprouvé de nous à l'effet des susdittes fonctions, et en oultre aux conditions, clauses et réserves portées par les dites lettres patentes et délibérations du chapitre de nostre esglise cathédrale de Xaintes susdites; en foy de quoy nous avons signé et fait contre-signer ces présentes par nostre secrétaire et scellées de nostre sceau ordinaire. A Paris, le 26 novembre 1653.

« Signé : Louis, évesque de Xaintes. »

La légalité fut observée en tous points, au sujet de cet établissement. « Car le 7 février 1654, dit la pièce manuscrite que nous consultons, au conseil tenu en la maison commune de la ville de Xaintes, par nous Jean Pichon, sieur de Courson, maire et capitaine de la dite ville, y assistants nobles hommes André Lemoyne, Laurens Grégoreau, Pierre Berton, Arthur de Guype, Pierre Johenneau, Jean Pichon le jeune, Jean Raymond, Louis Marchair, Claude Latache et Jean Geoffroy, pairs et eschevins, a esté proposé par le sieur maire qu'il a une lettre de monseigneur le marquis de Montauzier, nostre gouverneur, par la quelle il lui mande que le roy a donné l'hospital de cette ville aux pères de la Charité et qu'il a conféré de ceste affaire avec monseigneur nostre évesque, qui a receu le mesme avis, lequel trouve cet establissement très-avantageux pour la ville; sur quoy il est nécessaire de délibérer.

« Sur la délibération a été arresté que le corps prestera les consentements nécessaires pour le dit établissement à la charge que le nombre des religieux sera proportionné au revenu du dit hospital, en sorte qu'après leur nourriture et entretien, il y aye de quoy recevoir les pauvres sans que la ville en soit chargée; que les dits religieux recevront les pauvres qui leur seront envoyés par l'ordre de monseigneur l'évesque, de MM. du chapitre et de M. le maire, et qu'ils seront aussy obligés d'assister aux nécessités des pauvres malades de la ville, et que le corps agira pour la direction à la manière accoutumée. Ainsy signé tous les susdits, etc. »

Au mois de mai de la même année, de Bassompierre sanctionna canoniquement le contrat d'établissement et mit les religieux en possession de l'hôpital. Maintenant l'église de cet hospice est une remise, et les salles où les malades ont long-temps fait entendre leurs cris de douleur, et où la mort a moissonné tant de victimes, retentissent parfois des accords joyeux de la Société philharmonique. Singulier contraste! Étrange variété de la scène du monde!..

La paroisse de Ténac avait à cette époque pour curé un dignitaire du chapitre de Saintes, messire Michel Perreaud, grand archidiacre de Saintonge. L'évêque désirait, autant que possible, rapprocher du chef-lieu de son diocèse les bénéfices des chanoines, afin de rendre l'inspection plus facile et la vigilance pastorale plus efficace soit pour le bien des âmes, soit pour la décence du culte et l'entretien des églises et presbystères. Mais il fallait le consentement des nobles et habitants de Ténac. Les uns et les autres furent convoqués et l'acte de consentement fut ainsi dressé pardevant notaire:

« Aujourd'huy, 6 août 1668, pardevant le notaire royal en Saintonge soussigné, et présents les tesmoins bas nommés, a esté présent et personnellement establi en droit vénérable et discrette personne messire Michel Perreaud, prestre, chanoisne en l'églyze cathédrale de Saint-Pierre de Saintes, grand archidiacre de Saintonge et curé de l'églize paroissiale de Saint-Pierre de Ténac, lequel estant au-devant la grande porte de l'église du dit Ténac, issue de la messe paroissiale, parlant à noble Charles de la Chambre, escuyer; sieur de Brassaud, Louis Guinot, escuyer; sieur de Beaurepaire, Daniel de Robillard, escuyer; sieur de Champagne, maistre Pierre Labbé, procureur fiscal de la seigneurie de Ténac, maistre Pierre Dousset, praticien; Jean Cointreau, Pierre Renouleau, Guillaume Charron, Nicolas Girardeau, Jean Larbre, Pierre Beauriviers, Mathurin Bouquet, Louis Guischard, Jean Testaud, François Bertin, Mathurin Testaud, Jean Maguiraud, Jean Berton, André Feniou, Anselme Laudard, Pierre Padonneau, Guillaume Tapon, Denis Morin, Jean Natier, Jean Texier, Jean Pineau, François Hussaud, maistre Pierre Rousset le jeune, sergent ordinaire de la baronnie de Saint-Sauvent, et Bastien Brossard et autres, tous habitants de la dite paroisse de Ténac, leur a dit et remonstré que, pour le bien de l'églyze, soulagement des habitants et autres bonnes considérations à ce l'émouvant, il dézireroit faire unir la dite cure et paroisse de Saint-Pierre de Ténac au dit archidiaconé de Saintonge; et comme pour le faire le consentement de la noblesse et habitants de la dite paroisse est nécessaire, il les prie et requiert y voulloir consentir, lesquels ont fait réponce que, pour satisfaire à l'intention dudit sieur Perreaud, archidiacre, ils consentent que la dite cure de Saint-Pierre de Ténac soit unie au dit archidiaconé, à perpétuité et à jamais, par monseigneur l'illustrissime et révérendissime évesque de Xaintes, duquel consentement le dit sieur Perreaud, archidiacre de Xaintonge, a requis acte à moy dit notaire, pour luy valoir et servir à l'effet des présentes ainsy que de raison, ce que je luy ay octroyé. Fait et passé les jour et an que dessus, au-devant la grande porte de l'églize du dit Ténac, en présance de Louis Le Marbre, maître architecte, demeurant en la ville de Xaintes, et Me François Arnaud, huissier, auditeur en l'élection de Xaintes en la paroisse de Chermignac, tesmoins à ce requis, quy ont tous signé, fors ceux quy ne le savent faire, etc. »

Le parlement de Bordeaux homologua cet acte,

après que M. de Bassompierre eut consenti l'union de Ténac à l'archidiaconé et la désunion de la cure de Malleville du même archidiaconé. L'évêque explique les raisons de ce nouvel état de choses :

« L'expérience, dit le prélat, nous a fait connoistre que les bénéfices, et principalement ceux lesquels ont la charge des âmes, unis aux dignités des églizes cathédralles, ou à des communautés ecclésiastiques et dont les fonctions curialles sont commises à des vicaires perpétuels, ne sont jamais sy bien desservis ny les églizes entretenues aveq tant de soin, quand ils sont éloignés de la demeure de ceux quy possèdent ces dignités, ou de ces compagnies ecclésiastiques, séculières ou religieuzes, lorsqu'ils peuvent facilement avoir l'œil, et tenir la main à ce que la maison de Dieu soit dhuement tenue, et que son service soit fait exactement ; aussy nous avons toujours désiré que toutes les cures unies de la sorte peussent estre proche de ceste ville, afin que, par la vigilance et par la piété des particuliers ou des corps, lesquels y prennent la plus grande partie des dismes, et sur les advis qu'ils nous donneroient de l'estat des paroisses, nous puissions y mettre les ordres nécessaires au secours spirituel des peuples et aux réparations de l'églize ; ces raisons nous avoient fait souhaitter, il y a long-temps, que la cure de Ténac, distante seullement d'une lieue d'icy, dont la nomination appartient à l'abbé de Saint-Cyprien de

Poitiers, peust estre permutée avecq celle de Malleville, unie de temps immémorial à l'archidiaconé de Saintonge, et laquelle est éloignée de cette ville de Xaintes de huit lieues, afin que nous puissions l'unir à cette dignité, la seconde de nostre églyze cathédralle, ce quy nous paraissoit d'autant plus facile, que messire Michel Perreaud estait titulaire de l'une et de l'autre; mais les abbés de Saint-Cyprien, ou n'estant pas de nostre connoissance, ou n'ayant pas condescendu à nostre dessein, nous n'avions peu l'exécuter jusqu'à ce que illustrissime et révérendissime messire Charles-François de Loménie de Vienne, évesque de Coutances et abbé du dit Saint-Cyprien de Poitiers, a gousté les raisons quy luy ont esté représentées par le dit messire Michel Perreaud, et les motifs que nous avions d'y joindre nos prières, ce qui l'auroit obligé à donner son consentement par sa procuration, en datte du 23 février dernier, par Baglant et Royer, notaires royaux au Chastelet de Paris, à ce que la dite cure de Saint-Pierre de Ténac feust unie au dit archidiaconé de Xaintonge, renonçant, pour cet effet, au droit de présentation et de nomination qu'avait la dite abbaye, vacance arrivant de la dite cure, à condition que celle de Saint-Saturnin de Malleville, estant désunie du dit archidiaconé, seroit à sa nomination et à celle de ses successeurs abbés du dit Saint-Cyprien, pour leur dédommagement de la perte de la présentation de la dite cure. La communauté des religieux de la dite abbaye, assemblée capitulairement, y ayant ensuite consenty, clauses aux mesmes charges et par leur délibération du samedy, 16 juin de cette année, comme il appert par l'extrait du registre quy nous a esté mis entre les mains, le dit messire Michel Perreaud nous auroit supplié, par sa requeste du 28 aoust dernier, d'agréer la dite permutation des deux cures, et ce faisant désunir de sa dignité d'archidiacre la dite cure de Saint-Saturnin de Malleville, qui seroit cy-après à la représentation des abbés de Saint-Cyprien de Poitiers, pour unir à mesme temps au dit archidiaconé de Xaintonge la dite cure de Saint-Pierre de Ténac qui seroit servie par un vicaire perpétuel, comme nous faisons de présent celle de Malleville ; sur quoy nous aurions ordonné, par nostre appointement du même jour, que la dite requeste seroit communiquée à nostre promoteur, lequel, par requisitoire du dit jour, auroit demandé qu'il feust fait enqueste de commodité ou incommodité et valleur des bénéfices, pour icelles raportées, estre prise telle conclusion qu'il appartiendroit ; en conséquence duquel appointement et réquisition, nous aurions donné un second appointement, en date du lendemain 29e des dits mois et an, par lequel nous ordonnions au suppliant de rapporter pardevant nous les baux des dites cures de Malleville et de Ténac seullement, attendu que la commodité de l'union de celle de Ténac à la dignité d'archidiacre est manifeste; et que, par l'extrait de nostre procès-verbal des visites par nous faites en ces deux paroisses, il appert que la maison presbytéralle du dit Ténac est mieux bastie que celle de Malleville; lesquels baux, au nombre de quatre, savoir deux de Malleville, du 15 mars 1662, signés Tourneur, notaire royal à Saintes, et du 11 septembre 1667, signés Gillet, notaire royal; et deux de Ténac, du 11 juin 1659, signé Gillet, notaire, et du 23 juillet 1666, signé Arnaud, aussi notaire, nous ayant esté mis entre les mains et communiqués à notre promoteur, selon nostre appointement du 30 aoust, il auroit requis, par ces conclusions du dit jour, que, veu nos procèz-verbaux de visite, faite de la cure de Ténac, le 22e de mars 1654, et de celle de Malleville, du 6 may 1656, ensemble les dits baux à ferme et les consentements, tant du dit seigneur évesque de Coutances, abbé du dit Saint-Cyprien, que des prieur et religieux de la dite abbaye, et encore le consentement donné par les nobles et aultres habitants paroissiens de Ténac, le 26 aoust 1668 ; Signé Arnaud, notaire royal ; et attendu l'avantage que l'archidiaconé de Xaintonge en tirera, il n'empeschoit l'entérinement de la dite requeste ; tous lesquels actes et pièces sy dessus esnoncés communiqués aux vénérables doyen, chanoisnes et chapitre de nostre églize cathédralle, ils auroient esté d'avis que nous fissions les dites désunion et union ainsy requises par le dit messire Michel Perreaud, et pour nous faire sçavoir, comme aussi pour y donner leur consentement, ils auroient desputé devers nous messieurs Jozian, François Delatour, archidiacre d'Aulnis, et Jean de Suberville, chanoisne du chapitre, veu lesquelles pièces et actes, conclusions de nostre promoteur, maistre Paul Delestre, nous, le nom de Dieu préalablement invoqué, de l'advis et consentement de nos vénérables confrères les doyen, chanoisnes et chapitre de nostre dite église cathédralle representés par leurs desputés, avons désuny et désunyssons la cure de Saint-Saturnin-de-Malleville de l'archidiaconé de Xaintonge, et, au lieu d'icelle, avons uny et unyssons à la dite dignité d'archidiacre de Xaintonge, la cure de Saint-Pierre-de-Ténac, avecq tout et chascun ses fruits temporels, soit dixmes, rentes, terrages et aultre de quelque nature qu'ils puissent estre, à condition qu'il portera toutes et chascune les charges, tant ordinaires que extraordinaires, soit décimes, réparation d'église, de presbytère, droit de visite et autres génerallement quelconques, auxquels estoit tenue la dite cure avant ladite union, et que ledit messire Michel Perreaud et ses successeurs audit archidiaconé, célébreront ou feront célébrer la grande messe, l'office divin, prescheront ou feront prescher aux quatre festes annuelles et jour du patron en ladite église Saint-Pierre-de-Ténac, où il pourra officier toutes fois et quant bon luy semblera; et pour l'administration des sacrements et autres fonctions curialles en la dite paroisse, avons érigé et érigeons un vicaire perpétuel, titulaire d'icelle, la somme de 240 fr. de pension annuelle, payable par demi-année; et outre ce, un logement commode avecq jardin proche d'icelle, aux frais et despens dudit archidiacre quy sera par nous agréé, s'y mieux n'aime luy laisser portion de la maison presbitéralle dont ledit vicaire soit satisfait, et oultre tous et chascun les émoluments et profit de l'églyze et de l'aultre, soit offrandes, droits d'enterrement, services et aultres de mesme nature, sans que le dit vicaire perpétuel puisse prétendre aucune part ou portion aux fruits décimaux de la dite cure; et, attendu qu'elle estoit cy-devant à la nomination et représentation de l'abbé de Saint-Cyprien de Poitiers, nous consentons et voullons que pour dédommagement de la perte de la dite nomination et selon les clauses des consentements donnés pour cet effet, par le dit seigneur évesque de Coutances, abbé de Saint-Cyprien, et des prieur et religieux de la dite abbaye, la cure de Saint-Saturnin-de-Malleville, quy estoit à la collation episcopalle, soit désormais à la présentation et nomination du dit seigneur évesque et de ses successeurs abbés de Saint-Cyprien, tout ainsy que celle de Saint-Pierre-de-Ténac, avant ces présentes, renonçant, tant pour nous que pour nos successeurs, évesques de ce diocèze, au droit de conférer *pleno jure* de la dite cure de Saint-Saturnin-de-Malleville, sur laquelle nous n'aurons désormais que celuy de collation sur la présentation de l'abbé dudit Saint-Cyprien, et pour l'exécution des présentes, mandons à tous prestres, clercs tonsurés ou notaires royaux catholiques de nostre diocèze, sur ce requis, de mettre et induire, autant que de besoin est, le dit messire Michel Perreaud, archidiacre de Xaintonge, en la possesion de la dite cure de Saint-Pierre-de-Ténac, unie et annexée à sa dignité d'archidiacre, comme dit est.

« Fait à Xaintes, en nostre palais épiscopal, le 13 septembre 1668, sous notre seing, des dits desputés du chapitre, de nostre secrétaire et de M⁰ Jacques Franc, prestre du diocèse de Pamier, vicaire de la paroisse des Gons, et Antoine Caussé, prestre choriste de Saint-Pierre, tesmoins appelés, et sous le grand sceau de nos armes. Ainsy signé, † Louis, évesque de Saintes; et plus bas, par monseigneur: Rogeau, secrétaire, etc. [1].

Plus tard, un archidiacre de Saintes, nommé Pierre Dugros de la Varenne, prêtre-docteur en théologie, donna, par testament, à son successeur

---

[1] Mss. inédits arch. de l'évêché de Saintes.

dans l'archidiaconé et cure de Ténac, une somme de six cents francs, tant pour les réparations de la maison seigneuriale que pour la décoration de l'église de cette paroisse; il avait également légué tout ce qu'il possédait aux pauvres honteux de la ville de Saintes et de ses faubourgs, sous l'administration des filles de la Charité qui y étaient établies. Le successeur de cet archidiacre était, en 1750, l'abbé Pierre-Léonard Delaage. Une fois nommé à l'archidiaconé, il fit, en contradiction avec une partie adverse, un procès-verbal tant de l'état de la maison seigneuriale que de l'église de Ténac. Dans la suite, il fut évincé de la part de messire de Romans, qui, par arrêt, avait obtenu la pleine maintenue de cet archidiaconé. On n'oublia rien auprès de messire de Romans, pour le faire se prononcer sur l'acceptation ou la répudiation du légat de six cents francs, on ne put pas l'y déterminer. Il était de l'intérêt des pauvres de connaître son intenton à cet égard, parce que, refusant le legs de M. de la Varenne, il s'ensuivait que les pauvres se trouvaient chargés des réparations dont nous venons de parler. Ils pouvaient cependant en obtenir décharge par l'exhibition en cour présidiale du procès-verbal qu'avait dressé M. l'abbé Delaage, lorsqu'il agissait comme partie légitime; car il n'était pas juste que les dépéritions survenues depuis cette époque retombassent au détriment des pauvres. Leur syndic fit assigner le sieur de Romans, qui accéda à l'amiable à tout ce que le testament de M. de la Varenne décidait en faveur des indigents de la ville de Saintes [1].

Messire de Bassompierre fit, en 1655, la visite de toutes les paroisses de son diocèse, et, pour pouvoir exercer sa charge pastorale avec plus de soin, il se démit de celle de premier aumônier de Philippe, frère unique du roi. Ce pontife, après avoir édifié l'église de Saintes, termina sa carrière à Paris, où il se trouvait pour les intérêts de son diocèse; il mourut le 1er juillet 1676. Son cœur fut apporté à Saintes et déposé dans le chœur de sa cathédrale; son corps fut inhumé dans l'église de Saint-Lazare [2].

Il ne sera pas sans intérêt, pour l'Église Santone, de prendre connaissance ici de quelques articles du testament de cet illustre pontife; nous en possédons un exemplaire imprimé à Saintes, chez Étienne Bichon, en 1676. Le ton du prélat, dans ce monument de sa piété, est celui de la plus touchante modestie.

« Au nom du Père, du Fils et du Saint-Esprit,

---

[1] Arch. mss. inéd. de l'évêché de Saintes.

[2] Corpus ejus sepulturâ donatum est in ecclesiâ S. Lazari, cor verò Santonas delatum jacet tabulâ marmoreâ tectum extrà concellos altaris, ubi legitur : « Hìc jacet cor Ludovici de Bassompierre, episcopi Santon. Obiit die 1 Julii ann. Dom. 1676. »
(*Gall. Christ. tom. II, pag.* 1086.)
Les démolisseurs de 1793 ont fait disparaître cette inscription.

un seul Dieu en trois personnes, que je crois avec tout ce qu'il a révélé à la sainte Église catholique, apostolique et romaine; le suppliant de vouloir ayder mon incrédulité et augmenter ma foy; ainsi soit-il.

« Je, Louis de Bossompierre, indigne évesque de Saintes, pour n'estre pas surpris par une mort subite, sans avoir, autant qu'il m'est possible et permis, disposé de mon corps et rendre justice et compte à Dieu, aux églises et aux pauvres, des biens dont sa divine Providence m'a fait l'administrateur, ay fait et fais le mien testament en la manière que s'ensuit :

« Je recommande premièrement mon âme à la très-adorable Trinité, luy demandant sa grande miséricorde et la multitude de ses misérations, pour le pardon de mes péchés, par le mérite infiny du sang de Jésus-Christ, mon divin maître et rédempteur, et par les intercessions de sa très-sainte Mère la bienheureuse vierge Marie, de tous les Saints et Saintes de Paradis, et spécialement de saint Louis, mon patron, lesquelles je réclame à mon ayde, afin que je puisse estre participant de la gloire céleste.

« Je désire, si je meurs à Saintes ou dans mon diocèze, que mon corps soit porté et mis dans le chœur de mon église cathédralle, sinon que mon corps soit enterré dans celle de la paroisse ou je seray décédé hors de ma résidence, à la réserve de mon cœur qui sera porté en ma dite église cathédralle, sans nulle pompe, deffendant qu'il en soit fait aucune, ny frais ny dépens, n'ayant pas assez de bien pour faire restitution à mes créanciers privilégiés, les églises et les pauvres, de ce que j'ay pris et employé mal à propos de leurs biens par deffaut de prudence ou de fidélité.

« Je deffends aussi de mettre et graver sur la pierre qui couvrira la place de ma tombe autre chose que ces mots : *Hìc jacet Ludovicus episcopus Santonensis*, ou : *Hìc jacet cor Ludovici, episcopi Santonensis*, avec la datte du temps de mon décez. Et parce qu'il n'y a que les prières qui soient utiles aux morts pour le soulagement qu'elles donnent à leurs peines dans le Purgatoire, pour obliger les communautés des religieux de cette ville à en faire à Dieu pour mon salut, je donne aux couvents des Jacobins, des Cordeliers et des Récolets, à chacun, trois cents livres qui leur seront délivrées le plustôt que faire se pourra après mon décez, afin que cent messes soient dites incessamment pour le repos de mon âme, et, outre ce, une messe des deffuncts durant l'année. J'espère que tous les curés et prestres de mon diocèze me feront la charité de se souvenir de moy dans le saint sacrifice de l'autel, et je leur demande ce secours promptement.... »

Comme les *églises et les pauvres* étaient les *créanciers privilégiés* du prélat, il ne les oublia point :

il légua mille livres au monastère des Notre-Dame de Saint-Vivien ; seize cents livres furent données aux pauvres de la ville, des faubourgs et des paroisses circonvoisines. Ce pieux pontife avait tellement à cœur que ce legs eût sa prompte exécution, qu'il le recommande d'une manière toute spéciale.

« Je recommande, dit-il, particulièrement ce légat, afin que les dits pauvres ne soient pas destitués de ce petit secours, durant la vacance du siège épiscopal. Je donne aux pauvres des paroisses des Gons, de Lajard, Collombier, Berneuil, Montpellier, Fontcouverte, Brossac, Santon et Tesson, lesquelles appartiennent à mon évesché, ou dans lesquelles il a des dixmes, sçavoir : cent livres au dits pauvres et autant à chacune des dites églises, et à celle de Saint-Léger autant, et cinquante livres aux pauvres de la dite paroisse, priant messieurs les vicaires-généraux du chapitre, durant le siège vacant, et mes dits exécuteurs testamentaires de tenir la main à ce que ces sommes soient employées aux plus pressants besoins des dites églises, et les autres aux vrais pauvres des dites paroisses. »

Mais ce digne et grand évêque était bien loin de partager les sentiments de ces Chrétiens catholiques qui n'ont que le caractère et non l'esprit et les œuvres de la Foi ; ils blâment avec autant de légèreté que d'injustice, — et en cela ils répètent le langage des Protestants, — tout ce qui est propre à donner de l'éclat et de la solennité au culte divin. Nous voulons le croire, il y a chez eux plus d'irréflexion, d'ignorance relative, que de haine et d'impiété ; toujours est-il vrai que la raison et la foi condamnent également leur opinion anti-chrétienne. Louis de Bassompierre continue en ces termes, inspiré par une haute sagesse et un zèle pur :

« Comme j'ay toujours souhaité que Dieu fust adoré et servy, dans mon église cathédralle, avec toute la majesté et décence requise, et qu'aux jours des grandes festes l'autel et le chœur fussent ornés, afin d'exciter la dévotion et le respect du peuple par l'éclat extérieur des parements qui touchent les yeux et l'imagination des fidèles, je laisse à ma dite église cathédrale, et je luy lègue ma chapelle entière d'argent ciselé dont je faisais parer l'autel quand j'officiais pontificalement, ne réservant que la crosse.

« Je donne aussi le soleil vermeil doré, enrichy de perles, de diamants et d'amétistes, avec le sépulchre de vermeil doré, couvert et entouré de pierres fines, afin que le Très-Saint-Sacrement de l'autel y puisse être exposé avec plus de pompe, durant l'Octave de sa feste et aux autres jours, et que le Jeudy-Saint il soit mis au reposoir, jusques au lendemain, d'une manière fort convenable au mystère et à la cérémonie que l'Église observe.

« Je donne encore à ma dite église cathédralle

mon ornement complet de damas blanc, bordé de toile d'or dont je me sers, et duquel on pare l'autel quand je fais l'office divin avec toutes les chappes et dalmatiques, plus mes tentures de tapisserie de haute lice, afin qu'elles servent à tendre le chœur aux quatre festes annueles et aultres de la première classe, désirant que celle où sont dépeints saint Jean-Baptiste et les douze apostres soit mise autour de l'autel....

« Je donne à la paroisse de Nostre-Dame-Dupny de cette ville, que l'on appelle la paroisse de Saint-Maur, mon ornement de velours vert complet, avec le devant d'autel de même étoffe et couleur, qui sont chargées d'un galon d'or formant des croix. Je donne à la paroisse de Sainte-Colombe mon ornement de satin de burge blanc, brodé de croix et de chapelets de tapisserie, avec le devant d'autel qui est de même, et je donne à la paroisse de Saint-Vivien mon ornement de camelot violet aussi complet [1]. »

Nous pensons bien que la *monnaie nationale* n'a pas seule enfoui, dans ses creusets brûlants, ces saints et précieux dépôts de la piété du prélat.

Un siècle s'était écoulé depuis les ravages du Protestantisme [2]. La Providence, constante à veiller

---

[1] Extrait du testament de M. de Bassompierre, évêque de Saintes. — Voir ce testament à la fin de l'ouvrage.

[2] L'évènement providentiel de la découverte du tombeau de saint Eutrope, à Saintes, *le* 19 *Mai* 1843, nous prouve

Eglise de St. Eutrope de Saintes.

sur la conservation du *chef* de l'apôtre de l'Église Santone, et sachant qu'un jour, de nouveaux orages gronderaient encore sur l'église de Saint-Eutrope comme sur l'Église de France, inspira à Armand Ducourroy, alors abbé du monastère, les sages précautions qui avaient été suggérées au fidèle abbé François Noël, au XVIe siècle. Un nouveau procès-verbal fut donc dressé sous l'épiscopat de Louis de Bassompierre. Les détails en sont curieux ; il est de l'année 1652.

« Aujourd'huy, douziesme juillet mil six centz cinquante et deulx, à issue de cour, pardevant nous Arthur de Guip sieur Dupas, advocat en la cour et juge ordinaire du prieuré, terre et seigneurrie de Sainct-Eutroppe, assisté de maistre Pierre Jehanneau, procureur fiscal de la dicte seigneurrie, et ayant avecq nous maistre Hélie Brisson, nostre huissier, ont comparus vénérables et discrettes personnes dom Armand Ducourroy, prestre relli-

---

historiquement que le *chef* du saint Apôtre n'a pas seul été sauvé de la ruine sacrilège des Protestants, en 1568 ; le corps du saint Martyr et le chef de sainte Eustelle, également martyre, sont restés dans *la crypte* creusée dans *l'église basse* par saint Pallais, au VIe siècle, et qui fut *renouvelée* par saint Hugues, abbé de Cluni, et ses Religieux, au XIe, jusqu'au jour à jamais mémorable *du* 19 *Mai* 1843 ; puisqu'il est évident que cette *crypte* antique a été entièrement inconnue des Calvinistes, en 1568, et des révolutionnaires, en 1793. Nous nous réservons, dans le 3e volume de cette histoire, de donner un exposé fidèle et les preuves certaines du fait que nous mentionnons ici.

gieulx de l'ordre de Saint-Benoist et prieur régulier et titullaire du dict prieuré de Sainct-Eutroppe ; dom Eutroppe Birot, aussy relligieux de Cluny et prévost du dict prieuré; dom Louis de Chésnu aulmosnier ; dom pascal Cauchye, célérier ; dom Sébastien du Chastre, chantre ; et dom Gaspard de Chésnu soubdiacre, et tous relligieulx qui nous ont dict et remonstré que despuys quelques années les clefz du relicoire où on garde le chief du glorieux et heureux Sainct-Eutroppe et aultres relliques quy sont dans l'esglyze du dict prieuré, ont esté entre les mains du dict dom Gaspard de Chésnu, en callité de segraistain ; et d'aultand qu'il est important que les dicttes reliques soyent soygneusement gardées et qu'il y a trois diverses clefs de la dictte armouëre où sont les dicttes reliques, lesquelles clefz doibvent estre mises entre les mains du dict sieur prieur, le dict Chésnu a, tout présanctement sur ce requisittoire du dict sieur Du Courroy, prieur, icelles remis entre ses mains. En conséquance de quoy il désire, ensemble tous les dicts relligieulx et officiers du dict prieuré, qu'il soyt faict et droissé procès-verbal de l'estat où sont les dicttes reliques, aux fins qu'à l'advenir il n'y soyt rien altéré.

« Nous ayant requis à ces fins nous voulloir transporter en l'églyze du dict Sainct-Eutroppe pour assister à l'ouverture quy se fera du dict relicoire descouverte des dicttes reliques, et faire droisser nostre procès-verbal de lestat dicelles. A quoy inclinant, nous sommes à l'instant avec le dict sieur Du Courroy, le dict Birot, De Chésnu, Cauchye, du Chastre et de Chésnu, acostés du dict Jehanneau, transportés en la dictte esglyze, où estant le dict sieur prieur et estant revestu de l'aube, a ouvert le lieu où repose la dictte relique de Sainct-Eutroppe en nostre présance, et des susdictz, et, après les oraisons acoustumées, il a faict ouverture d'une châsse d'argent, dans laquelle nous avons veu la dictte rellique renfermée d'un cristal duquel pareillement il a esté faict ouverture et la dictte rellique mise à nud en la présance de honorable homme maistre Jehan Huon, docteur en médecine, et Mathieu Martel, lieutenant du premier chirurgien du roy, et commis de son premier médecin dans la ville de Xainctes et seneschaussée de Xainctonge; lesquelz ayant exactement regardé et considéré le dict chief, ont treuvé deux playes au dict chief, l'une située sur l'os parietal senextre de longueur et largeur la figure suivante [1] :

---

[1] Voy. pag. 422. fig. A.

422 HISTOIRE

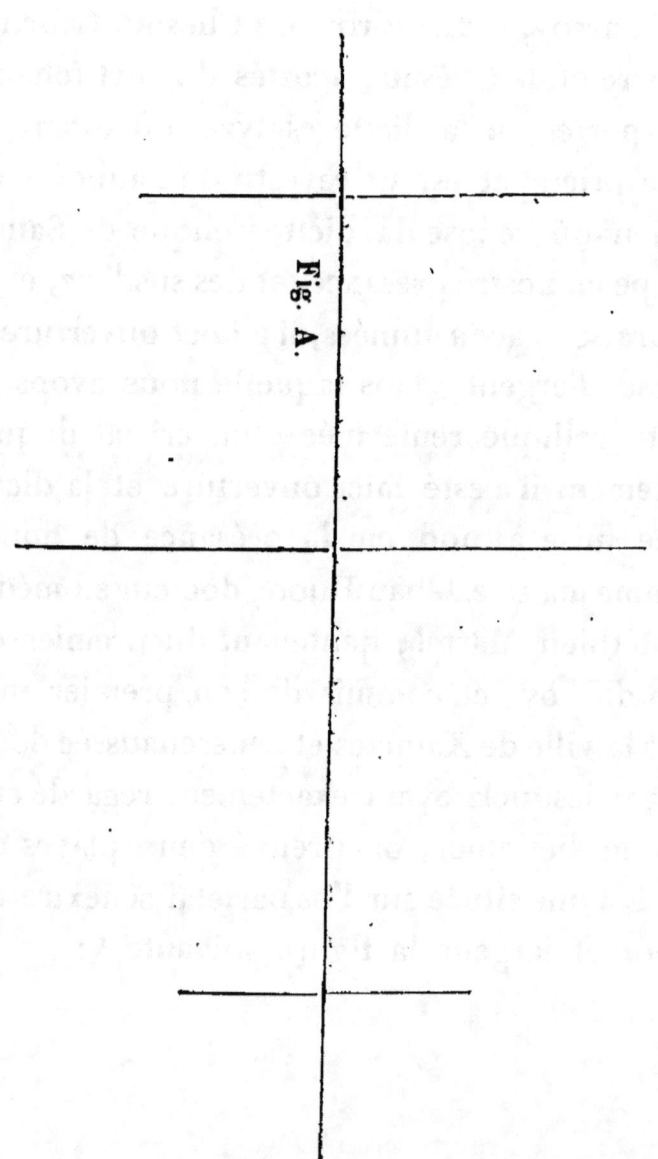

Fig. A.

« Laquelle playe occupe la partye entérieure du dict os despuis la suture coronalle jusque a l'os petreux, l'aultre est en la partye droitte de l'os oxipital commansent à la suture laubedolde de la longueur et largeur figure présante :

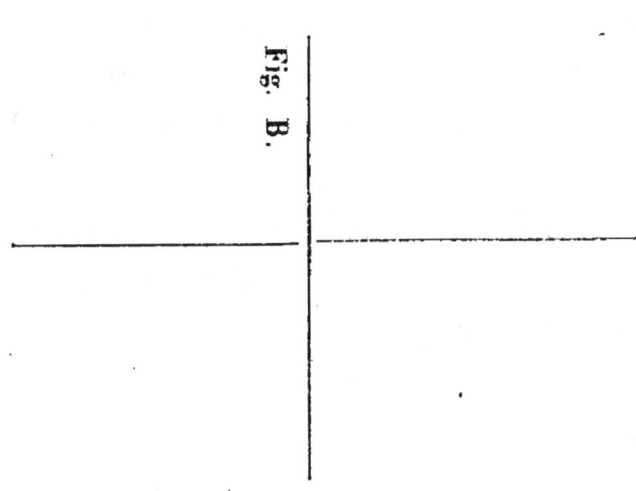

« Et dans le dict chief de la partye senextre y a encorre une dan attachée dans le fons de la machoire, ce qu'ayant esté le tout exactement observé, le dict sieur prieur, en la même présance, a renfermé la dictte rellique dans les estuys de cristal et remis le tout dans le dict reliquoire, et icelluy porté avec toute révérance dans le mesme lieu, où il lavoict pris et où elle repoze ordinoirement ; et c'est aussy treuvé unq petit coffret de bois enveloppé de pane rouge, duquel coffret ayant foict ouverture, c'est treuvé plusieurs os séparez entre lesquelz est la baze dunq crasne (que les dictz relligieulx nous ont rapporté qu'on disoict estre par tradition du chief de saincte Eustelle, vierge et martyre) aveq l'os petreux du costé gauche ; le tout uny ensemble aveq unq os de la cuisse antier en la partye supérieure, une omoplate antierre trouée par le millieu, sept vertebres entierres et cent trante-huit pièces d'os de diverses partyes du corps qu'on ne peut présisement distinguer à cause quilz sont rompeus, en oultre deux petits fraguements dos et unq os plus grand de larticullation du pied ou de la main, les trois os enveloppez dans un papier sur lequel est escrypt qui sont des *onze mille Vierges* ; et encore dans unq aultre papyer c'est treuvé unq aultre fraguement dos enveloppez sur lequel papyer est escript : *Beaty pacifici confessores ex primis Sociis sancti Francisci.*

« Tous lesquelz ossements ont estés remis aussy avecq toute reverance dans le dict coffre et icelluy porte au mesme lieu et joignant le relliquoire du chief de Sainct-Eutroppe, dont et du tout nous avons droisse nostre présant procès verbal les jour et an susdictz. Ainssy signe, Ducourroy, prieur susdict ; de Chésnu, aulmousnier de Sainct-Eutroppe ; Eutroppe Birot, D. S. Duchastre, chantre, dom Paschal Cauchy, cellerier ; dom Gaspard de Chesnu, de Guip, Jehanneau, J. Huon, Martel et Brisson, greffier[1]. »

[1] Arch. mss. de Saint-Eutrope, liasse n° 5.

Nous verrons, plus tard, l'importance de cette nouvelle pièce, pour constater le fait de l'identité et de l'authenticité du dépôt de la relique de saint Eutrope. Mais en avançant vers le XVIIIe siècle, nous jetterons un coup-d'œil, selon notre usage, sur le monde chrétien et politique du XVIIe. Du haut de la chaire pontificale, Innocent XIe gouverne l'Eglise universelle; sur le trône de France, Louis XIV règne en souverain sur ses sujets qu'il aime et sur ses ennemis qu'il subjugue. Nous ne dirons rien de la fameuse affaire de la *régale*, ni des débats scandaleux de la secte Janséniste; nous saluerons en passant toutes les gloires de la France, sous le règne du grand roi, et, avant de nous arrêter à un fait qui doit avoir place dans cette histoire, puisqu'il se lie à certaines particularités de nos récits, nous rappellerons la célèbre assemblée de 1681 et 1682, où Bossuet, en présence de l'épiscopat français, prononça son éloquent discours sur *l'unité de l'Église*. Les évêques de France ne se montrèrent pas seulement les défenseurs de l'unité catholique, ils voulurent encore prouver qu'ils étaient les apôtres de la charité. L'hérésie de Calvin avait fait perdre la foi à un grand nombre d'âmes dont le salut intéressait le zèle des évêques de France; ils se décidèrent à publier un avertissement pastoral, au nom de l'Eglise Gallicane, tendant à convertir ceux de la prétendue religion réformée. Ce monument est remarquable par l'esprit qui le fit naître. Les évêques s'exprimaient ainsi :

« Il y a long-temps, nos très-chers frères, que toute l'Eglise de Jésus-Christ est pour vous dans les gémissements et que cette mère, pleine d'une très-sainte et très-sincère tendresse pour ses enfants, vous voit, avec une extrême douleur, toujours égarés et comme perdus dans l'affreuse solitude de l'erreur, depuis que, par un schisme volontaire, vous vous êtes séparés de son sein. Car, comment une véritable mère pourrait-elle oublier ceux qu'elle a portés dans ses flancs ; et comment cette Eglise pourrait-elle ne se plus souvenir de vous, qu'elle a autrefois tant aimés, et qui, bien que peu reconnaissants, ne laissez pourtant pas d'être du nombre de ses enfants, que le poison de l'hérésie a dégoûtés de la vérité catholique, et que la tempête causée par la révolte du Calvinisme a fait quitter la sainteté de l'ancienne doctrine de la Foi, en vous arrachant, malheureusement, du centre et du chef de l'unité chrétienne.

« Voilà, très-chers frères, le sujet de ses larmes ; elle se plaint amèrement, cette mère désolée, de ce qu'ayant méprisé la tendresse qu'elle a pour vous, vous avez déchiré ses entrailles. Elle vous recherche comme ses enfants égarés ; elle vous rappelle comme la perdrix ses petits ; elle s'efforce de vous rassembler sous ses ailes comme la poule ses poussins ; elle vous sollicite à prendre la route du ciel comme l'aigle ses aiglons ; et, toujours pénétrée des vives douleurs d'un pénible enfantement, elle tâche, faibles enfants, de vous ranimer une seconde fois, résolue, pour cet effet, de souffrir toute sorte de tourments, jusqu'à ce qu'elle voie Jésus-Christ véritablement renouvelé et ressuscité dans vos cœurs.

« C'est dans cette vue que nous, archevêques, évêques et autres députés du clergé de France, que le St-Esprit a établis pour gouverner l'Église dans laquelle vous êtes nés, et qui, par une succession perpétuelle, tenons encore aujourd'hui la même foi, et occupons les mêmes sièges que les saints prélats qui ont apporté la religion chrétienne dans nos Gaules, venons vous chercher, et, par la fonction que nous faisons d'ambassadeurs pour Jésus-Christ, comme si Dieu même vous parlait par notre bouche, nous vous exhortons et nous vous sommons de nous dire pourquoi vous vous êtes séparés de nous ?

« En effet, dans l'état même où vous êtes présentement, avouez-le, ou ne l'avouez pas, vous êtes nos frères, honorés jadis, par notre père commun qui est dans le ciel, du titre de son adoption, et élevés, par la même mère qui est l'Église, dans l'espérance de posséder un jour l'héritage destiné à ses vrais enfants.

« Et celui-la même qui osa vous séduire par son erreur, et qui vous persuada de ne plus obéir à la vérité, le chef de votre prétendue réforme ne vivait-il pas des mêmes viandes spirituelles? Ne s'acquittait-il pas avec nous des mêmes devoirs de la fraternité chrétienne? Justifiez, si vous pouvez, devant Dieu votre père, devant l'Église votre mère, devant les Catholiques vos frères, la honte et même l'infamie d'une séparation si criminelle, si violente et si emportée? Justifiez-vous de vous être divisés du corps de Jésus-Christ; de vous être retranchés de la purification des sacrements de Jésus-Christ; d'avoir fait une cruelle guerre aux membres de Jésus-Christ; d'avoir vomi des injures contre l'épouse de Jésus-Christ, et d'avoir renoncé aux promesses de Jésus-Christ ; excusez cette faute et lavez cette tache, si vous pouvez ; et parce que vous ne le pourrez jamais, avouez que cet oracle de l'Écriture tombe directement sur vous : *L'enfant révolté dit hardiment que sa conduite est juste; mais quand on lui demande pourquoi il a quitté la maison de son père, il ne saurait justifier sa sortie.*

« Pourquoi donc, très-chers frères, n'êtes-vous pas demeurés attachés à la racine et au centre de l'Église avec tout le reste de l'univers? D'où vient que vous avez renversé les autels, et qu'en les renversant, vous avez rompu les vœux et les débris des fidèles? Pourquoi avez-vous coupé le chemin aux prières qui montaient au ciel? C'était du pied de ces autels que les suffrages des Chrétiens s'élevaient jusqu'au trône de Dieu : pourquoi donc, de peur qu'on ne continuât d'envoyer à Dieu les prières accoutumées, avez-vous abattu cette échelle mystérieuse, en renversant par vos mains sacrilèges ces pierres sacrées qui lui servaient de base et de fondement ? Tous les sectaires qui ont été devant vous, s'étaient contentés d'élever autel contre autel ; mais vous, par une entreprise que tout l'univers avait ignorée jusqu'à ce temps, pour abolir entièrement le sacrifice de Jésus-Christ, vous avez osé démolir les autels du Seigneur des vertus, où Jésus-Christ, qui est le véritable passereau, selon l'interprétation de saint Augustin, avait choisi sa demeure, et où la vraie tourterelle, qui, selon ce même père, est l'Église, avait fait son nid pour la sûreté et la conservation de ses petits.

« Mais nous voulons que tous ces excès, dont nous venons de parler, et généralement tout ce qui est arrivé depuis, soit de guerres contre l'Église, soit d'erreurs contre les dogmes, ait été l'effet de la fureur qui accompagne ordinairement tous les schismes, et qu'il doive plutôt être attribué au mauvais génie de la révolte, qu'à aucune méchante inclination de votre part. Toutefois, la plainte continuelle et capitale que nous formons sans cesse contre vous et à laquelle nous nous attachons présentement, c'est de vous demander encore et toujours : Pourquoi vous êtes-vous séparés de nous ?.. Tant que vous ne répondrez pas précisément à cette question, quoi que vous puissiez jamais dire ou écrire sur tout autre sujet, tout ce que vous direz ou écrirez sera entièrement inutile.

« Nous ne doutons pas que vous n'employiez ici cette vieille réponse si familière à tous les schismatiques, et que, sachant par expérience qu'il vous est impossible d'ébranler les fondements de notre croyance, vous n'ayez recours au prétexte spécieux du déréglement des mœurs de diverses personnes de notre religion, et que vous n'alléguiez que, faisant profession de mener une vie toute réformée et de suivre les lois les plus sévères du Christianisme, il n'était ni bien séant à votre réputation, ni assuré pour votre conscience, de demeurer davantage avec des gens d'une conduite si reprochable. Ce sont-là, trèschers frères, les seuls motifs pour lesquels vous avez jugé qu'il vous était permis de rompre l'unité sainte du Christianisme, de blasphémer contre l'héritage de vos frères, et de vous moquer de la vérité et de l'efficace des sacrements de l'Église ; voyez jusqu'à quel point vous vous êtes éloignés de l'esprit de l'Évangile ! Il est certain que si tous ces crimes que vous nous objectez et qui ont été sans doute, ou en bien plus petit nombre et plus légers, ou peut-être cachés, ou même tout-à-fait controuvés et imaginaires, avaient été réels, publics et avérés, et encore plus grands que vous ne dites, des Chrétiens auraient dû épargner cette ivraie, en considération du bon grain, parce que nous sommes obligés de supporter les défauts des méchants, pour conserver la communion des gens de bien. Moïse eut-il recours au schisme, lorsque tant de milliers d'hommes murmurèrent contre Dieu?.. Samuel eut-il recours au schisme, lorsque les enfants d'Héli et les siens commirent de si indignes sacrilèges? Jésus-Christ eut-il recours au schisme, quand Judas, ce démon et ce traître, le vendit à ses ennemis? Les Apôtres ont-ils fait schisme avec les faux-frères et les faux Apôtres ennemis d'eux et de leur doctrine? Et St. Paul, qui faisait profession d'oublier ses propres intérêts, pour soutenir ceux de Jésus-Christ, n'a-t-il pas toujours vécu avec une extrême patience parmi ceux qui sacrifiaient les intérêts de Jésus-Christ à leur malheureuse cupidité? Et vous, nos très-chers frères, non-seulement vous n'avez pu vous résoudre à supporter les prétendus défauts de l'Église, votre mère, l'épouse du Sauveur du monde, mais vous vous êtes retirés de sa communion, vous l'avez divisée et déshonorée par toute la terre, et, pour la diviser et la déchirer plus cruellement, vous lui avez attribué des taches qui ne se rencontraient que dans quelques particuliers, sans faire réflexion que Jésus-Christ l'a purifiée dans les eaux de son baptême par la parole de vie, afin de la faire paraître devant lui pleine de gloire, n'ayant ni taches, ni rides, ni rien de semblable.

« Que nous reste-t-il donc maintenant, très-chers frères, sinon de pratiquer à votre sujet le conseil du Saint-Esprit : *Bienheureux les pacifiques, parce qu'ils seront nommés les enfants de Dieu;* et de vous conjurer, par les entrailles de la miséricorde que vous déchirez depuis si long-temps, par le sein de l'Église votre mère, que vous avez quitté, par la charité fraternelle que vous avez tant de fois violée, par les sacrements de Jésus-Christ que vous avez méprisés, par les autels du Dieu vivant que vous avez renversés, enfin par tout ce qu'il y a de plus saint et de plus sacré, soit dans le ciel, soit sur la terre, de songer sérieusement à votre correction, à votre retour et à votre réconciliation avec l'Église. Et que peut-il vous rester, sinon d'oublier pour jamais le schisme dans lequel vous êtes tombés, de vous ressouvenir des tendresses de l'Église qui vous a tant aimés, et de revenir au plus tôt dans votre maison paternelle, où les mercenaires mêmes vivent dans l'abondance, pendant que vous, qui êtes des enfants égarés par votre révolte dans un pays sans habitation, sans chemins et sans eaux, ne trouvez pas seulement des miettes pour vous soutenir dans votre langueur contre la faim spirituelle qui vous consume et vous dévore ? Pourquoi délibérez-vous ? Comment est-ce que vous résistez encore ? Est-ce que vous avez honte de reprendre la qualité d'enfants de l'Église, pendant que Louis-le-Grand, son fils aîné, fait le capital de sa gloire d'élever, tous les jours, de nouveaux trophées à l'honneur d'une si digne mère ?.... Son bonheur ne se trouve donc borné que par votre opiniâtreté seule, puisque, dressant, tous les jours, tant de saints et pieux monuments à l'avantage du Christianisme, l'unique chagrin qui lui peut rester, c'est de voir encore, au nombre de ses sujets, des ennemis de sa religion et des déserteurs de l'ancienne milice chrétienne, qui, non contents d'avoir abattu les autels de leurs ancêtres, pour s'abandonner à un culte inconnu et à des cérémonies étrangères, s'opiniâtrent encore maintenant à vouloir demeurer dans leurs premières erreurs. Ce grand prince s'est expliqué depuis peu, à nous-mêmes, sur les souhaits qu'il fait de votre retour, d'une manière qui seule lui ferait mériter le nom de *très-chrétien*, quand il nous protesta qu'il désirait, avec une si forte passion, votre réunion à l'Église, qu'il s'estimerait heureux d'y contribuer de son propre sang et par la perte même de ce bras invincible avec lequel il a dompté tant d'ennemis et fait tant de conquêtes. Hé quoi donc ! y eut-il jamais un temps plus propre pour vous rappeler à la communion de Rome, que celui auquel l'Église apostolique est gouvernée par le pape Innocent XI, dont la vie et les mœurs, formées sur les plus anciennes et sur les plus sévères règles de la discipline chrétienne, font voir, de nos jours, à tout le monde, le modèle le plus parfait d'une sainteté consommée!... Nous attendons de vous, nos très-chers frères, de meilleurs sentiments et des desseins plus favorables à votre salut.

« Fait à Paris, en l'assemblée du Clergé de France, le 1ᵉʳ jour de juillet, l'an de grâce 1682[1]. »

Quelque pures que soient ici les intentions de l'Église de France, secondant le zèle de Louis XIV, pour rappeler au centre de l'unité catholique des frères trompés par le schisme et l'hérésie, nous pensons que des esprits prévenus et décidés à repousser la vérité, lors même qu'elle se montre avec toutes les lumières de l'évidence, ne manqueront pas de donner de fausses interprétations à ses paroles de concorde, de charité et de paix. On dira, contre la conscience et la justice, que les Protestants, sous Louis XIV, ont été opprimés. La grande preuve qu'on en allègue, c'est la révocation de l'édit de Nantes.

Nous ne voulons point, sur cet article, donner nos propres pensées; elles seraient peut-être accueillies avec méfiance. Ayant, au reste, bien moins la prétention de faire un livre, que le désir de préconiser avec indépendance et sans aigreur les droits de l'incorruptible vérité, nous laisserons parler

---

[1] *Mém. du Clergé de Fr.* An 1682.

l'histoire ; car, lorsque l'histoire, dirons-nous avec M. le chevalier Artaud, est si bien faite, il ne faut pas la recommencer [1]. Seulement nous ferons observer que le Protestantisme a cherché, avec cette hypocrisie cauteleuse qui lui est propre, à exploiter à son profit la révocation de l'édit de Nantes, en s'exerçant à intéresser la pitié, comme si, innocent et inoffensif, il n'eût été dans cette circonstance qu'une victime immolée à la haine par une tyrannie barbare. Les hommes qui n'ont jamais étudié de bonne foi l'essence et l'esprit du système calviniste, ont quelquefois cru les sectaires sur parole; mais une connaissance acquise et un examen vraiment rationnel font porter un tout autre jugement sur la nécessité, la nature et les avantages de la révocation. Sans elle, nous le croyons, la révolution de 1793 aurait eu lieu cinquante ans plus tôt ; elle éclata lorsque l'*état civil* fut rendu au Calvinisme, foyer de révolte ; c'est ce qu'atteste l'autorité des faits et des écrivains les plus recommandables.

Louis XIV, monarque tout à la fois conquérant et politique, avait, après ses nombreuses victoires, reçu le surnom de Grand, surnom d'autant plus glorieux pour lui, que les nations les plus jalouses de la France reconnurent qu'il en était digne.

---

[1] *Hist. et Descript. de l'Italie,* par M. le chev. Artaud, pag. 132.

Après avoir ajouté à son royaume la Franche-Comté et une partie des Pays-Bas, fait de Strasbourg le plus fort boulevard de ses États vers le Rhin, et humilié Gènes qui avait osé braver la puissance française, le monarque, fidèle à une politique suivie par les Protestants eux-mêmes par rapport aux Catholiques en Angleterre, en Hollande, à Genève et dans quelques cantons Suisses, et non, comme on a trop souvent affecté de le dire, livré par la *superstition* à un système *d'intolérance* et de *persécution* en opposion avec les principes de *philosophie* et de *civilisation* où l'Europe était alors parvenue, le monarque, disons-nous, frappa l'opinion calviniste d'un coup qui retentit jusqu'aux extrémités de l'Europe. Les Protestants avaient extorqué de ses prédécesseurs, *les armes à la main*, un grand nombre de privilèges en faveur de leur secte, et obligé Henri IV de publier, en 1598, le fameux édit de Nantes qui leur donnait une sorte d'égalité avec les Catholiques. Malgré ces imprudentes concessions, ils n'en avaient pas moins été entreprenants, et déjà l'on comptait plus de *deux cents* lois portées contre leurs infractions à l'édit d'Henri IV, lorsque Louis XIV se détermina à déployer contre eux son autorité. Assez grand et assez puissant pour avoir peu de chose à craindre de leur ressentiment, il révoqua l'édit de Nantes. Le roi ordonnait l'abolition de tout ce qui s'était jamais fait dans le royaume de saint Louis en faveur du système irréligieux de Calvin; la démolition de tous *les temples* qui restaient à ses sectateurs. Raisonnant dans le sens d'une vérité rigoureusement logique, nous dirons que le mot *temple* ne peut pas ici, dans sa valeur intrinsèque et relative, signifier autre chose que ce que signifie le mot *pagode* ou *mosquée*. Car Dieu est absent des *temples* élevés par l'erreur, comme le soleil l'est de notre hémisphère, pendant la nuit. Dieu est vérité; et la raison proclame qu'il ne peut pas être contraire à lui-même, en se déclarant, avec une égale complaisance, pour le culte du mensonge qui vient de l'homme, et pour celui de la vérité qui vient de Dieu; une saine philosophie parle à cet égard comme la Foi. Admettre, dans un état, indifféremment *tous les cultes*, est un crime de lèze-majesté divine. Cette vérité cesse d'être comprise quand la loi est athée. L'édit royal portait une défense expresse, pour les Calvinistes, de s'assembler en aucun lieu public ni maison particulière pour leurs pratiques hétérodoxes; quant à tous leurs *ministres* qui refuseraient d'abjurer, l'ordre absolu leur était intimé de sortir du royaume sous quinze jours[1], à compter de la

---

[1] « En adoptant cette mesure, Louis XIV ne faisait que se conformer à l'exemple de presque tous les gouvernements protestants, qui avaient prononcé la même peine, et de plus sévères encore contre les prêtres catholiques. »

(*Hist. de Bossuet, par de Beausset, tom. IV. p. 78.*)

publication de l'édit. Qui dit *ministres protestants*, nous devons l'avouer avec notre franchise ordinaire, dit hommes *sans caractère* sacré et *sans mission* pour annoncer l'Évangile; car « rien n'est moins vrai ni moins soutenable, comme le prouve Scheffmacher, que de prétendre que chaque chrétien soit véritable prêtre ayant pouvoir de consacrer et d'absoudre; de prétendre qu'une communauté de laïques puisse communiquer ce pouvoir ou le droit de l'exercer; l'ordination de l'évêque est absolument nécessaire, pour conférer le pouvoir d'administrer les sacrements; et tout ce qui se fait en ce genre par quiconque n'a pas été ordonné par l'évêque, est indubitablement de nul effet et de nulle valeur [1]. » Au XIXe siècle, le sens commun réprouve les prétentions de l'hérésie, et admet sans réplique cet enseignement catholique de Scheffmacher.

Mais en expulsant les séducteurs, l'édit de Louis XIV défendait à la multitude séduite de les suivre; c'est-à-dire, de prendre eux-mêmes le parti de la désertion, ainsi que de transporter hors de France leurs biens et leurs effets, à peine de galère pour les hommes, et de confiscation tant de corps que de biens pour les femmes. Il intervint deux ordonnances nouvelles dans la même année, le 25 octobre et le 5 novembre, à l'effet

---

[1] Voy. *Lett. de Scheffmacher,* tom. II. pag. 13. édit. in-12.

d'interdire l'exercice du Calvinisme dans les vaisseaux et d'empêcher les gens de mer de favoriser l'évasion de ceux qui le professaient. Cependant il n'est pas douteux que l'avarice des gardes, trop bien amorcée en ces sortes de rencontres, n'ait procuré l'évasion de plusieurs milliers d'individus, hommes et femmes, qui se réfugièrent principalement en Angleterre, en Hollande et en Prusse; mais ni la multitude ni l'opulence fugitives ne furent aussi considérables que l'ont voulu persuader de prétendus *patriotes*, moins zélés au fond pour la patrie, que malveillants, ou du moins indifférents à l'égard de la religion [1].

L'auteur de l'*Histoire de la Saintonge*, M. Massiou, est loin d'être dans le vrai sur le point de la révocation de l'édit de Nantes. « La révocation, dit-il, *dépeupla* une partie du royaume sans en extirper la *réforme* ; *elle retarda* l'essor de l'industrie nationale ; elle jeta *un crêpe lugubre* sur les dernières années du grand roi [2]... » L'histoire impartiale répond à M. Massiou :

« Que les calculateurs prévenus ou intéressés aient porté à plusieurs millions le nombre des Protestants fugitifs, c'est une exagération non moins suspecte par la manière dont elle s'est for-

---

[1] *Hist. de Fr. — Hist. Eccl.*
[2] Tom. II. pag. 519.

mée, que par le caractère de ceux qui cherchent à l'autoriser et à s'en prévaloir. Et comment s'est-elle formée ? On n'en vint pas d'abord à cette multiplication exorbitante ; on fit une première hyperbole, on y ajouta successivement, on la répandit de toutes parts, et, semblable à la renommée qui lui donnait l'être, toujours elle s'accrut en se répandant. Enfin, quand la prévention se fut convertie en opinion publique, au moins dans la classe populaire si nombreuse en ce genre, on ridiculisa tellement l'opinion contraire, que peu de personnes eurent désormais le courage de la soutenir. Tel est trop souvent le pouvoir du ridicule, aussi méprisable à la raison que terrible à la frivolité française, et telle est encore parmi nous l'origine aussi bien que la tyrannie des opinions factices : mais cet artifice misérable peut-il étouffer la vérité en d'autres bouches que dans celles des lâches ? Après tout, que faut-il de courage pour la produire tout entière, quand on n'a rien à dire qui ne porte, comme en cette rencontre, sur la déposition des témoins les plus intéressés même à dire le contraire ? C'est des écrivains calvinistes seuls que l'on prend ici le nombre des Calvinistes réfugiés [1]. Or, est-il vrai

---

[1] Basn. *Unité de l'Égl.* pag. 120. — Lamartinière, *Hist. de Louis XIV*, liv. 63, pag. 327. — Larry, *Hist. d'Angl.* tom. IV. pag. 664. — Ben., *Hist. de l'Édit de Nantes*, tom. III. part. 3º. pag. 1014.

que Basnage, le moins retenu entre les auteurs des premiers calculs, ne porte cependant ce nombre qu'à trois ou quatre cent mille ; la Martinière, à à trois cent mille simplement, et Larry, à deux cent mille. Benoît, contemporain de l'émigration, dit généralement d'abord qu'il passa deux cent mille ; reprenant ensuite la chose en détail, et assignant à chaque lieu de refuge sa part de réfugiés, à l'exception de quelques articles faciles à évaluer par les autres, et que d'ailleurs on a soigneusement vérifiés, il ne peut pas même parvenir à son capital de deux cent mille. On peut voir, dès ce premier rapport, comment l'exagération s'est accrue par le temps, ou, ce qui revient au même, comment elle décroît à mesure que l'on remonte au temps où elle s'est faite : quatre cent mille, selon Basnage ; trois cent mille au compte de la Martinière ; deux cent mille suivant Benoît, leur ancien et le contemporain des fugitifs ; voilà déjà une réduction de moitié, en faisant même grâce à celui-ci sur son peu d'accord avec lui-même. Quant aux points de détail omis par cet écrivain, et que nous disons avoir été vérifiés avec soin, la vérification de l'article de Berlin, en particulier, se trouve parfaite dans l'histoire des réfugiés français de Brandebourg. L'auteur calviniste de cet ouvrage, Ancillon, qui l'écrivait immédiatement après les établissements divers des fugitifs dans cet électorat, ne peut être soupçonné ni d'en avoir ignoré le nombre, ni de l'avoir diminué. Or, il dit en termes exprès que la colonie française de Berlin, *la plus considérable de toutes*, était de deux mille communiants : ce qui, à raison de cinq têtes par famille, dont trois communiants à-peu-près, donne trois mille trois à quatre cents personnes ; et ce nombre, ajouté à celui des réfugiés des autres lieux de Brandebourg, ne fournit, suivant le même Ancillon, qu'un total de neuf mille six cents et quelques personnes. Admettons néanmoins, nous le pouvons sans conséquence, les mémoires dressés à ce sujet sous le règne du célèbre Frédéric, par une plume dont on ne saurait méconnaître le coloris, ni dissimuler le goût pour la fiction ; encore la totalité que nous aurons admise ne montera-t-elle qu'à vingt mille, et en nous relâchant de même à l'égard des autres pays de refuge, toujours nous restera-t-il une différence de plus de moitié entre la somme avérée du nombre des transfuges, et celle de deux cent mille, marquée par les religionnaires contemporains. Que devons-nous donc penser du front avec lequel on l'a si prodigieusement enflée de nos jours ? Mais sans qualifier les calculateurs qui nous égarent, prenons des guides plus sûrs. Le Marcellus de la France, le duc de Bourgogne, ce prince, d'un génie, d'une sagesse et d'une candeur également renommés, est sans doute plus digne de foi, au moins sur un fait qu'il était plus à portée d'approfondir que l'historien poète et romancier qui les fait monter à huit cent mille, exagération cependant encore bien éloignée du délire anti-catholique qui le porte à plusieurs millions, c'est-à-dire, à une quantité plus grande que celle de tous les religionnaires qui se trouvaient en France avant leur émigration. Ils ne faisaient compte eux-mêmes que d'un seul million, lorsque, invoquant la protection de la reine Elisabeth d'Angleterre, et *lui offrant leurs bras contre leur patrie*, ils lui disaient par leur député, le sieur de Saint-Germain, qu'elle obligerait un million de personnes de toute qualité, dont *le service ne lui serait peut-être pas inutile*[1]. Depuis cette époque jusques à l'année 1680, qui ne précéda leur fuite que de cinq ans, leur nombre ne s'était point accru, puisqu'en se plaignant des atteintes qu'alors on portait à leurs monstrueux privilèges, ils ne comptaient encore qu'un million d'âmes privées de ces concessions[2]. Ce n'est donc pas une simple présomption, mais une conclusion exacte et certaine, que le nombre de *soixante et quelques mille* est le plus vrai, ou du moins le plus vraisemblable. Et quel vide

---

[1] Procès-verbal de l'assemblée de Châtellerault, année 1597. Les Protestants ont toujours voulu mettre la France à la remorque de l'Angleterre. Les faits l'attestent! Honte! Le Protestantisme est anti-français, aussi bien qu'anti-religieux!...

[2] *Hist. de l'Édit de Nantes*, tom. IV. partie 3e liv. 16. pag. 414.

ce nombre put-il faire dans un royaume de vingt-quatre millions d'âmes alors ?.. »

Voilà encore qui répond à cette autre phrase de M. Massiou : *La révocation dépeupla la France !* Voyons maintenant si, comme l'avance l'honorable écrivain, *elle retarda l'essor de l'industrie nationale.* C'est toujours l'histoire qui parle, et non l'opinion bénévole d'un panégyriste officieux :

« Le tort au commerce et à l'industrie fut, dit-on, dans une proportion beaucoup plus forte. Sur quoi l'on fait encore des exagérations visiblement absurdes, et même contradictoires à celles de la dépopulation qu'on dit avoir eu la même cause. Nous n'en releverons qu'un trait, par où l'on pourra juger des autres. Sur le rapport de l'intendant de Tours, on soutient qu'avant la révocation de l'édit de Nantes, il y avait dans cette ville, pour les manufactures de soie, huit mille métiers et soixante mille ouvriers, en y comprenant les personnes occupées au dévidage, et qu'après la révocation, il ne s'y trouva plus que douze cents métiers et quatre mille ouvriers. A la seule inspection de cette partie du rapport, la contradiction saute aux yeux, pour peu qu'on soit attentif. En supposant, contre toute vérité et toute vraisemblance, les religionnaires déserteurs de tout le royaume au nombre de *trois millions*, ils n'eussent fait cependant que la huitième partie des Français, dont le total montait à vingt-quatre millions. C'est donc manquer de pudeur ou de bon sens, que de réduire le commerce du royaume dans la proportion de quatre à soixante, ou de quatre mille ouvriers à soixante mille.

« Quoi de plus extravagant que d'attribuer, d'une manière exclusive, le génie du commerce et des arts aux sectateurs de Calvin, farouches destructeurs, dès leur origine, et beaucoup plus propres à mettre en pièces nos vases et nos ornements sacrés, qu'à préparer les matières qu'on y faisait servir?.. Mais ignore-t-on, ou veut-on faire ignorer comment se trouvaient montés, avant la révocation de l'édit de Nantes, nos ateliers et nos manufactures ? On y croyait les ouvriers calvinistes si peu nécessaires, qu'ils en étaient exclus presque généralement par autorité publique. Un arrêt du conseil, en date du 24 avril 1667, en réduisit le nombre, pour le Languedoc, au tiers des autres ouvriers. Le parlement de Normandie, allant plus loin, dès l'an 1667, fixa leur nombre à un seul sur quinze Catholiques. Dans la capitale du royaume, il leur fut défendu, pour la mercerie, d'être plus de vingt sur trois cents, et il y avait des communautés tant d'arts que de métiers, où l'on n'en recevait point du tout. Les fabricants d'Amiens, de Dijon et d'Autun, par exemple, n'en admettaient aucun dans aucune de leurs fabriques. En toute province, ils étaient généralement exclus des nouvelles manufactures; on pouvait donc s'y passer d'eux,

Ils n'avaient donc pas seuls le talent des arts et des métiers, et ils ne pouvaient pas même l'avoir en grand nombre. Ils n'ont porté, par leur désertion, ni grand avantage à l'industrie de l'étranger, ni grand préjudice à celle de la patrie. Dans le fond, quel prix et quelle consistance avait chez nous l'industrie, en 1685? Nos plus belles fabriques alors ne faisaient que de se former. Notre commerce, à peine sorti des mains de son créateur Colbert, n'avait donc pas encore eu le temps de passer dans celles qui auraient pu le transporter à nos rivaux : mais que leur eût-on porté, sinon ce qu'ils avaient déjà, et ce qu'ils avaient eu avant nous, puisque nous l'avions appris d'eux?.. Le nom seul d'infinité de fabrications annonce que nous le devons à l'étranger ; draps londrins, serges de Londres et d'Ascot, damas et velours de Gênes, taffetas d'Angleterre, d'Italie, de Florence ; gros de Naples, satinades de Turin, points, gazes et glaces de Venise, tous ces fonds de commerce, par leur dénomination attestent encore leur origine. Si, embellis par nos mains, ils ont repassé dans leur sol natal, et s'ils ont décru chez nous, sans recourir à l'émigration des religionnnaires, combien de causes plus sensibles et communément plus actives ne peut-on pas assigner à cette révolution? Telles furent et l'instabilité de la mode, mobile impérieux des Français principalement, et la jalousie du commerce, qui n'agit pas sur les seuls Français, et l'avidité du fabricant, qui, en altérant la qualité des marchandises, les mit en décri, et la misère locale des temps, qui détruisit l'équilibre de la concurrence, et la surcharge des impôts, qui découragea l'industrie, et la longueur désastreuse des guerres, qui rendit les matières plus rares et l'exportation plus difficile; et les milices forcées, les armées innombrables de Louis XIV, la multiplication meurtrière des batailles, qui moissonnèrent tant de travailleurs, ou occupèrent du moins tant de bras nécessaires aux ateliers languissants. Pour ce qui est de l'émigration, elle porta si peu d'atteinte à la richesse, ainsi qu'à la population du royaume, que, deux ans après cette fuite, les revenus de l'État, loin d'éprouver une diminution, furent augmentés par le bail de 1687, et la charge de l'impôt, si l'on peut la nommer ainsi, ne fut que d'un liard par tête!.. Qu'on ne dise donc plus qu'avec les Protestants fugitifs, la richesse et la prospérité ont fui de la France, et que la révocation de l'édit de Nantes en a tari la véritable source. Non, le prince qui le révoqua ne fut point entraîné par une dévotion mal entendue; il ne consulta pas moins sa prudence que sa religion. Le premier devoir d'un roi, devoir indispensable, imprescriptible, à jamais inviolable, c'est de procurer sans relâche le bien de la religion et de l'état. Ainsi, Louis-le-Grand a pu et a dû imiter le grand Constantin, le grand Théodose et tant de monarques religieux que la crainte de manquer à ce genre d'engagement contracté par eux ou par leurs prédécesseurs, n'empêcha point de révoquer des grâces forcées et pernicieuses, qui ne servaient qu'à nourrir l'hérésie et la discorde dans le sein de l'État [1]...»

La révocation n'a donc pas jeté un crêpe lugubre sur les dernières années du grand roi!. C'est au contraire, parce qu'on n'a pas suivi la marche de Louis XIV, que le Protestantisme, devenu plus audacieux en obtenant l'*état civil*, jeta *un crêpe lugubre* sur la société entière; car si l'on voulait être juste, on reconnaîtrait la sagesse de cette révocation dans les tristes résultats, pour la religion, pour la monarchie, du retour de l'hérésie, non plus le casque en tête et le glaive à la main, mais avec la forme plus séduisante et plus perfide du serpent sous les fleurs. Après avoir été longtemps belliqueux et ouvertement révolté, le Protestantisme s'est fait *philosophe*. Il a d'abord démoli les édifices matériels, et il s'exerça, depuis lors, à ruiner le corps social qu'il empoisonne de ses éléments anarchiques. Cependant, à l'en croire, rien n'est hostile dans sa marche; et lorsqu'il impose ainsi à l'ignorance ses hypocrites désaveux, il fait activement circuler ses livres démagogiques; il propage ses calomnies odieuses; il

---

[1] Voy. l'*hist. Bérault*, tom. XII. pag. 92.

répète ses objections usées. Il veut être une puissance pour régner ; car il a besoin de force, puisqu'il est vide de vérité. Tous les perturbateurs deviennent ses auxiliaires ; auxiliaires indépendants à la manière de Calvin, rebelles à l'autorité souveraine comme Luther, et contribuant, de plus en plus, au développement pernicieux d'un système qui, brandon de discorde, a bouleversé l'Allemagne, perverti l'Angleterre, révolutionné la France, soulevé le Portugal et l'Espagne, et menace de mettre l'univers entier en combustion. Mais de nouveaux faits nous ramènent à Saintes.

CHAPITRE SIXIÈME.

SUITE DES TRADITIONS DU XVI⁰ AU XVIII⁰ SIÈCLE.

Un illustre prélat a succédé à Louis de Bassompierre. Guillaume de La Brunetière, noble angevin, était fils d'Antoine, seigneur du Plessis-Gesté, et d'Élisabeth Lanier. Guillaume avait été élevé par un oncle très-distingué, Gui Lanier, abbé du monastère da Saint-Étienne de Vaux, dont nous avons parlé dans le cours de cette histoire. Gui, dans sa jeunesse, avait connu saint François-de-Sales à Paris, et il était lié avec saint Vincent-de-Paul, Madame de Chantel et l'abbé Olier qui avait coutume de l'appeler *un bien bon serviteur de Dieu*. Une retraite qu'il fit à Saint-Lazare, et les rapports qu'il entretenait avec les hommes les plus vertueux, le portèrent à entrer dans les voies de la perfection et à s'efforcer d'y conduire les autres. Il était à la tête de toutes les bonnes œuvres à Angers ; il établit les religieuses de la Visitation dans cette ville et y attira aussi les sœurs de la Charité. Madame Legras, qui amena elle-même ces sœurs, logea chez l'abbé de Vaux. La maison des filles pénitentes d'Angers fut particulièrement son ouvrage ; il se joignit à d'autres personnes pieuses de la ville pour former cet établissement. Il en dressa les réglements, en fut le premier supérieur, et y plaça comme gouvernante la sœur Thérèse Deshayes. Il encouragea Marie-Gabrielle Rousseau, sa parente, à instituer, en 1650, une autre communauté de filles, tant pour instruire les nouvelles Catholiques, que pour diriger les écoles, soigner les malades et visiter les pauvres. L'abbé de Vaux eut beaucoup de part à l'établissement du séminaire d'Angers; il tenait chez lui des conférences ecclésiastiques, qu'il savait rendre aussi intéressantes qu'utiles, et il fonda des missions. Doux, sage, conciliant, éclairé, il n'usait de sa fortune, comme de son crédit, que pour le bien de l'Église. Aussi attaché au Saint-Siège qu'habile et vertueux, il suivit constamment, dans les disputes qui eurent lieu de son temps, une conduite pleine de prudence. Il était grand-vicaire d'Angers [1]. Il se démit de ses bénéfices avant sa

---

[1] *Ess. hist. sur l'influence de la Relig. pendant le XVIIe siècle; tom. 1., pag. 458.*

mort, et suivit à Saintes son neveu Guillaume de La Brunetière. Il y mourut en 1681.

Le successeur de Louis de Bassompierre, après avoir été vicaire général du diocèse de Paris pendant seize ans, fut sacré évêque de Saintes en 1677. Pontife admirable par sa science, ses vertus et sa tendre charité envers les hérétiques, il travailla avec zèle, douceur et persévérance à les ramener au centre de l'unité. Il se rendit à Saint-Jean-d'Angély et assembla les Protestants, le 2 octobre 1685. Il leur donna l'assurance que la charité la plus cordiale l'inspirait, qu'il ne venait vers eux qu'avec des paroles de paix et de mansuétude. Son langage apostolique et paternel les toucha, et bientôt ils se montrèrent attentifs à ses éloquentes exhortations. On indiqua des conférences; l'évêque y prit une part active. Son onction, la force de ses raisonnements et la lucidité de ses preuves, portèrent la conviction des vérités catholiques non-seulement dans l'âme des simples fidèles, mais encore ramenèrent à la religion divine *un ministre* nommé Durand et un avocat appelé Levalois. Leur exemple détermina la conversion du reste de la ville. L'évêque de Saintes, comprenant, comme le disait Louis XIV, qu'il n'y a point de crime plus grand ni plus capable d'attirer la colère de Dieu que le sacrilège [1], voulut savoir

---

[1] Voy. *Hist. de Bossuet*, par le cardinal de Beausset, t. IV.

des nouveaux convertis si leur cœur renonçait au schisme. Sur leur réponse affirmative, il les introduisit dans l'église, au chant des psaumes, et reçut aux pieds des autels leur libre abjuration. La joie que causa un tel retour fut universelle, et Saint-Jean-d'Angély qui, depuis long-temps, était privé de l'exercice de la religion catholique, vit alors refleurir la foi et reparaître, pour son édification, les majestueuses cérémonies du culte romain[1]. La Brunetière ne fut pas moins heureux à Saintes. Il y convoqua la noblesse, dans une salle de son évêché; cette noblesse si grande en tout genre de mérites, tant qu'elle demeura fidèle à Dieu, fidèle au roi, mais si tristement dupe de l'orgueil et de l'ambition, toutes les fois qu'elle oublia ses serments chrétiens et chevaleresques, sut cependant unir la franchise à la magnanimité. Elle comprit le zèle de l'évêque; elle rentra dans les sentiers de la foi de Charlemagne et de saint Louis; sur soixante gentilshommes, trente-cinq se rallièrent, à l'heure même, au centre d'unité; les autres suivirent leur exemple. Il n'eut pas moins de succès auprès de la bourgeoisie. Taillebourg entendit avec la même docilité la voix du pasteur, l'ami et le père du troupeau. On lit, dans les mémoires secrets et inédits de la cour de France, par le marquis de Sourches,

---

[1] *Mercure*, octobre 1685. — Voy. *Essai hist. sur l'infl. de la Religion en France, pendant le XVIIe siècle*, tom. II. pag. 232.

ce passage relatif à ce prélat : « Vers le XXIIe jour du mois de septembre, on eut nouvelle que les villes de Taillebourg et de Saint-Jean-d'Angély, qui n'étaient presque habitées que par des Huguenots, s'étaient entièrement converties par les exhortations de l'évêque de Saintes... »

Cette conquête est un glorieux trophée élevé à la mémoire de La Brunetière[1]. Plus d'une difficulté se présentait alors dans l'exercice du ministère évangélique. Le Protestantisme, en éteignant la foi, répandait dans l'esprit une opiniâtreté d'autant plus invincible, qu'il favorise en même temps les passions du cœur, précisément parce qu'il est un système d'indépendance et de liberté licencieuse. Les considérations humaines portaient beaucoup de Calvinistes à rentrer hypocritement sous le joug d'une religion divine dont les lois sont immuables et sévères ; elle condamne tout ce qui est vice et mensonge, arbitraire et sans règle. Plusieurs ne voulaient sauver que les apparences. Ils confondaient volontiers, dans le même mépris, les rêveries sacrilèges de Calvin et la doc-

---

[1] Le cahier des abjurations de l'hérésie faisait partie, avant 1793, des pièces authentiques conservées dans les archives de l'abbaye de Saint-Jean-d'Angély ; il contenait l'original du formulaire d'abjuration dressé par l'évêque de Saintes et signé par deux cent quarante-trois Protestants convertis, ayant à leur tête le ministre Durand.
Voy. *Mém. du Clergé de Fr.* tom. IV, pag. 969 et 70, édit. in-4°.

trine sainte que Jésus n'a confiée qu'à son Eglise, pour l'enseignement des peuples.

L'évêque de Saintes était désireux de donner à son clergé des principes sûrs de conduite à l'égard des Protestants de son diocèse qui ne revenaient pas sincèrement à l'Église de Dieu. Il s'adressa à Bossuet qui répondit en ces termes aux questions proposées :

« Ire PROPOSITION. — Si nous pouvons consentir qu'on amène par force aux mystères, c'est-à-dire à la messe, des gens qui disent tout haut qu'ils ne la croient pas.

« RÉPONSE. — Je crois, comme vous, qu'avec une telle déclaration, il faudrait plutôt les chasser de l'Église que de les faire venir. Mais quand ils ne disent mot, et qu'ils sont contraints d'y venir par une espèce de police générale, pour empêcher le scandale des peuples, encore qu'on présume et même qu'on sache d'ailleurs qu'ils n'ont pas la bonne croyance, on peut dissimuler par prudence ce qu'on en sait, tant pour éviter le scandale, que pour les accoutumer peu à peu à faire comme nous.

« IIe PROPOSITION. — Si on peut donner les sacrements à ceux qui, ayant toujours dit qu'ils ne croient rien de la religion catholique, veulent bien pourtant se confesser, mais non communier près de la mort, pour éviter les peines de l'ordonnance, ne répondant jamais sur leur foi que par équivoque.

« RÉPONSE. — Il est certain déjà qu'on ne leur peut pas donner l'absolution dont ils sont incapables : pour la communion, on suppose qu'ils ne la demandent pas; reste donc à examiner pour l'extrême-onction. Je réponds que, s'il paraît qu'ils l'ont demandée, et que depuis ils n'aient rien fait de contraire; s'ils viennent à perdre la connaissance, on ne leur peut refuser ce sacrement. La raison est que ce serait déclarer l'incapacité qu'on a reconnue par la confession; ce qui n'est pas permis. Que si, étant en pleine connaissance, ils refusent la communion, ce refus doit être réputé un acte contraire à la demande de l'extrême-onction, puisque c'est une marque certaine d'incrédulité. On pourrait douter si la confession faite par un homme qui déclare à son confesseur qu'il ne croit pas la religion catholique, oblige au secret, puisqu'en effet c'est plutôt une moquerie qu'une confession. Mais premièrement, un homme pourrait se confesser en cette manière : Je voudrais bien pouvoir croire; mais je n'en puis venir à bout, et je m'accuse de cette faiblesse. Secondement, quoiqu'il soit vrai qu'un incrédule qui ne veut jamais s'expliquer que par équivoque, et qui, dans la confession, vous déclare qu'il ne peut ni ne veut croire, en effet ne fait pas une confession, et qu'au fond on ne lui doive aucun secret; néanmoins, il faut agir avec beaucoup de prudence, et respecter en quelque sorte même l'apparence de la confession, pour ne point rendre un sacrement si nécessaire, odieux aux infirmes.

« Quant à ceux qui veulent bien recevoir l'extrême-onction avec connaissance, et ne veulent pas s'expliquer précisément sur la Foi, on ne peut point la leur administrer sans participer à leur sacrilège.

« IIIe et IVe proposition. — Si l'on peut recevoir parrains et marraines ceux qui ont ces sentiments, et qui ne les dissimulent pas, ou qui répondent avec équivoque; et si on peut les recevoir à se marier.

« réponse. — Je ne les reçois ni à l'un ni à l'autre dans mon diocèse : car on ne peut recevoir parrains et marraines que ceux qui seront capables d'instruire l'enfant dans les sentiments de l'Église ; et le rituel même prescrit qu'on leur fasse faire profession de la foi catholique : et pour le mariage, ils sont trop certainement en mauvais état pour être capables de recevoir ce sacrement.

« V^e proposition. — S'ils se fiancent et, après cela, habitent ensemble sans la bénédiction nuptiale, est-il à propos de procéder contre eux par censure ?

« réponse. — Il n'y a nul doute, en ce cas, qu'il faut procéder par censure, implorer le secours du magistrat comme contre un scandale public.

« VIe proposition. — Pour les sépultures : on donne l'extrême-onction et on enterre en terre sainte ceux qui ont toujours parlé comme Protestants, et n'ont fait aucun acte de Catholique, pourvu qu'à l'extrémité ils aient appelé un prêtre; ce qu'on sait qu'ils font par intérêt, dans la crainte des peines de l'ordonnance. Cela est-il canonique?

« RÉPONSE. — La règle que je donne dans mon diocèse, à l'égard de la sépulture en terre sainte, est de la donner ou de la refuser aux nouveaux Catholiques dans le même cas qu'aux anciens. Si l'ancien Catholique n'a pas satisfait au devoir pascal, et qu'il soit surpris de la mort sans avoir fait aucun acte, je lui fais refuser la terre sainte : de même au nouveau Catholique, quoiqu'en ce cas il n'encoure point la peine de l'ordonnance, et qu'il n'y ait à s'adresser au magistrat que pour éviter les inconvénients d'avoir recelé sa mort. Que si on rapporte que l'ancien Catholique a demandé un prêtre, je présume fort facilement pour le mort; et j'y en fais autant pour le nouveau Catholique, quelque présomption que j'aie du contraire, parce que la présomption de la pénitence étant la plus favorable, c'est celle qu'on doit suivre.

En général, j'évite, autant que je peux, de donner occasion à la justice de sévir contre le mort; parce que je ne vois pas que ce supplice fasse un bon effet[1]. Il me paraît, au reste, non-seulement que c'est la raison que les évêques se rendent

---

[1] Bossuet, *Lettres*, édit. in 8° de Versailles.

maîtres de toutes ces choses, mais encore que c'est assez la disposition de la cour ».

« A Versailles, le 26 février 1687. »

Nous dirons, en terminant cette réponse de l'évêque de Meaux, qu'il vaut mieux être païen qu'hérétique; dans le premier cas, on désire la foi; dans le second, on la méprise.

Guillaume de La Brunetière composa plusieurs hymnes d'une latinité élégante et pure. Le mérite de la poésie et l'élévation des pensées les placent avec avantage à côté des hymnes de Santeuil. Nous sommes loin cependant de vouloir nous avouer partisan enthousiaste de ces hymnes modernes, remplaçant dans nos offices les *vieilles prières de l'âge Grégorien*; nous aimons à répéter ici avec un savant et judicieux auteur :

« Quant à nous, nous pensons, avec bien d'autres, que le latin de saint Ambroise, de saint Augustin, de Prudence, de saint Léon, de saint Gélase, de saint Grégoire, de saint Bernard, etc., n'est pas la même langue que le latin d'Horace, de Cicéron, de Tacite, de Pline ou de Sénèque, et que vouloir faire rétrograder la langue de l'Église jusques aux formes païennes de celle d'Auguste, c'est une barbarie mêlée d'inconvenance. Nous ne féliciterons pas les soixante églises de France qui aujourd'hui répètent, dans la plupart des solennités, les communs accens de Le Tourneux et de Santeuil... » Nous ajouterons cependant, par respect pour l'épiscopat qui le permet, qu'heureusement l'Église a le pouvoir de sanctifier ce qui est profane.

La vertu qui domina, avec beaucoup d'autres qualités, dans le cœur de La Brunetière, fut un amour de prédilection pour les pauvres; il le porta jusques à l'héroïsme. C'est à ce digne évêque que l'on doit à Saintes l'existence d'un hôpital général. Il le confia aux soins des religieuses dites Hospitalières, ou Sœurs grises. Nous avons à parler avec un assez long détail de ce précieux établissement.

La charité, toujours active, compatissante et divinement inspirée, avait su trouver des ressources pour le soulagement des pauvres et gens sans asile. Une dame pieuse, que nous nommerons bientôt, avait été son écho et son interprète, des ecclésiastiques, de religieux bourgeois de la cité, encouragés par l'exemple, et l'évêque de Saintes, à la tête de tous les bienfaiteurs, se cotisaient pour fournir aux indigents de la ville et des faubourgs les premières ressources dont ils avaient si grand besoin. Il est vrai que les religieux de la Charité avaient été établis par Louis de Bassompierre dans l'aumônerie ou hôtel-dieu de Saint-Pierre ès Liens; mais ils ne recevaient qu'un nombre limité de malades; d'après leur institut, ils n'admettaient point de femmes dans leur hôpital. Voici à quelle occasion ces religieux se fixèrent à Saintes.

Un sieur René Gilbert, chanoine de la cathédrale, avait, en 1652, légué, par testament, aux pauvres les plus nécessiteux, tout ce qu'il possédait. Nicolas Gombaud, prêtre-docteur en théologie et doyen du chapitre, ayant été institué son légataire universel conjointement avec un autre chanoine de Saintes, appelé Philippe Aubert, s'occupa de donner prompte et pleine exécution au dessein du charitable Gilbert. Mais celui-ci ne spécifiait pas les personnes pauvres et le mode particulier que l'on devait atteindre dans la distribution de ses aumônes. Or, « après son décès, dit un manuscrit de 1664, considérant les grandes misères causées par les gens de guerre, lors de leur séjour en la dicte ville et faulxbourgs de Xaintes, ils se résolurent de faire une distribution générale, par semaine, à tous les pauvres nécessiteux ; ce qu'ils exécutèrent pendant quelque temps, et ensuite continuèrent cette distribution tous les mois. Mais recognoissant que ce secours estoit passager, et que le fruict en serait plus grand, s'ils réservoient une partye des effects du légat pour faire un fonds permanent qui peust ayder à secourir les pauvres malades à perpétuité, ils jugèrent à propos de procurer l'establissement des religieux de l'ordre de la Charité. » Nous avons déjà parlé de cet établissement. Le chanoine Gilbert avait eu le premier l'intention d'appeler à Saintes les disciples du bienheureux saint Jean-de-Dieu; ainsi ses légataires remplissaient les vues du défunt, en proposant au chapitre l'établissement des *Frères-*

Charitains. Le Mémoire que nous consultons fait connaître les conditions imposées à ces religieux, en leur appliquant la possession des fonds et revenus du sieur Gilbert.

« Les religieux, y est-il dit, furent establis à la charge que, dans six mois après le dict establissement, les trois hospitaux fondés dans les fauxbourgs de la dicte ville de Xainctes seront mis en estat suffisant pour les femmes et les filles malales, et pour y retirer les pauvres passants et recevoir le couvert pendant vingt-quatre heures seullement, et telle aulmosne pour la passade qui se pourra, ainsy qu'il est plus au long contenu par le dict arrêt; et par ce qu'il estoit nécessaire de pourveoir par provision d'un logement pour les dictz passants et recevoir les dictes femmes; en attendant le restablissement des dictz trois hospitaux, le seigneur évesque avoit foict achapt, de ses propres deniers, d'une place au faulxbourg de Saint-Pallais, et sur icelle le dict sieur Gombaud auroit commencé d'y faire construire et édiffier une maison [1]...»

D'après cette disposition, Saint-Pallais possédait son hôpital que le chapitre de Saintes administrait et pourvoyait, comme jadis il administrait l'antique aumônerie de Saint-Pierre-ès-Liens. Saint-Eutrope avait également sa maladrerie dont la

---

[1] Pièces mss. inédites, arch. de l'hôpital de la Charité de Saintes.

fondation était de beaucoup antérieure. Une maison fut achetée, en Saint-Vivien, pour le même effet. Ces maisons, achetées dans les faubourgs, ne l'étaient que pour remplacer celles qui remontaient à une plus haute antiquité; nous le croyons ainsi, d'après ce qu'il appert de l'arrêt du parlement de Bordeaux pour l'enregistrement des lettres patentes du roi; il prouve que ces trois hôpitaux avaient été fondés depuis bien long-temps, puisque le parlement ordonne aux maire et échevins de la ville de Saintes de forcer, par toute espèce de poursuites, le remboursement des revenus de ces aumôneries auprès de ceux qui s'en étaient emparés [1]. Quant aux religieuses dites *Sœurs grises*, appelées à Saintes par Gesté de La Brunetière, elles occupaient une maison située sur la paroisse de Sainte-Colombe.

Cependant, malgré son zèle et l'activité des âmes charitables qui le secondaient, le saint évêque n'était pas satisfait de l'existence partielle de ces différentes maisons. Les administrateurs eux-mêmes convenaient de l'insuffisance des revenus; ils comprenaient qu'une réunion de tous les pauvres, dans un même lieu, offrirait infiniment plus de facilité pour la distribution des aumônes. C'était là la pensée dominante et le plus ardent désir du prélat. Il exposa ses vues pleines

---

[1] Extr. des registr. du parlement de Bordeaux, 23 mars 1665.

de sagesse, fit ressortir avec précision les avantages, sous tous les rapports, et pour ceux qui recevaient et pour ceux qui donnaient, de l'établissement d'un hôpital-général. Les suffrages furent unanimes. En conséquence, on loua des bâtiments plus spacieux et plus commodes.

Avant d'entrer dans le récit de ce qui a trait à cette nouvelle fondation, nous devons transcrire un manuscrit ayant pour titre : Instruction de l'état présent des hôpitaux de la ville de Xaintes. Cette instruction fut faite vingt ans après l'établissement de l'hôpital de la Charité. « Il y a dans Xaintes, y lisons-nous, ung hostel-dieu quy a envyron douze-cents livres de rante, dont on a donné despuys vingt-ans l'administration aux frères de la Charité quy sont ordinairement cinq ou six entretenus d'une partye des revenus ; ils employent le reste à l'entretien de six malades, hommes ou garçons, faisant profession de ne recevoir jamais dans leur hospital de femmes ny filles. Ceste mesme ville vient d'establir un *hospital général* par ordre du roy, quy luy a envoyé à cest effet deux pères Jésuites, que Sa Majesté employe dans le royaulme pour de semblables establissements... » On le voit, ces Jésuites si bafoués par une aveugle prévention, si insultés par une haine délirante, n'ont paru dans notre cité que pour bénir l'enfance, instruire la jeunesse, consoler les pauvres et soigner les malades. Gloire, reconnaissance :

tel est le cri de l'impartialité, du bon sens et de la justice.

Cest hospital, continue notre observateur, n'a aucun revenu et il est chargé de toutes sortes de pauvres quy ont besoin d'assistance, tant sains que mallades; excepté les six de l'hostel-dieu dont chaque lit est fondé de cent livres de rentes, il est encore chargé de tous les mendiants à quy il est présentement deffendu de mendier, de tous les pauvres honteux, de tous les pauvres passants quy sont en très-grand nombre, parce que c'est une ville de grand passage. Cest *hospital-général* paye présentement trois cent trente livres de louage de maison, y nourrit et entretient dabits environ huit autres pauvres infirmes et les officiers domestiques et serviteurs qui font travailler les pauvres; il nourrit et donne du bouillon, du pain, du vin, de la viande et des remèdes à tous les pauvres mallades de la ville quy ne peuvent estre receus dans l'hostel-dieu. Il y en a présentement plus de vingt, tant dans la ville, bourgades et maisons des champs, que dans l'hospital. Il entretient secrettement de ses aumosnes tous les pauvres honteux qui ne sont plus assistés des habitants, et qui sont en grand nombre dans la nécessité, à cause de la grande cherté du bled. Il distribue chaque semaine environ le poids de quatre cents livres de pain aux pauvres familles du lieu, quy ne peuvent subsister sans ceste ayde, despuis que la mendicité est deffendue, et donne aussy, presque chaque jour de la semaine, du potage à ces mesmes.familles, qui le viennent prendre à la porte de l'hospital, et parce qu'il n'y a point d'hospital fondé pour les femmes malades de la ville quy passe le nombre de six, il a esté contraint d'affermer une segonde maison pour les y loger et de prendre des officières et des servantes pour les servir; tellement qu'il se treuve auiourdhuy que cest hospital-général, quy auroit besoin, pour fournir à ces frais, de plus de cinquante livres de reveneu par iour, ou de quarante mille livres par an, n'a pas ung denier de revenu fixe, ny rien autre que les aumosnes cazuelles...»

On voit, par cet exposé, que La Brunetière n'avait pas encore pu procurer à son œuvre les ressources qu'exigeaient les pressants besoins des malades et des pauvres. Mais si déjà les maire et échevins, les riches et les administrateurs, avaient su sympathiser avec leur digne évêque, pour conduire à bonne fin l'établissement dont nous parlons, bientôt le roi de France Louis XIV, de glorieuse mémoire, comprit la justice et l'importance des vœux de l'autorité ecclésiastique et civile de Saintes. On avait sollicité auprès du monarque le don de tous les bâtiments et places qui avaient appartenu à la citadelle de la ville; et qui restaient après ce que Louis XIII avait déjà accordé aux Carmélites. Cette demeure fut favorablement accueillie et, par lettres patentes du mois de Juillet de l'année 1687, la concession fut faite en ces termes :

« Louis, par la grâce de Dieu, roi de France et de Navarre, à tous présents et à venir, salut. Nos très-chers et bien-amés les directeurs et administrateurs de l'hôpital-général de notre ville de Saintes, nous ont très-humblement fait remontrer que ledit hôpital-général aurait été établi suivant les délibérations et consentement tant du sieur évêque de Saintes, que des maire et échevins et habitants de ladite ville, en conséquence de notre déclaration de l'année 1656, dans lequel auroient été renfermés tant les pauvres malades et invalides qui ne peuvent subsister, que les mendiants valides, afin de secourir les uns de leur misère et éloigner les autres de l'oisiveté, en leur faisant apprendre des métiers ou occupations qui les rendent capables de gagner leur vie.

« Mais comme ledit hôpital-général qui ne subsiste que des aumônes et charités qui lui sont faittes, n'a pu, jusqu'à présent, trouver de fonds pour faire des bâtiments et autres choses nécessaires à un établissement de cette conséquence, les dits exposants ont été obligés de louer des maisons pour servir d'hôpital... Pour ces causes, de l'avis de notre conseil, qui a vu les dites délibérations, consentement, avis et autres actes requis et nécessaires... nous avons, de notre grâce spécialle, pleine puissance et autorité royale, par ces présentes signées de notre main, dit, déclaré et ordonné, disons, déclarons et ordonnons, voullons et nous plaît ce qui en suit : »

Le roi donne l'emplacement de la citadelle, consistant en cinq arpens ou environ, avec le gros corps du bâtiment ruiné, les écuries, les magasins, les fossés de la citadelle, deux bastions en ruine et leurs débris; de plus, il se déclare conservateur et protecteur de cet hôpital, en l'affranchissant de la visite et supériorité, soit de son grand aumônier, ou des officiers de la générale réformation, voulant qu'il soit entièrement exempt de leur juridiction. Il interdit par ses lettres patentes la mendicité, menaçant ceux qui enfreindraient ses lois sur ce point, d'abord de la prison, et du *fouet* en cas de récidive, joint au cachot et à la peine d'être *rasés*. Le roi, en spécifiant les dons et les legs applicables à l'hôpital fondé sous le vocable du triomphateur de Taillebourg, saint Louis, dit dans l'article 11ᵉ :

« Avons accordé au dit hôpital seul le droit de faire débit des viandes, pendant le carême, à ceux qui, par dispense, en peuvent manger, et voullons que toutes aumônes de fondation auxquelles sont tenues les églises de la ville de Saintes, abbayes, prieurés et monastères et autres bénéfices de la ville et des faubourgs qui sont d'ancienne fondation, soient dorénavant appliqués audit hôpital. »

Cette ordonnance royale, composée de vingt-quatre articles, est admirable par le développement qu'elle donne à tout ce qui doit régler l'administration intérieure et extérieure de ce précieux établissement.

En 1694, Guillaume de La Brunetière demanda au roi de faire don à l'hôpital de tous les biens qui avaient appartenu aux consistoires des *temples* calvinistes du diocèse de Saintes; ce secours ne produisit qu'une rente annuelle d'à-peu-près cent francs. Voici à cette occasion le brevet du roi:

« Aujourd'hui, 20 décembre 1694, le roy étant à Versailles, ayant égard à la très-humble supplication du sieur évêque de Saintes, et Sa Majesté désirant contribuer à ce que les pauvres, tant anciens que nouveaux catholiques, valides et invalides, puissent trouver leur retraite et subsistance dans l'hôpital-général de ladite ville de Saintes, par les soins des administrateurs et directeurs d'icelui, conformément aux déclarations des 27 janvier 1683 et 7 septembre 1684, a vu, sur l'avis du sieur Brejon, intendant de justice, police et finances de la généralité de la Rochelle, du 27 novembre dernier, elle a accordé et fait don au dit hôpital-général de tous les biens qui ont cy-devant appartenu aux consistoires des temples de la *religion prétendue réformée* du diocèse de Saintes en quoi qu'ils puissent consister, pour en jouir et user, par ledit hôpital, conformément aux susdites déclarations, à l'effet de quoi ceux qui ont des titres et papiers concernant les dits biens seront tenus de les délivrer aux administrateurs et directeurs, après en avoir fait faire inventaire en la manière accoutumée, et à condition de payer et acquitter les dites charges et redevances dont les dits biens se trouveront chargés. »

« Signé : Louis, et plus bas : Colbert [1]. »

Le roi, qui avait dû abolir un usage pernicieux, avait également, par son souverain domaine, le droit de disposer des revenus dont il fait ici l'application à l'hôpital de Saintes. La passion déplace toujours l'état de la question; mais l'autorité royale reste la même, en tout temps, pour la vérité contre l'erreur.

Ce secours était encore loin de combler le déficit et de fournir aux dépenses qu'exigeait une maison renfermant un nombre considérable de pauvres. « Les aumônes, dit un mémoire du XVIIIe siècle, diminuaient, le zèle se refroidissait et on devait craindre la chute d'un établissement si utile, lorsqu'il plut à Louis XIV d'accorder une somme annuelle et divisible sur les hôpitaux de chaque généralité. Cette somme était fixée et arrêtée, chaque année, en conseil, et imposée par

---

[1] Arch. mss. de l'évêché de Saintes.

élection sur un brevet particulier. L'hôpital de Saintes recevait la portion qui lui était attribuée, et elle était ordinairement de 6 à 7,000 fr.[1] »

Mais des faits antérieurs à cet établissement, dont nous parlerons encore, doivent ici nous occuper. Les pères Récollets, ainsi que nous l'avons dit, s'établirent dans cette ville sous l'épiscopat de messire de la Courbe-de-Brée, et ils eurent pour fondateur le sieur de Montagne, lieutenant-général de la province de Saintonge. Un manuscrit du 22 juin 1615 nous fournit des instructions certaines et analogues au premier emplacement qu'occupa à Saintes la maison conventuelle de ces religieuses. Ce manuscrit est un extrait des titres et papiers que le syndic de l'hôpital-général produisit contre le sieur abbé de Léglise, curé de Saint-Pierre, qui prétendait avoir des droits sur une partie du terrain de l'ancienne citadelle. Nous transcrivons ces documents, confiés à des feuilles que le temps a singulièrement endommagées.

« Un procèz-verbal, y est-il dit, fut fait par Monsieur de Montagne, lieutenant-général de Saintes, de l'estat du couvent des pères Récolletz qui estoit lors dans l'endroit qui fait le sujet d'un procèz et dont le sindiq demande le désistat ; il paroist par ce procèz-verbal que le dict couvent,

[1] *Item.*

cloistre, esglyze et jardins en dépendants, se trouvant renfermés dans les fortifications de la citadelle, le syndiq des récolletz demanda le transport dudit sieur lieutenant-général qui prist des experts pour visiter le lieu et en faire l'estimation, afin que les Récolletz pussent se pourvoir devers le roy pour en retirer récompense et se bastir ailleurs. En effet, ceste visite et ceste estimation furent faittes. Ce procèz-verbal justifie que les Récolletz avoient deux jardins qui n'avoient pas encore esté démolis, dans l'ung desquels ils avoient fait un très-beau puys [1]; qu'il y avoit un corps de logis de 120 pieds de longueur et 17 de largeur, où il y avoit douze chambres; qu'il y avoit un autre corps de logis qui estoit l'églize ou chapelle des Récolletz, deux grandes chambres, deux greniers que les dits Récolletz avoient basty, et enfin qu'ils jouissoient de la petite et ancienne *églize de Saint-Frion* : l'emplacement des dicts bastiments et jardins furent estimés 3,000 francs. La bastisse du fait des massons, la somme de 4,000 francs, y compris le puys; du fait des charpentiers, celle de 1,600 francs; du fait des serruriers, 350 francs; du fait du recouvreur, 450 francs; que l'églize ou chapelle des ditz Récolletz estoit de la valeur de 1,500 fr., qui est le prix qui en avoit esté payé par ceux qui

---

[1] Ce puits doit être celui de l'hôpital.

l'avoient donnée en aumosne sur le pied des contracts d'acquisition qu'ils en avoient faitte, pour cela, des propriétaires ; revenant toutes les dittes sommes à celle de 10,900 francs. »

Nous concluons, de cette première pièce, que l'église de *Saint-Frion*, saint confesseur de l'Eglise Santone, était située dans le terrain de l'ancienne citadelle, et que cette église, comme celle de Notre-Dame du Puy, autrement Saint-Maur, remonte au temps le plus reculé. Lors du procès du curé de Saint-Pierre avec le syndic de l'hôpital, on en voyait encore des vestiges. « Ce n'était, dit un autre manuscrit de l'époque, qu'une mazure d'églize fort petite, dont on voit encore les vestiges. » Cette nouvelle feuille nous explique la nature du procès. L'humidité et le temps l'ont assez respectée, pour qu'il nous soit possible de la transcrire ; nous lui consacrons d'autant plus volontiers quelques pages, qu'elle nous fixe sur des points historiques pleins d'intérêt pour nous. La voici textuellement :

« Response au mémoire du sindiq de l'hospital-général pour le sieur de Lesglize, curé de Saint-Pierre de Xaintes.

« Les parties conviennent qu'avant l'establissement des pères Récolletz dans la citadelle, il y avoit l'églize, maison, enclos dépendants de la *paroisse de Saint-Frion*, où, dict le sindiq, étoient logéz les ditz pères, le tout à présent possédé par le dit sieur curé de Saint-Pierre.

« De là il establit pour tiltre, *ex concessis et à primordio*, que ce qu'il possède est bien d'esglize et par ce que la paroisse *Saint-Frion* avoit esté presque toute abandonnée à cause de la structure de la citadelle, l'union est censée avoir esté foicte à l'esglize paroissialle de Saint-Pierre *ab antiquis*, sans qu'il soit besoin de rapporter aucun acte d'union par deux ou trois réflexions, la *première* qu'estant un bien d'esglize et d'une paroisse limitrophe à la sienne et abandonnée, il a péu prescrire, depuis pres d'un siècle, que luy et ses prédécesseurs jouissent du dit appartement et jardin ; la *seconde* qu'administrant les sacrements à ceux qui restent de la paroisse de *Saint-Frion*, l'union est présumée ; la *troiziesme* qu'il y a eu quatre curés de Saint-Pierre qui ont joui successivement du dit *Saint-Frion*, comme une dépendance de la ditte cure de Saint-Pierre, apprès l'establissement des pères Récolletz dans la ville, et mesme le prédécesseur du sieur curé, ayant eu procèz aveq le chapitre, collateur de la ditte cure, pour avoir un presbiterre convenable, il luy a esté oppozé qu'il avoit cest appartement et jardin comme dépendants de sa cure ; ce qu'il fit qu'il succomba dans sa demande.

« Pour plus ample preuve que le corps de logis et jardin dont jouit le dit sieur curé, sont bien d'église d'ancienneté et *avant la construction* de la citadelle, et estant des ditz récolletz, il raporte une sentence rendüe par le lieutenant-général de Xaintes, du 4ᵉ febvrier 1529, qui faict foy que le dit jardin allant jusques au grand chemin, ce qui prouve que le dit corps de logis a esté basty dans le fonds du dit jardin, faisoit un droit de cens au bas chœur de quinze sols annuellement.

« Pour éclaircir le droit des parties, il ne peut y avoir contestation au sujet du corps de logis et jardin possédés par le dit sieur curé, quoyque le syndicq prétende l'ung et l'autre soubz prétexte que les pères Récolletz en ont jouy sept ou huit ans au plus, qu'ils furent placés à la citadelle en attendant la batisse de leur couvent dans la ville, parce qu'ayant esté remboursés de ce qu'ils avoient fait pour leur commodité dans le fonds de l'églize du dit *Saint-Frion* et ses dépendances, il est seur que du costé du droit des pères Récolletz il n'y a rien à prétendre ; et sans demeurer d'accord qu'ils y ayent construit ce puyts, puisqu'il avoit esté construit auparavant, c'est que le remboursement de tout ce quy leur pouvoit estre deu leur aïant esté fait, le fonds et la batisse ont repris leur premier état naturel ; en sorte que l'ung et l'autre sont devenus fonds et biens d'esglize.

« Cela se tire mesme du procèz-verbal fait par le sieur de Montagne, fondateur du couvent des pères Récolletz dans la ville, où il paroît l'affectation qu'il a eü pour enfler leur remboursement. Car, quoy qu'il soit estably par ce procèz-verbal que les Récolletz ont esté logés et ont jouy de l'esglize de Saint-Frion et des dépendances, en désignant ce qu'ils avoient basty ou pour mieux dire édifié pour rendre le logement plus commode, le sieur de Montagne s'eschape à dire qu'il y avoit un autre corps de logis requis par les dits pères par divers contractz ; ce qu'yl n'a imaginé que pour avoir de Sa Majesté un remboursement plus considérable dans le temps mesme que le sieur de Montagne les bastissait dans la ville, et pour son propre intérest pour les bastir à moindre fraix.

« Preuve de ceste vérité, ce corps de logis n'est point désigné ny confronté. On seroit bien en poyne de le confronter, par ce que ces confrontations du fonds d'esglize y résistent. On ne pourroit pas raporter aucun contract d'une choze imaginaire comme l'est ledict corps de logis. Sy le sindicq raporte un contract d'acquizition d'un autre jardin fait d'un particullier qui se trouve séparé par un mur du fonds de l'esglize, le sieur Curé ny ses prédécesseurs ne l'ont jamais prétendu. Il faut de plus considérer que le procèz-verbal fait en la ditte année 1615, est fait sans appeller le curé, quy n'a peu contredire les faits énoncés par le procureur du sindicq des Récolletz; car, sy les dits pères Récolletz ne tenoient la maison presbyteralle qu'à tiltre de location ou de commodat, en attendant qu'ils eussent fait construire leur hospice ou logement, il est certain que ce que peut avoir dict leur procureur, en verbalizant devant le sieur lieutenant-général, en 1615, ne peut avoir acquis aux dits Récolletz un droit de propriété qu'ils n'avoient pas, et pareillement que leur énonciation faite dans ce verbal pour grossir l'indempnité que les dits pères Récolletz pouvoient prétendre du roy, ne peut pas avoir donné la moindre atteinte au droit du curé et à celluy des paroissiens, au préjudice desquels la maison presbitéralle n'a peu estre aliénée.

« Or, le curé establit, par la sentence du 4 febvrier 1529, que la maison et jardin en question a esté *ab œvo* du curé de *Saint-Frion*; il y a plus de soixante-dix ans que le dit curé et ses autheurs en sont en possession paisible et non contestée, qu'ils y ont fait leur résidence, basty, réparé et augmenté. Le curé se trouve dans la mesme possession dans ces derniers temps. Si donc il est establi que de tout temps cette maison et jardin ont esté aux curés, il suffit de dire qu'il n'est pas justifié, par aulcun titre, que la propriété en ait esté transportée aux pères Récolletz pour en tirer cette conséquance qu'elle n'a peu ni deu passer en la main du roy au moïen de l'indempnité donnée aux pères Récolletz. Le roy n'a indempnizé que ce qu'il avoit donné aux

Récolletz seullement, mais il n'a pas entendeu par là s'approprier ce qui n'estoit pas en leurs mains, et par mesme raison le roy, en transferant à l'hospital-général ce qu'il avoit en l'emplacement de la citadelle, n'a entendeu luy concéder que ce quy estoit véritablement à luy.

« Aussy-est il vray que, dans les lettres patentes, il est nommément spécifié tous édifices et autres lieux qui sont concédéz, mais la maison et jardin en question n'y sont point énoncéz ny rien qui ait aulcun rapport à cela.

« Quand le sieur curé n'auroit pas les preuves de la qualité primitive de cette maison, il en auroit prescrit la propriété contre le roy par ceste raison qu'il est convenu qu'elle n'a jamais esté dépendante du domaine. Enfin sy l'intentation du sindicq avoit lieu en demandant en vertu des patentes tout ce quy est dans la citadelle, il seroit en droit de demander le couvent des Carmélites, la maison et jardin du sieur Chevreuil et de plusieurs autres particulliers qui sont dans l'enclos de la ditte citadelle, n'y ayant pas plus de raison de l'un que des autres. A réfléchir surtout que messieurs les Intendants commissaires pour faire la visite des lieux avant ce don fait à l'hospital, n'ont visité ny demandé la maison ny le jardin dudit sieur curé, et ce n'est qu'aujourd'huy, après huit ou neuf ans de l'establissement, que le sindicq fait ceste demande !.. »

Le syndic de l'hôpital ne convenait pas qu'il y eût maison et église paroissiale; il disait au contraire que les vestiges existant encore n'indiquaient qu'une chapelle. « Mais quand il seroit vray, disait le syndic, que cest emplassement auroit esté celuy d'une esglize paroissiale, le droit du roy n'en seroit pas moins favorable, sur ce que toutes les esglizes estant censées dans son domaine, de quoy elles sont appelées *basiliques*, dez le moment qu'elles sont détruites ou transférées ailleurs, l'emplassement reprend sa nature, surtout quand il se trouve dans l'enclos de quelque édifice royal, au présumé que le roy a donné ailleurs la valeur de l'emplassement; l'union ne se présume jamais, et il n'y a jamais eu de bénéfice de Saint-Frion, point de titre de bénéfice et nul caractère pour en establir un [1]. »

Le défenseur des droits de l'hôpital convenait que ce domaine était dans l'étendue de la paroisse de Saint-Pierre et que le curé de Saint-Pierre administrait les sacrements à la citadelle; mais de conclure qu'il avait pu prescrire cette portion de la citadelle, sous prétexte que lui et ses auteurs en jouissaient depuis près de cinquante ans que la citadelle était détruite, ce n'était pas proposable, non plus que de dire que les quatre curés, ses prédécesseurs, en avaient joui; en outre,

---

[1] Mss. arch. de la cathédrale de Saintes.

on ne convenait pas de ce fait, dont il n'y avait, disait le syndic, aucune preuve. Le roi avait mis cet emplacement, revendiqué par l'abbé Léglise, dans l'enceinte de la citadelle, sans aucune opposition du chapitre ni du vicaire perpétuel de St-Pierre ; cette possession avait été bien interrompue, et si elle avait été postérieure, elle serait vicieuse, puisque c'était un enclos de la citadelle qui n'avait pu être prescrit. Au reste, on ne voyait point que le chapitre et le vicaire eussent jamais eu de procès pour un presbytère ; on s'était toujours refusé de communiquer au syndic la moindre pièce à cet égard. Mais quand bien même le chapitre se serait défendu sur ce que le vicaire aurait tenu cet emplacement, cela ne pouvait pas être une raison victorieuse, s'il était vrai que le chapitre n'y avait aucun droit, puisqu'en effet il abandonna le vicaire perpétuel à son sort, dans cette occasion. Ce qui, au reste, était positif, c'est que le vicaire avait une maison presbytérale près de son église, et que l'emplacement de *Saint-Frion* n'avait jamais été possédé que comme jardin et séjour de plaisance. Les vicaires successifs n'y avaient jamais fait leur demeure actuelle.

La sentence dont parlait le curé de Saint-Pierre n'avait point été communiquée par lui ; de plus, au dire du syndic, cette pièce était contre lui, parce que si ce jardin faisait rente au bas chœur, ce n'était pas un bien d'église ; il n'appartenait point au chapitre. Enfin d'où venait que le chapitre curé primitif, ni le bas chœur, ni le vicaire n'avaient formé aucune opposition à l'établissement des Récollets dans cet endroit, qu'au contraire tous les corps de la ville y accédèrent et qu'on acheta partie de ce domaine pour leur enclos?

Quant au procès-verbal du sieur de Montagne, il n'y avait rien à opposer. Lorsque ce lieutenant-général aurait eu quelque penchant à favoriser le remboursement des Récollets, il n'y avait en cela que le roi d'intéressé et il n'a que mieux acheté tout ce qui leur appartenait. Si le curé et le chapitre ne furent point appelés au procès-verbal dressé en 1615, c'était une preuve qu'ils n'avaient rien à y voir, qu'ils n'avaient rien à prétendre; autrement ils n'auraient pas manqué d'y paraître. On ne pensa donc alors qu'au remboursement des Récollets, qui avaient acquis partie du domaine et pris l'autre du consentement du procureur du roi, du maire et de la ville, qui étaient seuls parties pour le concéder à ces religieux. On pouvait produire alors plusieurs actes de la ville à l'appui de ce fait.

« On s'étonne, continue le syndic, en parlant de la sentence du 4 février 1529, que le sieur curé n'ait point voulu communiquer cette pièce, et on se fait fort de la rétorquer contre luy d'une manière à luy fermer la bouche, s'il est jugé qu'il soit nécessaire; mais il ne rapporte aucun titre pour prouver que ceste petite chapelle ruinée ait esté un bénéfice dépendant de la cure de Saint-Pierre; il n'a donc point de possession antérieure à l'establissement des Récollets, il n'en a point pendant tout le temps que la citadelle a subsisté, et si, depuis sa ruine, le domaine a souffert qu'il ait joui des cellules des Récollets et fait un petit jardin devant le corps du logis destiné pour le gouverneur, lequel a, jusques à la concession faite à l'hospital, esté habité par des particuliers, cela ne tire à aucune conséquence; ce sont des particuliers qui ont cru pouvoir tirer quelque utilité de ces ruines de la citadelle; ils se sont récompensés par ceste longue iouissance des menues réparations, qu'ils n'ont même pas pris le soin d'y faire, tant ils se trouvaient peu assurez dans ceste possession. »

Le syndic concluait que la chapelle de *Saint-Frion*, étant englobée dans l'emplacement de la citadelle, avait été donnée par le roi pour l'établissement de l'hôpital, que le curé de Saint-Pierre n'avait rien à arguer de l'occupation d'une partie de ce terrain pour le monastère des Carmélites, qui l'avaient reçue de la munificence du roi, dont le bon plaisir était la règle de l'usage qu'il voulait qu'on fît de ce qui dépendait de ses domaines.

Mais les prétentions du sieur de Léglise n'eurent pas de résultats heureux pour lui, et ses droits et prescriptions à l'égard du local de *Saint-Frion*, furent annulés par le fait de la donation royale.

Il paraîtrait, d'après une ancienne tradition populaire, qu'à l'occasion d'un siège prolongé qu'avait eu à soutenir la ville de Saintes, le curé de Saint-Pierre, s'étant réfugié dans la citadelle, avait reçu du gouverneur, le local de Saint-Frion, occupé aujourd'hui par l'aumônier de l'hôpital; on voit encore, dans un des jardins, une petite porte cintrée par laquelle le curé avait coutume de passer pour gagner un sentier qui conduisait à la rue de la *Vieille Prison* presque vis-à-vis de la rue de la *Marine*; alors n'existaient pas plusieurs des jardins qui divisent cette partie de l'ancien Capitole.

Nous devons, avant de passer outre, signaler un homme vertueux qui eut Saintes pour patrie; Claude de Luchet avait d'abord été officier dans les armées du roi. Il quitta le service, après plusieurs campagnes, pour vaquer au soin de son salut. Il passa quelques années dans la retraite et dans les pratiques de la pénitence; il prit les ordres et entra dans la congrégation de Saint-Lazare, où, suivant son désir, on l'employa dans les missions.

Il évangélisa les diocèses de Luçon et de Langres; la Franche-Comté jouit principalement de ses travaux pendant plusieurs années; il y mourut le 28 avril 1688 [1].

---

[1] *Ess. hist. sur l'influence de la Relig. au XVII° siècle;* tom. II, pag. 341.

Mais Guillaume de La Brunetière ne perdait pas de vue l'important objet de la donation de l'hôpital. Il voulut lui assurer des rentes nobles provenant de son fief. L'évêque, comme on sait, était seigneur de Saintes. Une demoiselle Marie Lecomte possédait en particulier une maison qui payait une de ces rentes nobles. L'hôpital de la *Charité* la percevait comme un droit, droit cependant qu'on pouvait contester à plus d'un titre. Un procès eut lieu, à cette occasion, entre l'évêque qui voulait favoriser l'hôpital-général, et les frères de la *Charité* qui désiraient ne rien perdre de leurs revenus. Le prélat agissait par un sentiment de justice; les religieux se défendaient, parce qu'ils pensaient que c'était un devoir imposé par l'utilité de leur établissement. Ce procès nous offre d'intéressantes instructions; nous allons nous en occuper comme d'un fait qui se lie essentiellement à l'histoire de l'Église de Saintes.

Le syndic de l'hôtel-dieu de *Saint-Pierre ès-liens* se crut obligé, par une *nécessité indispensable*, de mettre en cause le syndic du chapitre de Saintes, parce qu'en effet le chapitre était fondateur de cet hôpital et en avait eu autrefois l'entière juridiction. L'administration voulant obtenir de la cour que les chanoines contribuassent de leur part au maintien des droits de sa maison, et à la conservation des biens, cens, rentes, domaines transmis aux religieux quand ils furent appelés à prendre possession de l'aumônerie de Saint-Pierre, il désirait que le chapitre fût contraint de lui remettre tous les titres et papiers de cet hôtel-dieu, notamment ceux qui étaient nécessaires au soutien de la cause des religieux, contre le dessein du pieux évêque qui revendiquait des rentes nobles, perçues par eux sur certaines maisons de la rue *Neuve*, aujourd'hui rue du Collége, et bâties sur l'ancien fonds de l'aumônerie des frères. Leur syndic espérait amener les chanoines à prendre fait et cause pour les pauvres, ou au moins à se joindre à lui pour *résister à l'évêque*, s'imaginant que c'était pour eux une occasion favorable de prouver leur zèle et leur dévoûment à la cause de Dieu et à celle des indigents. Mais le chapitre tenait à ne voir en cela que comme voyait l'évêque; aussi le syndic de la *Charité* n'eut de lui d'autre secours que la communication pure et simple de quelques titres, tirés des archives et anciens registres. Il supposa que les pièces les plus importantes pour le succès de sa procédure avaient été soustraites; cette supposition n'était que gratuite. Les titres qu'il avait reçus du chapitre lui paraissaient cependant assez positifs et en même temps propres à faire connaître à la cour, par les inductions qu'il espérait en tirer, que le pontife ne pouvait avec justice s'attribuer les rentes nobles et les chefs-cens dont l'hôpital était en possession immémoriale. Il faisait, en conséquence, reposer sa requête sur deux points, l'un tendant à faire voir qu'aux termes des actes qui lui avaient été mis en main par le chapitre, un appointement du 19 juin 1684, dont la copie était en sa possession, donné par le juge baillif des cours temporelles du seigneur évêque, faisait défense aux tenanciers de reconnaître le syndic de l'hôpital pour seigneur direct des maisons et jardins en question, ce qu'il appelle un *ouvrage d'injustice et de violence, et une usurpation criante du bien des pauvres;* mais, dans tous les cas, Guillaume de La Brunetière enlevait à un petit nombre bien fourni, pour donner à un grand nombre dépourvu. L'autre point de la requête était, qu'aux termes de ces mêmes actes, les *prétendus* titres dont les gens d'affaires de l'évêque avaient rempli sa production, non-seulement n'étaient point exclusifs du droit de l'hôtel-dieu, mais encore que quelques-uns d'entr'eux étaient des actes suspects, ou au moins dans lesquels on ne trouvait point ce principe de vérité primordiale qui est le fondement de tous les titres légitimes.

Commençant par le premier point, la question du procès se réduisait à savoir si messire de La Brunetière, par la présomption *de sa justice* ou *de son fief*, pouvait dire qu'avant la fondation de l'hôpital de la Charité, le terrain dans lequel il avait été bâti était de la censive et directité de l'évêché, pour en déduire cette conséquence que, dans le dernier siècle, le chapitre ayant donné une portion du jardin pour faire partie d'une rue (la rue du Collège), et des places à construire des maisons, le prélat avait pu imposer alors à ceux qui achetaient les emplacements ou les maisons déjà bâties, une rente primordiale et un chef-cens exclusivement à l'hôtel-dieu.

Pour prouver que l'évêque de Saintes n'avait eu originairement ni *la justice* ni *le fief* dans le fonds de l'hôtel-dieu, le syndic du prieur Joseph Grimaud faisait observer que cet établissement pour les pauvres et les malades était de même fondation que l'église et le chapitre; qu'il n'était pas contesté que l'un et l'autre ne fussent de la fondation de Pepin, père de Charlemagne, qui donna des biens considérables à cette église; le partage de la mense ayant été fait entre l'évêque et le chapitre, le chapitre, voulant alors satisfaire à la sainte destination des Canons, employa une partie des biens de son partage à la fondation de l'hôtel-dieu et aumônerie pour l'entretien des pauvres. Sept pièces furent produites par le syndic de la Charité, pour prouver ces faits; la première était un extrait des Annales de France, de la traduction de Nicole Giles, fol. 44 et 45. L'auteur dit qu'après la prise de la ville de Saintes par le roi Pepin sur Gaifre, duc d'Aquitaine, Pepin y laissa Berthe, sa femme, et ses enfants, et, en signe de ses victoires sur le duc, il fonda et fit bâtir l'église cathédrale et y mit des chanoines, auxquels il donna de grandes rentes et revenus, comme nous l'avons dit ailleurs. La seconde pièce est un extrait des Chroniques de France de Belleforêt, fol. 56, *verso*, sur l'an 750, qui explique la fondation de l'église et chapitre de Saintes, à peu près de la même manière. Chopin, au livre de la Police ecclésiastique, tit. 4, confirme ce fait. Le syndic faisait remarquer que, suivant l'expression de ces annalistes, les biens de la fondation avaient été conférés aux chanoines, puisqu'en effet les historiens les désignent comme seuls donataires et comme l'unique objet de la libéralité du roi fondateur. L'induction que l'on pouvait tirer de cette remarque était que, dans le partage de la mense, c'était l'évêque qui avait été admis en consorce et en la participation des biens des chanoines, et c'est à cela que l'on pouvait raisonnablement attribuer le partage de la juridiction et des droits épiscopaux, aussi bien que le partage des biens temporels.

La troisième pièce émise par le syndic était une copie imprimée de trois bulles qui confirmaient le réglement et le partage de la juridiction épiscopale et des biens temporels entre l'évêque et le chapitre, avec un arrêt contradictoire de la cour, qui autorisait lesdites bulles et ordonnait que la copie de ces bulles fût déposée dans les archives, conjointement avec cet arrêt, pour servir d'originaux. La première était du pape Boniface

VIII, sous la date du 27 février 1302. La seconde du pape Grégoire XI; elle était du 26 février 1372, et la troisième, de Sixte IV, datée du 3 juin 1472 et l'arrêt confirmatif était du 2 juillet 1619.

Dans ces trois bulles il était formellement expliqué que l'évêque aurait sa juridiction tant ecclésiastique que temporelle dans son détroit, et que pareillement les doyen, chanoines et chapitre auraient leur juridiction ecclésiastique et séculière séparément et sans subordination; il y était ajouté que la connaissance de toutes les matières des fiefs possédés que l'évêque appartiendrait à ses officiers, et que, respectivement, les officiers du chapitre, indépendamment, auraient la connaissance de toutes les matières des fiefs appartenant au chapitre, tant en commun qu'à chacun des doyen et chanoines en particulier.

De là, le syndic tirait cette conséquence que le partage avait été fait entre l'évêque et le chapitre, non-seulement de sa juridiction, mais aussi de fiefs, avec toute indépendance, de manière que l'on pouvait dire avec raison que celui qui avait le fief avait la justice, et que celui qui possédait la justice devait nécessairement avoir le fief par une corrélation naturelle.

La quatrième pièce était un extrait d'une délibération du chapitre, prise d'un ancien registre portant la date du 9 juin 1593, par laquelle il se justifiait trois faits : le premier, que l'aumônerie était de la fondation du chapitre; le second, que, de toute ancienneté cette aumônerie, avait été tenue et régie par un chanoine, conjointement avec sa prébende; et le troisième, que le chanoine aumônier devait avoir sa maison canoniale dans l'enceinte de l'hôtel-dieu et l'aumônerie, et parce qu'il était bien logé et séparément, il n'avait point la faculté accordée aux autres chanoines d'opter une autre maison canoniale, lors du décès d'un de ses confrères pendant qu'il était aumônier.

La cinquième pièce était un extrait d'une autre délibération capitulaire du 23 juin 1593, de laquelle il résultait que, par les preuves tirées des anciens statuts de l'église cathédrale, l'aumônerie était véritablement de la fondation du chapitre et que, de toute antiquité, un des chanoines en avait eu la charge et l'administration. Cette délibération concluait à ce que, par le syndic du chapitre, il serait fait poursuite d'une instance pendante en la cour, pour faire rétablir l'administration de cette aumônerie, sous la charge et la main du chapitre de Saintes, nonobstant la contestation qui lui en était faite, prétextant que l'édit du roi faisait règle pour les hôpitaux.

La sixième pièce était également un extrait des anciens statuts du chapitre du 28 juin 1456 et 17 novembre 1514, par l'un desquels on prouvait que le chanoine-aumônier, ayant anciennement toute l'administration de cette aumônerie, il était statué qu'à l'avenir il ne pourrait intenter aucun procès, transiger ni aliéner les biens de l'aumônerie, sans avoir au préalable le consentement des doyen et chapitre; de plus, on déclarait que le chanoine-aumônier, pendant qu'il aurait cette charge, n'aurait point l'option dont nous venons de parler par rapport à la maison canoniale du confrère défunt.

La septième pièce enfin, apportée par le syndic pour soutenir sa cause, était un contrat passé, le 13 mai 1654, entre l'évêque et le chapitre, d'une part, et les frères de la Charité, de l'autre, faisant le délaissement de l'hôtel-dieu aux religieux, conformément aux lettres patentes du roi que nous avons déjà citées. A cette occasion, le syndic de la Charité ne manquait pas de faire observer que le prélat n'avait en rien contredit le chapitre, se déclarant le fondateur de l'aumônerie et se démettant de son droit de collation en faveur de l'établissement des disciples du bienheureux saint Jean-de-Dieu. Ce qui prouvait à leurs yeux que l'évêque n'avait en originairement ni supériorité ni concours dans la fondation, dans le gouvernement et administration, ni dans la collation de cet hôpital; ce qui pourtant n'était pas présumable, car, dans tous les temps, l'évêque a été au moins le premier des chanoines dans le chapitre, surtout à l'origine de notre cathédrale du VIIIe siècle, où les grandes prérogatives du chapitre de Saintes, au détriment de la puissance épiscopale, n'avaient pas encore eu lieu comme plus tard.

De toutes les pièces alléguées, les frères de la Charité concluaient donc que le partage des biens de la fondation et libéralités du roi fondateur, ayant été fait entre l'évêque et son chapitre avec indépendance mutuelle, pour la juridiction et pour les fiefs, l'aumônerie avait reçu en même temps les biens des chanoines, et la franchise et l'allodialité qu'ils tenaient eux-mêmes du roi Pépin ; pourquoi donc l'évêque revendiquerait-il la rente noble et le chef cens d'une portion de l'aumônerie, puisque le partage de la mense épiscopale et capitulaire a fait passer cette portion dans la main des chanoines, *allodialement, franchement et avec indépendance ?*

Mais ne s'arrêtant point à ces chefs présentés à la cour avec chaleur et logique, le syndic de la Charité produisit encore cinq pièces à l'appui de sa cause ; il s'agissait de *démontrer* que l'enceinte de l'hôtel-dieu et aumônerie n'avait point anciennement été du fief de l'évêché ; et ici les documents sont précieux.

La première se composait des bulles déjà citées et nommément de celle du pape Grégoire XI, qui, à la page 27, faisait division de la juridiction épiscopale de la juridiction capitulaire ; elle portait que la connaissance des causes des fiefs échus aux doyen et chapitre appartiendrait aux officiers du chapitre, et, à la page 14, elle disait que le juge du chapitre exercerait la juridiction dans le lieu de l'audience destiné pour cette fin, et ce lieu était auprès de l'église cathedrale. Cet auditoire du chapitre était dans l'enclave de l'aumônerie et au milieu des édifices de l'hôpital. Le syndic ne pouvait point ne pas voir que là il était certain que la censive et directité de l'évêché n'avaient rien à prétendre; l'évêque, selon lui, n'avait donc jamais eu sur ce lieu ni juridiction ni rente.

La seconde allégation tendait, par des délibérations capitulaires du 25 août et 1er septembre 1592 et 12 août 1595, à prouver que cet auditoire ainsi que les prisons du chapitre étaient dans l'enclos de l'aumônerie.

La troisième faisait ressortir, par des lettres patentes du 22 juin 1593, que le chapitre avait la faculté de faire exercer, dans son lieu d'audience de l'aumônerie, la justice temporelle des terres qui lui appartenaient à la distance de trois lieues.

La quatrième paraissait spécieuse : elle reposait sur ce que l'évêque de Saintes, le 19 septembre 1593, avait requis du chapitre la *permission* de faire mettre dans les prisons de l'aumônerie, comme prisons *empruntées*, et sans tirer à conséquence, certains prisonniers de la justice de l'évêché, qu'il était nécessaire de séparer; d'où le syndic inférait que, si l'évêque avait eu quelque droit de féodalité dans l'aumônerie, il n'aurait pas demandé cette *permission* aux chanoines.

La cinquième pièce enfin faisait ressortir, des lettres patentes du roi et du contrat dont nous avons parlé, lors de l'établissement des frères de la Charité à Saintes, cette clause particulière, que le lieu de l'audience et les prisons de l'aumônerie avaient été réservés au droit du chapitre. On prouvait encore que le chapitre, dans sa qualité de fondateur de cet hôtel-dieu, s'était toujours maintenu dans l'administration de cette maison d'infirmes. Il apportait en témoignage une ordonnance de Charles IX, de 1561, art. 5, et une autre ordonnance de Blois, art. 66, par lesquelles les juges royaux ayant été chargés de faire état et procès-verbal des revenus des hôpitaux et de veiller à leur bonne administration, le lieutenant-général du roi en la sénéchaussée de Saintonge, s'étant ingéré dans la conduite et administration de l'aumônerie, le chapitre y forma opposition. Comme un édit de Melun, art. 10, transférait la connaissance attribuée aux juges royaux de l'administration des hospices, aux évêques et aux autres prélats, à l'égard des hôpitaux qui étaient de leur fondation, le syndic demandait pourquoi l'évêque de Saintes ne s'était pas présenté au lieu du chapitre pour se déclarer le défenseur de l'aumônerie?..

Pour établir *avec certitude* que la dotation primordiale de l'hôtel-dieu procédait uniquement de la mense capitulaire et non de celle de l'évêque, la cour était suppliée d'observer qu'une citadelle ayant été construite sur l'emplacement qu'avait occupé à Saintes le Capitole des Romains, le cours des eaux pluviales était arrêté du côté de l'aumônerie; ces eaux stagnantes, se corrompant, laissaient échapper des exhalaisons pernicieuses et préjudiciables à la santé des habitants. Car, dit un manuscrit de 1675, « les religieux de la Charité remonstrent que l'hospital de Xainctes, dict autrefois l'hostel-dieu ou aumosnerie de Saint-Pierre, de fondation roialle, de fort petite estenduë maintenant, estoit antérieurement fort spacieux en son jardin et cimetière, qui contenaient la *rue Neuve*, despuis le collège des pères Jésuites, et les maisons, jardins et places qui sont des deux costéz de la dite rue, sçavoir despuis le dit collège jusqu'au jardin qui est de présent au dit hospital, confrontant au jardin du doienné, et le jeu de paulme (aujourd'hui chapelle du collége), iceluy et ses jardins et appartenances comprises, qui vont jusqu'à la maison, rue Saint-Maur, appartenant à la damoizelle de la Charlotrie, plus les derrières des maisons des veuves Bruslé, du nommé Bernier et des sieurs Geoffroy, Gauthier, Peys, Arnaud, Bonnaud et autres, le long de la rue Neuve jusqu'au dit jeu de paulme... » Nous dirons en passant que la ville de Saintes, comme ville romaine et sise sur les côteaux de Saint-Vivien en se prolongeant vers le couchant, commença à décliner, lors des invasions des barbares; successivement elle subit le carnage et la ruine causés par les armées nombreuses de Clovis poursuivant les hordes sauvages d'Alaric; vinrent ensuite les nouvelles dévastations de Gaifre et de Pépin. Toutes ces révolutions changèrent la position des habitans qui peu à peu se rapprochèrent, au VIe siècle surtout, de la basilique de Saint-Eutrope. La fondation de la cathédrale, au VIIIe, détermina une plus grande agglomération ; en considérant le cercle décrit autour de l'église Saint-Pierre, à son origine, depuis le cimetière jusqu'à la ligne que nous trace le manuscrit de l'hôtel-dieu, puis le contour de l'évêché, la rue dite des Chanoines, le tout considéré proportionnellement au reste de la ville, il est facile de comprendre qu'alors la cité nouvelle était encore peu de chose; elle dut lentement se développer après sa première chute; car les Normands parurent à leur tour pour la ravager sur les bords du fleuve, comme les autres barbares l'avaient désolée sur la colline.

« Mais pour connoistre, continue notre historiographe, d'où vient ce grand changement, convient sçavoir qu'en l'année 1566, Messires les maire et eschevins de Xainctes estant nécessitez de treuver un lieu propre en la ditte ville pour donner un prompt passage aux eaux qui descendaient de la citadelle ou du chasteau, pour les escouler à la rivière, parce qu'elles inondaient les maisons voisines de la ditte citadelle, fut choisy le jardin et cimetière du dit hospital et dans le beau milieu d'iceux fut fait une ruë neuve qu'on appelle encore aujourd'huy la *ruë Neuve*, de laquelle on va au *Port-Soleil*, aujourd'hui, par corruption de langage, *Porceau*. (On l'appelait *Port-Soleil*, parce qu'il étoit situé au midi.) Et le reste des dits jardin et cimetière qui se trouva des deux costez de ceste ruë fut donné à rente par l'aumosnier à divers particuliers [1]... »

Il y eut en conséquence une première sentence entre le maire et les échevins, d'une part, et le syndic du chapitre, de l'autre, par laquelle il fut ordonné qu'il serait fait ouverture d'une rue pour la fin que nous venons d'indiquer. L'alignement traversa le vaste jardin de l'aumônerie, et du surplus de l'espace de droite et de gauche on convint que l'on ferait des baillettes où les habitants viendraient acheter des emplacements pour y bâtir des maisons sous les rentes et devoirs convenus, et sous la ratification du chapitre. Un contrat eut lieu avec les maire et échevins, de concert avec le doyen et les chanoines. Messire Jacques Poitevin, procureur au siège de Saintes, fut un des premiers acquéreurs et constructeurs dans ce terrain; sa maison appartint plus tard à la de-

---

[1] Mss. inéd. arch. de l'hosp. de la Charité de Saintes.

moiselle Lecomte, qui voulait payer la rente noble à l'évêque, désirant par là coopérer à l'œuvre de la dotation de l'hôpital-général que venait de fonder Guillaume de La Brunetière, qui, nonobstant l'opposition des religieux, persista à reconnaître que cette maison était de son fief. Le syndic de l'hôtel-dieu porta ses prétentions jusqu'à contredire à l'évêque sa qualité de seigneur de Saintes; il convenait cependant que l'évêque en jouissait par l'usage transmis par les prédécesseurs; mais il lui refusait le droit de chef-cens et directité sur l'aumônerie; ce n'était conséquent que pour le succès de sa cause.

L'évêque, au contraire, s'attribuait la rente directe par son fief dans l'étendue de la ville de Saintes; il soutenait, indépendamment des actes à l'appui de ses privilèges, que le seul titre de sa dignité et la prérogative de sa crosse l'établissaient seigneur foncier et direct de toutes les maisons et autres héritages de la ville de Saintes, que sa puissance d'évêque dans son diocèse ne devait point avoir de bornes ni de limites; il le prouvait par une citation de Dufrène[1], et la raison du Canon *Omnes Basilicæ* 16.ᵉ quest. 7., d'où il concluait que, lorsque le partage de la mense fut fait entre l'évêque et le chapitre de Saintes, le bon sens ne permettait pas de douter que l'évêque

---

[1] Tom. I. *Journal des Audiences,* liv. IV., c. 10.

s'était réservé la censive et directité sur les fonds qui avaient été abandonnés par le chapitre [1]. De plus, on ne pouvait nier que l'évêque avait dans la ville un territoire certain, tant pour la justice que pour le fief ; or, la maison de l'aumônerie était dans ce détroit : la directité primordiale appartenait donc à l'évêque ; car la maxime est reconnue : *nulle terre sans seigneur*. Plessis de La Brunetière avait obtenu une sentence du sénéchal de Saint-Jean-d'Angély qui avait reconnu ses droits imprescriptibles.

Les exigences des religieux de la Charité étaient évidemment poussées trop loin, non-seulement quant à l'évêque, mais quant encore au chapitre ; ils voulaient que les chanoines donnassent des pièces propres à assurer, sur Guillaume de La Brunetière, le triomphe de leurs demandes en cour ; mais le syndic du collége capitulaire ne pouvait donner que ce que les archives du chapitre de la cathédrale lui fournissaient de positif sur la cause en question. Dans leurs conclusions, les religieux voulaient non-seulement que l'évêque entendît de la cour, la cassation de l'appointement du juge ordinaire de l'évêché de Saintes, *comme nullement et incompétemment rendu* ; de la voir déclarant les rentes dues à leur hôpital et aumônerie, *nobles, foncières, directes et de premier cens*, sans s'arrêter

[1] Nemo præsumitur jactare suum.

à la prise de cause faite par Plessis de La Brunetière, condamner la demoiselle Lecomte à payer à leur syndic les arrérages de rente depuis 29 ans, avant l'exploit du 26 mars 1686; de plus, les lots et rentes dus pour la maison par elle acquise; mais encore ils prétendaient que la cour forçât les chanoines à donner des titres qu'ils n'avaient point. L'évêque demeura dans son droit, et le chapitre demanda à son syndic de donner connaissance au parlement de ce que la société capitulaire dans ce fait voulait et pouvait. Ce qu'il rendit en ces termes :

« A nos seigneurs de parlement.

« Supplie humblement le sindic du chapitre de l'esglyze cathédralle Saint-Pierre-de-Xainctes, disant qu'il est assigné en la cour à la requeste du sindic des relligieux de la Charité, hospital et aumosnerie de St.-Pierre-de-Xainctes, pour assister à un procèz qui est pendant entre les dits relligieux et Messire Guillaume de la Brunetière Duplessis de Gesté, conseiller du roy en ses conseils, seigneur Évesque de Xainctes, et la damoizelle Le Comte, concernant la directité d'une maison, que ceste damoizelle a acquize dans la ruë Neuve de la dicte ville et payemant de lodz et rantes de son acquizition.

« Remonstre le suppliant qu'ayant prins communication du procèz, il a treuvé que le sindic des ditz relligieux a conclud contre luy à ce qu'il feut condampné de luy remettre tous les titres, papiers et enseignements qui peuvent concerner les biens et droict du dit hospital et aumosnerie, la directité des maisons qui en dépendent, et qu'en outre il soit condampné de la garantir de la demande que luy a faitte monsieur l'évesque de Xainctes, de la renthe noble et chef-cens, sur les maisons basties dans l'antien fondz de la dicte aumosnerie on eut en cour à le faire jouir des rentes impozées sur les dittes maisons comme renthes nobles directes et fontières emportant lods, vanthes et autres proffis de fiefs.

« Sur quoy le suppliant représente à la cour qu'aux termes de lettres pattanthes du roy données à Chaslons, au mois de novambre 1653, il paroit que c'est le roy qui a faict don aux dictz relligieux de la Charité de l'hospital ou aumosnerie de St.-Pierre de la ville de Xainctes, avec toutes ses appartenances et dépandances de maisons, cours, jardins, meubles et immeubles, fondz, rentes, revenus et esmolumentz quelconques appartenantz au dit hospital, ce que par l'acte du 13 may 1654, le chapitre consantit à l'establissement, et en conséquence se desmit de son droit de collation de l'aumosnerie, en qualité de fondateur du dit hospital, en faveur du dit establissement et à l'advantage des ditz religieux ; d'où résulte évidamment que le dit chapitre ne peut estre teneu à aucune garantie, outre que le don qui a esté faict, ne les oblige qu'à recevoir les pauvres mallades de la ville et fauxbourgs, pour les faire traitter, médicamenter et nourrir proportionnemant au revenu du dit hospital, ainsi qu'ilz le pratiquent aux autres maisons et hospitaux de leur ordre en ce royaulme. Ce sont là les termes des lettres pattanthes du roy et du dit acte d'establissement que n'en espéciffie point le bien et les droitz, ny ne reigle le nombre des litz des mallades; ainsi c'est aux ditz relligieux d'augmenter ou diminuer leur dépance suivant le revenu du dit hospital; sy le contraire avoit lieu, le don et libérallité du chapitre lui seroit onéreux et à charge; ce que le droit et la justice ne permettent pas.

« Au regard de la demande des titres, du bien et droit de l'hospital et aumosnerie, le suppliant a fourny au syndic des ditz relligieux tous ceux qu'il a peu treuver dans le trésor du chapitre pour se déffandre de la demande que leur fait Monsieur l'évesque, après quoy il ne peut estre imaginé sur quoy les ditz relligieux de la Charité se sont fondéz pour faire un procèz au dit chapitre leur bienfaiteur, encore moins pour l'obliger d'en avoir un avec Monsieur l'évesque; car quoyque, par la communication que le suppliant a eue du procèz, il aye remarqué que le conseil de M. l'évesque aye souteneu dans ses requestes contre les ditz relligieux de la Charité ses parties, que le doyenné et maisons cannonnialles sont dans son fief, ce que son conseil a dit, n'est point suivy de conclusions et demandes de la part de Monsieur l'évesque contre le chapitre ; aussy ne l'a-t-il point appelé au procèz ; ainsy le suppliant n'est point obligé d'y respondre, n'estimant pas mesme que Monsieur l'évesque aye voulu soutenir au procèz qu'il n'est pas de fondation royalle, dont les maisons cannonnialles qu'il a possédées en franche aumosne font partie, le contraire, estant un point d'histoire et d'une cognoissance publique qui n'a jamais esté contesté par aucun évesque de Xainctes.

« Ce considéré, il vous plaise de vos grâces relascer le suppliant de la demande et concluzion des ditz relligieux de Charité avec dépans ; et ferez bien. Signé VIADES [1]. »

Le père Joseph Grimaud dut sans doute renoncer à ses poursuites ; un sieur Dufaure était son procureur ; homme judicieux et d'un esprit conciliant ; nous le jugeons ainsi d'après une lettre qu'il écrivit au prieur de la *Charité*, à l'occasion des débats dont nous venons de parler ; en voici la copie faite sur l'original :

« Mon très-révérend Père, vous verrez, par cette coppie de requeste, que Messieurs du chapitre ne prétendent jamais avoir besoin de vos litz, ny du

---

[1] Arch. du chap. de Saintes, pièce inéd.

secours de l'hospital ; ils paroissent estre fort pieux et vous saurez voir qu'il ne faut rien contester *ny estendre le bras plus que la manche n'est longue;* enfin ilz ne veulent pas se brouiller avec M. l'évesque qui est leur chef; c'est l'avis de celluy qui sera jusqu'au tombeau le plus humble de vos serviteurs.   DUFAURE [1]. »

La question des lits dont il s'agit dans cette lettre prouve que les chanoines voulaient, comme l'évêque, favoriser l'hôpital-général nouvellement fondé, puisque le chapitre prétendait n'avoir besoin des lits ni du secours de l'*hospice de la Charité*, qui, cependant, était loin de vouloir renoncer à ses droits sur le lit des chanoines défunts. La pièce suivante, de 1664, nous fait connaître l'origine de cet usage :

« D'autant que, suivant l'antien uzaige, il appartient au dit hospital le lit sur lequel chascun de Messieurs du chapitre décedde et qu'il est arrivé quelquefois des difficultés et contestations avecq les héritiers de la plus part de ceux quy sont déceddez tant sur la déllivrance que pour la valleur ou quallité du lit, pour obvier à l'advenir aux susdites contestations, les ditz sieurs contractants, suyvant le résultat fait en leur chapitre, sont demeurés d'accord que aussytost le décedz adveneu de l'un d'eux, il sera payé aux

[1] *Item.*

ditz relligieux et par leurs héritiers la somme de quarante livres tournoies à laquelle somme ilz ont estimé la valleur de chascun des ditz litz revenant au dit hospital, et en cas de refus de payemant de la ditte somme de quarante livres, les ditz religieux se pourvoiront contre les ditz héritiers, ainsy qu'ilz verront estre à faire. Fait et passé à Xainctes, au logis du Doyenné, le huitiesme septembre mil six cent soixante-quatre, ès présance de Maistre Guillaume Dubreuil, huissier, et Claude Lestellier, clercq, demeurant au dit Xainctes [1]. »

En définitive, les résultats du procès des religieux de la Charité furent en faveur de l'illustre de la Brunetière. Un si saint prélat n'opposait ses droits que parce qu'il désirait qu'ils devinssent profitables au bien des pauvres de l'hôpital-général ; l'égoïsme n'était pas assurément son mobile. Nous ignorons si le pontife dota cet hôpital en mourant ; nous avons tout lieu de le croire, mais les pièces pour nous en convaincre nous manquent absolument. La mort vint ravir à l'église de Saintes cet évêque d'un si grand mérite. Après un épiscopat de vingt années, il fut atteint d'une fièvre violente, en faisant, avec autant de piété que d'édification, les stations du Jubilé ; il mourut le deuxième jour de mai 1702. Son corps fut inhumé

---

[1] Arch. mss. de l'hôpital de la charité de Saintes.

dans l'église des Dominicains, auprès du maître-autel, du côté de l'Épître, dans le tombeau d'un de ses oncles, autrefois chanoine de Saintes [1]. Cette sépulture se trouve aujourd'hui dans le jardin de la maison Deval, acquise depuis peu par M. Guilbaud, juge du tribunal. Si les révolutionnaires du XVIIIe siècle n'ont pas dispersé les cendres de Messire de La Brunetière, elles reposent à quelque distance de l'angle de la maison, au midi, entre la porte d'entrée et le puits du jardin; la pierre tombale a été déposée dans la cathédrale.

Après la mort de ce prélat, l'œuvre de l'hôpital-général, dont il fut le fondateur, se soutint par les aumônes et la recette annuelle des 6 à 7000 livres dont nous avons parlé. Il paraît, dit un manuscrit, que ce secours fut continué jusqu'en 1736; mais il fut suspendu depuis cette époque, quoique l'imposition ait toujours eu lieu, du moins jusqu'en l'année 1777. Le brevet particulier ne subsiste plus et toutes les sommes à imposer ont été portées dans celui des tailles. Depuis 1736, l'hôpital ne s'est soutenu qu'à peine, et à l'aide de quelques aumônes et dons particuliers. L'abbé de Clomorin, doyen du chapitre et vicaire-général du diocèse de Saintes, fut un de ses premiers bienfaiteurs, et il lui fit,

---

[1] Sepultus est in eccl. fratrum prædicatorum, juxtà majus altare à latere Epistolæ, in tumulo patrui, quondam Santon. canonici.
(*Gall. Christ. tom. II. pag.* 1087.)

par son testament, un legs qui pouvait être considérable, mais qui, par des circonstances partilières, a été réduit à la somme de dix mille livres à peu-près. Ce digne abbé indique jusqu'à quel point son âme était touchée de l'état critique où se trouvait réduit, de son temps, l'hôpital-général ; un fragment de son testament, échappé de la main qui fait argent de tout, nous révèle le noble motif qui inspira sa charité.

« Ce qui m'oblige, dit-il, à faire du bien à l'hôpital, c'est qu'il paraît au comble de la plus grande misère; puisque, selon le rapport qui m'en a été fait plusieurs fois, les pauvres, qui sont les plus précieux membres de Jésus-Christ et nos frères, y manquent même quelquefois de paille pour se coucher, et languissent plutôt qu'ils ne vivent, par la dure et triste nécessité où l'on s'est trouvé, à cause de leur trop grand nombre qui ne fait encore qu'augmenter tous les jours, de leur retrancher une demi-livre de pain, sur une livre et demie de pain noir qu'on leur donnait ci-devant. C'est ce qui me fait souhaiter, avec plus d'ardeur que je ne puis l'exprimer, que cette demi-livre de pain noir qu'on leur a retranchée, leur soit au moins rendue, si ce que je leur laisse peut suffire pour cela.

« Je donne et lègue, ou plutôt je restitue, m'y croyant absolument obligé en conscience, à tous les pauvres de l'hôpital-général de la citadelle de Saintes, pour que ledit hôpital en jouisse en toute propriété et à perpétuité, tout le reste de mes biens, meubles, choses censées meubles, rentes constituées, effets actifs et généralement tout ce qui m'appartient et pourra appartenir à ma succession en Saintonge, de quelque manière que ce soit ou puisse être, sans en rien réserver n'y retenir; à *condition et non autrement* que le *dit hôpital* et *Messieurs les administsateurs* se chargeront, immédiatement après mon décès, *de faire célébrer un service solennel* pour le repos de mon âme, *tous les ans, à perpétuité, dans la chapelle du dit-hôpital*, etc. Fait et clos ce troisième jour du mois de juin 1752[1]. »

Cet exemple fut suivi, comme nous le dirons ailleurs, par le marquis de Monconseil. Ce vertueux seigneur peut être considéré comme le restaurateur de l'hôpital.

Notre siècle a des moments de boutades qui le rendent injuste et quelquefois ingrat : pourquoi se fache-t-il quand l'histoire lui apprend qu'à Saintes le bienfait d'*un hôpital-général* fut, dans le principe, l'exclusive dotation du clergé et de la noblesse?.. Les faits le prouvent: pourquoi ne pas l'avouer en présence des hommes à vues courtes, à préjugés hostiles, qui aiment tant à voir placer l'œuvre de la *philanthropie* au-dessus des œuvres de la charité, et qui ne manquent jamais, quand l'occasion leur semble favorable, de dire à ou-

---

[1] Fait-on ce service? Ne devrait-il pas être fait?...

trance que la *glanure des philanthropes est plus abondante que la moisson du clergé*. Cette parole est une saillie voltairienne ; mais cette saillie n'est qu'un sophisme.

Plus tard, l'état de ce précieux établissement présenta une constitution plus sûre et plus solide; mais cependant les moyens restèrent long-temps insuffisants pour étendre à tous les malheureux qui se présentaient, les secours qui leur étaient nécessaires; on ne pouvait même fournir que très-imparfaitement aux besoins de ceux qui étaient reçus; on était forcé de faire des retranchements sur les objets de première nécessité. On ne pouvait pas accuser l'administration de dissipation imprudente ou de négligence coupable : elle avait toujours veillé avec soin à la conservation des biens de l'hôpital ; il jouissait de tous les revenus qui lui avaient appartenu. Pour recouvrer les fonds alloués par le roi, et dont nous avons déjà parlé, les administrateurs arrêtèrent, à une certaine époque, que deux d'entre eux seraient envoyés vers Monsieur l'intendant, pour en conférer avec lui et lui présenter un mémoire qui renfermât et la demande et les moyens qui le justifiaient; ils devaient également prier le seigneur évêque de plaider avec eux auprès de l'intendant la cause des pauvres. Si ce secours était refusé à l'hôpital, on ne voyait, pour y remédier, que la réunion de quelque bénéfice à l'établissement de Guillaume de La Brunetière; ce

qui aurait pu lui donner une consistance assurée.
Il était question du bénéfice de Saint-Barthélemy
de l'île d'Oleron, qui présentait d'assez grands
avantages pour remplir cet important objet. En
le retirant des économats, c'est-à-dire, de l'administration des revenus d'un bénéfice pendant la
vacance, on n'aurait nui à personne et une foule
de malheureux auraient reçu les soulagements
qu'exigeait leur état. Cette réunion était d'autant
plus désirable, qu'une fois faite, l'hôpital n'aurait
pas eu à redouter la perte des ressources qu'elle
pouvait lui procurer.

De temps immémorial, un hospice existait, comme
nous l'avons dit, dans le faubourg Saint-Eutrope ;
les abbés lui payaient une rente annuelle de 5o
livres et quatorze pochées de méture. L'hôpital-
général une fois établi à la citadelle, la maladrerie
de Saint-Eutrope s'effaça pour faire place à la nouvelle fondation ; mais la rente payée par les prieurs
du monastère dut être perçue par l'hôpital Saint-
Louis. Long-temps ils se montrèrent fidèles à cette
obligation, d'autant mieux que le sieur de Begon,
intendant de justice, police et finances de la généralité de la Rochelle, avait rendu une ordonnance pour qu'en effet les revenus de l'aumônerie
de Saint-Eutrope retombassent au profit de l'hôpital Saint-Louis. Cependant Charles Ducourroy
crut devoir faire une demande à l'intendant, afin
que les pauvres de son faubourg pussent être

admis dans l'hôpital. En conséquence, il lui présenta sa requête en ces termes :

« Supplie humblement dom Charles Ducourroy, prieur-seigneur de Saint-Eutrope de la ville de Saintes, disant que, par votre ordonnance, vous voulez que la somme de cinquante livres, qui était autrefois distribuée aux pauvres lépreux de la seigneurie de Saint-Eutrope, et depuis payée à ceux de l'ordre de Saint-Lazare, serait payée à l'hôpital-général de la ville de Saintes; et comme il y a justice que les pauvres de la dite seigneurie et bourg de Saint-Eutrope, dont la misère est extrême, se ressentent de la dite aumosne, aussy bien que des quarante-deux boisseaux de metture que le suppliant donne annuellement au dit hospital, que son prédécesseur avoit coutume de distribuer et ausmosner aux pauvres de la dite seigneurie et bourg de Saint-Eutrope; il a recours à votre justice pour vous demander qu'il soit enjoint aux administrateurs du dit hospital-général, de faire un mémoire des pauvres de la dite seigneurie et du dit bourg, aux fins que, suivant la coutume louable des prieurs de Saint-Eutrope de faire l'aumosne à leurs pauvres tenanciers, tant la dite somme de cinquante livres que les dits quarante-deux boisseaux de metture leur soit distribuée, suivant la nécessité des dits pauvres, qui seront, aussy bien que le suppliant, obligés de prier Dieu pour vostre prospérité, et santé; et fairés bien.

« Signé : Charles Ducourroy, prieur de Saint-Eutrope[1]. »

De Begon eut égard à cette supplique, comme le prouve la pièce suivante :

« Nous avons donné acte au suppliant des offres par luy faites de payer, par chascun an à l'hospital-général de Saintes, la somme de cinquante livres et quarante pochées de metture ; moyennant quoy, nous ordonnons que les pauvres du faubourg de Saint-Eutrope seront reçeus dans le dit hospital-général, conformément aux lettres pattentes de l'établissement dudit hospital, et que le payement en sera fait entre les mains du receveur du dit hospital et sur ses quittances.

« Fait à Saintes, le vingt-huitiesme décembre 1694. Signé BEGON[2]. »

La rente eut, chaque année, son plein effet jusqu'au prieur René Daubourg. Avant que l'hôpital jouît de la prérogative accordée par le roi d'être exclusivement chargé de la vente de la viande, pendant le carême, les abbés de Saint-Eutrope étaient en possession de ce droit. René Daubourg voulut revendiquer ce droit abrogé et transmis ; il y eut procès ; il le perdit. Pendant l'instance, il forma opposition au paiement de la rente des cinquante livres et des quatorze po-

---

[1] Arch. mss. du Prieuré de Saint-Eutrope.

[2] Arch. mss. du Prieuré de Saint-Eutrope.

chées de méture. Le syndic de l'hôpital Saint-Louis porta aussi sa plainte à l'intendant, qui était alors messire Amelot de Chaillou. Saintes avait vu naître, en 1606, un personnage dont le nom a à peu près la même consonnance, sans garder la même orthographe : Denis Amelotte, prêtre de l'Oratoire en 1650, mourut à Paris en 1678. Il écrivit contre les théologiens de Port-Royal, dit Feller, quoiqu'il ait partagé en quelques points leurs sentiments[1]. Jean Réveillaud, conseiller du roi, élu en l'élection de Saintes, était syndic de l'hôpital. Il fit ressortir auprès de l'intendant, contre René Daubourg, l'ordonnance que ce magistrat avait portée, le 25 janvier 1725, pour l'exécution de celle rendue par le sieur de Begon, le 28 décembre 1694, demandant que cet abbé fût condamné à payer la rente en question et tous ses arrérages. Car le syndic avait déjà signifié l'ordonnance du sieur Amelot de Chaillou ; mais Daubourg avec ses religieux avait fait opposition par acte capitulaire du 7 février de la même année. Cependant cette opposition n'étant exprimée qu'en termes très-vagues, le syndic crut devoir exiger du prieur qu'il déduisît ses moyens d'opposition ; il ne répondit à cette injonction qu'en déclarant, de la manière la plus formelle, que, de concert avec sa communauté, il ne paierait pas. Comme

---

[1] Feller, *Dict. hist.* tom. I. pag. 2540.

cette réponse précise tendait évidemment à frustrer les pauvres d'une aumône dont ils avaient le plus pressant besoin, et à laquelle les prédécesseurs de René s'étaient constamment engagés, ayant toujours dans leurs baux stipulé avec leurs fermiers l'acquit de cette dette envers l'hôpital, le conseiller du roi soutint qu'il n'y avait aucune difficulé à opposer, et qu'il fallait débouter le prieur et ses religieux de leur opposition, avec d'autant plus de raison, que l'aumône ne regardait en aucune manière les religieux du sieur Daubourg, puisque tous les revenus du prieuré de Saint-Eutrope appartenaient au seul abbé, qui n'était tenu envers ses religieux que de leur donner la table et cent livres à chacun pour leur vêtement. De plus, il était positif que les religieux de ce monastère n'étaient jamais entrés dans les baux faits des revenus du prieuré. L'abbé seul les avait passés en son nom. Daubourg les mettait en évidence uniquement pour en venir à la réserve arbitraire d'une somme légitimement due à l'hôpital; il n'avait aucun droit d'en agir ainsi. Au reste, il n'avait cessé de payer cette rente qu'au moment des procès que nous venons d'indiquer, à l'occasion de la vente de viande pendant le carême. Le syndic conclut donc à ce que le prieur fût contraint par toutes voies de justice, ainsi que ses religieux, à payer la rente et ses arrérages, nonobstant opposition ou appellation quelconques, les pauvres et le suppliant promettant de continuer leurs prières pour la santé et prospérité de la Grandeur de messire l'intendant.

Pour faire droit à la requête du syndic, l'autorité ordonna, au préalable, la saisie entre les mains des fermiers des revenus du prieuré de Saint-Eutrope, et prononça contre le prieur la sentence que nous copions sur la pièce originale :

« Nous, sans avoir égard à l'opposition du sieur René Dausbourg, prieur du prieuré de Saint-Eutrope, dont nous l'avons débouté, ordonnons que notre ordonnance du 26 janvier dernier sera exécutée selon sa forme; ce faisant, que le dit prieur sera tenu de payer annuellement, à l'hôpital de Saintes, la somme de cinquante livres et quatorze pochées de méture, avec les arrérages qui se trouveront dus; à quoy faire il sera contraint par les voyes ordinaires, nonobstant oppositions et appellations. Fait à la Rochelle, le 16 may 1725.

Signé : AMELOT DE CHAILLOU [1]. »

Le prieur Daubourg méritait d'autant plus de subir toute la rigueur des lois, que l'hôpital s'était montré plus exact à remplir religieusement les conditions et offres de Charles Ducourroy, comme nous l'avons fait remarquer. Daubourg ayant eu ce prieuré par la résignation de dom Armand Ducourroy, son oncle, qui l'avait eu par la ré-

---

[1] Arch. du Prieuré de Saint-Eutrope ; mss. inéd.

signation de Charles, son frère, il était juste que le résignataire fût tenu de toutes les obligations du résignant. Ce principe de droit avait été d'abord suivi par René; mais, par un esprit de contradiction, pour ne rien dire de plus, il retrancha dans la suite les quarante-deux boisseaux de méture, tandis cependant qu'il continuait de payer les cinquante livres; comme s'il y eût eu moins de raison pour l'une que pour l'autre, puisque la même ordonnance les comprenait toutes deux, et cela sans aucune sorte de prétexte, car jamais on n'avait refusé de recevoir ses pauvres, qui, alors même, étaient au nombre de huit ou dix dans l'hôpital. « Puisque tous les pauvres, disait à cette occasion le syndic Réveillaud, sont renfermés audit hôpital, il n'y aurait que lui qui fût en état d'en profiter; et est-ce trop faire pour un bénéficier qui a plus de douze mille livres de rente, et qui, dans la rigueur des canons, serait obligé d'en donner le tiers aux pauvres. » Amelot de Chaillou devait donc, à tous égards, condamner René Daubourg à payer sa rente à l'hôpital.

Ne pouvant plus raisonner contre la voix impérieuse et sévère de la justice, le prieur se montra bientôt moins récalcitrant. Nous aimons à dire que ce religieux comprit enfin le langage de la conscience et de la charité; un rapport du sieur Réveillaud, fait à l'administration de l'hospice, en est la preuve évidente : il y est dit « que le syndic a vu Monsieur le prieur de Saint-Eutrope, qui lui a témoigné qu'il était prêt d'acquiescer aux ordonnances de MM. de Begon et Amelot du Chaillou, intendants de la province, et de payer annuellement à l'hôpital tout ce que ses prédécesseurs et lui-même avaient accoutumé de payer; mais qu'à l'égard des arrérages qui en étaient dus, il demandait que le bureau le reçût à les payer en deux ans, sçavoir : une moitié dans le cours de la présente récolte, et l'autre moitié à la récolte prochaine; et qu'au regard du débit de la viande pendant le carême et pour raison de quoi il y avait instance pendante au conseil, il était également prêt à reconnaître que, conformément à l'article 11 des patentes, le droit de ce débit appartenait en seul audit hôpital privativement à tous autres dans la ville, faubourgs et banlieue de Saintes, et que l'adjudication s'en devait faire dans la forme ordinaire et suivant usage, et qu'il signerait la présente délibération, à la charge que l'instance du conseil demeurerait éteinte et assoupie sans dépens de part et d'autre; sur quoi le sieur Réveillaud a requis que le bureau eût à délibérer. »

D'après ces heureuses dispositions, il fut arrêté que le receveur percevrait une moitié des arrérages, dans le cours de la récolte, avec l'année courante, et l'autre moitié desdits arrérages, dans le cours de la récolte de l'année suivante, avec les 50 livres de ladite année. Le bureau consentit à ce que l'instance du conseil demeurât éteinte et assoupie, selon que l'avait désiré le prieur.

La Providence a perpétué jusqu'à nous l'œuvre du charitable de La Brunetière; la religion qui a fondé l'hôpital de Saintes saura le conserver, en dirigeant le bon esprit des administrateurs et en dédommageant, par ses joies célestes, le zèle laborieux et héroïque des anges de vertu qui soignent et consolent les pauvres et les infirmes.

Un an avant la mort du successeur de l'évêque Bassompierre, l'Église de Saintes fut momentanément agitée par suite de propositions hasardées en chaire par un père Justin Bègue, religieux Récollet, prêchant une station dans la cathédrale de Saint-Pierre. Il s'agissait *des Messes de Paroisse*, contre lesquelles ce prédicateur s'était beaucoup avancé [1]. Les curés de Saintes n'y furent point insensibles; l'abbé de Léglise, curé de Saint-Pierre, bachelier de Sorbonne, l'abbé Blanchet, curé de Saint-Eutrope, docteur de l'université d'Aix, l'abbé Maignan, curé de Saint-Maur, Clopin, curé de Saint-Michel, Dufau, chanoine-curé de Saint-Pallais, gradués de l'université de Bordeaux, ainsi que P. de Lagarde, P. Foc, curé de Saint-Vivien, et J. Daviaud, tous chanoines et curés de Saint-Pallais, firent entendre de justes réclamations auprès de

---

[1] Aujourd'hui, cette question ne serait plus aussi grave.

Messire Guillaume de La Brunetière, leur évêque. Leur requête était ainsi conçue :

« A sa Grandeur monseigneur évêque de
Saintes. »

« Supplient humblement Jacques de Léglise etc. Disant que le nommé frère Justin, religieux Récollet, fit, le jour de Pâques, un sermon où il avança des propositions erronées et pernicieuses touchant le devoir des paroissiens d'assister à la Messe paroissiale, qui sont qu'on n'est pas obligé d'y assister sous peine de péché mortel, que ce précepte n'est que d'édification et bienséance, que, si l'Église avait voulu y obliger les fidèles sous peine de péché, elle leur aurait tendu un piège, en permettant aux réguliers d'ouvrir leurs églises et aux chrétiens de les fréquenter, et qu'il avait les pères et docteurs pour garans; lesquelles susdites propositions sont erronées, pernicieuses, téméraires, éloignant les peuples d'assister aux Messes paroissiales, surtout les nouveaux convertis, qui prendront de là occasion de s'absenter de leurs paroisses plus que jamais, se plaignant déjà de ce qu'on veut les assujettir à un devoir dont les anciens Catholiques se dispensent et voyant qu'on prêche publiquement qu'il n'y a pas péché d'y manquer; contraires aux décisions des conciles, à celles des assemblées générales du clergé de France, et notamment à un article du rituel de ce diocèse ainsi exprimé : « Après avoir déclaré excommuniés les sorciers et magiciens, etc..., il est ordonné, de la même autorité, à tous les habitants de la paroisse, d'assister, sous peine de péché, à la messe paroissiale, les dimanches et fêtes de l'année, sous quelque légitime empêchement, et défendu, sous peine d'excommunication, d'y manquer trois dimanches consécutifs sans cause raisonnable. » Ce considéré, monseigneur, il vous plaise de vos grâces ordonner et enjoindre audit F. Justin, de se rétracter publiquement desdites propositions, comme fausses, erronées, pernicieuses et contraires à l'esprit de l'Eglise, à ses saints conciles, aux réglements des assemblées du clergé, et au prône qui se publie dans les paroisses de votre diocèse, par votre autorité, et le mulcter de telle peine canonique qu'il plaira à V. G.; et ferez justice.

« Signé : de Léglise, etc. »

L'évêque de Saintes, pour souscrire à la requête de ses curés, obligea au préalable le P. Justin à lui donner, par écrit, une déclaration explicative des paroles incriminées, pour qu'elle fût soumise ensuite à l'examen de l'ordinaire; quant à l'affaire, il la renvoya au tribunal de son officialité. Le prélat lui fit parvenir cette déclaration, afin qu'il la signât, comme il l'avait promis; il ne tint pas sa promesse et fit du scandale, en appelant comme d'abus, en parlement de Guyenne, de la sentence canonique qui le condamnait. Ce religieux porta plus loin le bruit de cette affaire:

il composa un écrit qu'il adressa à tous les évêques de France. Ce dernier procédé détermina les curés de Saintes à s'expliquer, par voie de défense, en faveur de la saine doctrine, auprès de l'épiscopat français; ils composèrent une éloquente réponse à l'écrit du père Justin, et l'adressèrent aux archevêques de l'Église Gallicane. Comme ces curés n'étaient pas seulement des docteurs fort instruits, mais encore qu'ils étaient des prêtres remplis de déférence et de vénération pour l'évêque diocésain, ils s'empressèrent de lui soumettre leur mémoire, en lui demandant de vouloir bien en autoriser la publication; ce qu'il fit en ces termes :

« Guillaume, par la grâce de Dieu et du Saint-Siège apostolique, évêque de Saintes; les sieurs curés de la ville et faubourgs de Saintes nous ayant présenté un écrit pour servir de réponse à un autre que le P. Justin Bergue, récollet, a adressé au clergé de France, sur le procès à lui intenté par les sieurs curés, au sujet des Messes paroissiales, nous avons permis et consenti qu'il fût imprimé.

« Fait à Saintes, en notre palais épiscopal, le 27ᵉ jour de mai 1701.

« Signé : † Guillaume, évêque de Saintes. »

Il entre tout-à-fait dans notre objet de citer en entier cette pièce vraiment remarquable pour l'art de la discussion qui y règne, pour les détails qu'elle renferme, et la saine doctrine qu'elle explique.

« A nosseigneurs les illustrissimes et révérendissimes archevêques et évêques du clergé de France.

Nosseigneurs,

« Quoiqu'il ne soit pas extraordinaire que la question des Messes paroissiales soit portée pardevant vos tribunaux, il est pourtant rare que cela se fasse par des réguliers, naturellement ennemis de la doctrine que vos Grandeurs ont déjà tant de fois décidée sur ce sujet; et nous n'aurions pas cru d'abord que le démêlé survenu à cette occasion entre le P. Justin Bergue, récollet, qui a prêché le dernier Avent et le Carême dans l'église cathédrale de Saintes, et nous soussignés prêtres-curés de ladite ville et faubourgs, eût éclaté jusqu'à ce point que de venir à vos oreilles : mais, puisque ce religieux a bien voulu porter lui-même sur ce sujet ses plaintes à vos Grandeurs contre nous, par un écrit qu'il vous a adressé, nous sommes bien aises que ses démarches nous obligent ainsi à vous rendre un compte très-exact de la conduite que nous avons tenue à son égard, et comment nous nous sommes comportés en cette affaire.

Il paraît par son écrit qu'il nous traite comme ses adversaires et ses accusateurs personnels; mais notre réponse convaincra vos Grandeurs que nous devons moins le traiter comme notre adversaire propre, que comme celui de la cause commune de l'Eglise et de l'ordre hiérarchique, dans lequel il vous a plu de nous appeler d'une manière spéciale, nous conférant non-seulement l'ordre sacré de prêtrise, mais nous établissant, de plus, les seconds pasteurs du troupeau, et vous déchargeant sur nous du soin des brebis que vous nous avez fait l'honneur de nous confier. Comme vous êtes, nosseigneurs, les chefs vénérables de cette sainte hiérarchie de l'Église, que ledit P. Justin a voulu renverser dans un de ses sermons, en un point aussi important qu'est l'obligation où sont tous les fidèles d'assister, de temps en temps, à la Messe paroissiale, pour se présenter devant leurs pasteurs, nous avons lieu d'espérer que vos Grandeurs ayant tant de fois décidé là-dessus la doctrine orthodoxe et lancé leurs foudres très-souvent contre les personnes, et toujours contre les propositions de ceux qui ont voulu la combattre, notre procédé à l'égard de ce Père sera approuvé de vous, et le sien, au contraire, excitera votre juste indignation.

« Ce religieux commence son écrit par une protestation respectueuse qu'il fait à vos Grandeurs, vous reconnaissant, dit-il, *les successeurs des apôtres, les dépositaires de la Foi, et les juges de la Doctrine.* Toutes ces expressions sont consacrées par l'Écriture ou par les Pères qui les ont attribuées aux prélats de l'Église et aux curés, qui, ne travaillant à la conduite du troupeau qu'en suivant l'inspiration de votre zèle, n'ont garde de reconnaître d'autres juges des matières ecclésiastiques que vos Grandeurs. Nous pouvons même dire avec vérité que la protestation que nous en faisons ici est plus sincère que celle du P. Justin car enfin il est inouï que des curés s'en soient jamais démentis, et ce Père, dans le présent démêlé, n'a pas voulu, quoi qu'il en dise, le laisser régler par monseigneur notre prélat; il l'a incessamment porté pardevant les tribunaux de la juridiction séculière, en appelant comme d'abus, au parlement de Guyenne, d'une ordonnance de renvoi très-juste et très-équitable, donnée par monseigneur sur notre requête, et étant subitement parti pour Bordeaux afin de relever son appel, de peur qu'on ne fît les preuves du fait en question, avant la fin des délais accordés pour plaider l'appel comme d'abus. Après cela, ce père peut-il dire qu'il reconnaît sincèrement les évêques comme ses juges, en déclinant si promptement leur juridiction ?

« Il y a même en ceci quelque chose de plus fort. Ce religieux n'ignorait pas que vos Grandeurs avaient condamné, dans leur auguste assemblée, tenue l'année dernière, les propositions qui énervent l'obligation d'assister aux Messes paroissiales comme *fausses, téméraires scandaleuses, déjà grièvement condamnées par le clergé de France, contraires aux saints canons, au concile de Trente, et à la tradition apostolique.* Cependant, après avoir eu la hardiesse de prêcher publiquement en cette ville une doctrine ainsi flétrie par vos justes censures, il n'a pas voulu que l'affaire qu'il s'est attirée, de notre part, au sujet de cette prédication scandaleuse, se soit jugée par l'autorité épiscopale, protestant encore audacieusement à vos Grandeurs qu'il ne consent que monseigneur notre prélat soit juge de cette affaire, qu'en cas qu'il la veuille décider en personne, et dépouiller son official de tout droit de juger et de procéder, comme s'il fallait qu'un évêque prît la peine lui-même de juger un religieux mendiant, dans une affaire qui ne regarde que la conduite des âmes et nullement son cloître, en quoi on sait que les ordres religieux ont obtenu du Saint-Siège des privilèges d'exemption de la juridiction épiscopale, tandis que tous les autres prêtres du diocèse seront contraints de se présenter au tribunal de l'officialité. Enfin, il a mieux aimé avoir recours au tribunal séculier, pour se défendre sur l'infraction qu'il a faite des lois de l'Église, en attaquant publiquement un article de la doctrine orthodoxe, que d'obéir à l'illustre prélat de ce diocèse. N'y a-t-il pas une contradiction visible entre ce que fait ce religieux et ce qu'il a protesté à vos Grandeurs dans son écrit?

« Pour répondre, nosseigneurs, plus précisément à tout ce qu'il y a renfermé, nous avons jugé à propos de le distinguer en quatre articles : 1° Les différentes plaintes qu'il fait contre nous sur la manière dont nous nous sommes comportés à son égard en cette affaire; 2° le récit déguisé et peu fidèle du fait qui a donné occasion au démêlé entre lui et nous ; 3° l'extrait des sermons qui l'ont fait naître, et dans le dernier desquels il a prêché ouvertement contre les Messes de paroisse, ainsi que nous le justifions très-évidemment ; 4° la nullité qu'il nous reproche dans les procédures que nous avons faites contre lui. Voici donc, nosseigneurs, les éclaircissements que nous avons cru devoir donner à vos Grandeurs sur ces quatre chefs.

« La manière dont le P. Justin se plaint de nous très-assurément n'est pas raisonnable, et elle nous paraît contraire du moins à l'honnêteté qu'il doit à des prêtres-curés, tels que nous sommes. Nous n'avons pourtant aucune envie d'user ici de récrimination, ni encore moins de faire une satire mordante contre ce Récollet, sachant très-bien que la charité chrétienne nous défend de rendre le mal pour le mal ; mais nous ne pouvons souffrir, sans exposer l'honneur de notre ministère, qu'il nous fasse passer, auprès de vos Grandeurs, pour des personnes qui l'avons calomnié et qui lui avons imposé sur le fait dont il s'agit. Comment peut-il accorder lui-même cette idée qu'il veut lui donner de notre conduite, avec ce qu'il nous proteste *de n'attaquer ni notre capacité ni notre probité?* N'est-ce pas attaquer cette dernière qualité si précieuse à un prêtre, d'une manière bien outrageante, que de nous traiter de *calomniateurs* dans un écrit rendu public et adressé aux chefs du clergé de France ; d'accusateurs injustes et téméraires ; de dire que nous avons traité très-indignement un religieux, un prêtre, un prédicateur ; que nous l'avons diffamé dans nos prônes, au milieu des saints mystères, au scandale de la religion et de l'évangile ; que nous avons prétendu insulter à tout son ordre et qu'en tout ce que nous avons fait, nous n'avons eu d'autre dessein que de faire éclater cette affaire, pour le charger mal à propos et contre la vérité, auprès de vos Grandeurs, d'avoir prêché des propositions erronées, pernicieuses, contraires aux décisions des conciles, des assemblées du clergé de France et des ordonnances de ce diocèse ; pour insulter à sa foi et à sa doctrine, et pour animer tous les prélats de l'Église Gallicane contre lui et contre son ordre ? Si ce n'est point là, nosseigneurs, attaquer avec outrage la probité des gens, jamais les esprits les plus malins et les plus envenimés ne l'ont fait.

« Le dit P. Justin met tout en usage pour persuader ces choses à vos Grandeurs, n'épargnant pas les mensonges, ni les déguisements, ni la mauvaise foi, tandis qu'il se donne à lui-même de l'encens avec prodigalité, se traitant d'*orateur chrétien* qui élève avec zèle les saints enseignements de la religion jusqu'au plus haut point, d'homme qui a son âme dans la patience, et usé d'une grande modération en cette affaire, qu'il espère, dit-il être acceptée de la miséricorde de Dieu en satisfaction de ses offenses, ajoutant qu'il a resté en cette ville depuis sept ans avec édification, qu'il a eu l'honneur de prêcher en plusieurs cathédrales, et qu'il a fait consister toute sa gloire et celle de son ordre dans les opprobres et les humiliations. C'est à vous, nosseigneurs, à juger si les éloges qu'il se donne libéralement à lui-même, conviennent à la modestie d'un religieux, en considérant surtout qu'il s'efforce, d'un autre côté, de noircir auprès de vos Grandeurs des prêtres-curés qui n'ont fait autre chose, en cette rencontre, que de s'opposer, comme il était de leur devoir, pour n'être pas du nombre de ces *chiens muets* dont l'Écriture parle avec indignation, aux effets qu'un sermon scandaleux, prêché par ce Père contre l'obligation d'assister aux messes paroissiales, aurait pu causer dans l'esprit des peuples confiés à nos soins.

« La manière la moins dure dont il traite notre conduite à son égard, c'est de l'appeler *une prévention qu'il ne saurait excuser*. Ce Père ne s'explique pas si c'est contre son ordre ou contre lui, en particulier, qu'il veut que les curés de la ville de Saintes soient prévenus; mais, en vérité, nous ne le sommes ni contre l'un ni contre l'autre; nous ne le sommes pas contre son ordre ni contre tout autre corps régulier, puisque nous les traitons tous avec l'honneur et l'estime qu'ils peuvent attendre de nous, et il n'y a peut-être pas de ville en France où les curés vivent plus en paix avec les religieux qu'en celle-ci : car, quoique nous nous apercevions très-bien que l'on ne porte pas nos peuples à fréquenter les paroisses, ni dans le tribunal de la pénitence, où l'on traite un tel engagement de vains scrupules, quand les fidèles s'accusent d'y avoir contrevenu, ni, ce qui est encore plus considérable, dans les conversations et les visites, nous n'avons pourtant, par un esprit de paix, fait autre chose là-dessus que d'exhorter nos paroissiens à s'acquitter d'un devoir si juste, et jamais nous ne nous sommes avisés de nous plaindre juridiquement à monseigneur de Saintes d'aucun régulier qu'en cette occasion, où la chose a tellement éclaté, que nous ne pouvons pas nous en dispenser. Il n'y a pas non plus en nous aucune prévention contre le père Justin en particulier; et vos Grandeurs en seront convaincues par le fidèle récit de ce que nous avons fait contre lui. Il vous avertit lui-même qu'il reste depuis sept ans en cette ville; peut-il dire que, dans tout cet espace de temps, nous lui ayons donné aucune marque de cette prévention qu'il nous impute? Et si nous en avions effectivement eu, aurions-nous manqué à relever beaucoup de choses peu dignes de l'Évangile, qu'on lui avait fait l'honneur de lui confier pour le prêcher ici, avancées dans ses sermons, comme de donner pour moyen aux blasphémateurs habituels, afin de se corriger, de ne parler de Dieu ni en bien ni en mal, de qualifier le péché originel de péché étranger, etc.

« Mais, nosseigneurs, il y a de l'inconvenance et de la malignité tout ensemble dans un endroit de l'écrit de ce Récollet, qu'il a voulu, par un renvoi malicieux, mettre au bas du libelle : il nous traite de vicaires perpétuels et chapelains, ajoutant avec effronterie que, parmi nous, nul autre n'est gradué que le curé de Saint-Pierre. Qu'a-t-il prétendu par là, et quel rapport de cette note à l'affaire dont il s'agit entre lui et nous ? S'il a voulu, par ces expressions de mépris, rabaisser l'honneur de notre ministère, il devait au moins prendre garde que la fausseté et le mensonge ne s'y trouvassent pas mêlés; il devait s'informer si véritablement, de tous les curés de Saintes, il n'y avait que celui de Saint-Pierre qui eût des grades. Est-ce qu'il prétendait que lesdits curés, sitôt qu'ils ont eu procès avec lui, lui fissent signifier leurs lettres de gradués, afin que, s'il lui prenait envie, écrivant contre eux, de toucher cet article, il ne s'exposât pas à dire un mensonge, sur lequel il serait si aisé de lui donner un démenti; où devait-il croire que nous fissions d'abord une vaine ostentation de nos grades, comme il en fait d'avoir prêché en plusieurs cathédrales sans doute des Avents et des Carêmes entiers.

« Ce nombre pluriel des cathédrales dans lesquelles il dit avoir prêché se réduit à deux, Angoulême et Saintes; et encore en la première de ces deux villes y a-t-il prêché avec tant d'honneur pour lui, qu'il s'attira un interdit de trois jours, si on en croit le bruit public, ou du moins une forte repréhension de la part de monseigneur l'évêque, comme il a couronné en celle-ci ses sermons par un discours qu'il fit le jour de Pâques, dans lequel, attaquant une obligation aussi sainte que celle d'assister aux messes de paroisse, il aurait mérité qu'on lançât contre lui des censures bien plus fortes. C'est ce qui lui a fait dire à lui-même, en prenant congé d'un ou deux de ses amis, lorsqu'il partit de Saintes, qu'il se repentirait toute sa vie de deux sermons qu'il avait prêchés, l'un à Angoulême, où, ayant voulu débiter des visions, il dit, par exemple, qu'il était descendu en enfer et qu'il y avait vu plusieurs papes, archevêques, évêques, quantité de généraux d'ordre et surtout un grand nombre de gardiens de Cordeliers, elles lui attirèrent une affaire fâcheuse; l'autre à Saintes contre les messes paroissiales, dont il ne savait pas encore quelles en seraient les suites. Qu'il ouvre donc les yeux! Qu'il voie s'il peut, après cela, traiter notre conduite de prévention inexcusable, et que les supérieurs examinent aussi s'il ne serait pas plus à propos de faire prêcher ce religieux, non *aux pasteurs par sa patience*, comme il s'en vante lui-même, après l'avoir fait si heureusement *à leurs brebis par ses sermons*, mais à ses frères par sa modestie et par sa régularité, plutôt que de l'exposer dans les chaires de vérité qu'il déshonore ainsi, et s'il ne ferait pas plus d'honneur à son ordre, étant occupé dans son cloître à chanter les louanges de Dieu, puisqu'il s'attire de telles affaires, voulant prêcher au peuple sa parole.

« Nous ne pouvons pas non plus, nosseigneurs, deviner quelle a été son intention, lorsqu'il nous a traités dans cette note, dont nous parlons ici, de vicaires perpétuels et de chapelains. S'il a voulu, par là, nous décréditer dans l'esprit de nos peuples, il a très-grand tort, d'autant plus qu'on ne les accoutume que trop ici à se mettre peu en peine de leurs curés et d'assister aux offices de la paroisse. S'il a prétendu faire remarquer à vos Grandeurs que nous n'étions pas des gens fort considérables et dont on dût faire grand cas, puisque, comme simples vicaires perpétuels n'ayant que de très-modiques revenus, nous n'étions pas en état d'entreprendre grand'chose, comment un religieux de Saint-François peut-il nous faire une espèce de reproche de la pauvreté de nos Églises ? Elle n'est pas un crime ; au contraire, elle nous est peut-être plus glorieuse qu'à lui ; mais c'en serait un si, après avoir ouï un tel sermon que celui qu'il a prêché ici, nous n'eussions fait tous nos efforts pour l'obliger à réparer le scandale qu'il a donné à nos peuples. A-t-il cru enfin, en nous donnant ces titres qui ressentent le mépris et nous qualifiant vicaires perpétuels, que nous n'avions pas, ou que tout autre que nous, après le Souverain-Pontife et notre illustre prélat, avait la charge immédiate des âmes de nos paroissiens? Si son intention était telle, il donnerait une atteinte beaucoup plus grande à la hiérarchie sacrée de l'Église, et il se serait rendu très-criminel auprès de vos Grandeurs. Quoi qu'il en soit, il est toujours fort vilain à ce religieux, pour ne rien dire de plus, de nous désigner par des expressions de cette nature, lui qui, par son état, doit faire profession d'humilité et doit rendre tout l'honneur possible à l'ordre sacerdotal. Il devait un peu plus prendre garde à ce qu'il a dit, que les quatre prêtres qui servent la cure de Saint-Pallais ne sont que des chapelains de madame l'abbesse de Saintes; ils sont curés non-seulement de la paroisse, mais encore de l'abbaye, prenant possession de leurs bénéfices dans l'église de cette royale communauté, au son de leurs cloches, et ayant, *ipso facto*, la direction de leurs consciences; ils sont, de plus, chanoines, reconnus pour tels, et en ayant toutes les marques.

« Le P. Justin prétendant, nosseigneurs, vous donner une mauvaise idée de nous, fait un grand fond sur ce que notre procédé a scandalisé les fidèles et en particulier les nouveaux convertis; c'est de quoi il dit nous avoir avertis dans les visites qu'il nous a rendues *pour suivre le précepte évangélique ;*

nous avons été, en effet, témoins de ce scandale, et nous en avons eu encore plus de douleur que ce Père : mais à qui en est la faute, et qui en sera responsable devant Dieu? S'il fallait établir pour règle de ne point s'opposer aux mauvaises doctrines divulguées en public, de peur que la dispute qui surviendra, venant à s'échauffer entre les parties, ne scandalise les fidèles, où en serait l'Église? Ne la verrait-on pas bientôt exposée à être corrompue dans ses membres faibles et incapables de faire un juste discernement de la bonne et de la mauvaise doctrine, par un grand nombre de faux prophètes? Et ne serait-ce pas, dans des pasteurs qui doivent tout risquer pour conserver inviolablement, dans sa pureté, le dépôt de la foi et de la créance évangélique que saint Paul leur a recommandé si expressément en la personne de son disciple Timothée, ne serait-ce pas, disons-nous, dans des pasteurs une lâche trahison de leur ministère, qui causerait un plus grand scandale que celui dont il plaît à ce Père de les charger, s'ils laissaient prêcher impunément et sans rien dire des propositions scandaleuses et erronées[1]?

---

[1] C'est, au XIXe siècle, ce que voudrait encore l'impiété sophistique des ennemis de la religion divine, en demandant aux évêques et au clergé de demeurer *muets*, en présence des doctrines fausses d'un philosophisme irréligieux; voilà les exigences hypocrites de ceux qui ont attaqué le Mandement du vénérable archevêque de Toulouse, à l'occasion des systèmes impis d'un professeur universitaire.

« L'apôtre saint Paul, en reprenant saint Pierre, comme il fit en face de l'Église, prévoyait bien que sa conduite produirait quelque émotion dans l'esprit des fidèles, et que les païens en prendraient occasion de décrier l'Église, comme il arriva long-temps même après saint Paul, l'impie philosophe Porphire ayant relevé cette circonstance pour la calomnier; mais il n'eut aucun égard à cette considération, et comme saint Pierre avait fait quelque chose de répréhensible et de contraire à la vérité de l'Évangile, il lui remontra aussi devant tout le monde qu'il avait tort. C'est à peu près de la même manière qu'en ont agi les curés de Saintes à l'égard du P. Justin, qui, n'étant pas aussi humble que saint Pierre, à la faiblesse duquel il se plaint qu'un de nous a comparé la sienne, a désavoué sa faute, et a souvent protesté ici, comme il fait encore dans son écrit à vos Grandeurs, qu'il n'avait point avancé ces propositions, sur lesquelles nous l'avons cité au tribunal de monseigneur notre évêque. Il voulut d'abord que nous fussions contents de semblables protestations, par lesquelles il nous assurait qu'il avait toujours cru, et qu'il croyait encore que les fidèles étaient obligés, par un précepte spécial, d'assister aux messes de paroisse; mais nous lui avons répondu qu'il nous importait peu quel était son sentiment sur ce point, et qu'ayant si solennellement inspiré à nos peuples des maximes contraires à de telles protestations, il était juste que sa rétractation fût publique et qu'elle parût aux yeux de nos paroissiens, pour les guérir tous de cette mauvaise impression qu'il leur avait donnée. Notre conduite étant donc si semblable à celle que saint Paul tint à l'égard de saint Pierre, comment le P. Justin a-t-il pu la traiter, sans témérité, d'une inexcusable prévention, et nous reprocher d'avoir transgressé les saints canons, et les ordonnances de nos rois, quand un de nous l'a désigné personnellement, pour prémunir ses paroissiens contre les fausses maximes qu'il leur avait débitées, prétendant que cela ne se peut qu'à l'égard des hérétiques déclarés, ou excommuniés dénoncés? N'a-t-il pas en cela abusé visiblement de l'autorité des saints canons de l'Église? comme si cette mère des Chrétiens avait jamais voulu défendre à ceux sur qui elle se décharge de la conduite immédiate des âmes, d'empêcher qu'elles ne soient infectées par la contagion de quelque méchante doctrine, pour épargner la réputation de celui qui, prêchant publiquement une erreur, l'a déjà suffisamment perdue.

« Qu'était-il besoin d'ajouter, en nous reprochant faussement d'avoir voulu insulter à tout son ordre, très-répandu dans ce diocèse, que, depuis près d'un siècle, il y porte le poids de la chaleur et du jour?.. Ne semblerait-il pas, à entendre parler ce religieux, que les Récollets s'acquittent en ce diocèse de toutes les fonctions pénibles du ministère pastoral, et qu'ils en servent toutes les Églises, tandis que les curés en tirent les revenus pour les consumer dans une mollesse oisive ? Nous avouons qu'il y a grand nombre de ces Pères en cette province ; nous n'avons aucune jalousie de ce que monseigneur notre prélat les emploie dans son diocèse : nous sommes même bien aises qu'ils nous aident, et nous voudrions seulement qu'ils prissent un peu plus de précaution pour ne pas s'y ingérer d'eux-mêmes ; mais si le P. Justin rend ce témoignage aux religieux de son ordre qu'ils travaillent avec édification dans nos paroisses, nous pouvons bien aussi rendre celui-ci aux curés de cette province, qu'ils les reçoivent dans leurs églises avec *honneur* et qu'ils ne contribuent pas peu à leur faire trouver les subsistances temporelles qu'on sait bien qu'ils attendent toujours de ceux à qui ils rendent leurs services.

« Il est inutile, nosseigneurs, de nous étendre davantage sur toutes ces choses de peu de conséquence, que le P. Justin a insérées dans son écrit et contre nous, et en sa faveur ; il en faut venir au récit du fait qui fera notre principale justification auprès de vos Grandeurs, et ce Père n'y a espéré trouver la sienne qu'en vous le déguisant étrangement, et en usant de très-mauvaise foi. Son peu de fidélité, et sa dissimulation criminelle paraissent en trois choses : 1° en ce qu'il dit avoir été la cause de ce qu'il retoucha, dans son sermon de Pâques, ce qu'il avait dit huit jours avant sur les messes de paroisse ; 2° en la manière qu'il raconte à vos Grandeurs tout ce qui s'est fait de notre part et de son côté en conséquence de sa prédication scandaleuse ; 3° en l'outrage qu'il prétend avoir reçu de deux de nous qui avons parlé, dit-il, dans nos prônes, l'un contre lui, l'autre contre les religieux en général. C'est sur ces trois points, nosseigneurs, que nous vous prions, avec tout le respect qui vous est dû, d'examiner les réponses que nous faisons à l'écrit de ce religieux.

« Il prêcha, le jour des Rameaux, sur la confession, et dans son second point il parla par occasion d'une manière orthodoxe qui nous satisfit, et qui nous édifia même, touchant l'obligation d'assister aux messes paroissiales. S'il en était demeuré là, comme il devait le faire, il aurait vu que nous n'avions aucune prévention ni contre lui ni contre son ordre ; mais il prêcha une doctrine toute contraire, huit jours après, et il choisit le propre jour de Pâques, ce saint jour auquel tous les fidèles viennent avec plus de concours à l'Église, pour faire avec plus de solennité une lâche rétractation du sermon précédent. Au lieu de l'avouer, il traite, ce qu'il dit, dans ce second discours, d'explication de ce qu'il avait dit dans l'autre, et soutient que nous, ayant pris, sans doute pour n'avoir pas eu assez de conception, ce qu'il avait avancé pour une rétractation du sermon des Rameaux, nous présentâmes une requête à monseigneur de Saintes, et nous exposâmes à sa Grandeur que le P. Justin avait prêché des propositions erronées, pernicieuses, etc. Ce serait en nous une insigne fourberie, ou une ignorance inexcusable, si nous l'avions fait de la sorte, et si tout ce que dit ce religieux en cette prédication n'avait été qu'une pure explication de l'autre, pour lever, ainsi qu'il prétend, des scrupules mal fondés, que la manière zélée dont il avait établi le jour des Rameaux un véritable engagement, avait fait naître dans plusieurs consciences, durant le cours de la Semaine-Sainte. Ce prétexte si spécieux n'est point du tout de l'invention du P. Justin : il n'y pensa qu'après que sa communauté et d'autres réguliers le lui eurent ouvert, pour lui donner lieu de se rétracter avec honneur, et il a d'abord pris lui-même, ainsi que tous ceux qui l'ont entendu, son second sermon pour une rétractaton du premier. Pour vous en convaincre, nosseigneurs, en voici des preuves contre lesquelles il ne saurait s'inscrire en faux, parce qu'elles sont aussi claires que le soleil du midi, et quelques-unes d'elles appuyées sur le témoignage de monseigneur de Saintes, que nous n'aurions pas l'effronterie d'avancer ici, si nous n'étions sûrs de notre fait.

« Sitôt qu'il eut prêché, le jour des Rameaux, sur la messe de paroisse, de la manière que nous avons dit, des personnes bien sensées de la ville, surprises de ce qu'un religieux, et un religieux mendiant, avait parlé ainsi d'une telle obligation contre le génie des réguliers, qui naturellement n'aiment pas trop la reconnaître, nous dirent que cela aurait apparemment quelque suite, et que sa communauté ne manquerait pas de faire des démarches pour l'obliger à se rétracter. Nous ne doutons pas en effet que toutes celles qu'a faites ce Père, en cette affaire, en particulier son appel comme d'abus, et son écrit adressé à vos Grandeurs, ne lui aient été inspirés par ses supérieurs et par ses confrères.

« A l'issue de la prédication du jour de Pâques, avant même qu'il fût hors de chaire, et pendant que Monseigneur donnait la bénédiction au peuple, on vit tout le monde de bon sens en rumeur, et des nouveaux convertis, entre autres, sur ce que venait de dire ce religieux, le prenant tous pour une rétractation de ce qu'il avait dit, les uns disant : — *Ce Père s'est rétracté*; d'autres : — *Voilà le pour et le contre avancé par le même prédicateur dans une même chaire;* des troisièmes encore regardant leurs curés : — *Nous vous recommandons au P. Justin; adieu la messe de paroisse!* — De tels discours se tinrent en ville, pendant le reste du jour, et nous en rapporterons les témoignages personnels quand besoin sera. Après cela, ce Père peut-il dire que, par une prévention, nous lui ayons imputé de s'être rétracté d'une doctrine orthodoxe qu'il avait soutenue, puisqu'il n'y a pas une âme dans la ville de Saintes qui ne l'ait pris ainsi? Et il vous paraîtra, nosseigneurs, par le fidèle extrait que nous ferons bientôt à vos Grandeurs de ses deux sermons, qu'on ne le peut prendre autrement.

« Voici quelque chose de plus positif. Le P. Justin, quelques jours après son sermon des Rameaux, alla trouver monseigneur de Saintes, pour lui demander la permission de retoucher l'article des messes paroissiales, dont il disait avoir parlé un peu trop fortement, parce que son gardien et sa communauté l'avaient blâmé sur son sermon, et avaient même ajouté des menaces pour l'obliger à rétracter ce qu'il avait dit des messes paroissiales. Monseigneur répondit prudemment : — « Père Justin, vous n'avez dit que la vérité dans ce discours; il n'y a rien à retoucher sur cette matière; d'autant plus qu'on ne prendrait pas assurément en bonne part ce que vous en voudriez dire; car, par la grâce de Dieu, depuis un grand nombre d'années que je suis évêque de Saintes, il n'est jamais arrivé aucun trouble sur des propositions annoncées dans des sermons. » — Le P. Justin ne laissa pourtant pas de se rétracter pour plaire à sa communauté, et c'est là la véritable cause de ce qu'il parla une seconde fois, dans son sermon de Pâques, des messes de paroisse et non pas des scrupules nés dans l'esprit de ses auditeurs; prétexte qui ne lui fut suggéré que par ses frères, et qu'il combattit lui-même d'abord, pour n'être pas obligé à se rétracter. Monseigneur nous assura de toutes ces choses, quand nous eûmes l'honneur de lui aller faire la révérence, pour supplier sa Grandeur d'obliger ce Père à réparer le scandale qu'il venait de donner ; nous ne les savons que de la propre bouche de notre prélat, et c'est pour cela que nous les publions sans hésiter.

« Le P. Justin même a reconnu toute cette intrigue de la part de sa communauté, dans une occasion particulière que nous lui citerons, s'il lui prend envie de nous vouloir démentir en ce point ; et il y a même ajouté que, n'ayant pas voulu d'abord déférer aux instances de ses frères et de son Gardien, qui le pressaient sur cet article, des réguliers d'un autre corps se joignirent à ceux-ci, pour l'obliger de donner satisfaction sur une affaire dans laquelle tous les religieux étaient intéressés. Si ce ne sont pas là, nosseigneurs, des preuves en bonne forme d'une rétractation faite par le P. Justin, nous consentons qu'il nous fasse passer auprès de vos Grandeurs pour des esprits prévenus, des accusateurs injustes et des calomniateurs entêtés. Il dit, dans son libelle, nous avoir fait apercevoir dans les visites qu'il nous a rendues, que, contre le précepte de l'Apôtre, *nous nous amusions à traiter des questions contentieuses et inutiles*; mais ces preuves doivent le convaincre que c'est lui-même qui a contrevenu à cette importante maxime, que le même saint Paul a donnée à tous les prédicateurs, de n'être pas comme des enfants chancelants qui se laissent aller au vent de toutes sortes de doctrines, pour plaire aux hommes.

« Ce Récollet n'a pas plus de sincérité quand il fait le rapport à vos Grandeurs de ce que nous avons fait, après son sermon, pour remédier au scandale qu'il a causé en cette ville, que quand il leur a exposé la cause pour laquelle il avait retouché la matière en question dans un second discours. Selon lui, les curés vinrent incontinent trouver Monseigneur *avec un esprit envenimé, et débutèrent en disant que, si sa Grandeur ne jugeait pas cette affaire à la rigueur, ils auraient recours à l'autorité primatiale.* Est-ce ainsi que des curés, que ce Père traite de vicaires perpétuels et de simples chapelains, auraient pu parler à un évêque très-sage et très-juste, qui a des peines en main pour punir une telle insolence? A-t-on bien vu des pasteurs qui vont ainsi sans égard choquer leur prélat, en prétendant l'épouvanter pour le faire venir à leurs fins? Il n'appartient qu'au père Justin de choquer d'une manière insigne l'autorité des prélats comme il l'a fait en cette rencontre, appelant comme d'abus de l'ordonnance de celui qui préside à ce diocèse.

« Nous devons, de plus, dire à vos Grandeurs qu'il est très-faux que nous ayons voulu avec entêtement faire juger la chose avec rigueur; nous n'avions d'abord demandé que les voies douces, et exigé une simple souscription du P. Justin, à un écrit qui lui serait présenté, après avoir été vu de Monseigneur, et tel que vos Grandeurs pourront le voir après cette réponse, afin d'en instruire ensuite nos peuples, qu'il avait voulu détourner d'assister aux messes de paroisses ; s'il avait voulu le faire incontinent, nous n'eussions fait aucune procédure contre lui; mais au bout du compte, il a refusé tout net d'y consentir, ayant tergiversé tandis qu'il a vu que les synodes du diocèse allaient s'assembler, appréhendant avec raison, aussi bien que sa communauté, qu'on informât les curés du diocèse de ce qui était arrivé dans la ville capitale, et qu'ainsi ces religieux ne trouvassent une notable diminution dans les quêtes qu'ils font à la campagne et le temps des synodes fut-il une fois expiré, il leva le masque et appela comme d'abus au parlement de Guienne.

« Quelle autre voie plus douce pouvions-nous prendre pour venger avec moins de troubles la cause commune de l'Église? Nous ne demandions autre chose à monseigneur de Saintes, après le sermon du P. Justin, et cependant, ce Père ose vous protester d'avoir ouï dire à ce prélat qu'il ne nous avait pas permis un procédé aussi violent, qui mettait en rumeur toute une ville, mais seulement de chercher des témoins. Avons-nous outrepassé le moins du monde ce qu'il nous a été permis de faire en ce démêlé ; et n'est-ce pas plutôt ce Père qui a fait tout ce qu'il a pu pour éluder le jugement de notre évêque, sans être obligé de se rétracter, comme effectivement il l'a éludé par une voie qui, trop souvent, n'est mise en usage que pour cette fin ?

Cela est si vrai qu'il n'a appelé que pour se soustraire à la juridiction épiscopale, qu'après plusieurs entretiens que lui et nous avons eus devant Monseigneur, pour terminer cette affaire, lorsqu'il se vit assigné selon les formes de la justice pour comparaître devant monsieur l'official. (C'est en cette rencontre qu'il se récrie contre nous, et qu'il se vante d'avoir possédé *son âme par sa patience, malgré l'émotion qu'il ressentit en son cœur*, voyant un huissier à la porte de son cloître. Mais pouvions-nous faire autrement, ayant affaire à une partie qui, malgré les précautions prises de notre part en cette affaire, appelle encore d'abus pour des formalités prétendues non observées). Quand il se vit donc assigné, il se transféra à l'évêché, comme il dit lui-même, *pour obéir à ce que sa Grandeur voudrait ordonner là-dessus*. Elle fit venir à l'instant deux de nous dans son palais, où, après quelque temps de dissertation entre ce religieux et nous, le Père protesta enfin à Monseigneur que, pour en venir à un bon accommodement, il était prêt à signer un écrit qui serait pour cela dressé (c'est celui-là même que nous avons déjà cité à vos Grandeurs, et que cette affaire serait ainsi terminée. Il eut même quelque appréhension que les autres curés absents ne s'accordassent pas à ce que deux de leurs confrères avaient consenti, et on ne dissipa sa crainte qu'après qu'il en eut été assuré par une personne qualifiée. Ce fut en suite de cet accord, que nous tenions pour fait, que le P. Justin nous rendit ces visites dont il vous parle dans son écrit; nous les reçûmes avec tous les témoignages d'amitié que nous pouvions lui donner, quelques-uns seulement lui ayant dit que l'accord était fait, mais qu'il n'était pas signé, par un présage de ce qui devait arriver à l'avenir.

« Enfin, quelque temps après, le seigneur-évêque envoya ledit écrit au Père Justin pour le signer, et ce fut alors qu'il répondit ne le pouvoir faire que du consentement de ses supérieurs; puis ayant été trouver sa Grandeur, il lui laissa sa déclaration captieuse insérée tout entière en son libelle, où il nous traite avec tant d'insolence, nous appelant expressément *des calomniateurs*, qui avions mal expliqué ce qu'il avait dit, le jour de Pâques, sur la messe de paroisse, *pour des raisons qu'il énoncera*, dit-il, *en temps et lieu, et que les lois de la charité l'obligent de taire présentement*, prétendant, après des invectives si inconvenantes, qu'une telle déclaration dût calmer nos esprits, et le blanchir du scandale qu'il avait donné à toute une ville, parce qu'il y proteste, contre la vérité, avoir toujours eu beaucoup de vénération et toute la soumission possible aux décrets des conciles et aux ordonnances de ce diocèse.

« C'est, nosseigneurs, cette pièce qu'il fit sonner bien haut en toute la ville, sitôt qu'il l'eut remise entre les mains de Monseigneur, en ayant retenu un *duplicata* par devers lui : il alla donc promptement en différentes maisons publier qu'il avait un bouclier invincible pour se défendre contre ses calomniateurs ; l'ayant seulement pour lors pris de ce ton-là, lui qui, auparavant, avait toujours affecté de la modestie, et commençant à nous traiter de cette sorte, il ne se lassait pas de publier que cette déclaration lui servirait d'armes pour attaquer ses ennemis. C'est pourquoi cette prétendue victoire du P. Justin étant ébruitée avec tant de fanfare, nous, à qui il prétendait peut-être par là donner le change, mais qui, en tout ceci, agissions plutôt pour la cause commune de l'Église que pour nos propres intérêts, tous étonnés de ce que ce Père se désistait si promptement de ce qu'il nous avait *assuré de ses bonnes intentions*, nous eûmes recours à Monseigneur, à qui ayant représenté l'avantage que prétendait avoir reçu notre partie de la déclaration qu'elle avait mise entre les mains de sa Grandeur, sur une affaire déjà liée au tribunal de l'officialité, il eut la bonté de nous donner une déclaration que nous avons mise à la fin de cet écrit, pour la faire voir à vos

Grandeurs, par laquelle notre prélat s'explique nettement qu'en recevant celle du P. Justin, il n'avait prétendu autre chose si ce n'est d'examiner si celle-ci était suffisante pour le droit, et conforme à la vérité pour le fait, et nullement pour préjudicier au droit des parties. Depuis ce temps-là, nous n'avons fait aucune démarche, ce religieux ayant commencé à ne ménager plus ni monseigneur notre évêque ni nous, et ayant, peu après, fait signifier qu'il appelait comme d'abus. Voilà en toute sincérité ce qui s'est passé dans cette affaire, et nous avons cru devoir entrer en un si grand détail, pour mieux spécifier toutes choses, et pour faire connaître plus clairement à vos Grandeurs combien le P. Justin a tort, ayant voulu imposer, par tant de déguisements, aux premières têtes de l'Église.

« Il a voulu encore vous faire croire que deux de nous avions fait des prônes très-outrageants, l'un contre lui en particulier, et l'autre contre les religieux en général; il n'a pu traiter ainsi ces deux curés qui, en tout ce qu'ils ont dit dans leurs prônes, n'ont mêlé aucune injure, mais seulement prévenu leurs paroissiens, comme il était de leur devoir, contre ce qu'avait dit ce religieux en pleine chaire; et il n'a pas manqué de mêler le mensonge dans le récit qu'il vous a fait du prône que fit le curé de Saint-Pierre, comme dans le reste de son écrit; car il est faux que ce curé l'ait traité *de petit moine*, n'ayant que de la vénération pour ce terme; il l'a nommé prédicateur, lorsqu'il voulut réfuter la pernicieuse doctrine qu'il avait suggérée au peuple, et s'il a comparé à la faiblesse de saint Pierre celle de ce religieux, qui, intimidé par menaces, avait trahi la vérité, il crut pouvoir le faire sans scrupule, parce que ce Père avait imité la faute du prince des apôtres, et que ce curé souhaitait qu'il imitât pareillement sa pénitence.

« A l'égard du curé de Saint-Pallais, il se crut aussi obligé, après la prédication du Récollet, de lire en son prône l'article des ordonnances de ce diocèse, qui obligent d'assister aux messes paroissiales, et de faire remarquer qu'on ne pouvait contrevenir à cette obligation sans offenser Dieu grièvement; ne disant autre chose sur les réguliers, si ce n'est qu'ils énervaient ce devoir paroissial par leurs explications, qui n'excuseraient pas les peuples de péché; ainsi ce Récollet devait prendre garde de ne pas se servir de figures impropres, pour faire penser plus qu'on n'en a dit, et nous le défions de nous prouver que nous ayons jamais parlé d'une manière peu honorable des réguliers en général, dont l'Église approuve les services. »

(*Extrait des deux sermons du P.* Justin).

« Nous ne croirions pas, nosseigneurs, vous avoir donné un éclaircissement suffisant sur le présent démêlé, si nous ne vous présentions en peu de mots un extrait des sermons du P. Justin. C'est ici le fonds de l'affaire, et vos Grandeurs pourront, par ce simple exposé, de la fidélité duquel nous répondons devant Dieu, étant prêts de le faire aussi devant les hommes, quand une fois nous aurons la liberté de procéder, c'est, disons-nous, par ce simple exposé qu'elles pourront juger de la justice de nos prétentions, et si notre partie avait fait un extrait de son dernier sermon, tel qu'il l'a prêché, sans le falsifier et sans retrancher ce qui était essentiel, nous n'aurions pas eu besoin de lui répondre : cette seule pièce vous aurait convaincu que ce religieux a attaqué ouvertement la doctrine de l'Église.

« Prêchant donc, le dimanche des Rameaux, sur la Confession, et s'étendant dans son second point sur ce qu'on était obligé de déclarer à un confesseur, il dit qu'outre le nombre et les espèces de ses péchés, il fallait encore découvrir les circonstances aggravantes, et donnant, entre autres exemples, celui de ne pas assister aux messes paroissiales, il parla à peu près en ces termes :

« *Ce n'est pas assez de se confesser de n'avoir pas entendu la Messe, les Fêtes et Dimanches, il faut y ajouter qu'on n'a pas été à la paroisse. Où sont pourtant ceux qui s'accusent d'avoir manqué à cette obligation? Oui, Messieurs, vous êtes obligé d'assister aux messes paroissiales, entendez ceci d'une bouche qui ne doit pas vous être suspecte; il est nécessaire que les pasteurs connaissent leurs brebis; et comment pourraient-ils les connaître, si elles ne pa-*

raissent jamais dans leurs Églises? Les curés sont vos pasteurs; leurs églises sont vos églises-mères, et les nôtres ne sont seulement que subsidiaires et succursales; vous devez donc fréquenter vos paroisses. Les saints Conciles vous y obligent, et cependant elles sont désertes. Mais que deviendront nos églises, s'il faut ainsi que tout le monde aille à la paroisse? Elles ne seront point du tout fréquentées. Peu m'importe qu'on abandonne nos églises, pourvu que le ciel se peuple; et Dieu ne me demandera pas compte si nos églises ont été remplies, mais si je vous ai instruits de l'obligation où vous êtes d'assister en vos paroisses; que ma langue s'attache à mon palais si je ne dis ici la vérité, etc.

« C'est là, nosseigneurs, ce que dit ce Père sur l'obligation d'assister aux messes paroissiales; il dit vrai, mais en dit-il trop? Et toute cette doctrine n'a-t'elle pas été décidée dans un grand nombre de conciles et de vos illustres assemblées? Cependant il veut vous faire croire qu'il poussa la chose si loin, et que son zèle l'engagea à porter si haut cette obligation qu'il fit naître des scrupules mal fondés dans l'esprit de ses auditeurs, qui tourmentèrent leurs consciences durant le temps de la Semaine-Sainte, en sorte qu'ils s'imaginaient avoir ouï dire au prédicateur, qu'absolument parlant, il y avait péché mortel lorsqu'on manquait à assister à la paroisse.

« En vérité, ce prétexte est bien frivole, et nous

ne comprenons pas comment ce Père a pu prétendre en satisfaire vos Grandeurs. Car nous avons cent fois, dans nos prônes, parlé plus fortement de la même matière, et nous en sommes encore venus jusqu'à ce point, pour inculquer cet engagement à nos peuples, trop accoutumés à se contenter, les dimanches et fêtes, d'une messe basse dans les églises des réguliers, que de leur refuser les sacrements dans le temps de Pâques, leur alléguant pour raison que, ne paraissant jamais dans nos églises, nous ne pouvions les reconnaître pour nos brebis, et qu'à moins qu'ils n'y voulussent à l'avenir être assidus, nous ne pouvions en conscience leur donner les sacrements ; cependant, après tous nos prônes, et après toutes ces démarches de notre part, nous n'avons jamais remarqué dans la pratique, et nous ne pensons pas que d'autres l'aient fait non plus que nous, ces scrupules mal fondés que ce religieux dit avoir excités dans les consciences, par un seul de ses sermons où il ne dit autre chose, sur l'affaire en question, que ce que nous avons eu l'honneur de rapporter à vos Grandeurs.

« Huit jours après, la retractation du P. Justin ayant été concertée par une intrigue de sa communauté, ainsi, nosseigneurs, que nous vous l'avons dit plus haut, ce Récollet choisit tout exprès le jour de Pâques pour la rendre plus solennelle, et, dans le second point du sermon qu'il fit ce jour-là, il plaça ce que nous allons prendre la liberté de vous rapporter, sans vous dire l'occasion qu'il prit de retoucher ce sujet, et comment il parla d'abord très-avantageusement des pasteurs et des églises paroissiales, il a eu soin lui-même de vous l'exposer dans son écrit, et il s'expliqua ainsi dans son sermon, pour insinuer plus adroitement dans les esprits la méchante doctrine qu'il avait résolu de leur débiter, imitant l'artifice des médecins, qui font dorer la pilule amère pour la faire avaler plus facilement au malade, ou bien encore l'adresse de ces fins calomniateurs qui donnent d'abord des louanges aux personnes dont ils veulent flétrir la réputation, afin que ceux qui les écoutent soient ensuite moins prévenus contre les traits les plus piquants de leur malignité. Après donc qu'il eut ainsi parlé des pasteurs et des paroisses, il proposa à peu près ainsi sa méchante doctrine :

« — Je vous avais parlé ci-devant de la messe de paroisse; je n'en saurais trop parler et vous exhorter à y assister, non pas qu'il y ait de l'obligation: il n'y a pas péché mortel, car il ne faut pas troubler les consciences; je ne l'ai jamais lu ni dit; je ne l'ai jamais cru; il est seulement de la bienséance et de l'édification d'assister aux messes paroissiales: c'est ainsi qu'il faut entendre ce que je vous en ai dit; car si l'Église avait prétendu qu'il y eût péché, elle aurait tendu des pièges aux fidèles, en promettant d'ouvrir nos églises, ce qui ne se peut dire. Je ne l'ai lu, je ne l'ai jamais cru, et en cela je pense avoir l'esprit de Dieu. C'est donc en ce sens que je viens de dire, qu'il faut expliquer les constitutions des papes, etc., etc. »

« Vous serez sans doute surpris, nosseigneurs, de remarquer une si prodigieuse différence entre l'extrait que nous donnons ici à vos Grandeurs, et celui qu'il leur a donné lui-même : il faut donc que lui ou nous en imposions aux évêques de France... »

Les curés de Saintes démontraient clairement que la verité était pour eux ; qu'il était impossible de supposer l'ombre même de la calomnie dans l'accusation dont ils poursuivaient le Père Justin, qui voulut se disculper en présence de monseigneur de La Brunetière ; mais l'évêque, pesant avec une grande sagesse et une grande modération les faibles raisons d'excuse que lui donnait ce religieux, lui dit pour toute réponse : « *Père, tout cela ne veut rien dire.* Les curés ajoutaient :

« Ce religieux, nosseigneurs, ayant avancé une telle doctrine, n'était-il pas de notre devoir de présenter une requête à monseigneur l'évêque pour l'obliger à se rétracter ? S'il avait pris en main les tomes des conciles de France ou le décret de Gratien, il y aurait trouvé des conciles qui ont eu tellement à cœur le devoir paroissial, qu'ils ont ordonné à tous les prêtres de s'informer, avant que de célébrer la messe, si, parmi les assistants, il n'y avait personne d'une autre paroisse, et si on en trouvait quelqu'un, il fallait le faire sortir sur-le-champ de l'église, pour l'obliger de retourner à la sienne. S'il avait encore lu les décrets, il eût reconnu qu'on n'a jamais fait de difficulté sur cet engagement, jusques vers le milieu du quatorzième siècle; que ce fut seulement en ce temps-là, que les religieux commencèrent à prétendre d'avoir obtenu des privilèges du Saint-Siège qui énervaient cette obligation, et que l'affaire ayant été agitée devant plusieurs papes, elle fut enfin terminée en faveur des curés par Sixte IV. Religieux de Saint-François avant son exaltation, ce pontife défendit aux réguliers de prêcher que les peuples ne sont point obligés d'entendre la messe dans leur paroisse, les fêtes et dimanches, puisque le droit en ordonne autrement, à moins qu'il n'y ait une cause honnête de s'en absenter. S'il avait enfin jeté les yeux sur le concile de Trente, qui fait la règle de notre doctrine, il aurait vu que les évêques y sont chargés d'avertir soigneusement les peuples qu'un chacun est obligé d'assister à la paroisse pour y entendre la parole de Dieu, avec pouvoir d'employer les censures ecclésiastiques pour faire observer ce précepte ; à quoi ce saint concile ajoute qu'il annulle à ces fins tous les privilèges, exemptions et coutumes contraires à ce devoir. »

Le Père Justin se vantait d'avoir trouvé dans les procédures des curés de Saintes une foule d'abus; il les trouvait dans le fonds, dans la forme, dans le juge et dans les parties. Il les réduisait à cinq. Il disait qu'il s'agissait d'un point de doctrine et que, conséquemment, il n'appartenait pas à l'officialité d'en connaître. Il se trompait évidemment ; il n'était pas question d'un point de doctrine à décider, mais bien d'une doctrine déjà décidée, d'une doctrine orthodoxe, reconnue pour telle, contre laquelle ce religieux avait osé prêcher ouvertement ; en cela il avait enfreint les ordonnances des saints Canons et les lois de l'Église; cette infraction devait être naturellement renvoyée au tribunal de l'officialité. Il ajoutait que les Récollets n'étaient pas assujettis à la juridiction des juges de l'évêque et de l'évêque même; sans doute, pour leur conduite particulière dans l'intérieur de leur cloître, mais certainement ils étaient soumis à la juridiction soit de l'évêque, soit de son officialité, quand il était question du ministère ecclésiastique. L'ignorance seule du droit aurait pu prétendre à une telle exemption; le concile de Latran les y soumettait, quant au fait de cette procédure. Il disait qu'on l'avait cité devant l'official sans information préalable et sans enquête; il avait, au contraire, été assigné sur les fins de la requête, c'est-à-dire, non en personne, mais pour répondre par lui ou par procureur. On n'avait usé d'abord que de la voie civile. Il se récriait sur ce que le promoteur, comme curé de la ville, s'était porté comme juge et partie ; mais où prenait-il que les promoteurs étaient des juges ? Et, de plus, voulait-il qu'on destituât le promoteur pour en créer un autre exprès dans le procès qu'on lui intentait si justement ? Il ajoutait que l'évêque de Saintes avait approuvé son sermon et rétracté son ordonnance de renvoi pardevant l'official. Ce n'était que de l'audace et de la jactance de la part de ce religieux Récollet, contre qui tous les faits s'établissaient avec une évidence et une force invincibles.

« Au reste, nosseigneurs, disaient les curés de Saintes, en terminant leur réponse, nous n'avons voulu faire paraître cette réponse qu'après avoir demandé la protection de monseigneur notre illustre prélat, et sa Grandeur nous l'a promise avec une bonté toute paternelle. Nous espérons que vous nous accorderez semblablement la vôtre, et c'est avec cette confiance qu'ayant pris la liberté de vous adresser notre très-humble réponse, nous la concluons en vous assurant que nous sommes avec un très-profond respect, de vos illustrissimes et révérendissimes Grandeurs, les très-humbles et très-obéissants serviteurs, prêtres soussignés, curés de la ville et faubourgs de Saintes : —J. de Léglyze, curé de Saint-Pierre, bachelier de Sorbonne ; E. Blanchet, curé de Saint-Eutrope, docteur de l'université d'Aix; A. Maignan, curé de Saint-Maur; E. Clopin, curé de Saint-Michel; P. Dufau, chanoine, curé de Saint-Pallais, gradués de l'université de Bordeaux; P. de Lagarde, P. Foc et J. Daviaud, tous chanoines et curés de Saint-Pallais, et ledit Foc, curé de Saint-Vivien; aussi tous trois gradués de l'université de Bordeaux [1].»

L'affaire fut ramenée à la compétence du tribunal ecclésiastique; le P. Justin donna sa déclaration telle que l'évêque diocésain l'exigea, et les curés, après avoir fait preuve de leur fidélité et de leur dévoûment à la saine doctrine, surent faire comprendre que le zèle qui poursuit l'erreur est toujours compatible avec la charité qui chérit l'errant.

La même année, qui fut le terme d'une vie pleine de mérite, pour l'illustre de La Brunetière, vit son successeur prendre en main le bâton pastoral de l'Église Santone : au mois d'août, Messire Alexandre de Chevrières de Saint-Maurice fut nommé évêque de Saintes. Ce prélat était fils d'Honoré, comte de St-Maurice, d'une ancienne famille de Franche-Comté, et de Claudine de Damas-Thianges. La consécration épiscopale lui fut conférée l'année suivante, le vingt-cinquième jour du mois de mars. Ce pontife ne vécut que sept ans après son sacre; il mourut le 3 juin 1710. En 1705, le 31 mars,

---

[1] Arch. de l'évêché de Saintes.

il y eut un arrêt rendu par le parlement, tendant à défendre au curé-vicaire perpétuel de St-Martin de Pons de faire chanter le *Te Deum* en son église ; et ce prieur-curé primitif fut reçu appelant comme d'abus d'une ordonnance de l'évêque de Saintes qui y autorisait le vicaire perpétuel. Ces appels étaient bien souvent abusifs. Que le parlement fût appelé à assister au chant d'un *Te Deum*, rien de mieux ; mais le voir gravement défendre ce chant d'action de grâces, c'est du ridicule [1].

Les messieurs de Sainte-Marthe font observer que la mort d'Alexandre de Chevrières fut un sujet d'affliction profonde pour le diocèse, où toutes les personnes capables d'apprécier de hautes qualités lui avaient voué un respect sans bornes et une confiance remplie d'estime. Sa dépouille mortelle fut déposée dans le caveau de la cathédrale, situé sous la chapelle des Tourettes, au rond-point. On y lit encore son épitaphe. Bernard Senaux, nommé, le 3 juin 1702, évêque de Saintes, avant M. de Chevrières, passa au siège d'Autun ; il n'avait pas alors reçu la consécration épiscopale [2].

Mais la mort a beau perpétuer ses ravages dans l'Église, qui voyage du temps vers l'éternité, elle ne frappe que ce qui est poussière ; l'autorité, la doctrine et la foi restent debout pour investir

---

[1] Arch. mss. de Saint-Martin de Pons.

[2] Dutemps, *Clergé de Fr.* tom. II., art. Saintes.

successivement ceux que la Providence se choisit pour l'exécution de ses admirables desseins. Ainsi les générations passent sous le soleil pour en être éclairées ; l'astre du jour demeure radieux quand sous lui tout meurt et s'éteint : belle image de la vérité catholique, toujours vivante au milieu des ruines de la mort et du temps ! Ce qui est vrai pour l'Église universelle, l'est encore pour chaque Église particulière. « Toute la nature angélique, dit Bossuet, a ensemble une immortelle beauté, et chaque troupe, chaque chœur des anges a sa beauté particulière, inséparable de celle du tout. Cet ordre a passé du ciel à la terre, et, outre la beauté de l'Église universelle qui consiste dans l'assemblage du tout, chaque Église particulière dans un si beau tout, avec une justesse parfaite, a sa grâce particulière [1]. » Ce qui n'est pas moins indubitable pour la succession des pasteurs, que pour la perpétuité de doctrine. Rome a ses pontifes depuis saint Pierre jusques à Grégoire XVI ; Saintes a également ses évêques depuis Eutrope jusques à Clément Villecourt !... Nous dirons donc à tous les ennemis de la religion catholique ce que Tertullien disait aux hérétiques de son temps : « Admirez la chaîne de nos pasteurs presque attachée à la crèche du Messie !.. Et vous, aveu-

---

[1] Voy. Bossuet, *Disc. sur l'unité*, pag. 494 ; édit. in-8°. Versailles.

gles sectaires, quelle est l'origine de vos Églises ?
Où est la succession de vos évêques ?[1] »

A peine la tombe du pontife de Chevrières est-
elle fermée, qu'Henri-Augustin Lepileur, soixante-
quinzième évêque de l'Église Santone, paraît à
sa place, revêtu de son caractère et de son autorité.
Il était issu de Jean, seigneur de Grandbonne, auditeur de la chambre des comptes de Paris, et
de Catherine Heudebert du Buisson, sœur de l'intendant des Finances. Il fut nommé, le 4 avril
1711, étant abbé d'Épernay et de Bonnevaux, dans
le diocèse de Poitiers. Il fut sacré par le cardinal
de Noailles, le 21 décembre suivant. Dans le
cours des quatre années qu'il gouverna le diocèse,
il y eut un évènement qui prouve jusqu'à quel
point la jalousie peut se montrer hostile aux entreprises et aux efforts du zèle le plus héroïque
et le plus pur. Cette maladie morale a, chez
certains hommes surtout, un principe concentré
qu'il est presque impossible d'anéantir. La duplicité est le masque assez ordinaire qui cache ce
qu'il y a de plus hideux dans ce mal de l'âme.

Le vénérable serviteur de Dieu, Louis-Marie
Grignon de Montfort, missionnaire apostolique,
instituteur des *Filles de la Sagesse*, édifiait l'Église
de la Rochelle depuis 1711. Nous nous réservons,
plus tard, de parler de ses travaux; mais ici il

---

[1] Tertul. *Apol.*

convient d'entretenir le lecteur du passage de l'homme de Dieu dans le diocèse de Saintes, où, venant apporter l'espérance et la paix, on ne lui rendit d'abord qu'injustice et ingratitude. Le coup qui le frappa ne fut cependant que momentané; attaqué par une lâche calomnie, Grignon de Montfort ne perdit rien de son calme et resta dévoué à l'œuvre de son zèle. Laissons parler l'auteur de sa vie [1].

« Après avoir essayé ses forces, Montfort se crut en état de reprendre le travail des missions et se rendit, vers le commencement de mars 1714, au Vanneau, paroisse du diocèse de Saintes, dont le digne pasteur avait réclamé son ministère. Déjà on était au dix-huitième jour de la mission, et tout semblait concourir à son succès : l'ardeur des ouvriers et la fidélité des peuples étaient égales. Tout-à-coup, grâce aux intrigues de certaines personnes ennemies de Dieu autant que de son ministre, un interdit général fut signifié à Montfort et à ses coopérateurs. Tous en furent consternés, et plusieurs parlaient déjà de retourner à la Rochelle, quand le curé prit le parti d'aller lui-même réclamer la justice de son évêque, et éclairer sa bonne foi trompée. Quoique le voyage fût de près de trente lieues, il était de retour le lendemain soir avec de nouveaux pouvoirs pour les

---

[1] *Hist. de Grignon de Montfort*, nouv. édit., pag. 297.

missionnaires, dont cette humiliation passagère ne fit que rendre le zèle plus ardent et les travaux plus efficaces. »

Cet interdit de l'évêque de Saintes l'a fait soupçonner de Jansénisme ; nous croyons que c'est une accusation sans fondement. Il n'était pas question de Jansénisme dans cette affaire. Messire Lepileur avait été trompé sur le compte de Montfort. Quoique consacré par le cardinal de Noailles, qui commença mal et finit bien, notre évêque était loin de subir le joug de l'hérésie ; le curé du Vanneau, du jour au lendemain obtint du prélat une approbation qui confondit les détracteurs. Aucun historien n'a reproché à ce prélat d'avoir pris part aux disputes de l'époque.

Toujours et partout la religion, qui n'est que charité, s'est occupée d'adoucir les souffrances de l'infirme et du pauvre. L'île d'Oleron ressentit l'heureuse influence de celle qui, en expliquant tous les devoirs, sait également charmer tous les maux. Un hôpital avait été fondé, depuis des siècles, dans une paroisse de l'île appelée Saint-Jacques ou Saint-James. C'était un prieuré. En 1635, un arrêt du grand conseil avait obligé le prieur de St-Jacques d'employer la moitié des revenus de son bénéfice à nourrir, à entretenir et à loger les pauvres. Il devait en outre, de trois ans en trois ans, rendre des comptes aux évêques de Saintes, en présence du procureur du roi et de quatre principaux habitants d'Oleron ; et cela, sous peine de déchéance et restitution des fruits par lui pris et perçus.

Dans la suite des temps, cette aumônerie fut abandonnée et resta sans exercice; en conséquence, aux termes des déclarations royales, les revenus de semblables hôpitaux appartenaient de plein droit à l'hôpital le plus voisin, sous la clause que les pauvres du lieu y seraient admis, comme nous l'avons fait remarquer pour la maladrerie de Saint-Eutrope. Un sieur René Mauchin avait été titulaire du prieuré de Saint-Jacques, avant que messire Lepileur fût évêque de Saintes; ce ci-devant titulaire non-seulement n'avait pas rendu de comptes, mais il paraît qu'il s'était réservé tous les revenus de son prieuré. François Baudouin, avocat en la cour présidiale, prit, en sa qualité de directeur-syndic de l'hôpital-général de Saintes, la défense des droits des pauvres. Il présenta à l'évêque une requête en bonne forme, pour que René Mauchin qui avait joui, pendant vingt ans, des revenus de Saint-Jacques, rendît ses comptes et fût contraint de payer ce qu'il devait à l'hôpital-général; non-seulement René avait à compter avec les pauvres, mais son neveu *maistre Brun*, devenu prieur à sa place, était tenu aux mêmes charges. C'est ainsi que l'entend François Baudouin dans sa supplique à l'évêque : « Le sindicq, dit-il, a intérest de demander à vostre Grandeur l'exécution du dit arrest; ce faisant, que tant maistre René Mauchin, cy-devant titulaire du prieuré de Saint-Jacques ou Saint-Jasmes d'Oleron, qui en a joui plus de vingt années, que maistre Brun, son nepveu, à présent titulaire du dit prieuré, soient condamnés de rendre compte des revenus du dit prieuré, despuis qu'ils en ont joui, et de remettre à l'hospital-général de ceste ville la moitié des revenus du dit prieuré, et que le tout sera par nous clos et arresté en présence du sieur procureur du roy et quatre habitants députés par la communauté du dit Xaintes, au lieu de ceux du dit Oleron, et que le tout sera signifié aux sindicqs du dit Oleron et du dit Xaintes, aux offres de recevoir à l'hospital leurs pauvres jusques à la concurrance de la valeur de la moitié des dits revenus par an. A ces causes, requiert le dit sindicq qu'il vous plaise, Monseigneur, ordonner, conformément au dit arrest, que tant le dit sieur Mauchin que le dit sieur Brun rendent compte à vostre Grandeur des revenus susdits... »

Désireux d'obtenir à l'hôpital de Saintes de nouvelles ressources, messire Lepileur rendit en conséquence une ordonnance qui obligea Mauchin et son neveu Brun à comparaître, dans trois jours, au palais épiscopal; ce qu'ils firent. La conscience et la justice exigeaient cette remise [1]. Ce qui eut lieu en 1711 [1].

Après avoir donné à son diocèse plusieurs ré-

---

[1] Arch. mss. inéd. de l'évêché de Saintes.

glements synodaux, qui sont un monument de sa sagesse et de son zèle, ce pontife se démit, à la fin de l'année 1715, et mourut à Paris, le 25 avril 1726.

Au mois d'août, madame Marie de Durfort de Duras prit possession de l'abbaye de Saintes. Elle était fille de Jacques-Henri de Durfort, duc de Duras, maréchal de France, capitaine des gardes du roi, gouverneur et lieutenant-général du comté de Bourgogne et de la ville et citadelle de Besançon, chevalier des ordres du roi et neveu de Turenne, et de dame Marguerite-Félicie de Lévi de Ventadour. Cette noble abbesse avait succédé à Madame Charlotte de Caumont de Lauzun, qui avait remplacé madame Françoise de Foix dont nous avons parlé.

Madame de Duras avait fait profession dans le monastère de Conflans, près de Paris, le 31 janvier 1696, trouvant plus glorieux d'appartenir à Dieu qu'au monde, dont elle foula généreusement aux pieds les grandeurs et la gloire. Elle fit le bonheur de ses religieuses et fut le ferme appui de son monastère, tant par les exemples de vertus qu'elle y donna, que par les travaux qu'elle y fit faire. Elle absorba plus de cent seize mille francs en réparations et en constructions nouvelles. Elle mit un soin particulier à embellir l'église abbatiale.

Nous avons dit que madame Foix Ire avait cru, pour le bien de sa réforme, devoir séparer le noviciat du corps du monastère. L'effet attendu de cette séparation avait été heureusement produit : un même esprit de subordination, de foi et de piété en était l'édifiant résultat. Les raisons qui militaient, sous madame de Foix, en faveur de cet isolement, n'existant plus sous le gouvernement de madame de Duras, cette abbesse voulut réunir le monastère. Il y avait dans ce projet autant de sagesse que de prudence, ce dont toutes les religieuses n'étaient pas alors également persuadées. Ce n'est pas toujours chose très-facile que de réunir l'unanimité des suffrages dans une communauté où les esprits tiennent ordinairement beaucoup aux anciens usages; il y a une réponse à toutes les objections, c'est celle-ci : *Cela s'est toujours fait!..* Avec ce vieil adage on peut empêcher un grand bien. L'Église elle-même n'a-t-elle pas abrogé des lois disciplinaires très-utiles pour le temps de leur promulgation, mais devenues, dans la suite des siècles, inutiles et même impossibles dans la pratique ?

Madame de Duras, dont l'habileté égalait la douceur, sut faire apprécier son dessein, dont l'exécution fut favorisée de l'assentiment général de ses filles, et la réunion s'effectua en 1734. Elle s'était adressée à la cour de Rome, qui seconda ses vues sages et délégua, en conséquence, un abbé nommé de Savallet, qui fit la visite de l'abbaye et ordonna la réunion désirée. Cette abbesse prouva qu'elle n'était point entrée en religion avec une âme ambitieuse, ne rêvant que puissance et dignité. En 1742, la célèbre abbaye de Fontevreau vint à vaquer; c'était le premier siège abbatial du royaume. Les vues du roi et de son conseil se portèrent sur madame de Duras, comme offrant l'ensemble le plus parfait de toutes les qualités éminentes et nécessaires pour un aussi haut poste. Sa nomination arriva à Saintes; mais loin de lui être agréable, elle fut pour elle un sujet de cuisants chagrins. Il lui importait fort peu d'occuper une place où l'on avait vu des princesses du sang, et d'être la dépositaire des filles du roi. Elle préféra son abbaye de Saintes. Après de longues et d'humbles instances, le monarque céda à ses désirs, en louant beaucoup sa modestie et son désintéressement. Elle mourut dans son monastère, le 31 mars 1754. Elle l'avait gouverné pendant vingt-huit ans [1].

Pendant que l'abbaye se trouvait soumise à l'heureuse influence de l'administration de madame de Duras, le siège épiscopal était occupé par un des plus saints prélats de l'Église de France : Léon de Beaumont, sous-précepteur du duc de Berry, en 1693, et abbé commendataire de Carénac, succéda, en 1718, à messire Lepileur; il reçut la consécration, des mains de l'archevêque de Bordeaux, dans

[1] Mss. arch. du monastère de Sainte-Marie.

l'église du noviciat des Jésuites. Ce prélat fut le modèle de son clergé et de son peuple. Sa douceur égalait sa foi ; pieux et savant, et fidèle dépositaire de la doctrine du salut, il sut la défendre avec l'énergie des plus éloquents docteurs. Il vivait à l'époque où le Jansénisme désolait l'Église de France. Il s'efforça de prémunir son troupeau contre le venin de cette odieuse hérésie. On jugera, par le fait suivant, jusqu'où ce grand évêque portait la vigilance et le courage.

Pour parvenir à éblouir le Souverain-Pontife, le cardinal de Noailles avait fait partir pour Rome un Mémoire contenant treize articles de doctrine des plus captieux. Il se promettait que le pape les approuverait : ce qui était impossible ; l'Église romaine condamne l'erreur, mais ne l'approuve jamais. Le cardinal supposa à Rome que les douze articles étaient appuyés sur un corps de doctrine qui n'avait point existé. A Paris, au contraire, il feignit que les douze articles étaient des explications que le pape avait envoyées sur la bulle *Unigenitus*, et on les fit imprimer sous le nom du pape même. Le cardinal de Noailles n'assumait pas néanmoins la responsabilité de ces deux différentes imputations ; et, dans l'édition des douze articles, on ne disait pas non plus que c'était lui qui les eût fait imprimer. C'est ainsi que nous en parle l'histoire. Le roi voulut savoir si Benoît XIII y avait eu part ; Sa Majesté apprit que le pape n'y était pour rien. Dès lors, le prince ordonna, par un arrêt du conseil-d'état, que l'écrit serait supprimé et que les exemplaires en seraient rapportés pour être lacérés.

Afin de se justifier, le parti janséniste se retrancha à dire que le Souverain-Pontife avait promis et qu'il était toujours dans la volonté de les approuver. Léon de Beaumont, qui avait hérité de toute la foi du fondateur de l'Église Santone, pria le nonce d'écrire à Rome pour savoir ce qui en était; il censura de suite cet ouvrage et en défendit la lecture à ses diocésains qui déjà avaient été scandalisés de la conduite de quelques membres du chapitre, témérairement hostiles à la bulle *Unigenitus*. Un mois après, le cardinal Paulucci écrivit au nonce que l'évêque de Saintes avait agi avec une grande sagesse en condamnant les douze articles, et que, dans son Mandement, il avait démenti les artificieuses calomnies des réfractaires [1]. Cette conduite de Léon de Beaumont, ainsi sanctionnée par le Saint-Siège apostolique, est un titre de plus à notre vénération et à nos éloges. Homme de prière, d'étude et de conseil, il maintint dans son diocèse la vigueur de la discipline; son exemple de régularité et de simplicité de mœurs y fut la condamnation de ceux qui oubliaient leurs devoirs,

---

[1] *Continuat. de l'Hist. Eccl.* de Bérault-Bercastel, par M. le baron Henrion, tom. I. pag. 143.

et l'encouragement des prêtres fidèles qui marchaient sur ses traces.

Ce vertueux pontife, dont la mémoire sera toujours en bénédiction, mourut dans son diocèse comme il y avait vécu, en évêque digne des plus beaux siècles de l'Eglise, le dixième jour d'octobre 1744, à l'âge de quatre-vingt-treize ans. Recommandable par sa naissance illustre, mais plus encore par ses vertus apostoliques, il avait légué au séminaire de Saintes sa nombreuse et riche bibliothèque, qui lui avait été donnée en partie par l'immortel Fénélon, son oncle. Qu'est devenu ce précieux trésor, aux jours des dilapidations révolutionnaires?.. L'évêque de Saintes avait également fait don à son séminaire de toute sa chapelle, que lui avait léguée l'archevêque de Cambrai. Ce fait est certain; il nous a été garanti par des témoins dignes de foi, qui avaient vu les livres et les ornements sacrés de Fénélon [1]. Un vandalisme farouche et rapace s'est violemment approprié les objets de ce legs pieux. Ainsi, à la même époque, l'abbaye royale vit-elle enlever l'ornement de ses autels et l'or de son sanctuaire!.. Que de pauvres gens, par origine, deviennent, par circonstance, de hauts et puissants seigneurs !... C'est encore du progrès sans doute. Mais cette transformation ne

---

[1] Un de ces respectables témoins est M. l'abbé Réveillaud, curé de Saint-Pierre.

se fait qu'après des années de déceptions et d'hypocrisie. « Vous n'ignorez pas, dit Jean-Jacques Rousseau, que les ambitieux adroits n'épargnent rien pour gagner d'abord la confiance et l'estime publiques; ils ne jettent le masque et ne frappent les grands coups, que quand leur partie est bien liée, et qu'on ne peut plus revenir. Cromwel ne fut connu pour un tyran qu'après avoir passé quinze ans pour le vengeur des lois et le défenseur de la religion [1]. » Peut-on mieux peindre ces hommes qui *pensent leur parole*, mais *qui ne parlent jamais leur pensée*, comme l'a si bien dit le comte de Maistre; ils commencent avec la douceur de l'agneau et finissent avec le caractère du tigre [2].

L'église du séminaire de Saintes, lieu béni pour le sacrifice expiatoire, avait paru à Léon de Beaumont l'asile le plus sûr pour sa dépouille mortelle. Il espérait que long-temps, que toujours, le souvenir de ses diocésains, les ramenant aux pieds de l'autel où il avait fixé sa sépulture, et la foi de ses jeunes lévites qu'il avait dotés des dons de sa charité et de ses édifiants exemples, leur inspireraient de ferventes prières pour le repos éternel de son âme. Hélas! les vivants rêvent à l'avenir; ils se promettent que là

---

[1] *Lettres diverses de J.-J. Rousseau*, pag. 136; édition de Genève, in-4°.
[2] Accipe nunc Danaûm insidias et crimine ab uno
Disce omnes. (*Virg. Enéid.*)

où Dieu est adoré, leurs corps, reposant à l'heure finale, y reposeront sans trouble.... Ils se trompent!... Les morts ne sont plus en droit de conserver leur dernier domicile!... Le coup de pied dédaigneux du sceptique, qui croit indigne de sa *haute* intelligence d'admettre le dogme de l'immortalité, les pousse dans l'ornière de la voie publique comme les restes d'un vil animal, toutes les fois qu'il s'agit de bouleverser le sol, ou par le seul plaisir profane d'insulter aux cendres de nos pères, ou par la jalouse et haineuse envie de faire disparaître, jusqu'aux derniers vestiges, le monument qu'une religion impérissable avait élevé et sanctifié pour son culte. Nous avons, hélas! rejeté loin de nous le respect pour les morts; nos cœurs ont oublié ces sentiments si tendres que des peuples anciens et savants avaient pour les os de leurs aïeux, et que nous avons retrouvés dans les peuplades sauvages du nord de l'Amérique. Ces sentiments si touchants auxquels se rattache l'amour de la patrie, et qui s'unissent aux idées spirituelles et aux grandes pensées religieuses, ont cessé d'être pour nous, barbares, quoique civilisés, un lien éternel entre Dieu, l'homme et la patrie!...

Au moment où l'on trouva le tombeau de messire de Beaumont, en 1836, les ouvriers, espérant sans doute découvrir un trésor dans un sépulcre, se précipitèrent dans le caveau du respectable prélat et, avec une indécente rapacité, enlevèrent la croix épiscopale et l'anneau du pontife défunt, dont la soutane en soie violette demeurait en grande partie entière, ainsi que le cordon qui tenait la croix suspendue sur la poitrine. M. le curé de St.-Vivien s'empressa de faire déposer religieusement les restes de l'évêque de Saintes dans un pilier, le premier du côté de l'Évangile, après les avoir renfermés dans une châsse en plomb. Nous espérons qu'un monument funèbre leur sera érigé dans la nouvelle église qui s'élève, malgré mille obstacles, sous le vocable de Saint-Vivien. Mais tournons nos regards vers le monastère de saint Eutrope et la cathédrale.

Après la mort d'Armand Ducouroy, Charles Ducouroy fut, en qualité d'abbé, chargé de la direction des religieux Clunistes. L'évêque de Saintes était Simon-Pierre de Lacoré, vicaire-général de messire de Beaumont, et visiteur apostolique des maisons des Carmélites de France ; c'est en cette qualité qu'en 1730 il adressa, aux prêtres et aux fidèles du diocèse, cette exhortation qui peint son zèle et sa sollicitude en faveur des Carmélites de Saintes :

« Les nouveaux liens qui nous attachent aux religieuses Carmélites de cette ville, ne nous permettent pas d'ignorer jusqu'où vont leurs besoins, et nous rendent encore plus sensibles à leurs intérêts ; si, voyant de plus près toutes les bonnes œuvres qui se pratiquent dans cette maison, nous sommes de plus en plus édifiés de leur régularité, nous avons aussi occasion de reconnaître quelle est leur pauvreté, et de nous attendrir sur leur misère. Nous pouvons donc assurer les fidèles qu'elles méritent plus que jamais leur compassion, et le secours de leur charité; nous les leur recommandons avec confiance, en priant messieurs les archi-prêtres et curés de ce diocèse de vouloir bien redoubler en cette occasion leur zèle, pour procurer à ces saintes filles de quoi subvenir à leurs pressants besoins, et les moyens de se soutenir dans la ferveur de leurs prières et l'austérité de la pénitence.

« Donné à Saintes, le 15 juin 1730. DELACORÉ, official et vicaire-général [1]. »

Deux ans après son sacre, ce pontife tint deux synodes, l'un le 18 avril, et l'autre le 2 mai; il y ordonna la lecture et la publication des réglements que sa sagesse avait tracés aux ecclésiastiques de son diocèse. A cette occasion, il parla ainsi à son clergé :

« Quelque zèle qu'aient eu nos prédécesseurs de ce diocèse, on n'avait pas eu jusqu'ici de règle générale de conduite, et on s'était contenté de pourvoir aux différents besoins, à mesure qu'ils étaient connus, par des décisions particulières, dont la plupart ne subsistent plus. Ainsi nous avons

---

[1] Arch. mss. de l'évêché de Saintes.

cru qu'un de nos principaux devoirs, dès notre entrée dans l'épiscopat, était de recueillir tout ce qui avait été statué dans différents temps; d'y joindre les règles qui nous ont paru les plus sages et les plus universelles, pour en faire un corps entier de conduite pour les ecclésiastiques, tant par rapport à eux-mêmes, que par rapport au ministère qui leur est confié. Nous en avons, messieurs, communiqué le plan dans nos derniers synodes ; et si nous avons différé jusqu'ici à vous les présenter comme loi diocésaine et obligatoire, ça été pour vous donner le temps de réfléchir sur la lecture que vous avez entendue, et de nous faire part de vos réflexions : en sorte que ces statuts pussent à l'avenir être regardés comme une décision commune, et, par là, trouver plus de facilité dans l'exécution. Aussi, messieurs, nous avons profité, autant qu'il nous a été possible, de ce qui nous a été représenté; et si nous n'avons pas satisfait à tout, c'est qu'il est impossible d'entrer dans de certains détails, et de prévenir tous les cas particuliers qui demandent des interprétations. La loi est juste et ne commande rien d'impossible. Étudiez-en l'esprit. Appliquez les principes généraux aux circonstances particulières, et vous connaîtrez aisément ce que vous avez à faire. Ayez recours aux lumières de vos supérieurs, dans ce qui pourra vous paraître au-dessus de votre portée : vous nous trouverez toujours disposé à vous satisfaire. Enfin agissez avec simplicité ; évitez surtout de disputer avec la règle, dans ce qui regardera votre conduite particulière. Votre soumission à ceux que Dieu a établis pour vous gouverner, vous fera estimer des peuples qui vous sont confiés et les rendra dociles à vos instructions [1]. »

Ses réglements synodaux sont tous empreints de la science canonique et l'expression d'un zèle pur, d'une expérience consommée et d'une fermeté vraiment épiscopale. Ils ont trait à la vie et aux mœurs des ecclésiastiques et aux principes à suivre dans l'administration des sacrements. Le prélat cite les ordonnances de M. de La Brunetière et de M. Lepileur, les unes de 1697 et les autres du 12 janvier 1713. Il recommande aux curés d'avoir soin que les églises ne soient jamais employées à aucune assemblée pour les affaires séculières, ni pour le dépôt de quelque objet profane que ce puisse être ; de ne point permettre aux paroissiens, aux ouvriers, d'y apporter leurs denrées ou leurs matériaux ; et, à l'appui de sa défense, il cite une décision de ce genre, prise en synode d'hiver, au treizième siècle (1280)[2].

La foi vive et réfléchie ne peut pas tolérer de

---

[1] Ordonn. synod. du diocèse de Saintes.
[2] In quibusdam ecclesiis reponuntur areæ, dolia, et alia suppellectilia privatorum et non tam ecclesiæ quàm grangiæ videntur, quod districtè prohibemus.

(*Sinod. hyem. Santon. anno* 1280.)

pareils abus. Le temple du Seigneur n'est consacré qu'à son service, à la prière, à la prédication, à l'administration des sacrements, au saint et adorable sacrifice qui honore la majesté du Très-Haut; toute autre fin est une profanation. L'antique église basse, tombeau de saint Eutrope, vient d'être affranchie de tous les objets étrangers qu'on y déposait, et remise en état d'être encore le lieu du recueillement et de l'adoration. Saint-Pierre n'est pas exempt de ces dépôts prohibés par les règles canoniques. Les échelles des ouvriers y trouvent place comme dans un magasin, et même une des anciennes chapelles de l'hémicycle, au lieu d'être, comme autrefois, le lieu du sacrifice et de l'action de grâces, n'est plus destinée qu'à recevoir les tuiles et la chaux des recouvreurs!... Il nous semble que le *districtè prohibemus* du XIIIe siècle devrait encore avoir toute sa force au XIXe.

En 1762, le pontife rendit un autre décret par lequel il prononça que l'hôpital neuf de la ville de Pons, fondé pour le soulagement des pauvres, soit sains, soit malades, serait rétabli en son premier état, et l'économe chargé de payer, chaque année, au prieur, la somme de douze cents livres, et celles de trois cents livres au vicaire perpétuel. Ce décret eut sa pleine exécution. Cet hôpital était depuis long-temps tenu à titre de bénéfice [1] et

---

[1] Procès-verb. de l'Assemblée gén. du Clergé de Fr.; in-f°. pag. 999.

imposé comme tel aux décimes. Simon de Lacoré trancha la question par cette ordonnance épiscopale. Beaucoup de débats entre le prieur de Saint-Vivien et l'économe avaient eu lieu ; deux arrêts avaient été rendus, l'un le 24 juillet 1744, au rapport de La Colonie, sous la présidence de Le Berthon; l'autre, le 31 juillet 1749, au rapport de Verthamon et sous la présidence de Gillet de la Caze. Ces deux arrêts ne décidèrent point la question de savoir ce que devait prendre de dîme le prieur de l'hôpital sur la paroisse de Saint-Vivien de Pons; ils déclarèrent seulement que la dîme des quatre villages de la paroisse de Mazerolle appartiendrait au seul prieur de Saint-Vivien. L'évêque fixa les obligations de l'économe et les droits du prieur [1].

Mais, avant de terminer sa carrière, Simon de Lacoré avait à faire entendre, avec toute l'Église de France, de justes réclamations en faveur de l'illustre société des enfants de Loyola. Nous dirons bientôt les causes de l'expulsion des Jésuites; il convient de recueillir ici des paroles inspirées par une raison calme et un sincère amour de la justice et de la vérité. Il était digne d'un évêque de les faire entendre; il est consolant pour l'historien de les répéter; le lecteur impartial, éclairé, judicieux, les admirera. L'évêque de Saintes écrivait

[1] Arch. mss. de Pons.

en ces termes à messieurs du parlement de Bordeaux, le 14 mars 1762 :

« Messieurs,

« Je ne crois pas qu'un évêque puisse décemment garder le silence dans la situation pleine de péril, de douleur, d'humiliation où se trouve la société des Jésuites. Ils m'ont donné trop souvent leurs secours dans les différentes parties de mon administration, pour refuser à leurs peines cette marque de ma sensibilité, et à leur conduite le témoignage que je crois lui devoir. Je n'entreprends point de faire leur apologie : que pourrais-je vous dire, messieurs, dont vous ne soyez instruits mieux que personne? Je ne parlerai pas de ceux d'entre eux qui sont chez d'autres nations de l'Europe : ils me sont étrangers. Je suis aussi bien éloigné de vouloir justifier la doctrine par laquelle quelques-uns de leurs auteurs, même nationaux, ont essayé de détruire les principes les plus saints de la société : que leur mémoire périsse avec leurs écrits ; que la flétrissure en retombe sur tous ceux qui les imiteront, mais non pas sur ceux qui leur ont succédé. Car quel ordre si pur, si élevé dans le royaume, n'a point à se faire le reproche de s'être laissé emporter au torrent du fanatisme dans de malheureux temps? Je me réduis donc, messieurs, à rendre témoignage de ce que j'ai vu, de ce que j'ai entendu, de ce que j'ai éprouvé. Je me borne à parler des Jésuites que l'on veut condamner, c'est-à-dire de ceux avec lesquels nous vivons, dont nous entendons les discours, dont nous voyons la conduite. Il n'est pas nécessaire, pour s'instruire de ce qu'ils sont, de feuilleter les livres, de recourir aux bibliothèques : les actions sur lesquelles ils doivent être jugés sont sous nos yeux; le son de leur parole retentit tous les jours; les instructions qu'ils ont données, j'ose le dire, sont encore fidèlement imprimées dans nos esprits. Ils ont tenu les écoles, et les parents se sont empressés d'y envoyer leurs enfants; ils ont rempli les chaires, et les peuples y ont couru avec joie pour les entendre, et en sont revenus la componction dans le cœur. Ce qu'il y a de plus saint pour nous a été confié à leurs soins dans les confessionnaux : il n'est presque point de maison de considération qui n'ait pris parmi eux le guide de sa conscience, qui ne les ait suivis dans leurs décisions. Pourquoi donc, messieurs, encore honorés, recherchés, écoutés, tout nouvellement et de nos jours, sont-ils aujourd'hui réputés prédicateurs d'une doctrine pernicieuse, auteurs de troubles et de séditions, et, comme tels, exposés aux peines les plus sévères des lois ?.. Serait-il possible que le venin de leur doctrine si dangereux eût échappé à la vigilance des sages magistrats qui remplissent les tribunaux ?... Tant d'illustres prélats qui nous ont précédé, et dont la mémoire est en bénédiction parmi leur peuple, auraient-ils été capables de prêter leur nom et leur puissance à des projets ambitieux, au scandale de leur doctrine?... Il me semble que nous ne pouvons condamner cette société sans nous faire tort à nous-mêmes ; la confiance dont ils ont été honorés dans tous les ordres, n'est-elle pas un garant sûr de leur innocence, ou au moins la conviction de nos propres fautes?.. Notre gloire paraît intéressée à leur justification.

« Mais quel crime nouvellement découvert a pu leur attirer l'indignation qu'on leur marque?.. Des maximes, dont ils nourrissaient autrefois la jeunesse dans leurs écoles, ont-elles changé? Annoncent-ils une autre doctrine dans leurs sermons ?.. Quelle preuve apporte-t-on pour les convaincre ?.. Leurs écrits donnés au public ne peuvent échapper à la lecture de personne!... Si donc ces religieux sont tels qu'ils étaient lorsque nous les estimions, lorsque nous les recherchions, pourquoi un tel changement à leur égard?.. On veut les exiler, les dépouiller de leurs biens, les accabler de flétrissures : on ne peut s'empêcher de croire qu'une conduite indigne et différente de l'ancienne leur a mérité des traitements si sévères. Je le dis avec peine, messieurs, la douleur m'arrache cette plainte, une hérésie ennemie de la monarchie, et qui a plus d'une fois ébranlé les fondements du trône, fait chaque jour de nouveaux progrès; elle nous insulte et nous brave dans les cérémonies les plus saintes de la religion, dans les actes les plus essentiels de la société, et elle est en repos !.. L'impiété répand sa fureur de toutes parts sans ménagement, et elle est sans inquiétude et sans alarmes !.. Et des hommes séparés du monde, privés de toutes les douceurs temporelles, qui consacrent leurs travaux, leurs veilles et leur vie pour détruire l'ignorance, attaquer les erreurs et corriger les vices, seront dépouillés de leurs biens, chassés de leur patrie et couverts de flétrissures !!! Non, messieurs, non, cela n'arrivera pas; Bordeaux sera encore une fois leur asile : j'en atteste la mémoire de ces hommes illustres dont vous occupez les places et dont vous faites revivre les talents et les vertus.

« Je reviens, messieurs, et me borne au témoignage que je crois devoir à leur conduite : je les ai employés à toutes les parties de l'administration, dans les plus délicates, dans les plus pénibles, dans les plus importantes, et je l'ai toujours fait avec succès pour la gloire de Dieu, pour l'utilité des âmes, pour l'avantage de l'Église. J'ai toujours trouvé parmi eux des prêtres dociles, des religieux réguliers, des prédicateurs savants, des ouvriers zélés et prudents. C'est le témoignage que je dois à mon ministère, que je dois à la vérité, que je dois à leur conduite. Je le dépose entre vos mains, messieurs, avec confiance, et pour l'acquit de mon devoir; témoignage peu considérable, je l'avoue, s'il n'est question que de ma personne, mais témoignage, j'ose le dire, qui ne peut être rejeté, si l'amour de la vérité donne du poids aux paroles qu'elle dicte, si l'expérience d'un Gouvernement de plus de vingt-cinq ans, que j'ai conduit heureusement dans la douceur et dans la paix, est capable de m'éclairer sur les qualités de ceux qui sont propres pour être employés au ministère, enfin si la voix d'un évêque mérite d'être écoutée dans les matières de la religion. J'ai l'honneur d'être, etc. [1]... »

« † SIMON, P. év. de Saintes. »

La force destructive des méchants pesait trop lourdement alors sur la balance de la justice pour que la vérité pût se promettre de l'emporter sur la calomnie, la haine et le mensonge. Il n'en est pas moins certain que la vertu attaquée resta pure et que la parole de notre évêque fut éloquente et vraie.

Après un épiscopat marqué au caractère de tous les genres de bien, Simon de Lacoré mourut d'apoplexie à son château du Douhé, le 12 septembre 1763. Il avait fait voûter et décorer sa cathédrale. On l'inhuma dans le sanctuaire de cette basilique.

Le vandalisme a fait disparaître son épitaphe. La plaque tumulaire en ardoise, quoique brisée, pourrait, à peu de frais, être replacée sur les cendres du pontife. *La paroisse* ne devrait-elle pas être

---

[1] Arch. mss. de l'évêché de Saintes.

fière de la gloire et des souvenirs de la *cathédrale!*.
Ce digne prélat ne s'occupa que du soin de l'administration diocésaine, et on aime à redire qu'il ne s'absenta que deux fois pendant son épiscopat, et uniquement pour le bien de son Église. Formé à l'école d'un grand maître, messire Léon de Beaumont, il sut imiter son esprit de piété et son amour pour la résidence. Nous possédons le tableau en pied de Simon de Lacoré; ses traits pleins de douceur et de noblesse révèlent une belle âme qui savait imposer par l'ascendant de la science, et toujours assujettir les cœurs par l'empire de la vertu.

Mais jetons un coup-d'œil sur la France; c'est un astre qui ne monte plus, il décline. A la mort de Louis XIV, la splendeur de la monarchie s'était éclipsée; ce prince eut à la tête de ses armées, disait l'abbé Maury, en 1785, Turenne, Condé, Luxembourg, Catinat, Boufflers, Créqui, Montesquiou, Vendôme et Villars. Chateau-Renaud, Duquesne, Tourville, Duguay-Trouin, commandaient ses escadres. Colbert, Louvois, Torcy, étaient appelés à ses conseils. Bossuet, Bourdaloue, Massillon, lui annonçaient ses devoirs. Son premier sénat avait Molé et Lamoignon pour chefs, Talon et d'Aguesseau pour organes. Vauban fortifiait ses citadelles; Riquet creusait ses canaux; Perrault et Mansard construisaient ses palais; Puget, Girardon, Le Poussin, Lesueur et Le Brun, les embellissaient; Lenôtre dessinait ses jardins; Corneille, Racine, Molière, Quinault, Lafontaine, La Bruyère, Boileau, éclairaient sa raison et amusaient ses loisirs; Montausier, Bossuet, Beauvillers, Fénélon, Huet, Fléchier, l'abbé Fleury élevaient ses enfants. C'est avec cet auguste cortège de génies immortels que Louis XIV, appuyé sur tous ces grands hommes, qu'il sut mettre et conserver à leur place, se présente aux regards de la postérité [1].

Louis XV, surnommé le *Bien-Aimé*, gouvernait le royaume de saint Louis depuis 1715. Nous ne dirons rien des scènes atroces et scandaleuses de la régence, pendant la minorité de ce prince; nous passerons également sous silence les désastres des guerres qui eurent lieu sous son règne. Il y avait un an que le seigneur de la Châtaigneraie était évêque de Saintes, lorsque mourut le dauphin, fils unique de Louis XV. Ce jeune prince, d'une amabilité rare, possédait des talents remarquables et ses connaissances étaient aussi étendues que variées. Ses vertus chrétiennes allaient jusques à l'héroïsme. Tous les nobles cœurs inspirés par une religion sincère légueront à sa mémoire l'amour et les respects qui lui sont dus. Sa piété était céleste; la pureté de ses mœurs était intègre au milieu d'une cour licencieuse. Son caractère ferme et énergique prouvait que, s'il fût monté sur le

---

[1] Disc. de Maury, à l'Acad. Franç., le 1ᵉʳ Janvier 1785.

trône, il eût su soutenir d'une main forte l'édifice de la monarchie, déjà sapé dans sa base par l'immoralité de grands coupables, par l'esprit d'indépendance et d'irréligion qui, de plus en plus, se communiquait dans les hauts rangs de la noblesse française. Il faut avouer qu'elle a payé bien cher ses grands airs de *philosophie!..* Elle arbora la bannière de l'impiété, espérant sans doute conquérir de nouveaux titres à l'illustration; elle se trompa, puisqu'au lieu d'acquérir de nouveaux titres, elle perdit les anciens!..

Depuis plus de dix ans, une division alarmante et funeste existait entre le souverain et les parlements. L'obséquieuse souplesse et une docilité apparente étaient la ressource ordinaire de ces corps de l'État, quand ils avaient à traiter avec des monarques énergiques; mais le prince indolent et faible trouvait les parlements audacieux et rebelles. Ils attaquèrent, sous Louis XV, par des arrêts arbitraires, les lois que l'autorité royale avait promulguées. Le Jansénisme, dépôt infect du Protestantisme, comptait un grand nombre d'adeptes dévoués parmi les membres des parlements. Cette hérésie, condamnée en naissant, sut, par d'insidieuses intrigues, parvenir à se faire de la magistrature un rempart puissant. Alors elle répara ses pertes et regagna une influence dont elle était extrêmement jalouse. Par ses patrons parlementaires elle exposa aux plus cruelles vexations les pasteurs qui, fidèles à la foi et à la conscience, se prononçaient avec courage pour le maintien des lois de l'Église. En vertu d'arrêts des tribunaux, des gens coupables évidemment de révolte contre la plus sainte autorité et marqués du signe de l'hérésie, obtenaient le droit sacrilège d'enfoncer les tabernacles et d'en enlever le Saint des Saints, dit l'histoire, sous escortes d'huissiers et de recors.

Le roi, témoin de ces criminels empiétements sur les lois les plus sacrées, voulut en vain réprimer des désordres commis par des magistrats qui n'étaient établis par lui que pour être les sages dépositaires de son autorité suprême; il manqua de cette énergie nécessaire à un roi en présence de sujets audacieux; il ne sut pas commander l'obéissance. L'effet de cette lutte séditieuse fut le coup de couteau du régicide Damiens. Cet assassin farouche avoua qu'il ne s'était déterminé à cet attentat que par suite de toutes les invectives qu'il avait entendues dans les salles du parlement. A la vérité, la magistrature parut pour un moment vouloir rentrer en elle-même; mais l'esprit de parti ne connaît pas la persévérance du repentir. Les parlements ne virent pas, sans une profonde indignation, le zèle admirable et intrépide des Jésuites contre l'hydre monstrueux du Jansénisme. Furieux de leur courage héroïque à défendre, contre l'erreur et le vice, l'Église romaine, ils se promirent de leur faire porter tout le poids de leur haine et de leur colère. C'est alors que l'on vit l'acte le plus illégal qui fût jamais; la plus injuste des sentences fut portée contre l'ordre religieux le plus savant et le plus exemplaire dont se glorifient nos annales chrétiennes.

Depuis deux siècles, la société de Loyola s'était immortalisée dans tous les genres de bien; elle exerçait sur la jeunesse la double influence du savoir et de la vertu; au Japon comme au Canada elle arborait l'étendard de la croix; partout elle attaquait, avec d'éclatants triomphes, l'hérésie et l'incrédulité sophistique. Cette illustre compagnie compta, et c'est sa gloire, autant d'ennemis acharnés que la religion elle-même en eut à combattre. Les universités et certaines congrégations religieuses, bassement jalouses d'un mérite inimitable, lui déclarèrent une guerre à mort. Les *Francs-Maçons* vinrent également dans l'arène et parurent au grand jour avec toute la puissance d'une impiété consommée; les enfants de la philosophie voltairienne, les Protestants, les Déistes, les Sceptiques, les Matérialistes, les Athées se ralliaient à cette secte qui s'était tenue si long-temps concentrée dans les ténèbres d'un mystère impénétrable. Unis par un même sentiment, celui de la haine pour la religion catholique, ils firent cause commune avec les Jansénistes qui, eux-mêmes forts de tous ces auxiliaires, mirent en jeu tant de ressorts et d'intrigues, qu'ils amenèrent presque tous les parlements à jurer la perte de la *Compagnie de Jésus*. D'Alembert n'hésite pas à déclarer qu'en cela les parlements ont été les ministres de l'impiété. « C'est, dit-il, proprement la *philosophie* qui, par la bouche des magistrats, a porté l'arrêt contre les Jésuites [1]. Il ajoute : Les classes du parlement croient servir la *religion*, mais ils servent la *raison* sans s'en douter. Ce sont des exécuteurs de la haute justice pour la *philosophie*, dont ils prennent les ordres sans le savoir!!!... Pour moi, qui vois tout en ce moment *couleur de rose*, je vois d'ici les Jansénistes mourant l'année prochaine de leur belle mort, après avoir fait périr, cette année-ci, les Jésuites de mort violente..., les *prêtres mariés*, la *confession abolie*, et le *fanatisme écrasé* sans qu'on s'en aperçoive [2]... »

Le clergé de France éleva la voix, Louis XV et le Saint-Siège firent entendre de justes réclamations en faveur de la société; l'orage ne put pas être conjuré; la perfidie du duc de Choiseul assura le succès des ennemis de l'autel et du trône.

On a remarqué avec raison que, toutes les fois que les perturbateurs du monde ont voulu produire une secousse destructive, ils ont commencé par poursuivre de leurs clameurs odieuses et de

---

[1] *Dest. des Jés.* pag. 192.

[2] *Corresp. de Voltaire et de d'Alembert*, lettre 100°, du 2 mai 1762.

leurs proscriptions cruelles, les enfants de Loyola. Hélas! nous recueillons, depuis un demi-siècle, les fruits amers de l'arbre maçonique, dont la sève est plus active que jamais; son ombre est mortifère pour les peuples qui, cependant, le prennent aveuglément pour abri. Voilà ce que les uns ne voient pas et ce que les autres ne veulent pas qu'on voie. « Puisque cette fameuse société, dit le grave auteur de l'*Histoire des Temps Chrétiens*, est présidée, inspirée, possédée par l'ange de l'abîme, elle n'aura donc de conception que pour le mal, de résolution que pour les forfaits, d'action que pour détruire, exterminer [1]. »

Nous venons, à dessein, d'indiquer une cause; plus tard, nous envisagerons ses horribles effets. Il nous fallait cet aperçu pour suivre avec plus de lumières la marche des évènements dont la connaissance nous est indispensable pour l'ordre et la liaison de nos récits.

Au mois de novembre de l'année qui vit mourir Simon de Lacoré, messire Germain Chasteigner de la Châtaigneraye, chanoine, comte de Lyon, aumônier du roi, fut nommé au siège de Saintes; il reçut la consécration épiscopale dans la chapelle de Versailles, le 25 mars 1764. L'un des premiers actes de son administration fut de confier à des prêtres séculiers le collége de Saintes, qu'a-

---

[1] *Hist. des temps chrétiens*, tom. I*er*.

vaient dirigé les Bénédictins, après l'expulsion des Jésuites. Pouvons-nous taire ici des noms qui rappellent à notre antique cité des hommes qu'elle a si long-temps entourés de vénération et de tous les hommages de la reconnaissance? Les Hardy, d'aimable souvenir; les de Rupt, de sainte mémoire; les Bonnerot, si digne de nos regrets, l'agent de toutes les bonnes œuvres, le consolateur de toutes les infortunes, le modèle des prêtres, l'ami de la jeunesse cléricale, le confident de son évêque, le représentant et le dépositaire de son autorité, l'édification et le soutien de l'Église de Saintes, le fervent imitateur des vertus apostoliques de saint Eutrope. A ces noms révérés viennent s'unir les noms respectables des Marchal et des Favreau; doués plus ou moins de science et de talents, mais tous également d'un mérite exemplaire, ils furent choisis, en 1767, par l'évêque de Saintes, pour former à la société, par une éducation *religieuse et catholique*, des pères de famille vraiment chrétiens et des magistrats consciencieux et intègres. On sait quelle fut la réputation du collége de de Saintes, lorsque l'abbé de Rupt en était le principal!

Germain de la Châtaigneraie fit une maladie grave, au commencement de l'année 1767. Il était aimé de ses diocésains pour ses qualités personnelles. Il joignait à un port plein de majesté et de noblesse, une physionomie douce et prévenante. Des prières furent adressées au ciel pour le prompt rétablissement de sa santé ; les vœux de la piété furent entendus. Le prélat se rétablit. Les élèves du collége de sa ville épiscopale s'empressèrent de se montrer les interprètes de la joie publique. Les muses inspirèrent, dans cette occasion, l'élève de philosophie Alexandre Pelluchon-Destouches ; son poème, d'une latinité facile, élégante et pure, peignait la maladie du pontife, les bruits alarmants répandus de toutes parts sur les dangers qui le menaçaient ; on avait même annoncé sa mort. Cette nouvelle, bientôt démentie, fit place à la certitude de son heureux rétablissement. De là des fêtes, des actions de grâces et, ce qui intéresse toujours la gent écolière, un congé, des promenades et des jeux [1].

[1] **CARMEN.**
Annuitur precibus, sacrisque altaria flammis
Succensa, ambrosios misêre ad sidera odores :
Germanus vivit, morboque levatur atroci.
Hinc procul, hinc lacrymæ ; nostris discedat ab oris
Ociùs anxietas. Nostrum jam dulcia pectus
Gaudia pertentent. Sat dudum extrema malorum
Horruimus ; sævis quando cruciatibus ustus,
Et morbi rabie sensim corrosus iniquâ,
Te, caput atque orbis regina, Lutetia, adibat
Quadrijugis invectus equis. Haud nobilis illis
Ut quondam ardor erat, celsâ haud cervice superbi
Precipitem rapidis superabant passibus Eurum :
At gressu placido et dejecto lumina vultu
Ibant, sicque stridentia plaustra trahebant,

Le prédécesseur de Germain avait su gagner la confiance du chapitre de Saintes dont il avait été long-temps le chef et le modèle. Aussi, Simon de Lacoré vécut-il dans une union constante et parfaite avec lui, reconnaissant des droits devenus imprescriptibles par le temps et qu'il respectait dans l'intérêt de la concorde et de la charité fraternelle. Il n'en fut pas ainsi des dispositions de la Châtaigneraie envers la société capitulaire, dont les privilèges lui parurent excessifs. S'il eût vécu quelques années de plus, il eût fait perdre au chapitre ses prétentions, et rendu à l'autorité épiscopale toute l'indépendance dont *elle doit jouir*, quoi qu'en puissent dire les amis imprudents de l'*inamovibilité*. Nous avouerons cependant que le bon droit ne fut peut-être pas toujours du côté

Insanos ut heri credas sentire dolores.
Undique dùm trepidant dubii, passimque requirunt,
Anne parisiacis felix adverteris oris :
Nuncius ecce ruit, pavidam clamoribus urbem
Terrificans : « Geminate preces, exclamat, et omnis
« Absistat requies votis, modò namque patebit
« Triste quid aut lætum Germani fata revolvant.
　 Sic ait, et dubiâ nutantes mente reliquit.
Non ita, cùm ruptis fulsêre è nubibus ignes,
Horrisono tonitru mortales murmure terret;
Ut nos certa tui turbavit fama pericli.
Omnes perfusi lacrymis, altoque dolore
Plangunt oppressi, et lentis redolentia thure
Templa petunt pedibus, querulo sic ore precantes :
« O luctus ! tune, ô Præsul clarissime, vitam

de l'évêque; par exemple, dans la circonstance que nous allons signaler avec quelque détail. Il s'agissait de la part qu'il refusait de prendre aux frais des réparations de l'église cathédrale. Il n'était pas recevable à renouveler des contestations qui avaient été heureusement éteintes, après les plus longues discussions et l'examen le plus sérieux. Il ne pouvait pas raisonnablement rejeter des transactions confirmées par l'autorité de la cour souveraine, qui, depuis plus d'un siècle, était fatiguée des différends qu'elles avaient terminés, et qui étaient exécutées depuis près de cent soixante ans. La cour sénéchale fut appelée à juger cette affaire.

Alors les temples saints devaient être réparés et entretenus avec soin; les décrets de l'Église et

« Funere maturo linques, quam cuique liberet
« Morte suâ redimi! Gentis non inclita avitæ
« Nobilitas, tua non pietas, non plurima virtus
« Incursus poterunt fati tardare ruentis?
« O Deus, alme Deus, faciles ne orantibus aures
« Asperior claudas; precibus si flecteris ullis,
« Irarum fluctus fræno compesce minaces.
« Si qua tibi scelerum persolvere victima pœnas
« Debeat ultrices, nubes horrenda furoris
« Detonet in fontes, in nos tua fulmina torque,
« Nos, nos tela petant, insonti parce benignus.
« O nos felices! ô terque quaterque beati
« Funere si merito summi placata quiescat
« Ira Dei, et Patriam repetat Germanus ovantem!
Talibus, inflexis genibus, manibusque supinis,

les ordonnances de nos rois y affectaient une partie des revenus des bénéfices desquels ils dépendaient. Conséquemment, l'évêque de Saintes ne pouvait pas être dispensé de contribuer de celui de son évêché, en fournissant la quotité réglée par les concordats faits avec ses prédécesseurs, sous prétexte de l'existence d'une fabrique, pour la fondation de laquelle la mense épiscopale n'avait rien fourni, et dont les deniers avaient de tout temps été reconnus insuffisants pour l'entretien de la sacristie et de ce qui était nécessaire pour le service de l'autel.

Lorsque Germain de la Châtaigneraie prit possession de l'évêché de Saintes, on dressa un procès-verbal de l'état où était l'église cathédrale. On y fit dès lors toutes les réparations nécessaires,

Orabant dictis, rerum cùm nuncia fama
Sublimis fertur, rapidoque innixa volatu,
Orbe pererrato, et varias effata per urbes
Sermones varios, Sanctonum allabitur oris,
Exilaratque animos, centum sic ora resolvens :
« Non jacet exanimis Præsul, decepta malignis
« Fraudibus invidiæ, vanâ formidine mentes
« Garrula turbavi, sed nunc jam discite vera.
« Haud vanæ cecidêre preces, iramque minasque
« Temperat Omnipotens, et ne malè provida peccet,
« Ipse regit dextram Medici, firmatque trementem.
« Infertur vulnus, sed vulnus prompta malorum
« Fit medicina, ipsoque salus datur orta periclo.
« Diffugiunt febres, lætosque redire per artus
« Incipiunt vires, firmo stat robore corpus.

et elles furent acceptées par l'évêque et par le chapitre, sous la date du 31 août 1768. De nouvelles réparations étant devenues urgentes, le prélat, que le chapitre en prévint, se montra d'abord disposé à se joindre à lui pour y faire travailler; puis il éluda, et comme il fallait promptement s'occuper de mettre les ouvriers à l'œuvre, le chapitre fut obligé, après avoir sommé l'évêque, de donner au lieutenant-général une requête aux fins qu'il fût procédé au procès-verbal et devis, et au bail au rabais des réparations qui seraient constatées être à faire.

Le procès-verbal fut dressé, le vingt-trois octobre 1772, et le bail fut livré, le dix-huit novembre suivant, pour trois mille trois cent cinquante livres. L'évêque, appelé à chacune de ces opérations, ne

His dictis, acri solvuntur mœsta dolore
Pectora, et ex oculis subito pennata recessit.
Ergo joci revolent Germano sospite, festo
Æthera pulsentur cantu, plausuque sonoro
Percussæ resonent silvæque amnesque profundi,
Culminaque et valles communi voce resultent.
Santonides musæ tristes jam linquite vultus
Lugubresque elegos, citharæ nunc mollia nervis
Carmina concordent, docto nunc pollice tacta
Fila liræ strepitent, vos fontis inebriet unda
Castalii, ut sacro correptæ corda furore,
Vocibus insolitis ingens tollatis ad astra
Germani nomen, lætumque remugiat æther.
Advena sed quis adest? Curru quis raptus ovanti
Accelerat nostræ succedere mœnibus Urbis?

jugea pas à propos d'y paraître. Cependant on procéda aux réparations. L'adjudicataire demanda, par requête du onze juin 1773, la visite de réception des ouvrages. Il y eut des experts nommés par cet adjudicataire et d'office pour l'évêque et pour le chapitre. Les experts donnèrent leur rapport et déclarèrent six articles défectueux, et qu'un septième, concernant la charpente établie sur la partie de l'église qui se trouve au-dessus de la porte latérale ouvrant sur la place, n'était pas rempli conformément au devis. L'adjudicataire travailla à se mettre en règle, mais il ne perfectionna pas tous les articles jugés défectueux. Les experts, dans un nouveau rapport, daté du premier novembre, affirmé et remis au greffe le seize du même mois, déclarèrent que celui concernant la

En GERMANUS adest, GERMANUM splendida frontis
Majestas prodit; quæ gratia! quanta venustas!
Cernis ut affatu facilis, vultuque serenus,
Huic blandè arridens illum compellat amicis
Vocibus, alternamque refert recipitque salutem.
Proh! quot sese oculis uno cum nomine sistit
Virtutum numerosa cohors! Se protinùs offert
Religionis amor, pietas sincera, pudorque
Virgineus, dulci frons majestate verenda,
Candida simplicitas oculos percellit; et undè
Surget in immensum nomen, cœlosque merebit
Ingens in miseros studium et benè prodiga dextra.
Quid juvat has vultu dotes velare modesto?
Quid, Præsul venerande, oculis abscondere nostris
Fraude pià tentas? Licèt illas tectus obumbres

charpente du côté de la place était encore au même état.

L'évêque, appelé pour être témoin de ces visites, n'y parut pas plus qu'aux opérations précédentes. Cependant le nommé Laronde, adjudicataire, quoique en demeure de remplir tout ce à quoi il s'était engagé, demanda, tant pour lui que pour sa caution, d'être déchargé des réparations portées dans le procès-verbal et devis dont le bail lui avait été livré, et que le chapitre, duquel il avait déjà reçu plus des deux tiers du prix de ce bail,

   Nesciri indociles erumpunt atque coruscant.
     Undique concurrit populus, studioque videndi
   Et puer et senior volat, urbis et incola ruris.
   Millia deproperant omnes tibi nomina læti,
   Communemque patrem unanimi te voce salutant.
   O vivas longum! luctu, te absente, per urbem
   Omnia torpescunt; te præsente, omnia rident.
     Sed quid ego? Dùm cuncta simul lætantur in urbe,
   Torpet gymnasium, ferulâ metuendus atroci
   Argus inest semper, cujus mansuescere nostris
   Nescia mens precibus, pueros calcaribus instat,
   Ærumnisque putat natos, solique labori.
   Dùm festiva tui reditûs aurora coruscat
   Non gaudere licet; mandari scripta papyro
   Durius exigitur, nisique isto munere ad unguem
   Defuncti, minimumque nisi solvatur Iota,
   Dura luunt miseri; sed te, GERMANE, jubente,
   Gaudia tristitiæ succedent, otia curis,
   Indulgere animis, choreisque vacare licebit,
   Et tunc, rectè inquam, te præsente, omnia rident.

      Offerebat P. E. J. ALEXANDER PELLUCHON
        DESTOUCHES, Philosophiæ alumnus.

fût condamné de lui payer le surplus en deniers ou quittances. Mais, comme il fallait qu'au préalable les réparations fussent acceptées, les demandes ne purent pas être adjugées, les conditions du devis n'ayant pas été fidèlement observées. Le chapitre renvoya donc l'adjudicataire devant l'évêque, afin de savoir de sa Grandeur si elle voulait accepter la caution telle qu'elle était sous la déduction de quelques sommes proportionnées à sa non-valeur, et relative à la forme prescrite par le devis. Les députés du chapitre lui en parlèrent aussi, et le prélat parut disposé à ne pas tirer à la rigueur avec l'adjudicataire ; il le laissa même penser jusqu'au jour de son départ pour Bourgueil ou Paris, qu'il déclara que cela ne le regardait point, et qu'on n'avait qu'à s'adresser au chapitre. Cependant, dès le onze mars 1773, le chapitre avait fait signifier à l'évêque un état de ses déboursés; il l'avait sommé de lui remettre tant les frais qu'il avait occasionnés et moitié de ceux du procès-verbal et adjudication des réparations, que pareille quotité du prix du bail ; et, évitant d'en venir à une demande formelle, il se contenta de l'assigner le quatorze juin de la même année 1773, pour assister dans l'instance, sur la demande de Laronde, convenir d'experts pour la visite des ouvrages, en nommer de sa part et voir rendre communs avec lui les ordonnances et jugements qui interviendraient, et de faire dans tous les actes de la procédure des réserves et protestations, de répéter contre lui ce qu'il devait supporter à raison de ces réparations. Le chapitre n'agissait de la sorte que parce qu'il espérait toujours que l'évêque ouvrirait enfin les yeux, et satisferait, sans y être contraint, à une charge qu'il savait être la première des fruits du temporel de son évêché. Mais, après tous ces ménagements, il eut lieu de se convaincre que son espérance était vaine : et voici quelle en fut l'occasion : Un ouragan furieux ayant causé, à la fin de 1775, des dommages très-considérables à l'église cathédrale, le chapitre en donna avis à l'évêque, résidant alors à Paris, et lui témoigna le désir qu'il avait que tout se passât à l'amiable. La réponse du prélat fut qu'il ferait examiner la part et portion des réparations dont il pouvait être tenu, et qu'il ferait ce qu'il devait. « Voyez, ajoutait-il, de votre côté, ce à quoi vous êtes tenus, et je serai à même de juger si les dispositions pacifiques, qui sont toujours les plus convenables, mèneront les choses à une heureuse fin : je le désire de tout mon cœur. »

Le chapitre marqua à l'évêque la satisfaction qu'il avait d'apprendre par lui-même que ses vues étaient pour la paix; il le pria d'indiquer les ouvriers qui lui conviendraient le mieux, pour examiner les réparations à faire, et de donner à quelqu'un des pouvoirs, à l'effet de terminer, en présence de leurs conseils respectifs, quelque chose concernant cette affaire. Cependant, voulant reconnaître l'importance des réparations à faire, le chapitre les fit visiter, uniquement dans cet objet et pour lui. Afin de le savoir plus sûrement, il y employa les propres ouvriers de l'évêque. Cette démarche, tout innocente qu'elle était, déplut au pontife ; il la prit pour un piège qu'on aurait voulu lui tendre ; les vues bienveillantes qu'il avait laissé apercevoir, et qui vraisemblablement n'étaient pas une conviction chez lui, disparurent ; il l'annonça par une lettre laconique et qui ne laissait au chapitre d'autre voie à suivre que celle de recourir à l'autorité de la justice : elle était datée de Paris, le neuf février 1776 :

« Je serai plus circonspect à l'avenir, disait l'évêque, dans les réponses que je vous ferai, monsieur. Quoi ! pour vous avoir répondu que je ferai ce qui me regarde, vous partez de là pour appeler les ouvriers qui ont travaillé pour moi ! Cette façon me paraît neuve. J'ai l'honneur d'être, etc... »

Les nouvelles réparations, surtout celles concernant la couverture de l'église, étaient, comme on l'a dit, très-urgentes. Le chapitre en demanda le procès-verbal et l'adjudication au rabais. En même temps, il donna une requête, dans l'instance pendante entre Laronde, l'évêque et lui, par laquelle il conclut à ce que le pontife eût à s'expliquer sur la demande du sieur Laronde, en acceptation des ouvrages faits conformément au bail de 1772, à rembourser au chapitre les sommes énoncées, tant pour la moitié des paiements faits sur le prix de l'adjudication de cette même année, et des frais du procès-verbal de l'adjudication, que pour ceux qu'il avait occasionnés ; enfin qu'en cas de contestation, il fût condamné provisoirement de fournir, entre les mains d'une personne solvable, une somme pour être employée aux réparations à faire.

Ce procédé parut tout-à-fait inconvenant à l'auteur d'un mémoire favorable au prélat ; mais l'inconvenance ne venait-elle pas plutôt de l'évêque qui, dans son opiniâtreté, ne voulait pas contribuer aux réparations de son église cathédrale ? Les abondantes ressources de l'époque mises au pouvoir de l'épiscopat pour le soulagement des pauvres et pour l'entretien des églises, auraient dû déterminer l'évêque à une résolution plus digne et plus généreuse. Cependant, pour appuyer son refus, Germain de la Châtaigneraie alléguait que l'église cathédrale avait une fabrique richement dotée, ajoutant qu'il en était ainsi, parce que les canons, les conciles, les saints décrets voulaient tous qu'une partie des biens ecclésiastiques fût affectée aux réparations des églises ; il prétendait que les bénéficiers d'une église n'étaient tenus des réparations que dans le cas où elle n'avait pas de fonds particuliers destinés à son entretien, et que, par cette raison, l'article vingt-et-unième de l'édit de 1695 n'assujettissait les dîmes mêmes inféodées, à l'entretien des églises, que sous le correctif : « Si les revenus des fabriques ne suffisaient pas pour cet effet.. » Que cette loi, postérieure aux transactions et conforme aux anciennes ordonnances, voulait que les administrateurs des fabriques en rendissent compte devant les évêques. Le pontife appuyait encore son refus en affirmant que les arrêts produits par le chapitre, et une sentence qu'on disait avoir été rendue en la cour sénéchale, en 1567, prouvaient bien clairement l'existence d'une trésorerie-fabrique destinée à l'entretien et aux réparations de l'église de Saint-Pierre, et assujettissaient le chapitre à en rendre compte ; qu'ils avaient tous jugé que les revenus de cette fabrique devaient être préalablement employés aux réparations, et décidé par là qu'ils avaient été formés de la masse commune; que les transactions opposées par le chapitre étaient *nulles et abusives*, en ce qu'il y avait été traité sur les revenus d'une fabrique, choses qui n'étaient pas à la disposition des contractants ni dans le commerce ; et encore en ce qu'elles déchargeaient le chapitre de rendre compte de ces mêmes revenus contre la disposition du droit public, qui ne pouvait être changé ni altéré. De toutes ces considérations, l'évêque concluait que la société capitulaire ne pouvait se dispenser de rendre préalablement un compte, par chapitres de recettes et de dépenses, des revenus de la trésorerie fabrique de Saint-Pierre, à dater du jour que Germain de la Châtaigneraie avait pris possession de l'évêché.

Tels étaient les arguments de l'évêque. Cependant, si la question eût été d'examiner l'existence ou non d'une fabrique, le chapitre aurait pu facilement faire voir au prélat que les dispositions de l'édit de 1695 et des ordonnances antérieures ne regardaient pas les fabriques paroissiales; c'est à l'égard de celles-ci que l'article dix-septième voulait que les comptes fussent présentés, par les marguilliers, aux archevêques, évêques et à leurs archidiacres, pendant leurs visites, et qu'il était enjoint « aux officiers de justice et autres principaux habitants d'y assister, lorsque les archevêques, évêques ou archidiacres les examineraient. »

L'article vingt-et-unième n'avait également trait qu'aux fabriques des paroisses. D'où il résulte que l'évêque avait tort de prétendre que les revenus, dans ce cas, devaient être employés à réparer le chœur des églises paroissiales : leur emploi ne pouvait avoir lieu que pour fournir les *calices, ornements et livres liturgiques;* les décimateurs y étaient consciencieusement obligés, lors même que les fabriques étaient riches. Les revenus de ce trésor capitulaire avaient toujours été affectés au paiement des choristes, chantres, sacristes et autres officiers et serviteurs de la cathédrale. Les chanoines prouvaient que ces revenus insuffisants, lors des transactions, pour remplir ces charges, l'étaient encore plus que jamais par la suppression des pensions et des offrandes qu'une foule de curés et de paroisses faisaient, et des sommes auxquelles les curés qui ne se trouvaient pas aux synodes étaient ordinairement taxés. Au reste, il était notoire que l'évêque n'avait jamais contribué, dans la cathédrale de Saintes, à la fondation d'aucune fabrique. L'avocat-général de Laroche l'attestait, lors de l'arrêt du vingt-et-unième jour de mars, en l'année 1571. — « Quant à la fabrique, disait ce magistrat, elle n'est pas fondée par l'évêque, ains les biens d'icelle sont revenus de lois et aumosnés faites par iceux... » Cette trésorerie consistait en quelques modiques redevances et dons faits par de pieux laïques; et encore ces revenus si minimes s'étaient perdus pendant les troubles occasionnés par les Protestants, qui désolèrent, comme on le sait, la ville et la province ; il n'était pas moins indubitable que le chapitre n'était pas seul obligé à rendre des comptes : les arrêts du conseil exigeaient que l'évêque lui-même rendît des comptes. L'arrêt de 1520 déclarait formellement que « les évêques, doyens et chapitres et autres qu'il appartiendra, rendront compte, pardevant l'exécuteur du présent arrêt, de tous et chacuns les deniers qu'ils ont reçus tant du jubilé de ladite fabrique et trésorerie que autrement. »

Le pape Sixte IV donna, en 1476, comme Nicolas V l'avait déjà fait en 1451, sur la demande d'un de nos rois et de Jacques de Saint-Chrisogone, cardinal et archidiacre, une bulle par laquelle il accordait de grandes indulgences, ainsi que nous l'avons dit ailleurs, à tous les fidèles qui contribueraient de leurs biens pour réparer la cathédrale de Saintes. On voit par là quelle était l'espèce de ressource et de trésorerie-fabrique qu'attaquait, contre le chapitre, Germain de la Châtaigneraie.

L'opposition de l'évêque n'était pas fondée, et nous osons même avancer qu'elle n'était ni juste ni raisonnable; car des transactions avaient terminé les différends sur tous ces points : avait-il le droit de les rejeter et d'annuler par le fait l'arrêt du parlement qui en avait ordonné l'exécution ? Ce droit ne pouvait pas lui appartenir, parce qu'il n'y avait point de loi qui prohibât aux bénéficiers de terminer, par la voie de la transaction, les différends qui pouvaient naître entre eux sur les biens et privilèges de leurs bénéfices, lorsque ces différends étaient sérieux. De plus, il était évident que les transactions consenties par les évêques de Saintes, la Courbe-de-Brée et Raoul, ne contenaient, dans la forme ni dans le fonds, rien de contraire aux saints décrets, ni aux ordonnances de nos rois; elles avaient été exécutées sans aucune sorte de réclamation depuis plus de cent cinquante ans ! Ce qui militait en faveur du chapitre. Un mémoire du temps nous fournit des aperçus historiques que nous ne dédaignerons point ici ; ils nous fixeront sur la nature de la législation de cette époque, en mettant sous tout leur jour les exigences intempestives de l'évêque dont nous parlons.

Le prélat s'était fait des principes en vertu desquels il n'était aucun différend entre ecclésiastiques, sur les biens et droits de leurs bénéfices, qui pût être terminé par la voie de la transaction ; car tout bénéficier n'était que *simple administrateur* et *usufruitier* des biens de son bénéfice ; la propriété de ces biens n'appartenait qu'au corps de l'Église, et l'*Église était toujours mineure*. Ces biens, donnés pour l'entretien des ministres des autels, pour aider et secourir les pauvres, *étaient hors de commerce et sacrés* à raison de leur destination. Ainsi, disait le pontife, les ministres d'un Dieu de paix, des prêtres chargés par état d'annoncer, de procurer la paix, les anges du Seigneur, institués pour apprendre aux hommes à garder en tout l'union et la concorde, seraient forcés à rejeter eux-mêmes toute voie de conciliation, à plaider jusques à la mort, plutôt que de se prêter à un accommodement, et contraints à détruire, par leur exemple, ce que leur ministère les oblige d'enseigner et de prêcher. Mais ce langage n'était qu'un sophisme : les règles canoniques formaient une puissante opposition en faveur du chapitre ; il était tout-à-fait incontestable, contre l'évêque de Saintes, que les ecclésiastiques pouvaient transiger entre eux et que les transactions qu'un abbé passait avec ses religieux, un évêque avec son chapitre, obligeaient leurs successeurs, lorsqu'elles l'avaient été sur des procès sérieux, sans fraude ni affectation. Car les transactions passées en 1613 et 1622 entre La Courbe-de-Brée et Raoul, prédécesseurs de la Châtaigneraie et le chapitre, portaient tous ces caractères et devaient avoir force de loi contre les prétentions de Germain. Nous dirons un mot des débats qui eurent lieu au XVIe siècle, et qui amenèrent les transactions dont il s'agit. Voici ce que nous en apprennent quelques pièces sauvées des anciennes archives de Saint-Pierre :

Dès le commencement du XVIe siècle, les évêques contestaient sur la quotité pour laquelle ils pouvaient être tenus de contribuer aux réparations de leur cathédrale. Les arrêts de 1508 et 1519, rappelés par l'avocat-général Laroche, lors de celui de 1571, les avaient condamnés à y contribuer du quart du revenu de leur évêché. Ceux de 1520 et 1534, de fournir, chaque année, une somme de mille livres qu'ils ordonnaient y être employée annuellement par l'évêque et le chapitre. Ceux de 1571 et 1572 le chargeaient des cinq septièmes des frais de réparations faites alors, et de continuer à donner et remettre annuellement la même somme de mille livres. Mais La Courbe-de-Brée, successeur, comme nous l'avons vu, de Tristan de Bizet, contre lequel ces deux derniers arrêts avaient été rendus, renouvela la contestation en 1582, soutenant « que ces arrêts avaient été donnés par provision contre ses prédécesseurs, selon les temps et occurrences, jusqu'à ce que autrement en fût ordonné.... » S'ils condamnaient les évêques à contribuer des cinq septièmes, « ils étaient en leur temps fondés sur des causes qui ne se trouvaient à présent.... » La Courbe-de-Brée n'avait point prétendu n'être en rien tenu des réparations, mais il voulait n'y contribuer qu'en même proportion que le chapitre. « Le prélat, disait son défenseur, offre de payer quatre cents livres, qui est *autant* que le chapitre en paie... » En conséquence, la cour, par un arrêt du dix-sept mai 1582, chargea l'évêque de contribuer le sixième de son revenu et le chapitre autant, jusqu'à ce que les réparations fussent faites. Cet arrêt, contraire à tous les précédents, grevait le chapitre en ce qu'il l'obligeait de contribuer autant que l'évêque; aussi protesta-t-il de se pourvoir contre, et ses droits à cet égard lui furent réservés dans la sentence arbitrale que nous allons citer; nous l'avons extraite des archives de M. le comte de Bremond-d'Ars :

« Le dernier jour d'octobre 1583, nous Philippes de Ruffec, chevallier des deux ordres du roy, capitaine de cent hommes d'armes de ses ordonnances, conseiller en son conseil d'estat, gouverneur et lieutenant-général pour Sa Majesté èz-pays d'Angoulmoys, Xainctonge et Aulnys, ville et gouvernement de la Rochelle, estant en la ville de Xainctes et ayant heu advis des discours et procès qui sont entre monsieur l'évesque de la dicte ville et les doyen, chanoines et chapitre de l'églize cathédralle d'icelle, et leur ayant fait remonstrance combien les différends entre telles personnes sont de mauvais exemple, nous auroyent les susdicts, requis et priez prandre congnoissance de leurs susdicts différends, nous offrant et promettant nous en croire, à peine de mil escus, parquoi amprez les avoir ouy amplement et veu certain accord faict entre eulx le dernier jour de novembre 1582, signé † Nicolas, évesque de Xainctes; L. Guitard; Jehan Sureau; Suberville, etc., abandonnez à nous présentement par les susdicts doyen, chanoine, et chappitre; et en nostre présence recogneu par le dict sieur évesque, et avoir entendu le rapport de maistre Arnault Blanc, conseiller au siège présidial de la dicte ville, rapporteur du procès pendant audict siège entre les dictes partyes sur la contribution aux réparations du closcher de la dicte églize, et veu les pièces produictes au dict procès avec l'arrest donné en la cour et parlement de Bourdeaux, en datte du dix-septiesme may 1582, et prins sur l'advis de messire Charles de Bresmond, chevallier-lieutenant de nostre dicte compaignie, seigneur d'Ars, de messieurs maistre Charles Guitard, conseiller du roy, président au dict siège de Xainctes, et François Nesmond, aussy conseiller du roy, lieutenant-général au siège d'Angoulesme et du dict Blanc, nommez et accordez par les partyes, avons, pour le bien de paix et commodité entre les dicts sieur évesque, doyen, chanoines et chappitre, ordonné qu'ils entretiendront le dict concordat du dernier de novembre, et que, suivant icelluy, contribueront par moyetié la somme de trois cents trente-trois escus un tiers, qui sera préalablement employée à la réparation du dict closcher, et après aux autres plus nécessaires en la dicte églize, et que à ce faire seront contraintz par saizie de leur temporel respectivement, le tout par provision et sans préjudice de leurs droictz au principal et de se pourvoir sur l'exécution ou rétraction du dict arrest, comme ilz verront estre à faire, et de pouvoir répéter ce qui, par arretz qui s'en pourront en suivre, sera jugé avoir esté plus payé par l'une des partyes que sa juste cothité ne pouroit monter.

Ainsy signé : Ruffec, Charles de Bresmond, Guitard et Nesmond. »

La contestation, comme on le voit, roulait toujours sur la quotité, et quoique, par ménagement pour la Courbe-de-Brée, les arbitres comprissent ce prélat dans la réserve, elle ne regardait véritablement que le chapitre, étant évident que le seigneur de la Courbe, après avoir offert de contribuer *autant que le chapitre*, n'avait pas à se plaindre de ce que cet arrêt avait adopté cette proportion.

Au résumé, l'exemple des évêques Jacques Raoul, de Bassompierre, en 1649, de la Brunetière, en 1684, de Beaumont, en 1740, et de Lacoré, prédécesseurs de Germain de la Châtaigneraie, était puissant pour convaincre que toujours l'évêque de Saintes avait contribué pour sa quotité aux réparations de la cathédrale. La cour sénéchale devait accomplir un devoir, sans avoir égard au provisoire requis par le pontife, dans lequel il serait déclaré non recevable, en le condamnant de payer au chapitre, entre les mains du syndic, provisoirement, la somme de huit mille livres, à imputer premièrement sur la moitié des sommes que le chapitre avait déboursées pour les réparations déjà faites, suivant les quittances qu'il dut produire, et subsidiairement, sur la portion des réparations qui restaient à faire à la cathédrale; du moins c'était ainsi que le chapitre l'entendait. Un sieur Duchesne, avocat de l'évêque, n'envisagea point la question sous le même jour. Il prouva que le droit commun était directement contraire à la prétention du chapitre, et que, suivant les principes de ce même droit, les réparations de l'église cathédrale devaient être faites des revenus de la trésorerie ou fabrique, dont le chapitre avait eu l'administration. Il démontra que les titres produits par le chapitre devaient opérer sa propre condamnation, et que les arrêts du grand conseil et du parlement de Bordeaux avaient décidé, en termes exprès, que les revenus de la trésorerie-fabrique de Saint-Pierre devaient être employés aux réparations ; que les évêques de Saintes n'avaient pu valablement aliéner un objet qui n'était pas en leur pouvoir. La cour sénéchale avait, au reste, déjà préjugé en faveur de la question relative à l'évêque.

Il est pourtant pénible d'avouer que ce pontife fut constamment en procès avec son chapitre. Ces tristes et longues contestations n'étaient pas terminées, à la mort du prélat. La susceptibilité sur l'article des droits d'intérêts ou de préséance était extrême alors. Nos mœurs ne ressemblent en rien à celles de nos pères. Ce qui chez eux nous paraît parfois être puéril, cachait cependant, il faut le dire à leur gloire, des qualités estimables, un sentiment d'honneur exquis, des vertus sublimes. Hélas ! ce qui chez certains hommes du XIXe siècle, se montre comme un caractère d'élévation de pensées, d'indépendance de vues, ou comme une délicatesse d'éducation et d'urbanité, ne cache-t-il pas fort souvent un fonds d'orgueil rampant ou tyrannique, un cachet d'égoïsme sévère ou cauteleux ; sous un vernis éclatant de probité, un dépôt de sentiments ignobles, de basses passions qui brisent, à la première occasion, toutes les barrières de la justice, de la conscience et de l'honneur ? Nos pères avaient sans doute leurs ridicules, et, comme hommes, les faiblesses de l'humanité; mais où sont aujourd'hui leurs principes ? Ils étaient chrétiens; avons-nous leurs vertus sincères? Quand nous avons à nous prononcer sur leurs actes ou leurs usages, ne les jugeons jamais d'après nos habitudes et même d'après notre législation; transportons-nous à un autre âge, prenons un autre esprit, interrogeons une autre jurisprudence; et si quelquefois il nous est permis de sourire, ce sourire sera loin d'être une flétrissure ou un sarcasme amer. Ce que nous admettons ici en thèse générale s'applique, dans son espèce, au sujet qui nous affecte.

On entend, en jurisprudence, par le mot *familiarité*, une espèce de précaire tacite. « Les actes qui en dérivent, dit Merlin dans son Répertoire, supposent un consentement qui n'est pas exprimé, mais qui est sans conséquence; et ils n'acquièrent ni droit ni possession, parce que celui sous le bon plaisir duquel ils sont faits, demeure toujours le maître de les faire cesser quand il le trouve à propos. En vain donc seriez-vous venu, pendant vingt, trente, cinquante ou cent ans, soit loger, soit dîner chez moi, la complaisance que j'ai eue de vous recevoir, de vous régaler, ne formera jamais un titre pour vous, et jamais elle ne vous donnera le droit de me forcer à la continuer, lorsqu'il ne me plaira plus de le faire. »

Cependant cette *familiarité* peut perdre son caractère : ce qui a lieu quand elle est considérée comme une condition de la fondation faite par un seigneur à un couvent, ou comme une récompense, dit encore Merlin, de la protection que le seigneur accorde aux religieux. La question relative au seigneur, à l'égard d'un monastère, fut envisagée sous un autre jour par le parlement de Bordeaux, au sujet du chapitre, de Saintes, qui soutenait, contre l'évêque La Châtaigneraie, que le prélat était assujetti, en vertu d'un antique usage, à donner *quatre repas* par an aux chanoines de sa cathédrale, ou, au défaut des *quatre repas*, une somme d'argent représentative de la valeur de ces repas. Cet usage devait très-certainement son origine à un principe de charité et d'union fraternelle. Plus tard, il est devenu un sujet de litige et de procès ; voilà bien l'homme de tous les états et de tous les siècles !... Toujours est-il vrai que messieurs du chapitre, sans être condamnés à ne pas dîner, ce qui aurait pu être affligeant, furent cependant forcés, par l'arrêt parlementaire, sous la date du treize juillet 1775, de renoncer à leur prétention ; et, de plus, ils en furent, à leur grand regret, pour les dépens de la procédure. « Germain de La Châtaigneraie, continue Merlin [1], soutenait que l'usage invoqué par le chapitre n'était pas prouvé ; que l'eût-il

---

[1] *Répert. de Jurisprud.* par le comte Merlin, tom. IX. PAC-PRISE, pag. 526. Art. V. de la *Familiarité*.

été, il n'était pas prescriptible de sa nature, de manière à pouvoir donner efficacement lieu à une action judiciaire. » Le parlement fut de son avis. Pareille affaire aujourd'hui serait un scandale ; les chanoines de toutes les catégories préféreraient avec raison faire rigoureusement carême durant une année, plutôt que de revendiquer en justice, auprès de l'évêque, le droit de *quatre dîners* par an. C'est assurément le cas de dire, ou bien donc jamais : autres temps, autres mœurs ! Sous ce rapport, le *progrès* est certain, et nous le reconnaissons honorable.

Un évènement d'une toute autre nature eut lieu à la fin du même épiscopat ; il est une preuve de l'esprit tracassier des parlements et montre jusqu'où ils portaient leur tendance d'empiètements sur les droits de la puissance ecclésiastique, et combien ils s'efforçaient de mettre l'autorité des évêques en compromis avec les simples curés, d'après l'axiôme de tous les perturbateurs : *Divisons pour régner*. Le cardinal de Larochefoucaud, qui était alors président de l'assemblée générale du clergé de France, s'en exprimait ainsi dans la séance du 21 novembre 1782 :

« Nous venons rendre compte à l'assemblée d'un arrêt dont se plaint la province de Bordeaux, arrêt qui présente évidemment l'anticipation la plus caractérisée sur les droits de la juridiction ecclésiastique. Avant d'en rappeler les dispositions, permettez-nous, messeigneurs, de jeter un coup-d'œil rapide sur l'espèce de l'affaire et les principaux faits de la procédure. Il y a deux ans que le sieur David, curé de Saint-Bonnet, diocèse de Saintes, fut traduit devant le lieutenant criminel de cette ville, comme étant prévenu d'insultes publiques et de plusieurs excès de violence et d'emportement en chaire, dans l'administration des sacrements, et au milieu des fonctions du ministère les plus saintes et les plus imposantes. Déjà le juge laïque avait prononcé un décret d'ajournement personnel contre l'accusé, quand celui-ci fut revendiqué par le promoteur diocésain, en vertu du privilège clérical. On défère à la revendication. Nouvelle procédure instruite en l'officialité, et nouvel ajournement personnel décerné contre le sieur David, avec la clause expresse de l'interjection de ses fonctions. Le curé de Saint-Bonnet interjette un double appel au parlement de Bordeaux, appel simple de l'ordonnance du lieutenant criminel, et appel comme d'abus du décret de l'official, conclut sa requête à ce qu'il plaise à la cour le *relever de son interdit, et le renvoyer à ses fonctions*. C'est en cet état que, le 28 avril 1781, il a été rendu, à la chambre de la Tournelle, un arrêt conçu dans les termes suivants : « La cour ordonne que, sur les appels simples et comme d'abus, les parties viendront plaider. Cependant, ayant égard à la partie de Bonnet, du consentement du procureur-général du roi, a *levé et lève l'interdit par elle encourue, le renvoie à ses fonctions*, etc...

« Vous prévenez nos réflexions, messeigneurs ; ou la distinction des deux puissances est illusoire et nulle, ou des juges séculiers n'ont jamais dû se permettre un prononcé semblable. L'incompétence du parlement de Bordeaux est littéralement écrite dans le dispositif même de son arrêt. Comme l'Église seule est dans le droit et possession de prononcer des censures, ils n'appartient aussi qu'à l'Église d'absoudre et de relever des censures déjà portées, par une émanation nécessaire du pouvoir de lier et de délier qu'elle a reçu exclusivement des mains de son divin fondateur. »

Après avoir rapporté plusieurs arrêts favorables à l'indépendance de l'autorité ecclésiastique, le président conclut à ce que, à défaut de la tierce opposition faite au nom du procureur-général du parlement, ou du syndic du diocèse, l'évêque de Saintes devait se pourvoir en cassation, sauf à décliner le conseil des parties, pour saisir le conseil des dépêches, de la connaissance de l'affaire, d'après les considérations développées sur ce point ; ajoutant que, quelque plan de conduite que l'on jugeât à propos d'arrêter, il devenait indispensable de s'assurer préalablement des dispositions de M. le garde des sceaux, l'évêque de Saintes étant en droit d'attendre du clergé les démarches les plus éclatantes et même une intervention en forme, si le cours des évènements requérait une semblable procédure.

Le rapport fini, l'assemblée pria l'archevêque d'Arles, l'évêque de Chartres et les abbés de Cambis et de Beausset, de voir le garde des sceaux, afin d'obtenir que la demande en cassation de l'arrêt du parlement de Bordeaux, rendu en faveur du curé de Saint-Bonnet, fût portée au conseil des dépêches, s'il était nécessaire de la former. Dans la séance du vingt-neuf novembre, l'archevêque d'Arles dit à l'assemblée qu'à l'égard de l'arrêt du parlement portant main-levée de l'interdit décerné contre le sieur David par l'official de Saintes, le garde des sceaux l'avait assuré que l'admission à la requête de l'évêque au conseil des dépêches souffrirait d'autant moins de difficulté, qu'il s'agissait d'une affaire liée à l'ordre public. En définitive, l'arrêt parlementaire portant main-levée de l'interdit fut annullé, et l'officialité de Saintes reconnue compétente pour l'application de la peine canonique comme pour le droit exclusif d'absolution de censure [1].

Mais si alors l'esprit de la religion n'inspirait pas ceux qui méconnaissaient ses droits et ses privilèges imprescriptibles, elle savait se dédommager de leurs persécutions, en exerçant sur de plus nobles cœurs ses divines influences. Quelques

---

[1] *Mém. du Cl.* 1782; édit. in-f°. pag. 216.

années avant le fait que nous venons d'indiquer, le marquis de Monconseil mérita, de la part des pauvres, un tribut d'amour et de reconnaissance. L'hôpital Saint-Louis de Saintes retentit encore du nom de son charitable bienfaiteur, dont le langage chrétien atteste le dévoûment et la sollicitude paternelle envers la classe indigente. On ne lira pas sans intérêt une pièce signée de sa main et que nous possédons. Elle est ainsi conçue :

« Nous Estienne, marquis de Guinot de Monconseil, lieutenant-général des armées du roy, inspecteur-général de son infanterie, commandant dans la Haute-Alsace, haut et puissant seigneur, seigneur de Tesson[1], Rioux, Courcoury, Thénac et autres lieux ; exposons à messieurs les administrateurs et directeurs de l'hôpital-général Saint-Louis de Saintes, que, touché de l'état malheureux des pauvres qui y sont placés, et désirant par nos libéralités contribuer à leur soulagement, nous aurions saisi les moyens les plus efficaces, pour leur asseurer un fonds de revenu fixe et commode, consistant dans la perception d'une rente foncière exempte de toutes charges et impositions royalles : mais comme les obstacles se sont réunis pour rendre inutile un projet d'autant plus louable, qu'il tendoit plustôt *à la gloire de Dieu*, qu'à un intérêt

---

[1] Les restes mortels de M. de Monconseil reposent dans l'église de Tesson.

temporel, toujours animé du même zèle, sans cesse occupé des moyens d'asseurer, pendant nostre vie, le bien dont nous entendons gratifier les pauvres dudit hôpital, nous aurions requis depuis cette époque le consentement verbal de nos dits sieurs administrateurs, pour construire, dans l'enceinte dudit hôpital, un édiffice commode à l'établissement d'une manufacture domestique, qui, en réveillant le goût du travail, en accrût insensiblement les revenus et en bannît l'oisiveté et la mendicité : ce qui nous auroit été octroyé, et sur la foy duquel agrément nous aurions déjà traité avec les ouvriers, suivant les polices signées d'eux en datte des quatre et dix-sept février 1770, que nous offrons de remettre, dont l'exécution est commencée par le transport d'une partie des matériaux et payement d'une partie du prix, que nous espérons, par la grâce de Dieu, finir et consommer heureusement dans tous les points, si nos dits sieurs administrateurs veulent contribuer de leurs soins à la conduite de cet édifice et à l'exécution entière des dittes conventions.

« Mais, voyant que l'érection de cet édiffice ne produiroit pas tout l'avantage que nous nous en promettons, s'il n'étoit muni de meubles et ustanciles qui luy sont propres, connoissant en oultre l'insuffisance des revenus du dit hôpital, et désirant conduire à sa perfection l'utilité de cette entreprise, nous offrons et proposons de donner actuellement au dit hôpital, sous la direction touttefois de nos dits sieurs administrateurs, au zèle, prudence et conscience desquels nous nous en remettons pour ce regard, la somme de onze mille livres effectives en bonne monnoye du cours, pour partie d'icelle estre employée à garnir les salles de métiers relatifs aux ouvrages à faire dans la ditte manufacture, et d'autres meubles et ustanciles nécessaires, et le surplus en rente et autre produit qu'ils croiront plus utile et plus avantageux : *A la charge touttefois de faire à l'avenir et* A PERPÉTUITÉ *dans la chapelle du dit hôpital,* le jour de notre décès, *un service solennel pour le repos de notre âme comme bienfaiteur* du dit hôpital [1], et d'y recevoir, par préférence à tous autres, le nombre de trois pauvres hommes, ou femmes, à notre choix et opinion, de nos hoirs ou ayant cause, originaires de nos dittes terres de Tesson, Rioux, Courcoury ou Thenac. Déchargeons cependant le dit hôpital de cette dernière obligation, dans le cas où les dittes terres seroient sorties de notre famille, et prions nos dits sieurs administrateurs d'avoir le tout pour agréable et de l'accepter pour le dit hôpital comme une preuve de notre bienfaisance et de notre charité : nous réservant, en cas de refus des conditions sus

---

[1] L'hôpital est tenu, en justice et en conscience, à ce devoir envers son pieux bienfaiteur.

apposées, de nous pourvoir auprès d'autres pauvres ou hôpitaux, ainsy que nous le jugerons convenable.

« Fait à Saintes, le 22 may 1770. »

Signé : GUINOT-MONCONSEIL.

C'est en conséquence du legs de ce digne seigneur qu'on bâtit deux salles qui portèrent le nom de Monconseil. Pourquoi ne voyons-nous plus ces dotations précieuses et si utiles à l'humanité souffrante ?.. A-t-on moins de richesses qu'autrefois? A en juger par le luxe étalant son opulence, on conclurait volontiers que si, aujourd'hui, on montre effectivement peu de sympathie pour les besoins des infirmes et des pauvres, c'est que les passions avides, l'orgueil égoïste et impitoyable, l'amour de l'argent, les frivoles dilapidations de la vanité absorbent toutes les pensées, resserrent toutes les bourses, parce que, depuis long-temps, leur despotisme cruel a fermé tous les cœurs. La philosophie irréligieuse et tous ses efforts philanthropiques ne font pas en mille ans ce que la charité de l'Évangile peut produire dans un jour; et voici la différence entre l'une et l'autre : la première parle au nom de l'homme qui ne peut rien, la seconde inspire au nom du Dieu qui peut tout. L'une n'a que des mots qu'on oublie, l'autre a la vérité qu'on écoute. L'une est une théorie spéculative, l'autre est une pratique consciencieuse. Que des cœurs de magistrats nous comprennent, que les riches nous entendent, et l'illustre Monconseil aura des imitateurs. Certes, ce vœu ne fait injure à personne; seulement il prouve que nous savons apprécier de généreuses intentions, lors même que nous n'admettons pas des systèmes essentiellement impuissants à les rendre effectives et durables; car la religion divine catholique, qui sait si bien dissiper les doutes de l'esprit humain, a seule le pouvoir de sanctifier et de perpétuer les œuvres de l'homme.

Cinq ans plus tard, les frères de la Charité, voulant donner à leur hôpital de *Saint-Pierre ès-liens* beaucoup plus d'extension, s'adressèrent à Louis XV, désirant obtenir du roi des lettres patentes, à la fin d'acquérir un bien de campagne et d'y transférer leur hôtel-dieu. Le prince accéda à leur supplique. Ces religieux lui avaient fait exposer qu'ils étaient chargés de l'administration de l'hôpital municipal et militaire établi en cette ville; que cet hôpital n'avait été construit, dans le principe, que pour un petit nombre de malades; que son emplacement se trouvait au centre de la cité; que le feu roi, son très-honoré seigneur et aïeul, avait jugé qu'il serait du bien public que cet établissement fût en même temps ouvert aux troupes et aux habitants de Saintes; qu'en conséquence, les exposants avaient fait bâtir de nouvelles salles où ils recevaient et traitaient des soldats malades; qu'il ne leur avait pas été possible d'étendre le local de leur établissement, parce que de toutes parts il était environné par des bâtiments qui appartenaient à des particuliers ; que, malgré les constructions nouvelles qu'ils avaient fait faire, très-souvent ils se trouvaient contraints de placer deux cents personnes dans des lieux qui, originairement, n'en devaient contenir que douze ; qu'à leur regret il en était résulté des inconvénients graves pour les malades qui y respiraient un air peu salubre : la ville elle-même se ressentait de ce mauvais air ; les officiers municipaux avaient déjà pensé à la translation, mais les moyens leur avaient manqué ; les religieux n'en étaient pas moins désireux. Ayant proposé au bon plaisir du roi l'acquisition d'un bien de campagne appelé Diconches, situé à cinq cents toises de la ville, offrant toute espèce d'avantages et d'agréments, Sa Majesté y consentit d'autant plus volontiers, qu'elle voulait donner à l'ordre de Saint-Jean-de-Dieu des marques de sa haute protection ; il en était digne par les soins qu'il a toujours prodigués à tous les sujets du roi, dans les pays soumis à son empire. Les lettres patentes furent délivrées pour la translation, qui n'eut pas lieu [1]. Lorsque l'orage des révolutions éclate, la foudre tombe et consume tout. Les religieux ont disparu et l'hôpital avec eux.

Vivait à la même époque un curé de Saint-Martin-de-Pons qui mérite un souvenir. Il se montra

---

[1] Arch. mss. inéd. de l'hôpital de la Charité de Saintes.

désireux de laisser à la postérité un monument historique et descriptif de son église, jadis église abbatiale d'un monastère du moyen-âge; car il est certain qu'un très-grand nombre de paroisses furent ainsi, à leur origine, des fondations monastiques qui, plus tard, devinrent de simples prieurés et enfin seulement églises paroissiales ou annexes. Dans l'ancien diocèse de Saintonge, par exemple, nous pourrions signaler Notre-Dame-d'Avis, Saint-Pierre-d'Archiac, Saint-Martin-d'Artenac, Saint-Pierre-d'Ambleville, Saint-Augustin-sur-Mer, Saint-Martin-d'Ars, Saint-Étienne-de-Bourg-Charente, Notre-Dame-de-Bougnaud, Bassac, Baigne, Notre-Dame-de-Barbezieux, l'Invention de Sainte-Croix-de-Boisset, Saint-Christophe de la Bardonnière, Sainte-Catherine-de-Benet, dans la paroisse de Coulon; Saint-Pierre-de-Blanzac, Saint-Pierre et Saint-Paul-de-Bouteville, Saint-Léger-de-Brueille, Saint-Blaise, dans la paroisse de Saint-Georges-d'Ardènes; Sainte-Marie-de-Boscamnan; Saint-Vivien-de-Breuillet, de Pons, de Saintes, Sainte-Catherine-de-Coux, Saint-Nazaire-de-Bernay, Notre-Dame-de-Champdolent, Saint-Vivien-de-Clérac, Notre-Dame-de-la-Couronne, au pays d'Arvert; Saint-Jacques-de-Consac, Saint-Georges-de-Cubillac, Saint-Georges de Didonne, Saint-Eugène, Saint-Eutrope-de-Saintes, Sainte-Marie-Magdeleine d'Expirmont, Fontaine-Chalandrai, Notre-Dame-de-Geay, Sainte-Gemme, Saint-Vaise, Saint-Pierre-de-Landes; Saint-Pierre-de-Médis, Notre-Dame-de-Montlieu, Saint-Macou-de-Saintes, Saint Etienne-de-Mortagne, Saint-Pierre-de-Marestai, Montier-neuf, Saint-Sulpice-de-Marignac, Saint-Pierre-de-Montendre, St.-Mégrin, Saint-Martin-de-Meursac, Saint-Michel-d'Ozillac, Saint-Pierre-de-Romegoux, Saint-Nicolas-de-Royan, Saint-Sorlin-de-Séchaud, Saint-Savin-de-Taillebourg, Sainte-Radegonde-de-Talmond, Saint-Macou-de-Thézac, Saint-Grégoire-de-Tesson, Saint-Pierre-de-Tonnay-Boutonne, monastère de Feuillant, Saint-Germain-de-Varaize, Saint-Vincent-de-Vassiac, etc., etc.

On désignerait encore comme abbayes, moûtiers ou prieurés, la plus grande partie des églises paroissiales du diocèse de Saintes et de la Rochelle; elles sont toutes à peu près d'une très-haute antiquité. Cependant leur construction et leur architecture ne doivent pas être prises sans doute comme le caractère significatif de leur origine. Ces églises, en général, occupent le terrain sur lequel la religion, dans ses plus beaux jours, au VIe siècle surtout et plus tard, établit le monastère et l'église; les pierres tombent, mais la piété les relève.

L'abbé Dominique Fortet nous appelle à Pons. Il fit, en 1770, des recherches dans le cartulaire de l'hôpital neuf de cette ville. Ce cartulaire fut écrit en 1292. Il y puisa des documents utiles et, entre autres, une description très-intéressante du frontispice et de l'intérieur de l'ancienne l'église dédiée à saint Martin, et dont il était pasteur.

Ce frontispice existait encore en 1750, sous l'épiscopat de Simon de Lacoré. Il avait environ soixante pieds de hauteur ; sa largeur était de quarante à son sommet, et de soixante-trois à sa base, en y comprenant les tours, espèce de piliers d'une grosseur remarquable. La porte principale était large de onze et haute de seize à dix-sept pieds. Lorsque l'auteur de cette notice écrivait, elle n'en avait environ que huit à neuf ; mais on jugeait, par les chapiteaux qui couronnaient les pilastres, n'étant eux-mêmes qu'à trois pieds au-dessus du sol, que le sol avait évidemment été exhaussé de 8 à 9 pieds. A partir de ces chapiteaux, six lignes cintrées formaient les voussures de la porte. Ces cintres étaient enrichis de figurines en relief ; les deux du milieu portaient les figures symboliques du Zodiaque. Sur la ligne cintrée la plus élevée l'historiographe avait lu ces mots : *Sagittarius* DOVENBER, *Capricornus*, etc. Le reste avait subi les dégradations du temps. Cette porte d'entrée était ornée, à droite et à gauche, de plusieurs pilastres ou colonnettes en saillie ; ils occupaient environ six pieds de chaque côté. Deux fausses portes latérales terminaient l'ensemble de la façade de l'église ; elles étaient ornées de sculptures habilement travaillées. Sur le fond de chacune de ces fausses portes on voyait en relief une statue de trois pieds à peu près de hauteur ; le visage en avait été mutilé. Le même dessin existe sur la façade de l'église de Saint-Vivien-de-Pons. Celle de droite représentait vraisemblablement saint Martin ; car on y lisait alors : *Martinus*. Les lettres qui suivaient étaient inintelligibles. Sur celle de gauche on distinguait ces mots : *Victor* et *Astra*, écrits sur le cintre, et, sur le fond, une figure représentait sans doute saint Éloi, qui avait devant lui une enclume surmontée d'une édicule telle qu'il en fabriquait. On lisait à droite : AGIO.. DOMINICA.. *Ecce Agnus Dei qui tollit peccata...* Plusieurs colonnes d'environ dix pouces de diamètre et à cannelures s'élevaient en spirale au-dessus des chapiteaux; quelques vestiges existaient encore en 1770. Ces colonnes supportaient une galerie extérieure qui régnait sur toute la longueur de la façade; on y arrivait par une petite porte ouvrant dans l'intérieur de l'église. Cette galerie était au-dessus du sol, à vingt-cinq pieds d'élévation. Son extrémité droite était ornée d'une statue colossale adhérente au mur, et auprès, sur le pilier adjacent, ressortait en relief un prodigieux dragon; on n'apercevait que le corps de la statue et qu'une partie du monstre dont la gueule était béante. Sans doute, cet ensemble représentait saint Michel armé d'un glaive dont il transperçait le dragon infernal. L'extrémité de gauche avait aussi pour ornement une autre statue équestre, mais il ne restait de ce monument gigantesque que le flanc du cheval et la jambe gauche du cavalier; on y distinguait encore la molette de l'éperon. Cette galerie était surmontée d'un vitrail divisé en quatre compartiments; il avait vingt pieds de hauteur sur une largeur de douze; deux vitraux n'étaient que simulés, à droite et à gauche de celui-ci.

Aux deux angles du frontispice s'élevaient deux tourelles massives reposant sur des piliers qui leur étaient bien antérieurs. Une partie des fausses portes dont nous venons de parler se trouvait enclavée dans les bases des deux tours, dont le diamètre était de quinze pieds à peu près. Leur forme était irrégulière; elles s'offraient à l'œil comme divisées en cinq parties : la première, haute de quinze pieds lorsque le rez-de-chaussée était surbaissé, était octogone. Deux des faces en saillie étaient surmontées d'un cordon tiré carrément. La seconde partie de la tour octogone était haute de douze pieds; son dessin était le même, à cela près que, dans les angles, le cordon se terminait en pointe avec ornements sculptés; la troisième partie, d'égale élévation, était de forme carrée; chaque face se partageait en trois, formant un angle saillant sur le milieu des deux côtés; le cordon finissait également en pointe. Quant à la quatrième partie, de dix-huit pieds de hauteur, elle avait chacune de ses faces séparée par un cordon tiré du haut en bas; une corniche d'une riche architecture la couronnait; la cinquième et dernière partie de cette tour avait douze pieds de haut; elle était octogone comme la précédente et divisée de la même manière. La tour qui était à gauche existait encore presque tout entière; huit pieds seulement manquaient à son élévation primitive; une tourelle située à l'est renfermait l'escalier qui conduisait aux galeries circulaires.

Presque au niveau de la galerie extérieure d'une des deux tours, l'artiste s'était exercé à représenter en relief le purgatoire. Un bûcher paraissait allumé; sur ce bûcher embrasé on remarquait plusieurs figurines d'enfants. Un plus grand personnage tenait dans sa bouche la tête d'un de ces enfants qu'il s'apprêtait à dévorer. Un second personnage, d'une taille plus grande encore, enlevait l'enfant des mains du ravisseur. Les figures enfantines représentaient les âmes, et celle qui voulait les dévorer symbolisait l'ange de la justice divine chargé de les punir; la seconde était l'ange de la miséricorde, qui délivre des flammes purgatives. Il est présumable que ce bas-relief se prolongeait sur toute l'étendue de la galerie. On voyait, auprès du tableau que nous venons de décrire, une statue représentant une femme qui marchait sur un serpent: c'était évidemment le symbole de la Sainte-Vierge écrasant la tête du serpent infernal. Sur la partie extérieure et rentrante de la même tour, on découvrait les vestiges d'une autre statue dont il ne restait que le piédestal, sur lequel était sculpté un écusson aux armes de France et de l'Empire, portant la tête, la patte et une partie du corps de l'aigle romaine; sur une autre face, au bas de l'écusson, on remarquait la moitié d'une fleur de lis. Ce morceau d'architecture était un chef-d'œuvre.

Sur la tour de gauche apparaissait saint Martin, coupant un pan de son manteau pour couvrir un pauvre qui lui demandait l'aumône; ce même côté était orné de plusieurs autres figurines, toujours dans le style religieux; mais elles disparurent lorsqu'on renferma, dans la construction du prieuré, la plus grande partie de cette même tour.

Suivons maintenant l'abbé Fortet dans l'intérieur de son église; il nous apprend que la nef principale avait cent cinquante pieds de long et qu'elle était large en proportion. La voûte était *croisée à arceaux*, comme les collatéraux de la cathédrale de Saintes. Nous pensons à juste titre que cette église avait été reconstruite en partie, car la description du frontispice indique l'époque où le style byzantin s'unit au roman qui fut appelé roman secondaire, comme étant l'extension du style roman primordial; ce frontispice portait donc tous les caractères de l'architecture du XIe siècle, tandis que la voûte *croisée à arceaux*, offrant un rayon perpendiculaire plus long que les rayons horizontaux, avait le caractère du style ogival, postérieur au plein-cintre.

Le chœur, le sanctuaire et la sacristie avaient

environ cinquante pieds de longueur; ils étaient moins larges que la nef. L'historiographe croit que cette église, dans sa première origine, existait depuis le VIII⁰ siècle; il ne pense pas qu'elle fût de la fondation des sires de Pons, qui n'auraient pas manqué d'y apposer leurs armoiries féodales; l'écusson indiqué serait pour lui une preuve d'une fondation plus ancienne. Il est positif, ainsi que le prouve une charte du XI⁰ siècle que nous citerons bientôt, qu'il y avait à Pons, avant l'année 1060, une église sous le vocable de Saint-Martin.

Indépendamment du maître-autel, ce saint temple était décoré de plusieurs chapelles qui avaient également leurs autels respectifs. Les chapellenies des Longins, fondées en 1524, étaient desservies à l'autel de Saint-Michel. Une chapelle de l'hôpital *neuf*, fondée en 1504 par Tesse Blanche, veuve Marron, était desservie à l'autel de St.-Crépin. Une qui avait pour fondateur un sieur Robert-Aubin, autre compagnon de l'hôpital *vieux*, était desservie à l'autel de Saint-Pierre; cette fondation datait de 1508. Celle de dame Marie Le Rançon avait lieu à l'autel de Ste-Marguerite, comme était desservie à l'autel de Notre-Dame celle qui avait pour fondatrice dame Marguerite Baron. Il est question de ces trois dernières chapellenies dans un acte de transaction passé, le 11 novembre 1544, entre Robert Aresrac, Antoine Renaud, Mathieu Obérean, Nicolas Dupuy, Antoine Marteau et Henri

Lévêque, prêtres-prieurs, chanoines-compagnons de l'hôpital *vieux*, qui sans doute était une collégiale, et Thibaut-Blanc, licencié ès-lois et procureur de Pons et des îles de Marennes et Oleron.

On ne sait pas précisément en quelle année cette église de Saint-Martin a été détruite : on ne pense pas que sa ruine remonte à l'époque désastreuse de 1562, lors des premières dévastations des Protestants; elle ne fut pas non plus renversée en 1568, lorsque Pons fut pris d'assaut par les Calvinistes; car elle existait encore en 1571, ainsi qu'il appert par un arrêt du parlement de Bordeaux du 3 avril de cette année, qui ordonne aux religieux du prieuré de *bien deûment* faire le service divin dans cette même église. Or, l'office, en 1770, se faisait dans une église de Saint-Martin, bâtie en 1600. Cependant on sait, par un autre arrêt du 1ᵉʳ septembre 1583, relevé d'un acte du 10 janvier 1585, que l'église de Saint-Martin avait été renversée, puisqu'on y parlait de sa réédification. Elle avait infailliblement été détruite avant l'année 1583. A quelle occasion ? L'abbé Fortet va nous l'apprendre.

Après que la ville de Pons, à la suite d'un assaut meurtrier, eut, en 1568, subi le joug du Protestantisme, elle resta soumise aux Huguenots. Ils y tenaient habituellement garnison. Pons de Plassac en était gouverneur en 1580. Antoine, qui en était le seigneur, ne pouvant plus l'habiter,

avait pris le parti d'aller fixer son séjour à Rome.
Mais il y périt bientôt de la main d'un domestique
du cardinal d'Altemps, particulièrement estimé de
Grégoire XIII, pape qui mourut au mois d'avril
1585. Cette nouvelle arrivant à Pons, les Protestants ne manquèrent pas de l'exploiter à leur
manière. Ils firent circuler le bruit que le seigneur avait été tué par ordre du Souverain-Pontife.
Leurs déclamations passionnées et calomnieuses
échauffèrent les têtes; bientôt on se porta aux
plus violents excès contre les Catholiques, et
l'église de Saint-Martin tomba sous les coups du
Calvinisme. Ce fait eut lieu vers 1582. Avant et
depuis cette époque, les sectaires se servaient du
frontispice de cette église comme d'un point de
mire pour leur artillerie. Ils s'exerçaient à la
faire jouer du haut des remparts, qui n'en étaient
éloignés que d'environ cinquante pas. Ce frontispice portait mille traces de petits boulets de
deux pouces de diamètre; c'était là sans doute
les grains d'encens de la *Réforme!*...

Il est certain que des religieux de l'ordre de
Saint-Benoit, dépendant de l'abbaye de Saint-
Florent de Saumur, devinrent, au XIe siècle,
possesseurs de l'église de Saint-Martin. Un mémoire sur la maison de Pons, composé par Léon
de Beaumont, évêque de Saintes, nous fournit la
charte dressée à cette occasion, en 1067, par
Guillaume, vicomte d'Aunay, à qui appartenaient

alors la ville, le château et la chatellenie de Pons : elle est ainsi conçue[1] :

« Au nom de Jésus-Christ, qui ne veut pas la mort du pécheur, mais sa conversion et son salut. Les divines écritures enseignent que l'aumône contribue à purifier le coupable de la souillure de ses fautes, *comme l'eau éteint le feu* ; elle l'empêche, lorsqu'il la fait avec joie, de tomber dans les ténèbres. Car celui qui, par ses biens temporels, fournit les moyens de pratiquer les vertus spirituelles, a part aux mérites qu'elles font acquérir. Dans la vigne du Seigneur, l'ormeau devient utile en soutenant les branches et les sarments couverts de feuillage; ainsi cet arbre infructueux, entouré cependant d'une vigne abondante qu'il supporte, échappe à la terrible sentence du Seigneur : — *Tout arbre qui ne porte pas de bons fruits, sera coupé et jeté au feu.* »

« En conséquence, moi Guillaume, vicomte d'Aunay, je me suis proposé d'user de ce moyen

---

[1] Une tradition populaire fait remonter à Charlemagne la fondation du monastère et de l'église abbatiale d'Aunay ; nous croyons que cette église, qui a survécu au monastère adjacent, date du XIe siècle et qu'elle est due à la piété des Seigneurs de cette ville. Une église paroissiale du même style et construite dans les mêmes proportions que celle que nous admirons encore aujourd'hui, était située sur la hauteur qu'occupait le château d'Aunay. Nous avons vu renverser la jolie chapelle dite des *Catéchumènes,* bâtie extérieurement et à droite du grand portique de l'église actuelle.

offert par la divine miséricorde à ceux qui sont dans l'ordre temporel l'objet de ma donation, et, pour l'heure incertaine de la mort, à mon ame, à l'ame de mes proches, particulièrement à celle de mon père, de ma mère et de mon aïeul, de qui je tiens ces ressources de salut, et d'expiation de mes fautes et des péchés de mon fils Cadelon.

« Sachent donc tous les fidèles de la sainte Eglise de Dieu, ainsi que nos vassaux et manants de la cité témoin de notre donation, que, pour obtenir la rémission de mes péchés et de ceux de ma famille, je concède et donne, à perpétuité, aux religieux du monastère de Saint-Florent de Saumur, l'église de Saint-Martin de Pons, avec ses dîmes, terres, vigeries et droits de coutumes, y joignant la chapelle de la tres-sainte et bien-heureuse Vierge Marie, sise au-dessus de la porte du château de Pons...»

Le vicomte d'Aunay indique jusqu'où s'étendent les prairies qu'il donne, les droits de pêcherie qu'il accorde *avec joie, pour l'amour de Jésus-Christ, son Sauveur*, et du consentement de son fils Cadelon. Il termine sa charte, en déclarant que ceux qui oseraient s'opposer à l'exécution de ses volontés, subiraient une peine satisfactoire *quatre fois plus sévère* que celle due à ses propres iniquités et à toutes les fautes et crimes de sa famille. Cet acte latin est signé par Goderan, évêque de Saintes; par Guillaume, évêque d'Angoulême; Guillaume, comte de Poitou; et, ce qui paraît digne de remarque, par un *Renaud de Pons* [1]. Mais, avant d'exposer le *mémoire* de l'évêque Léon de Beaumont, qui explique à quel titre ce seigneur portait le nom de *Renaud de Pons*, nous devons entretenir le lecteur d'un fait relatif au fils du vicomte d'Aunay.

Trente-et-un ans après cette fondation, le fils que Guillaume nomme ici Cadelon, ou Calon, était devenu, par la mort de son père, vicomte d'Aunay. La foi dominait dans son âme et dans ses œuvres, et si elle subissait chez lui, comme chez les seigneurs de cette époque, quelque éclipse, elle reprenait toujours son puissant empire sur des cœurs qui s'égaraient, mais qui ne s'endurcissaient pas jusqu'à l'impiété ! Nous laisserons parler le vicomte d'Aunay.

« Par un effet, dit-t-il, de notre faible humanité, nos actions et nos paroles sont assez souvent condamnées à l'oubli. C'est pourquoi moi Calon, vicomte d'Aunay, j'ai pris soin de consigner par écrit la donation dont j'ai gratifié le monastère de la bienheureuse Marie de Saintes.

« Alors, sans doute par un arrêt de la justice de Dieu, le soleil répandait des torrents de feu qui, hors d'Aunay comme dans son enceinte,

---

[1] Cart. de l'abbaye de Saint-Florent de Saumur, appelé *le Livre Noir*, f°. 84.

consumait châteaux, villages, maisons, blés, vignes, prairies et absolument toute verdure des champs. Les hommes eux-mêmes ne savaient où se réfugier pour se soustraire à cette excessive chaleur. Dans cette conjoncture, j'ai conçu le dessein, de concert avec les nobles hommes de ma vicomté, d'aller, pieds nus, en procession à Saint-Jean-d'Angély, portant avec nous la châsse de saint Just. Chemin faisant, nous avons choisi St.-Julien pour lieu de station; nous y avons déposé sur l'autel de Saint-Julien la châsse de saint Just. Toutes nos prières achevées, nous avons voulu reprendre sur l'autel la châsse que nous y avions déposée, mais il nous a été impossible de l'enlever. Tous, stupéfaits et effrayés, commencent à gémir et à répéter qu'il faut faire pénitence de ses péchés et s'en punir sévèrement aux pieds des saints autels. Cela fait, nous nous sommes encore approchés de l'autel de Saint-Julien avec un profond respect; mais voulant soulever la châsse, nous ne l'avons pu en aucune manière! Chacun, avec l'expression de la plus grande componction, se demandait, en versant des larmes, quelle était la cause de ce jugement de Dieu! Enfin le pasteur de Saint-Julien et la prieure Léthoïde, émus et touchés, dirent que j'avais opprimé les habitants du lieu, et que la châsse resterait immuablement sur l'autel jusqu'à réparation entière des injures que je leur avais fait subir.

« En conséquence, moi, mes barons qui me suivaient, nous avons juré sur l'autel de rendre en définitive aux habitants ce que nous avions pris ou exigé justement ou injustement ; de manière à ce qu'ils n'aient jamais rien à accorder ni à moi ni, dans la suite, à ceux de ma lignée.

« Alors, nous approchant de l'autel, nous avons sans obstacle enlevé la châsse, qui nous a paru si légère, que son poids était presque insensible, et nous nous sommes rendus à Saint-Jean avec le sentiment de la joie la plus vive.

« Mais, désirant ensuite dresser l'acte de donation, sur l'autel de Sainte-Marie de Saintes, j'ai juré, en présence de dame Arsende et de toute sa communauté, que je concède à Dieu, à la bienheureuse Marie et au monastère, tous les droits que j'avais sur les hommes de Saint-Julien.

« Ce qui eut lieu en l'an de l'Incarnation de notre Seigneur *mil cent moins deux*, X^e des calendes de juillet, du vivant de Ramnulfe de Saintes, d'Arsende, abbesse du monastère, assistant comme témoins, Adémare, curé de Saint-Julien, ainsi que les chevaliers Acarde et Gauthier, et les laïques Rompcœurs et Guillaume Lambert [1]. »

---

[1] Quoniam debilitate carnis cuncta quæ facta sunt aut dicta oblivioni traduntur ; idcircò concessionem quam ego Chalo, vicecomes OEnaii feci ecclesiæ beatæ Mariæ Sanctonensis, cartulis sigillare curavi. Cùm enim judicio Dei igneus solis ardor trans OEnaium et quæ in eo erant, castella, vicos, domos,

C'est ainsi que la piété savait alors remplacer l'injustice ; on se montrait aussi grand par le repentir, qu'on avait été faible et coupable dans l'égarement. On rougissait du mal commis ; on se faisait gloire de le réparer ; le respect humain n'était pas possible, parce que la foi restait toujours vivante. Honneur au moyen-âge!...

Mais revenons à *Renaud de Pons*, signataire de la charte de Guillaume, vicomte d'Aunay. L'évêque de Saintes va nous fixer.

« Il est certain, dit le prélat, que la ville, château et chatellenie de Pons appartenaient, en 1067, à Guillaume, vicomte d'Aunay, comme on le voit par la charte citée. Elle est souscrite par un *Re-*

---

segetes, et vineas, ac prata et omnia virida fortiter combureret, et etiam homines, alicubi, præ nimio solis ardore requiem non invenirent, habui concilium cum honestis hominibus terræ meæ, ut capsulam sancti Justi in processione ad sanctum Johannem, cum nudis pedibus, omnes portaremus. Cùmque ad Sanctum Julianum stationem faceremus, ibi super altare Sancti Juliani capsulam posuimus. Finitis orationibus, cùm capsulam desuper altare capere voluimus, non potuimus. Quâ de causâ omnes stupefacti et conterriti, universaliter cœperunt plorare ac dicere ut pænitentiam agerent de peccatis suis, et se ad sacra altaria verberare facerent. Quo facto, cum maxumâ reverentiâ ad altare item accessimus. Capsulam deindè levare volentes, nullo modo eam levare potuimus. Quamobrem omnes cum maxumo gemitu et ploratu cœperunt inquirere quare hoc divino judicio fieret. Denique capellanus Sancti Juliani et Lethoïdis priorissa compuncti, me homines Sancti Juliani njustè opprimere, dixerunt non antè capsulam desuper altare moveri posse, donec injuriam quam super homines Sancti

naud de Pons. Il en résulte que ce seigneur portait ce nom, quoique la seigneurie de Pons fût possédée par une autre famille, soit qu'il eût quelque portion ou fief dans Pons, comme plusieurs autres en avaient, soit que ses ancêtres eussent possédé la seigneurie de Pons et en eussent tiré leur nom; ce qui est moins vraisemblable, parce que les surnoms pris des seigneuries n'étaient que peu ou point fixés avant l'année 1067.

« Ce fut sans doute le même *Renaud de Pons* qui souscrivit pareillement à une charte qui est dans le cartulaire de l'abbaye de Saint-Cyprien de Poitiers. Par cette charte, Constantin *Legras*, avec sa sœur et sa mère, fit une ample donation

Juliani faciebam, emendare. Quapropter ego et barones mei qui simùl mecum aderant, juravimus super altare et finivimus quicquid in illis hominibus habebamus vel exigebamus justè aut injustè; ità quod ego nec posteri mei, nostri generis, nec vi nec prece deinceps aliquid ab illis hominibus exigere possemus. Deindè ad altare accedentes, tantà levitate capsulam levavimus, quòd vix aut minimè eam sentiremus; et ad Sanctum Johannem cum maxumo gaudio perreximus. Posteà verò chartam peragere cupiens super altare beatæ Mariæ Xanctonensis, juravi in præsentiâ Dominæ Arsendis abbatissæ et totius conventûs; et concessi Deo et beatæ Mariæ et toti conventui quicquid juris in illis hominibus requirebam.

Hoc etiam actum est anno ab Incarnatione Domini *millesimo centesimo minùs duobus*, X Kalendas Julii, Ramnulfo, Xanctonensi episcopo existente, Arsende gregem Sanctimonialium regente; vidente Ademaro Sancti Juliani capellano; et Acardo militibus Gautherio; Rumpicorda et Willelmo Lamberto laïcis.

(*Ex Cart. monast. Sanct. Mariæ Santon.* f° 71.)

à cette abbaye, ce qui donna naissance au prieuré de Saint-Léger, près de Pons, de la dépendance de Saint-Martin. On y voit que ce Constantin possédait des biens et des droits dans le territoire qui avoisinait le château ; ce qui prouve, comme on l'a déjà fait observer, qu'il y avait alors quelques gentilshommes autres que le seigneur de Pons qui y possédaient des fiefs ou des domaines, lesquels relevaient sans doute du seigneur principal de Pons ; et cela est conforme à ce qu'on trouve dans la table qui nous a été remise par M. le marquis de Bourdeille, où il est dit « qu'un autre Renaud, sire de Pons, dit le Jeune, fit, l'an 1226, hommaige au roy pour les biens de Constantin *Legras* de Pons, situéz à Pons, que le Roy lui avoit donnéz pour cause et chouse de service. » Ce Constantin était un seigneur fort considérable qui avait quelques seigneuries voisines de Pons, et il semble qu'il avait notamment celle de Berneuil, qui était une belle châtellenie, ou qu'il avait quelque part dans cette terre ; car, en 1284, un Constantin *Gracias* se qualifiait seigneur de Berneuil ; or, ces noms, en latin *Constantinus Gracias*, paraissent avoir beaucoup de ressemblance avec ceux de *Constantinus Crassus* que portait l'autre Constantin, et tous deux se trouvent établis dans le voisinage de Pons. Constantin *Legras* fut un de ces seigneurs qui, suivant un désordre fort commun en ces temps-là, ne faisaient du bien aux églises qu'après les avoir souvent pillées ; voici ce qu'en dit un extrait d'un ancien registre du chapitre de la cathédrale de Saintes :

« Constantin Le Gras et Geoffré de Pons gastoient Berneuil et Montilz et aultres terres du dit chappitre et les occupaient par force, à cause de quoy les doyen et chanoines du dit Saint-Pierre-de-Xaintes demandèrent au duc d'Aquitaine le combat contre les dits sieurs Le Gras et de Pons ; ce qui leur fust accordé par le dit duc, aux cloistres du dit Saint-Pierre-de-Xaintes; et le jour donné pour le dit combat, les seigneurs Le Gras et de Pons refulsèrent le dangier du dit combat et néanmoins cessèrent de ravager les terres du dit chappitre. Finalement et de rechef, les dits chanoines, (estant alors évesque de Xaintes, Bozo,) furent contraintz de recourrir au dit duc d'Aquitaine et luy demander secours en la présence duquel duc fust dit jugé et arresté par Hugues de Surgères et Guillaume de Mauzay, que les dits de Pons n'avoient rien en la dite terre de Berneuil et de Montilz; la dite charte dattée l'an 1080. Despuitz, le duël se rencontra et fust exécuté entre les terres du sieur Géoffré de Pons et les terres du chappitre *pretz les Arennes*[1], où c'est que plusieurs habitants de la ville de Xaintes se treu-

---

[1] Nous avons sous les yeux un acte de transaction de l'an 1606 qui fait mention du *Prieuré des Arennes;* l'église était sous le vocable de saint Jean l'évangéliste. Le Prieur était Sei-

vèrent pour voir le duël, où c'est que le dict de Pons, nommé Géoffré, fust tué et jugé par les assistants avoir esté *bien* et *justement tué.* »

« Or, les prétentions communes que Constantin et Geoffroy avaient formées sur ces terres, peuvent faire conjecturer qu'ils étaient de même race ou du moins proches parents; mais l'on ne trouve point que ni l'un ni l'autre fussent seigneurs de Pons, et l'on a déjà vu au contraire qu'en 1067, Guillaume, vicomte d'Aunay, possédait cette seigneurie. Quoi qu'il en soit, il se trouve depuis des seigneurs de Berneuil jusqu'en 1284, qui semblent estre issus de Constantin Le Gras. Il est vrai que, suivant la table qui nous a esté remise, et sur l'exactitude de laquelle nous comptons fort, le roi avoit donné à Renaud, sire de Pons, dit le Jeune, les biens de Constantin, situéz à Pons, et que ce Renaud en fit hommaige au roi en 1226; mais ce roy pouvoit bien ne lui avoir pas donné de même la seigneurie de Berneuil, et quand même il la lui auroit donnée, il arrivoit souvent alors, surtout dans cette province de Saintonge, que des biens confisquéz par le roy et donnéz par lui à ceux qui le servoient, revenoient dans la suitte et même peu aprèz à leurs anciens possesseurs, parce que

gneur du lieu; d'après des lots et ventes, dans le petit et grand fief de Thénac, il avait les deux tiers des revenus; une autre partie des rentes était affectée à la maison et métairie de la prévôté.

la Saintonge estant alors le théâtre le plus ordinaire de la guerre entre les rois de France et les rois d'Angleterre, les seigneuries et terres de ce pays y changeoient souvent de maîtres, suivant que l'une ou l'autre nation prévaloit.

« Il est vrai encore qu'il se trouve dans les recueils manuscrits du feu sieur du Fourny, l'extrait d'un contract conçeu en ces termes : — *Permutation entre Renaud de Pons, seigneur de Bragerac, et Chalon-Valet, seigneur de Berneuil, qui baille au dit de Pons la seigneurie de Berneuil, en* 1245. Mais ce traité n'eut point d'exécution, ou bien ce Chalon ne céda qu'une partie de la seigneurie de Berneuil à Renaud de Pons, car il existe un titre daté *des Octaves de Pâques, l'an* 1252, dans lequel un Chalon (en latin Calonus) qui était sans doute le même, se qualifioit encore *seigneur de Berneuil*, et l'on a déjà vu que Constantin *Gracias* étoit pareillement seigneur de Berneuil en 1284. Cependant cette belle châtellenie a depuis esté unie à celle de Pons ; nous ne savons comment ni en quel temps cette union a esté faite.

« Après ces observations qui semblent n'estre pas inutiles pour connoître l'ancien état de la seigneurie et l'origine de la maison de Pons, l'on doit déduire ce qu'on a découvert des plus anciens seigneurs de cette terre qui y ont succédé à Guillaume, vicomte d'Aunay. On trouve un Hugues de Pons, en 1131, et un Geoffroy de Pons, en 1133. Mais ils ne sont pas qualifiés *seigneurs de Pons*. Ils pouvoient estre issus du *Renaud de 1067*, qui certainement ne portoit pas non plus cette qualification. On ne rencontre aprèz le vicomte d'Aunay d'autre *seigneur de Pons* qu'en 1157. Mais un titre nous apprend que la possession de cette seigneurie étoit alors tenue par deux seigneurs qui étaient vraisemblablement frères et dont les noms propres, ou, comme on dit communément, les noms de baptême, étoient Pons et Chalon. Ces deux seigneurs furent présents à l'acte par lequel Bernard, évêque de Saintes, autorisa, en 1157, la donation ou plutôt la restitution de la dîme d'Usseau, faite par Guillaume Taillefer, comte d'Angoulême, en faveur des moines du prieuré d'Usseau qui dépendait de celui de Saint-Martin de Pons. Cet acte est extroit des archives du monastère de Saint-Florent de Saumur [1].

[1] Ego Bernardus, Xanctonensium episcopus, omnibus præsentibus et futuris notum fieri volumus quod cùm Guillelmus Taillefer, comes Engolismensis, imperasset decimam de Vssello per militem suum J. Gaufridum Gallum, tandem monitu et interventu nostro dimisit quidquid juris se habere dicebat, et concessit eam in pace habendam ecclesiæ et monachis de Vssello. Et ipse comes et Gaufridus Gallus perpetuis temporibus concedentes se deinceps nullam indè facturos violentiam eidem ecclesiæ. Hæc autem concessio facta est in ecclesiâ Sancti Martini de Ponte, antè altare Sancti Stephani, in manu et præsentiâ nostrâ; videntibus et audientibus Junione, abbate de Coronâ; Heliâ, priore de Ponte; Radulpho, sacrista; Radulpho et Giraudo, archipresbyteris; Achatro et Radulpho, capellanis

« Ce *Pons* et ce *Chalon* sont, dans cette charte, qualifiéz *seigneurs du château de Pons*. Mais l'on ne voit, ni par cet acte, ni par aucun autre titre que nous connaissions, si ces deux seigneurs, en 1157, étoient de même race que ceux du nom de Pons dont il a esté parlé cy-dessus, ou s'ils avoient une autre origine. Il paroistroit néanmoins plus vraisemblable qu'ils étoient issus de Guillaume, vicomte d'Aunay; car le nom de Chalon ou Cadelon, que portoit l'un d'entre eux comme nom propre, avoit esté fort fréquent dans la maison des vicomtes d'Aunay, et celui de Pons, comme nom propre aussi, fut fort affecté par les vicomtes d'Aunay de la maison de Mortagne, depuis que ce vicomté d'Aunay eût passé dans cette maison avec la succession des anciens vicomtes d'Aunay; car, avant cette succession, on ne trouve pas un seul ni aîné ni cadet dans la maison de Mortagne qui se fust nommé Pons. On n'en trouve pas un seul, non plus, qui ait esté nommé ni *Pons* ni *Chalon* dans la famille de ceux qui avoient

de Ponte; *Pontio et Calone Dominis Pontensis castri* Focando de Archiaco; Rigaudo de Berbesillo; Heliâ Frumentini; Arnaudo de Monchausa; Arnaudo tunc priore de Vssello et aliis pluribus viris. Ut autem hæc concessio firma in posterum permaneat et illibata præsens scriptum indè fieri et sigilli nostri munimine fecimus roborari. Hoc autem factum est anno ab Incarnatione Domini M.C.L.VII.

(*Arch. mss. de l'abb. de St.-Florent de Saumur*, livre rouge, *fol.* 66.)

porté le surnom de Pons, avant le temps où vivoient ces *deux seigneurs du château de Pons*. Nous croyons donc qu'on peut présumer que l'un et l'autre étoient des cadets de la famille des vicomtes d'Aunay et issus par quelques degréz du vicomte Guillaume, qui appela à Saint-Martin les moines de Saint-Florent...» [1].

Noble généalogie, splendeurs d'une maison illustre, seigneurie célèbre par la gloire des grands noms et par les faits d'armes de la bravoure chevaleresque, qu'êtes-vous devenues? Les descendants de vos vassaux possèdent vos terres, et les *manans* de la cité ont fait, de votre tant vieille tour, une prison pour les criminels; le château de vos seigneurs n'est plus qu'une modeste maison commune!... C'est donc ainsi que les grandeurs du siècle s'éclipsent et que la gloire du monde expire!... Religion sainte, ce n'est pas là la marche que tu suis en parcourant les siècles; tu t'élèves, quand tout s'abaisse; tu règnes, quand tout périt, tu triomphes, quand tout s'éteint!... Dans cette ville, les opulents châtelains n'exigent plus de serviles hommages; mais toi, toujours tu répands, au nom du ciel, tes bénénictions et tes lumières; car ta doctrine, ton holocauste, ton apostolat, ton sacerdoce et ton

---

[1] Mém. sur la maison des Seigneurs de Pons, par M. de BEAUMOND, évêque de Saintes. Pièce inédite extr. des arch. de M. le comte de Bremond-d'Ars.

unité, sont, au XIXe siècle, ce qu'ils étaient au moyen-âge ; à toi seule la gloire impérissable, à toi seule la durée permanente! Aigle sublime, tu descends jusqu'à nous pour nous élever sur tes ailes : est-il étonnant que, parfois, elles soient couvertes de notre boue ou de la poussière de notre exil, ce qui ne peut nuire cependant ni à ta force ni à ton coup d'œil!

Peu de temps après la fondation, à Pons, de l'hôpital neuf dont nous avons parlé ailleurs, il s'éleva un différend entre le prieur et les frères de cet hôpital et les chapelains de Saint-Martin et de Saint-Vivien, au sujet de la sépulture des habitants de ces deux paroisses. Le prieur et ses frères revendiquaient ce droit sur les morts, nonobstant l'opposition des chapelains. Une transaction termina ce conflit de juridiction et on convint que ceux des deux paroisses qui auraient demandé d'être inhumés à l'hôpital neuf, seraient portés d'abord à leur paroisse respective, et qu'après que le chapelain ou les moines auraient dit la messe sur le corps, le prieur et ses frères pourraient l'emporter et l'inhumer chez eux. Par là, les morts allaient au repos et les vivants restaient en paix; tout était pour le mieux.

Les Cordeliers furent établis à Pons, en 1252, par un des seigneurs que nous venons de mentionner. Lors de la construction de leur monastère, en creusant dans le roc, on fut fort surpris d'y découvrir une chapelle qui y avait été taillée de main d'homme, et, dans cette chapelle antique, une statue de la Sainte Vierge qui fut appelée dans la suite *Notre-Dame de Recouvrance*. Après les désastres du XVIe siècle, on la retrouva encore dans les décombres du monastère ruiné par les Protestants ; on la transporta d'abord à St.-Martin, puis à l'hôpital de Pons, et enfin au lieu de son origine, où elle fut placée dans l'église conventuelle que les Cordeliers avaient fait reconstruire. Une confrérie y fut établie pour perpétuer le souvenir de *Notre-Dame de Recouvrance*. Les Souverains-Pontifes y avaient attaché de grandes indulgences. La fête de la Nativité de la Sainte Vierge était l'époque où l'on célébrait avec plus de pompe et de solennité, dans l'antique chapelle, le culte consolateur de la reine des Anges. Saluons les Anges, toujours si grands, mais parlons des hommes, souvent si petits !...

Les Cordeliers étaient obligés, de temps immémorial, d'assister à deux processions qui avaient lieu dans la paroisse de Saint-Vivien. D'abord il est bon de faire observer que la ville de Pons proprement dite se centralisait autour du château. Là précisément, il existait autrefois une église sous le titre de *Saint-Sauveur*. Elle était située sur l'emplacement qu'occupe aujourd'hui la *maison Rigaud*. C'était la vraie paroisse de Pons. On présume que cette église fut même une collégiale : on se fonde sur un acte, passé le 3 juin 1523, par lequel François de Pons donnait aux six chapelains établis dans l'église de *St.-Sauveur du Château*, les dîmes des paroisses de Pérignac, de Colombier et de plusieurs autres. Le nombre des chapelains, peu ordinaire dans des paroisses de petites villes, la qualification de *Paroisse du Château*, qui insinue le haut patronage du *sire de Pons*, tout porte à croire que cette église, comme celle du château de Thouars, à laquelle était annexé un chapitre, était la paroisse principale. L'esprit destructeur du Protestantisme a fait disparaître ce temple saint d'une très-haute antiquité. La persécution des sectaires est violente. Un acte de 1594 prouve que les prieurs de Saint-Vivien et de Saint-Martin, avec leurs religieux, furent contraints de transporter le service divin à Bougnaud, pour éviter la profanation et le massacre. Ces deux églises de Pons étaient jadis deux vicairies perpétuelles, dépendantes, depuis plusieurs siècles, comme nous l'avons vu, du monastère de Saint-Florent de Saumur. L'abbé de Saint-Florent nommait aux deux cures. Après la destruction de l'église Saint-Sauveur du Château, le service de cette paroisse fut partagé entre les deux monastères-cures de Saint-Vivien et de Saint-Martin. Ce partage donna naissance à de longues et fréquentes constestations de part et d'autre, ainsi que nous l'apprennent des enquêtes de l'époque, où plusieurs témoins d'un âge avancé, de 80 à 90 ans, soutenaient que la paroisse de Saint-Vivien étendait ses limites jusques chez le sieur Cotard, orfèvre ; là, disaient-ils, existait une très-grosse pierre sur laquelle on avait coutume de déposer les corps qui devaient être inhumés chez les Pères Cordeliers, que telle était la ligne de démarcation où le curé de Saint-Vivien venait faire la levée du corps. Ils ajoutaient qu'il y avait une *ruette* qui ouvrait entre la tour et le château, se prolongeant jusqu'à *Robinet* et sortant à la *Boucherie* sous la chapelle du Château, et de là se dirigeant de l'autre côté vers le couvent des Cordeliers.

Les constestations au sujet des droits et des limites se renouvelèrent fort souvent, donnant occasion à l'animosité réciproque ; la charité chrétienne dut plus d'une fois en gémir. Le temps, qui détruit tout, perpétue ces sortes de litige et de prétentions hostiles. Au dix-septième siècle, madame la comtesse de Marsan écrivit de Paris, afin de faire surseoir ces débats de juridiction. Elle fit passer un acte, le 10 mars 1690, par lequel sans doute les limites furent positivement désignées et fixées. Au reste, il ne paraît aucun titre ni monument qui aient accordé à l'un de ces deux monastères-cures la moindre principalité ou préséance ; il y a lieu de penser, au contraire, que ces deux églises avaient leurs droits spéciaux ainsi que leurs privilèges respectifs et tout-à-fait distincts, puisque, malgré les exigences de l'une (Saint-Vivien), l'autre (Saint-Martin) n'a formé aucune prétention ni superintendance, et que, plus de soixante ans après, ayant voulu montrer quelque inquiétude, elle fut forcée au silence.

On convenait donc que la paroisse de Saint-Martin s'étendait un peu plus loin dans la ville, mais que celle de Saint-Vivien se prolongeait beaucoup plus au-dessous du château, sa limite. On donnait deux raisons de cette étendue restreinte : la première, qu'il y avait, au bas du château, une rue qui traversait la ville dans l'endroit où elle est le moins large, et, au moyen d'une borne indicative, le partage était facile et mettait fin à toute discussion. La seconde, ce qui était aussi vraisemblable, c'est que le monastère de St-Martin n'ayant pas été aussi considérablement endommagé par les Protestants que celui de Saint-Vivien, il y était resté plusieurs religieux qui faisaient l'office solennel ; le seigneur de Pons, déjà hors de la paroisse de Saint-Vivien par la rue qui fixait convenablement le partage, et sollicité sans doute avec instance par les moines de Saint-Martin qui tenaient à grand honneur d'attirer le sire dans leur paroisse, n'hésita pas à donner la préférence à l'église où le service divin se faisait avec plus de dignité et de décence. Cette dernière raison, lors des contestations que nous allons rapporter, ne pouvait plus avoir lieu, puisque dans chacune de ces deux églises il n'y avait pour tout clergé qu'un curé, et un religieux mendiant, vicaire subsidiaire ; ce qui établissait parité exacte pour le culte extérieur.

Les Jacobins et les Récollets avaient leurs maisons claustrales situées dans la paroisse même de Saint-Martin ; quant aux Cordeliers, ils habitaient Saint-Vivien. Mais une *grave* question fut soulevée : on demandait dans laquelle de ces deux paroisses, les Cordeliers devaient assister aux processions générales !.. Le droit du prieur de Saint-Vivien était fondé sur la raison et sur la justice. Dominique Fortet nous fournit à ce sujet tous les documents désirables.

Les Cordeliers convenaient qu'ils étaient dans l'usage d'aller à St.-Martin, parce qu'on leur faisait l'honneur de les y inviter. Le prieur de St.-Vivien réclamait les Cordeliers, parce qu'ils étaient ses paroissiens et que leur présence aux deux processions générales donnait de la solennité au culte public et beaucoup d'édification aux fidèles. Le curé-vicaire perpétuel de Saint-Martin, au contraire, alléguant la coutume, voulait les assujettir à préférer son église ; mais son motif ne reposait que sur un usage précaire, tandis que le prieur faisait ressortir un droit. Lequel des deux méritait donc d'être écouté ? La question tire tout son jour du simple exposé de la réponse aux principales objections.

Le curé de Saint-Martin objectait que les Jacobins et les Récollets assistaient sans difficulté aucune aux processions de son église ; on le conçoit, ils étaient de sa paroisse ; il était tout naturel qu'ils y assistassent. Le prieur ne raisonnait que dans le même sens quant aux pères Cordeliers ; ce n'était qu'à ce titre qu'il réclamait la présence de ces religieux. Cependant, ajoutait-on, les Cordeliers assistaient aux processions de Saint-Martin et jamais ils n'ont donné signe d'opposition. Ce n'était pas là assurément une difficulté sérieuse ; car les bons pères étaient tout-à-fait indifférents sur le choix de l'une ou de l'autre paroisse, dans ce qui avait trait à *l'obligation*, puisque, dans leur état de religieux mendiants, ils devaient assister aux processions dans une église quelconque. On pouvait néanmoins faire observer qu'il était plus convenable, plus commode et plus avantageux de se porter à Saint-Vivien ; mais, par des raisons qui, n'étant pas de convenance et de facilité pour eux, devenaient extrà-judiciaires, il est probable qu'ils allaient de préférence à Saint-Martin, soit parce qu'ils en étaient priés par les religieux Bénédictins, soit parce que l'église de Saint-Vivien, ayant été, pendant plus d'un siècle, privée de la présence de son curé primitif et que l'on avait dépouillé le curé *second* de la plus grande partie de ses fonctions même indispensables pour les transférer à l'hôpital, il n'était plus partie capable ni légitime pour revendiquer les droits honorifiques de son prieur qui ne l'y autorisait pas; soit parce que l'office et les cérémonies étant alors plus solennels à Saint-Martin par la présence des disciples de saint Benoit, qui y résidaient, et des Jacobins et Récollets obligés d'y assister, les Cordeliers, qui n'étaient, dans ce laps de temps, nullement réclamés à Saint-Vivien par le prieur, s'étaient autorisés à aller où on les appelait, peut-être même pour faire corps avec les autres religieux et donner plus d'éclat à la pompe des solennités. On ajoutait encore que les instructions synodales du diocèse enjoignaient aux monastères non exempts de se rendre aux églises *principales*, et l'église de Saint-Martin, disait-on, était réputée telle dans l'esprit de ceux qui ne connaissaient pas les droits des deux paroisses, au moins quant à l'usage.

Oui, répliquait-on, l'église *principale* d'une ville est celle qui convoque et rassemble toutes les autres indistinctement; or, chaque paroisse à Pons faisait ses processions séparément et en même temps. L'église de Saint-Martin ne devait donc être réputée *église principale*, qu'à raison de quelques communiants de plus; ce qui était *une charge* et non pas *un droit*. Mais ce qui paraissait bien plus décisif et concluant en faveur de Saint-Vivien, c'est qu'au défaut d'église *principale*, dans un lieu donné, les monastères non exempts devaient se rendre chacun à leur paroisse respective; tel était le *droit*. La *coutume* ne prescrit point contre la loi.

Cependant, il y avait à Pons beaucoup de Huguenots, et l'édification publique demandait que des corps religieux se réunissent, afin de prier en commun pour obtenir la conversion des âmes aveuglées et perverties par l'esprit de schisme et d'hérésie, et également pour rendre un plus grand hommage à Dieu et à la foi orthodoxe. L'intention de saint Martin était trouvée louable, mais on répondait qu'il y avait des Protestants à Saint-Vivien et la preuve en était fournie par le fait d'une dernière procession générale du très-saint Sacrement en 1763, où quinze maisons de Saint-Vivien n'avaient pas de tentures, tandis qu'à Saint-Martin trois maisons seulement s'étaient abstenues; là où le mal était plus grand, devait être porté le remède.

Mais pourquoi la paroisse de Saint-Vivien ne s'était-elle pas occupée autrefois de faire surgir ses prétentions sur le sujet en litige? La contestion paraissait au moins fort extraordinaire. Le prieur avait sa réponse prête : les lois ecclésiastiques, disait-il, ne reconnaissent point de prescription dans cette espèce de *spiritualité*, et les lois civiles ont toujours regardé la prescription comme un moyen odieux et uniquement autorisé pour la tranquillité des familles dans des intérêts purement temporels ; ici, personne ne souffre de dommage réel en rappelant chaque chose à sa stricte obligation. Il n'était point étonnant que l'église de Saint-Vivien n'eût jamais agité la question présente ; elle avait été injustement dépouillée de son temporel ; on lui avait enlevé jusques à ses attributions spirituelles les plus incontestables. En 1603, elle fut contrainte d'aller faire son service *par emprunt* à l'hôpital ; son saint temple, d'une architecture noble et sévère et dont on voit encore sur la façade quelques vestiges échappés aux *mutilations* du Protestantisme, avait subi une ruine presque entière. L'hôpital avait pris de là occasion de vouloir se l'assujettir, ainsi qu'il appert par un arrêt sur requête présentée au parlement de Bordeaux, le 17 janvier 1599, par dame Antoinette de Pons. C'était précisément pour ce service, fait à l'hôpital par le prieur de Saint-Vivien, que les *curés secondaires* de cet hospice s'étaient mis en possession des droits honorifiques de la paroisse, en refusant l'étole au curé, qu'ils forçaient même d'assister à leurs processions, lui faisant supporter mille autres vexations semblables. Depuis plus de trente ans, cette église recouvrait alors, de temps à autre, ses biens et ses droits, dont on l'avait si injustement dénantie ; messire de Lacoré, comme nous l'avons dit, se montra à cet égard son puissant protecteur. Le curé *primitif* n'y résidait jamais; il avait su tout sacrifier au bien de la paix, ou plutôt, par l'impossibilité où il s'était trouvé de répéter juridiquement ses biens et ses droits, jusqu'à ce qu'enfin des temps meilleurs lui aient fait découvrir les moyens de rentrer dans ses attributions honorifiques et lucratives. Elle sortit ainsi, peu à peu, de l'état d'oppression auquel l'avaient condamnée la cupidité et la mauvaise foi.

Comme il n'y avait point d'église *principale* à Pons, le curé de Saint-Martin n'avait donc aucun droit d'appeler à la sienne un couvent qui n'était pas de sa paroisse. Les Cordeliers n'avaient assisté à ses processions que sur une invitation pure et simple qui ne tirait point à conséquence pour établir un droit; Saint-Vivien avait perdu tous ses titres, tous ses revenus, ce qui le mettait dans l'impossibilité de revendiquer ses privilèges. Au moins, concluait-on, était-il juste de le laisser jouir de ses droits honorifiques.

Saint-Martin aurait-il, pour dernière ressource, invoqué un vœu de ville fait en l'année 1631, par lequel les trois curés, sans y appeler les prieurs curés primitifs, crurent devoir convoquer les communautés et les principaux habitants de Pons, dans l'église de Saint-Martin, à l'époque de la fête de Saint Roch, pour de là se rendre processionnellement à la chapelle dédiée sous le vocable de ce saint? Mais cette chapelle était située dans la paroisse de Saint-Martin ; une croix s'élève aujourd'hui sur l'emplacement de ce pieux oratoire; il était donc tout naturel qu'on s'assemblât ainsi pour l'exécution et l'accomplissement du vœu. Au reste, cet engagement était tout-à-fait libre, tant de la part des autres curés *secondaires* que des communautés religieuses, puisque, depuis quarante ans, on s'y rendait séparément, sans aucune marque de déférence pour l'église de Saint-Martin.

En dernière analyse, on pria le conseil de prononcer sur le résultat de tous ces puissants motifs et de suppléer, par l'étendue de ses lumières, au surplus des moyens que le prieur de Saint-Vivien aurait encore allégués pour constater irrévocablement son droit [1].

Ces débats de juridiction et de privilèges n'ont plus lieu. Les révolutions et la mort y ont mis fin.

Sur les ruines du monastère des Cordeliers de la ville de Pons, nous voyons avec bonheur un établissement fondé par la religion et pour la science. L'esprit humain y trouve les vraies lumières ; de jeunes cœurs n'y puisent que des leçons de vertu ; des élèves studieux et sages n'en sortiront que pour être, non des sophistes qui bouleversent le monde par l'enseignement de leurs erreurs et le scandale de leur impiété,

---

[1] Pièces inédites, arch. mss. de Saint-Martin et de Saint-Vivien de Pons.

mais des Chrétiens, aux convictions profondes, qui, par leurs exemples et leurs principes, régénéreront et sauveront la société, en même temps qu'ils en seront la gloire.

C'est encore sous l'épiscopat de Germain de la Châtaigneraie qu'un sieur de Gasse, prieur de la Vallée de Saint-Michel d'Ozillac, eut plusieurs contestations sur les dîmes novales, avec un sieur Gazel, vicaire perpétuel de cette paroisse; ils prirent l'un et l'autre le parti de transiger. Par la transaction faite en 1771, le vicaire perpétuel de Saint-Michel abandonna au prieur toutes les novales, moyennant une rente annuelle de huit cents livres en argent, une certaine quantité de blé et de paille, l'exemption de la dîme et, de plus, une somme, une fois payée, de mille livres en dédommagement des novales, dont il n'avait pas joui. Le fermier décerna contrainte contre le prieur pour le paiement de soixante-cinq livres pour droit de nouvel acquêt, à raison de la transaction. Le sieur de Gasse paya une année et se pourvut devant l'intendant, tant à fin de décharge du droit, que de restitution de soixante-cinq livres pour l'année payée. L'intendant de la Rochelle, par ordonnance du 15 mars 1777, débouta le prieur de sa demande; celui-ci se pourvut au conseil, qui, par décision du 30 mars 1778, le déchargea de la condamnation contre lui prononcée par l'intendant de la Rochelle et lui donna main-levée des saisies faites entre les mains de ses fermiers et débiteurs [1]. La Providence s'était promis d'abolir ce qui était devenu l'aliment d'une basse cupidité; le règne de Dieu n'était pas là. Clergé de France, la terre n'a besoin que de tes vertus; tes vertus n'ont rien à demander à la terre; donne-lui tes sueurs; donne-lui ton sang; réserve pour le ciel tes désirs et tes espérances!...

Mais encore des contestations! Le chapitre de Saintes, en 1773, vint aussi prendre place dans l'arène, moins comme témoin passif, que comme acteur exigeant. Voici à quelle occasion.

Un chanoine, nommé abbé de Saint-Pierre, résigna son canonicat à un abbé de Luchet. Mais treize membres de la société capitulaire formèrent opposition à l'installation du résignataire. On vit aussitôt surgir un mémoire à consulter, puis un acte d'opposition, puis des consultations juridiques. La raison qui portait les treize opposants à repousser l'abbé de Luchet, nous le dirons sans détour, était loin d'être honorable pour eux. En vain cherchaient-ils à justifier leurs motifs sous prétexte de respect pour les lois; c'était de l'esprit de parti et non des motifs équitables et plausibles. L'abbé de Luchet avait appartenu à l'illustre compagnie de Loyola. On avait oublié sans doute les graves réclamations de Simon de Lacoré, en faveur de

---

[1] Mém. du Clergé de France.

cette société célèbre. On n'écoutait que les préventions aveugles de l'époque ; mais, au reste, déjà dans le chapitre de Saintes le vertueux évêque Léon de Beaumont n'avait-il pas rencontré des adversaires de la bulle *Unigenitus* ? Ne soyons donc pas surpris du *zèle* de nos treize opposants ! Le chapitre de Saintes, disaient-ils, ne doit pas accorder le *visa* ni l'installation au sieur de Luchet. On conçoit ce haut ton des *vénérables frères*. Le chapitre était effectivement en possession d'une juridiction *quasi-épiscopale* sur ses membres et sur plusieurs paroisses du diocèse ; il délivrait les *visa* aux chanoines qui obtenaient des provisions en cour de Rome !... L'abbé de Luchet, ajoutèrent-ils, n'ayant pas prêté le serment porté par les arrêts de 1762, il n'était pas *possible* de lui accorder le *visa* et l'installation d'une prébende canoniale. Lors *même* que le supérieur ecclésiastique aurait délivré, le *chapitre devait* demeurer *opposant*, jusqu'à ce que le résignataire justifiât de *son serment sans lequel* il restait tout-à-fait *incapable*.

Mais écoutons ces messieurs dans leur mémoire à consulter : « Comme une partie du chapitre, y est-il dit, était dans l'intention de donner le *visa* et l'installation au *ci-devant Jésuite* en question, treize d'entre les chanoines, faisant la majeure partie, le chapitre n'étant composé que de vingt-quatre, aussitôt qu'ils ont été avertis de la résignation *admise en cour de Rome*, ignorant le temps et les circonstances où l'on aurait présenté les provisions au chapitre, pour obtenir *visa* et installation d'après leur teneur, et craignant, au moment de la présentation des provisions, de ne pas former le plus grand nombre, attendu que deux chanoines du nombre des treize étaient détenus chez eux par infirmité, et deux ou trois autres étaient obligés de s'absenter de la ville, se sont opposés formellement à ce que le *visa* d'installation fût donné par le chapitre, et ont protesté de nullité et cassation et de tout ce que l'on *peut* et *doit* protester en pareil cas ; de laquelle protestation on envoie au conseil une copie en forme [1]... »

Cette protestation fut en conséquence notifiée à la société capitulaire dans la personne de son syndic, par le ministère du notaire, et le tout en forme de délibération. Ce syndic fut sommé par les treize zélateurs d'en faire lecture au chapitre, pour qu'ensuite elle passât au registre des délibérations. Cette volonté fut accomplie le lendemain, mais il n'en fut point fait mention sur le registre. Plus d'une fois on s'était ainsi refusé à de semblables enregistrements. Au mois d'octobre de la même année, le père Réveillaud, ayant également appartenu à la compagnie de Jésus,

[1] Arch. du chapitre de Saintes.

oncle du résignataire, avait fait demander au chapitre la permission de donner une mission dans une de ses paroisses, afin que, si le chapitre accordait ce qu'il désirait, le chapitre ne pût plus refuser avec raison le *visa* et l'installation de l'abbé de Luchet. On refusa au père Réveillaud la permission.

Un des chanoines, apprenant que l'abbé de Saint-Pierre devait faire sa résignation en faveur de son neveu, s'empressa de dresser un réquisitoire par lequel il demandait à la compagnie capitulaire que, pour se *prémunir contre les surprises des partisans des Jésuites*, il fût arrêté *qu'on ne placerait aucun Jésuite dans la juridiction du chapitre* qu'au préalable il n'eût satisfait aux dispositions des arrêts du parlement de Bordeaux.

Qu'a donc servi aux chanoines de Saintes de se montrer si obséquieux, si dévoués envers les lois de proscription lancées par la haine contre les Jésuites?... Les a-t-on, par reconnaissance, laissés jouir de leurs gros revenus et de leurs nombreux privilèges?... Ils auraient beaucoup mieux fait de penser comme l'épiscopat français, et de se conformer au jugement équitable et sage du pieux prédécesseur de Germain de la Chataigneraie; devaient-ils au moins se renfermer dans les strictes bornes d'un prudent et discret silence. L'esprit de vertige et d'aveuglement prédomina; le réquisitoire fut approuvé par la pluralité des puissants bénéficiers ; il fût même inscrit sur le plumitif des délibérations et signé de cinq des capitulants dans la séance capitulaire, lequel cependant se trouva biffé ; c'est ce qui les détermina à faire leur acte d'opposition dans le ton et la manière capitulaire, et à la faire notifier par la main du notaire.

Dans cet état de cause, l'abbé de Luchet demanda une injonction au lieutenant-général de Saintes, pour avoir une expédition en forme de l'acte de *protestation* dont il s'agissait, aux fins de la faire lever. Il l'obtint, et alla sur-le-champ vers la cour pour faire vider les oppositions ; mais sa démarche fut sans succès. Il eut dès lors recours au chapitre pour en obtenir son *visa* et son installation. Les treize opposants, intruits, dès la veille, des démarches que devait faire le résignataire, résolurent, pour de *bonnes raisons*, disaient-ils, de ne point assister à cette délibération. Ils attendaient une consultation de l'abbé Mey, avocat au parlement de Paris. Cette consultation était tout-à-fait conforme, comme on le présume bien, à leur esprit de couardise, devant les exigences des Choiseul et des Lachalotais !... Cependant elle ne leur arriva pas à souhait ; on avait su l'arrêter en chemin, puisque, délibérée le 28 mai, elle ne leur parvint que le 25 juillet. L'abbé de Luchet fut donc installé, le 28 juin, par neuf chanoines dont la piété, les hautes vues, la sagesse et le mérite rendaient leur conduite aussi digne d'éloge, que celle des opposants nous paraît suspecte. Quelques-uns de ces derniers, beaucoup plus habiles dans l'art de la chicane que dans celui de l'oraison, protestèrent de nouveau contre cette installation. Ils voulurent même que l'on sût indubitablement qu'ils avaient l'intention de protester contre les acquiescements que l'on prétendrait inférer de leur concours dans les assemblées capitulaires ou cérémonies religieuses auxquelles l'abbé de Luchet aurait pu assister. Quel esprit !... Lorsque les têtes s'échauffent, le cœur s'éteint et souvent la charité s'altère.

Lecamus, avocat au parlement de Paris, fut consulté par les six nouveaux opposants ; et raisonnant dans le sens de leur motif, il soutenait que le canonicat de l'abbé de Luchet était vacant de droit, d'après ce principe dont il appuyait ses conclusions : Si les bénéfices n'avaient consisté que dans un administration purement spirituelle, sans aucun rapport à l'état politique et civil, il aurait dû exclusivement appartenir à la puissance ecclésiastique de prescrire les conditions nécessaires pour les posséder ; mais les bénéfices possédant eux-mêmes des biens temporels qui en dépendaient, ces titres donnant un état dans l'ordre civil et rendant membres de corps reconnu par l'État, qui tenaient de lui des droits et des privilèges, la puissance séculière avait droit d'exiger aussi des conditions de ceux qui étaient pourvus de ces bénéfices. On ne devait pas prétendre, disait l'avocat du parlement, aux avantages qu'elle accordait et qu'elle pouvait ne pas donner, lorsqu'on refusait de se soumettre aux obligations qu'elle imposait. C'était sur ce principe qu'était fondée l'incapacité de posséder des bénéfices prononcée contre les *étrangers*. Cet empêchement avait été établi par la puissance civile, et c'était elle qui le levait lorsqu'elle le jugeait convenable ; cependant le bénéfice possédé par *un étranger* qui n'avait point obtenu de lettres de *naturalité*, était très-réellement vacant ; le collateur pouvait et devait le conférer, sur cette vacance, et s'il ne le faisait pas, le bénéfice était sujet à être impétré par *dévolu*, c'est-à-dire, par provision obtenue du Saint-Siège.

Ce principe posé, l'avocat en faisait l'application à la spécialité de l'abbé de Luchet, qui était censé n'avoir pas *prêté le serment prescrit* aux Jésuites *par les cours*. Dans cette hypothèse, la vacance du résignataire ainsi établie, il était inutile d'examiner si les neuf chanoines qui avaient cru devoir lui accorder le *visa* et l'installation, avaient pu le faire canoniquement, et s'ils n'auraient pas dû être arrêtés par l'opposition de leurs confrères. Le *visa* et l'installation, qui n'étaient que la suite et l'accessoire des provisions, *tombaient* avec les

provisions et étaient frappés de la même *nullité*.
On devait d'autant plus volontiers se dispenser
d'examiner si ces deux actes étaient affectés d'une
nullité particulière, que la question ne se serait
pas présentée sans quelque difficulté. On aurait,
en effet, pu critiquer d'abord la forme de l'acte
de protestation, qui commençait par annoncer
une délibération entre plusieurs chanoines, mais
qui n'avait pas été prise dans le lieu et en la
forme accoutumée; d'ailleurs, on voyait, par la
fin de cet acte, que tous ceux qui l'avaient signé
n'avaient pas délibéré en commun, mais qu'il
avait été rédigé par quelques-uns, pour être présenté ensuite à ceux qui auraient voulu y adhérer:
ce fait aurait pu donner lieu à de nouvelles critiques. On aurait encore pu dire que les chanoines
opposants avaient été suffisamment instruits par la
visite de l'abbé de Luchet, qu'il avait le projet
de se présenter au chapitre et que l'entrée ne
leur en étant point fermée, ils devaient s'imputer
à eux-mêmes de n'y être pas venus suivre l'effet
de leur opposition, ou qu'au moins les autres
chanoines qui s'étaient trouvés en chapitre, avaient
été autorisés à procéder, nonobstant leur absence.
Il convenait donc d'éviter toutes ces questions,
puisque la chose était possible; il était plus simple
et plus concluant, contre l'abbé de Luchet, de
s'attacher uniquement à la question *d'incapacité
personnelle* qui rendait son bénéfice vacant; c'était

surtout le moyen le plus vexatoire : un avocat parlementaire devait être le conseiller. Cette consultation ne fit qu'augmenter l'esprit de coterie soulevé contre le résignataire.

Mais pour nous donner une idée juste de tout ce que produisait alors l'influence des doctrines funestes qui devaient plus tard amener les affreux résultats de la révolte et de l'anarchie, nous citons ici le texte même de la délibération des treize chanoines de Saintes qui ne pensaient pas sans doute servir une aussi mauvaise cause, en se montrant si opiniâtrément hostiles envers un membre d'une sainte et célèbre compagnie.

« Nous, soussignés, chanoines de l'église cathédrale de Saintes, prévenus par les différentes propositions qui nous ont été faites en chapitre, touchant la résignation qu'on dit avoir été faite, par M. l'abbé de Saint-Pierre, de son canonicat, en faveur du sieur abbé de Luchet de Lamothe, prêtre de la société des *ci-devant soi-disants Jésuites;* disons, déclarons et protestons, par dernière résolution *mûrement* délibérée entre nous, que *c'est dans l'excès de la plus vive douleur et la plus grande mortification*, que nous voyons reproduire des propositions qui nous mettent dans le cas de contredire l'opinion de quelques-uns d'entre nos confrères, et de nous montrer ouvertement contre la réquisition préméditée par l'abbé de Luchet.

« *A Dieu ne plaise*, cependant, que nous entendions par là inculper personnellement cet ecclésiastique, ni déprimer son mérite; mais, *considérant qu'il tient encore à une société dont le lien est réprouvé* par les arrêts des cours souveraines, lesquels arrêts confirmés par un édit exprès, *nous croyons que ce même lien forme un empêchement exclusif.* Aux termes de l'arrêt du parlement de Bordeaux, du 26 mai 1762, *il n'est pas possible* d'installer ledit sieur abbé de Luchet dans le canonicat dont il porte la résignation, *sans attenter à l'autorité du parlement* et sans encourir l'amende prononcée par cet arrêt. En conséquence, déclarons nous opposer au *visa* et à l'installation du résignataire.

« Fait à Saintes, le 1er mai 1773.

Ainsi signé : Thibault de Romans; Béraud; Bourdeille, major; Bourdeille, minor; Mossion de Lagontrie; Capdeville; Begole; Bourdeille, junior; Dudon; Grelet-Dupeyrat; Castin de Guérin de la Magdeleine [1]. »

Messieurs du parlement ne devaient-ils pas, à l'unanimité, voter des remercîments et des félicitations à Messieurs du chapitre, si zélés pour l'exécution de leurs arrêts de proscription!... Mais tous ces débats, tout ce dévoûment de leur part, pour assurer cette exécution, n'étaient qu'un prétexte pour repousser un mérite reconnu et

---

[1] Arch. du chapitre de Saintes.

une vertu exemplaire. La preuve que l'abbé de Luchet était en règle devant la *loi*, c'est que, malgré l'ardente opposition d'une partie du chapitre, il fut installé canoniquement et devint un des plus honorables membres de la société capitulaire.

L'amour-propre froissé, ou bien une opinion contredite, produit assez souvent un esprit d'opposition qui fait outrepasser les justes bornes de la raison et de l'équité. Les chanoines de Saintes qui, d'abord, avaient repoussé l'abbé de Luchet, finirent par l'entourer de leurs hommages et de leur confiance; il en était assurément digne. Qu'il est difficile de ne pas prendre la couleur de son époque, au détriment de principes avoués!... Les considérations de lien social, de rapports d'amitié ou de famille avec des hommes qui l'arborent avec enthousiasme et que l'on estime, entraînent dans de fausses routes; alors la raison ne règle plus le jugement ; l'esprit de parti l'aveugle.

L'homme n'est pourtant pas tellement mauvais, que tous ses actes soient la conséquence d'une conviction perverse. On peut se tromper de bonne foi; c'est ce qui doit rendre fort indulgent envers l'homme qui s'égare. Aussi, lorsque, dans notre marche historique, nous donnons un éloge ou nous adressons un blâme, nous ne prétendons parler qu'à la vertu ou protester contre une erreur; car nous ne ne prendrons jamais place dans les rangs de ceux

> « Qui jetaient au bûcher, avant que d'y descendre,
> Famille, amis, coursiers, trésors réduits en cendre,
> Espoir ou souvenirs de leurs jours plus heureux,
> Et livrant leur empire et leurs dieux à la flamme,
> Auraient voulu qu'aussi l'univers n'eût qu'une âme
> Pour que tout mourût avec eux [1]! »

Pendant que le chapitre de Saintes s'agitait sur la question d'un canonicat résigné, la paroisse de Saint-André de Dolus, dans l'île d'Oleron, se trouvait, à peu près dans le même temps, *une cure contentieuse*. Un abbé Descordes, curé du Château, avait été présenté par le *patron*, le jour de la mort du titulaire, et pourvu par l'évêque de Saintes de la cure de Dolus; mais il existait un résignataire du même bénéfice, qui s'était pourvu en cour de Rome, le jour du décès du résignant. De là conflit de prétentions, consultations en forme. Tous les canonistes furent interrogés, à la fin de savoir qui des deux prétendants devait en définitive être admis comme légitime possesseur du bénéfice. Avouons encore ici que la marche de l'administration ecclésiastique est aujourd'hui beaucoup plus libre; la puissance épiscopale gou-

---

[1] Lamartine *Harm. poét.* tom. IV, pag. 147. édit. in-8°, 1832. Paris.

verne les diocèses avec indépendance et la discipline en est plus régulière. Sans doute, d'utiles usages et de saintes fondations ont été détruits par les temps mauvais; mais si, pendant les révolutions orageuses, la religion s'incline et pleure, bientôt elle se relève pour chanter et bénir. La poussière qui couvrait ses vêtements précieux a disparu; l'or de son diadème brille d'un éclat plus pur et sa voix inspirée fait entendre plus que jamais ce refrain de ses divins cantiques : Gloire à Dieu, paix aux hommes !...

Il n'entre point dans notre objet de faire ressortir les raisons alléguées dans les mémoires des abbés Descordes et Bernard, au sujet de la cure de Dolus; nous dirons seulement qu'une consultation délibérée à Paris, le 4 mai 1776, et signée par Ratdemendon, de Courtin et de Piale, porte, avec les plus puissants raisonnements, appuyés sur les textes des canonistes et jurisconsultes les plus célèbres, que, dans la circonstance, on ne voyait pas comment il serait possible de ne pas adjuger au sieur Descordes la pleine possession de la cure de Saint-André; ce qui eut lieu sans doute : c'était justice [1].

Les affaires contentieuses se succédaient rapidement : alors l'état des choses le voulait ainsi. Les évêques n'étaient pas les seuls maîtres dans leurs

---

[1] Arch. mss. de l'Évêché de Saintes.

diocèses ; tantôt des décimateurs avides entravaient leur administration par des exigences sans fin, par des droits acquis de collation et de privilège ; tantôt des abbesses, devenues puissantes par les faveurs que les Souverains-Pontifes avaient accordées à la piété modeste, à une régularité exemplaire, faisaient également sentir aux prélats l'influence d'une suprématie abusive. Telle était la position des évêques de Saintes, long-temps avant l'épiscopat de Léon de Beaumont et de Simon de Lacoré. Ce dernier surtout avait pu comprendre qu'il ne portait pas seul la crosse dans son diocèse.

L'église de Balanzac, située à quelques toises du château, si remarquable par sa forme et son caractère de moyen-âge (il date du onzième ou du douzième siècle ; il existait une pierre dans une des servitudes sur laquelle on lisait une inscription latine, surmontée de deux dauphins en relief; on y voyait un millésime du XIe siècle ; des maçons l'ont brisée pour la placer dans la construction d'une muraille), l'église de Balanzac, disons-nous, fut un sujet de litige et de procès entre les habitants du lieu et l'abbesse de Saintes. Les habitants de Balanzac soutenaient que leur église était paroissiale, sous le vocable de Sainte-Marie, et plus anciennement sous celui de Sainte-Radégonde et de Saint-Savinien ; qu'en conséquence, elle ne pouvait pas être dépendante de Corme-Royal, comme le serait une simple chapelle.

Elle avait plus de cinq cents communiants, une nef, un chœur, une sacristie, des fonts baptismaux, un cimetière ; de plus, Balanzac avait eu ses rôles de tailles et ses syndics, ce qu'ils prouvaient par des titres, depuis 1616 jusqu'en 1767 ; ils indiquaient le nom des curés successifs qui l'avaient administrée ; un acte de 1041 était cité à l'appui de leur prétention. Les habitants de Balanzac citaient encore une bulle d'Innocent VII accordant des indulgences à leur paroisse, pendant les huit jours qui suivaient la fête patronale de saint Savin ; ils alléguaient, comme preuve de leur indépendance de Corme-Royal, l'acte même de la fondation de l'abbaye de Saintes, qui ne faisait aucunement mention de Balanzac, de la Clisse, de Nancras, de Pisany, seulement de la terre et de la dîme de Corme-Royal.

Cependant, l'église de Balanzac était à la présentation de l'abbesse et l'institution appartenait à l'évêque de Saintes. Mais comment était-il arrivé que l'abbesse percevait la dîme de cette église, et la laissait, depuis deux siècles, sans prêtre établi pour la desservir ? Les habitants accusaient l'abbaye d'être plus attentive à la perception des revenus, qu'au soin du salut des âmes. On pouvait croire, néanmoins que, par suite des guerres civiles du Protestantisme, plusieurs paroisses, restées sans pasteur, furent réunies avec leurs dîmes à l'église de Corme-Royal, ce qui avait eu lieu en particulier pour la Clisse, Nancras et Pisany. Sur la fin du XVIIe siècle, ces trois paroisses, réunies d'abord à Corme, furent pourvues d'un vicaire perpétuel, parce que leur distance était beaucoup plus considérable que celle de Balanzac. Cependant, d'après l'acte par lequel l'abbesse de Saintes se démet de la charge des réparations du sanctuaire de ces trois églises, on voit qu'elles étaient obligées de reconnaître Corme comme l'église-mère et paroissiale; les vicaires perpétuels y conduisaient en conséquence leurs fidèles en procession, pour la fête patronale. Il y avait à Corme, autrefois, deux églises, l'une appelée *conventuelle*, c'était celle des *religieuses novices*; et l'autre *presbytérale*; celle-ayant été démolie, fut remplacée par la conventuelle qui est encore aujourd hui l'église de la paroisse.

Les habitants de Balanzac voulaient donc jouir au moins des avantages accordés à la Clisse, à Nancras et à Pisany. Ils voulaient un prêtre, puisque l'abbesse percevait beaucoup plus de dîmes sur leur territoire, qu'il n'en fallait pour l'entretien d'un desservant. Le seigneur du château partageait les vues et les désirs de ceux de sa seigneurie; messire de Turpin, seigneur de Balanzac et dont l'épouse était issue de l'illustre et antique famille des Achards de Joumart, joignait à un beau nom des vertus vraiment chrétiennes. Il voyait avec peine le mal que faisait l'absence d'un prêtre dans sa paroisse. Il employa son crédit auprès de Simon de Lacoré, pensant bien que l'évêque comprendrait mieux que personne, la justice et l'urgence de ses demandes. Il lui écrivit à ce sujet. Déjà Simon de Lacoré, n'étant que vicaire-général official de Léon de Beaumont, avait eu à répondre à Monsieur de Balanzac que l'église de sa seigneurie n'étant pas encore reconnue comme bénéfice, puisque l'affaire à cet égard était pendante au parlement de Bordeaux, on ne pouvait rien décider sans s'exposer à entreprendre sur l'autorité parlementaire. Mais il ne s'agissait plus du titre : le seigneur de Balanzac demandait un prêtre desservant. Il adressa à l'évêque de Saintes un mémoire détaillé, pour que Sa Grandeur voulût bien le présenter à Madame l'abbesse. Simon de Lacoré lui répondit, sous la date du 31 janvier 1752 :

« J'ai présenté votre mémoire à Madame l'abbesse ; elle m'a fait tant d'objections, que *je n'ai pas cru devoir trop insister.* Elle s'imagine que, dès qu'on rétablira le moindre service à Balanzac, toutes les précautions que l'on pourrait prendre ne la mettraient pas à l'abri d'un nouveau procès. Elle craint, en retirant le vicaire de Corme, que les habitants, accoutumés à deux messes, ne se plaignent à leur tour. Je vois qu'il ne faut pas tant la presser ; mais, *pour moi, je n'oserai faire de nouvelles tentatives, qu'elle ne me mette sur la voie.* J'ai l'honneur d'être, etc.

† Simon-Pierre, évêque de Saintes.

Cette abbesse était Madame de Duras. Le parlement de Bordeaux, par un arrêt du 17 septembre 1726, l'avait obligée à faire desservir Balanzac et à donner la dîme au desservant. Elle y avait, en effet, placé un Récollet, qui administra cette église pendant sept ans huit mois et quinze jours. Cet arrêt fut annullé, en 1735, par le même parlement; il fit cesser la desserte et ordonna aux habitants de Balanzac de reconnaître *Corme* pour leur paroisse. Un manuscrit de cette époque fait observer, d'une manière assez piquante, « qu'on avait tout lieu de croire que l'on avait surpris la religion de ce tribunal, et que ce nouvel arrêt avait quelque chose de plus insigne que celui que Pilate prononça contre le Sauveur; puisque celui-ci ouvrait le ciel à tous les hommes, et que celui-là le fermait à tous les habitants de Balanzac!... »

Madame de Duras mourut; Simon de Lacoré ne tarda pas à payer également son tribut à la tombe. Parurent pour les remplacer Madame de Parabert et Germain de la Châteigneraie. Pendant la vacance du siège, le seigneur et les habitants de Balanzac renouvelèrent leurs demandes auprès des vicaires capitulaires. Ceux-ci connaissaient les intentions bienveillantes du prélat défunt : ils écrivirent à l'abbé Régnier, curé de Corme, de dire une messe, tous les quinze jours, à l'église de Balanzac, et d'y aller catéchiser les enfants. Cette lettre impérative lui était adressée par un des grands-vicaires, l'abbé de Boismorand. Le curé de Corme ne tint aucun compte de cette lettre qui, pour lui, *devait avoir moins de force* que la lettre d'une femme très-vertueuse sans doute, d'une abbesse puissante et *portant la crosse*, mais enfin qui aurait dû, en fait de juridiction, de gouvernement ecclésiastique, subir la sentence de saint Paul qui défend aux femmes d'enseigner dans l'Église. Nous ne pouvons que désapprouver ce patronage abusif. Assurément la lettre de Madame de Parabert au curé obséquieux et très-humblement soumis, porte un cachet de suprématie qu'on a fort bien fait de briser : elle est du 30 décembre 1764.

« *Malgré les ordres* que vous avez reçus, Monsieur, de Messieurs les vicaires-généraux, pour envoyer votre vicaire à Balanzac, *donnez-vous bien garde de l'exécuter*. S'il arrive qu'on vous signifie une ordonnance, envoyez-la moy aussitôt et *je vous feray savoir alors à quoi vous devez vous en tenir*.

« Je suis, Monsieur, votre très-humble et *obéissante* servante. † Sr de Parabert, abbesse de Xaintes. »

Voilà quel est habituellement le langage de ceux qui, nés pour obéir, se posent tout-à-coup pour commander. Le respect que nous inspire le haut mérite de Madame de Parabert ne nous empêchera jamais de condamner les prétentions de Madame l'abbesse. *Cinquante-trois* paroisses étaient à la présentation de cette femme!!! Mais c'est du passé; sous ce rapport, nous préférons le présent.

Les habitants de Balanzac, voyant qu'ils n'obtenaient rien de favorable de la part de l'abbaye et de l'évêché de Saintes, crurent devoir porter leur requête, le 18 août 1770, en la cour de parlement. Ils se firent représenter par un sieur Renouleau, leur syndic, qui demanda à la cour « de conclure qu'il fût ordonné que dame l'abbesse de Saintes, comme ayant les dîmes de la paroisse de Balanzac, fût tenue de fournir incessamment un desservant, lequel ferait le service dans l'église de Balanzac; à quoi faire elle serait contrainte par saisie de ses revenus temporels...» Le syndic faisait ressortir les raisons qui militaient en faveur de la paroisse, exposant les motifs qu'offraient les obstacles du marais qui séparait alors Corme-Royal, de Balanzac; l'inondation pendant l'hiver, surtout, le rendait impraticable : les eaux s'élevaient parfois à une telle hauteur, qu'elles interceptaient ou perdaient même les chemins appelés les *Planches-Monrouzeau et la Pierre-Plate*. Sa requête donnait un détail abrégé des démarches faites, à différentes époques, soit auprès de l'abbesse, soit auprès de l'évêque; démarches toujours inutiles et auxquelles le prélat n'avait répondu, en dernier lieu, que par une lettre écrite au curé de Corme, *avec ordre* de la faire connaître au peuple, au prône de la messe, comme s'il eût été question de lancer une excommunication contre les habitants de Balanzac; lettre sévère et d'un style menaçant et hautain, bien éloigné, ajoutait le syndic, de la charité et du zèle épiscopal.

Le parlement préféra temporiser ; il ne crut pas convenable de s'arrêter aux raisons alléguées; la cour pensa sans doute que de nouvelles démarches auprès de l'évêque de Saintes pourraient avoir un plus prompt et plus heureux résultat, espérant enfin amener les choses au point où la raison et la justice exigeaient qu'elles parvinssent. Le parlement ordonna donc que le suppliant se pourvoirait sur les fins de la requête devant le pontife, pour y être par lui pourvu.

En conséquence de l'exécution de cet arrêt, le syndic présenta une requête à l'évêque de Saintes; il y joignit celle qu'il avait présentée en la cour et, de plus, l'arrêt rendu par le parlement. Il remit toutes ces pièces entre les mains du vicaire-général, qui bientôt les rendit au syndic, sans lui donner de réponse relative. Celui-ci le somma, par acte notarié, de lui répondre, ou d'expliquer les causes de son refus. Le vicaire-général dit que l'évêque était absent; qu'il lui avait fait part de l'arrêt de la cour; qu'il attendait ses ordres, ne voulant rien assumer sur lui. Le syndic alors déclara qu'il prenait cette réponse pour un refus et qu'il persistait, lui laissant copie de toutes les pièces; le tout resta sans réponse, soit parce que Germain de la Châteigneraie ne voulait pas changer d'idée, soit parce qu'on savait fort bien que les évêques s'étaient fait un système de ne rien accorder ni statuer, lorsqu'on s'était une fois adressé aux tribunaux séculiers.

Dans cette occurrence, le suppliant s'adressa de nouveau à la cour; il implora sa justice avec d'autant plus de confiance, que, d'un côté, toutes les voies étaient épuisées et que, de l'autre, la situation des habitants de Balanzac ne pouvait pas devenir plus fâcheuse : ils étaient privés des secours spirituels, et un grand nombre d'entre eux étaient morts sans sacrements. Ce désordre alarmant ne pouvait qu'augmenter chaque jour : il était donc urgent que l'autorité séculière y remédiât, en réparant ce que l'autorité spirituelle avait refusé de faire par indifférence ou par opiniâtreté.

S'il fallait se fonder à cet égard, continuait le syndic, sur des exemples, un, assez frappant, venait d'avoir lieu depuis peu. Les habitants de Saint-Bonnet du diocèse de Saintes avaient requête pour se plaindre que leur nouveau curé refusait de fournir un vicaire, et sur cette requête la cour, sans autre éclaircissement, avait rendu un arrêt qui leur permettait de faire séquestrer le tiers des fruits décimaux, jusqu'à ce que la paroisse eût été pourvue d'un vicaire desservant. La cour pouvait donc prendre le même parti dans l'hypothèse présente ; au reste les besoins de la paroisse de Balanzac le demandaient impérieusement.

Le procureur-général prit connaissance de cette requête. Elle fut suivie de la formule d'usage, — « N'empêchons, ains requérons les conclusions de ladite requête être adjugées au suppliant. Fait à Bordeaux, le 20 août 1770. Signé Dudon. —» Mais avant de prendre connaissance de l'arrêt conforme à cette requête, il est bon d'apprécier avec quelle mesure et quel respect les habitants de Balanzac avaient d'abord fait parvenir leur juste réclamation auprès de Germain de la Châteigneraie ; ils s'exprimaient ainsi dans leur supplique :

« A Monseigneur illustrissime et révérendissime évêque de Saintes.

« Supplient humblement les habitants de la paroisse de Balanzac du présent diocèse, disant par le ministère de Pierre Renouleau, leur syndic, élu par acte capitulaire du 7 juin dernier, retenu par Dutard, notaire-royal, que, malgré les refus éclatants que Votre Grandeur leur a fait, en dernier lieu, de leur accorder un vicaire desservant, ils ne cesseront d'implorer votre justice aux mêmes fins. Leur demande est si légitime, elle intéresse si particulièrement la religion, qu'ils osent se flatter qu'elle ne pourra leur être refusée par un prélat qui en est le protecteur et le défenseur zélé. Les suppliants ne dissimulent point que, sur le refus fait par Votre Grandeur de les écouter, refus constaté par une lettre lue publiquement par votre ordre, à la porte de l'église paroissiale de Corme-Royal, à la plus grande affluence du peuple, ils pensèrent que vous aviez des motifs, monseigneur, pour ne point déférer à leurs supplications. Dans cette persuasion, ils se sont pourvus au parlement de Bordeaux ; la cour a ordonné que les parties se pourvoiraient devant vous. Lesdits suppliants, en conformité de cette ordonnance, osent donc encore se présenter à Votre Grandeur, implorer sa justice et ses bontés, pour leur donner un prêtre qui puisse les administrer, au moins les jours de fête et de dimanche, et leur donner les secours spirituels, si consolants et si nécessaires à des âmes chrétiennes, etc... »

Cette supplique n'ayant rien changé à l'état de la question de la part de l'évêque et de l'abbesse, le syndic obtint, en définitive, l'arrêt du parlement que nous citons d'après les pièces manuscrites et authentiques :

...« La cour a permis et permet audit Renouleau, en la qualité qu'il agit, de faire procéder à la saisie du tiers des fruits décimaux de la paroisse de Balanzac et d'y commettre de bons commissaires gardiens pour les percevoir ; lui permet aussi d'arrêter et saisir ceux qui sont affermés dans les mains des baillistes, pour les dites saisies tenir et avoir lieu jusqu'à ce que la dite paroisse de Balanzac ait été pourvue d'un vicaire desservant, au surplus, ordonne que le présent arrêt sera exécuté nonobstant toutes oppositions faites ou à faire et sans préjudice d'icelles.

« Prononcé à Bordeaux, le 22 août 1770. Collationné. — Signé BARRET. »

L'abbesse de Saintes forma opposition ; mais, comme l'arrêt parlementaire devait être exécuté provisoirement, l'opposition de Madame de Parabere ne put pas empêcher la main-levée que demandait le syndic, qui perçut le tiers des fruits décimaux pour l'honoraire du desservant de l'église de Balanzac. L'abbesse fut condamnée aux dépens, le 9 août 1771. L'abbé de Louche, curé de Corme-Royal, par suite d'une approbation verbale de l'évêque et de l'abbesse de Saintes, finit par faire faire les Pâques à Balanzac. Les chanoines réguliers de l'abbaye de Sablonceaux reçurent l'autorisation épiscopale, dès l'année 1768, de dire la messe aux habitants de cette paroisse ; ce qu'ils firent long-temps avec autant de zèle que de désintéressement [1]. Les courtes vues de l'apathie ou le froid égoïsme de la vénalité n'entravaient pas leur marche ; ils voulaient glorifier Dieu et sauver les âmes, unique but du sacerdoce chrétien !

Après dix-sept ans d'épiscopat, Germain de la

---

[1] Arch. mss. inédit. du château de Balanzac.

Châteigneraie mourut dans la soixante-onzième année de son âge, le 29 septembre 1781. Il ne fut inhumé que vingt-et-un jours après son décès. Sa sépulture eut lieu dans le chœur de la cathédrale, du côté de l'évangile; c'est aujourd'hui le sanctuaire. Les vicaires-généraux capitulaires annoncèrent en ces termes la mort du pontife :

« Nous avons la douleur, nos très-chers frères, de vous annoncer la mort de Monseigneur Germain de Chasteigner de la Chasteigneraye, comte de Lyon, notre évêque.

« Ce prélat joignait à une naissance illustre les grâces d'une éducation brillante. Sa douceur, son affabilité lui attiraient les cœurs. Vous le vîtes arriver; vous fûtes frappés de son air de dignité; mais sa modestie et son honnêteté vous firent encore plus d'impression : chacun vit en lui un père et un ami, en y respectant son supérieur.

« A peine eut-il pris en main le timon du gouvernement de ce vaste diocèse, qu'une maladie critique et dangereuse vous fit craindre pour ses jours. Rappelez-vous, nos très-chers frères, quelles furent pour lors vos inquiétudes, vos alarmes; rappelez-vous quelle fut l'ardeur des vœux que vous adressâtes au ciel pour obtenir sa guérison. Ils furent exaucés : sa résignation, sa constance et sa tranquillité, dans les douleurs d'une opération cruelle, contribuèrent beaucoup à son rétablissement. Quelle fut votre joie lorsque vous apprîtes cette heureuse nouvelle !

« Si des circonstances particulières l'ont tenu, pendant quelque temps, éloigné de son diocèse, vos vœux l'y rappelaient sans cesse; vous l'avez vu avec satisfaction y revenir et s'y fixer; vous avez joui de sa présence, pendant plusieurs années; vous vous êtes adressés à lui avec toute la confiance que vous inspirait son affabilité; chacun s'en est toujours retiré content et satisfait. Les pauvres s'adressaient à lui comme à leur père; il s'attendrissait sur leur état, il les consolait dans leurs peines et les soulageait dans leurs besoins.

« Vous vous flattiez de pouvoir jouir encore long-temps de sa présence; mais la Providence, dont les jugements sont impénétrables, en a ordonné autrement. Une maladie vive, qui lui a laissé toute sa connaissance, vient de nous l'enlever. Il a envisagé la mort avec toute la fermeté d'une âme grande, et toute la résignation d'une âme vraiment chrétienne. Il a mis à profit le peu de moments qu'il a plu à Dieu de lui accorder; il s'est préparé à ce terrible passage par la réception des sacrements de l'Église. Muni de ces secours, il s'est abandonné avec confiance entre les bras de la miséricorde divine et a rendu son âme en paix.

« Toutes ces circonstances nous présentent les fondements les plus solides de l'espérance, que le Seigneur aura retiré son serviteur en sa miséricorde. Mais, comme le plus juste, sur la terre, n'est jamais pleinement justifié aux yeux de son Dieu, allons avec empressement, N. T. C. F., allons nous prosterner au pied des autels du Très-Haut; adressons-lui les prières les plus ferventes, pour obtenir de sa miséricorde, en faveur de l'illustre évêque qui vient de nous être enlevé, la rémission des fautes qui sont une suite de la fragilité humaine, et qui pourraient retarder son bonheur. C'est pour nous un devoir de reconnaissance, c'est un devoir de religion. Adressons au ciel les vœux les plus ardents pour en obtenir un pasteur selon le cœur de Dieu, qui, par son zèle et ses lumières, procure le bien et l'honneur de la religion, et le plus grand avantage de ce diocèse, etc...

« Donné à Saintes, le 5 octobre 1781. Signé Delaage, doyen, vicaire-général; Luchet, vicaire-général; Croisier, vicaire-général; Delord, vicaire-général; Fauchay, secrétaire [1]. »

Germain de la Châteigneraie, avant son épiscopat, avait, en sa qualité d'aumônier, accompagné Louis XV à la bataille de Fontenoy. Un contemporain, qui avait seize ans lorsque mourut ce pontife, nous a affirmé avoir souvent entendu dire que cet évêque n'avait jamais voulu consentir

---

[1] Mandement des vic. capit. arch. de l'Évêché de Saintes.

à se laisser *lier les mains* à la porte de sa cathédrale, en signe d'adhésion au libre exercice des privilèges et droits de son chapitre ; cérémonie à laquelle, comme on sait, le chapitre de Saintes tenait beaucoup. Aussi, nous a-t-on ajouté, il n'officia jamais *pontificalement* dans sa cathédrale, et lorsqu'il assistait au chœur, la *dernière place* après les chanoines, du côté de l'épitre, lui était destinée ; il ne se trouvait point à l'office canonial. Pendant le sermon, il occupait le banc de l'Œuvre et se retirait avant la bénédiction. Honneur aux chanoines d'aujourd'hui ! Ils sont plus modestes, ils ont raison : c'est un devoir ; la vertu est préférable aux dîmes, aux titres et aux privilèges. Moins ils existent, plus elle règne ; qu'ils s'en aillent et qu'elle nous reste.

Mais enfin voici quatorze siècles traversés dans la société des successeurs de Saint-Eutrope !.... Chaque évêque nous apparaît comme le phare qui transmet la lumière que l'apôtre-martyr apporta de Rome, et que Rome elle-même avait reçue de Jésus ; si justement appelé la *lumière du monde !...* Chaque phare se correspond, et tous réunis jettent un éclat tel, que, des hauteurs du XIXe siècle où nous sommes posés, nous pouvons apercevoir l'apôtre des Santons qui arrive, prêche et convertit une cité païenne, bientôt devenue un centre de foi catholique !... N'est-il pas tout-à-fait digne de remarque que la foi a été apportée à cette contrée par un évêque martyr, et que le dernier des successeurs d'Eutrope est encore un martyr de la foi !... Certes, ainsi cimentée, nous l'espérons, la croix de Jésus, à Saintes, ne périra pas ! Que son bois sacré, dont l'aspect irrite les cuisants remords du libertin ou de l'impie, soit emporté par la tempête, un jour d'orage, et relégué au fond des sanctuaires, nous le comprenons ; mais en sera-t-il ainsi de la doctrine, de l'autorité, des espérances de la croix qui a vaincu le monde?... Nous ne le croyons pas ; car l'intervalle, depuis le bienheureux Eutrope jusqu'à l'immortel Larochefoucaud, est comblé par une suite imposante de pontifes orthodoxes. Au reste, n'oublions pas que le sang des martyrs est ineffaçable ; pour lui, il n'y a pas de proscription. Ni les Romains furieux, ni les Vandales barbares, ni les Normands destructeurs, ni les Anglais jaloux, ni tous les efforts des XVIe et XVIIIe siècles n'ont pu en étouffer le germe divin et régénérateur ! L'Église Santone, au sein de la Gaule belliqueuse et de la France civilisée, se montre à nous comme une de ces montagnes primitives, en présence des siècles. Les orages passent et repassent sur leurs fronts sourcilleux sans jamais ébranler leurs bases ; l'antique Église d'Eutrope, battue par mille tempêtes, sera toujours couronnée d'une impérissable gloire ; elle conservera son rang dans les annales des peuples chrétiens. Victime de quelques considérations mesquines, de quelques vues étroites et certainement anti-catholiques, malgré ses titres à sa réintégration pontificale, elle fut mise en tutelle; sa cathédrale, dont chaque pierre réclamait contre l'injustice, devint une humble cure de canton!!! Les Hardy, les de Rupt, les Réveillaud ont paru successivement pour elle comme des anges consolateurs. Héritier du zèle et des vertus des deux premiers, ce dernier pasteur, en édifiant, ainsi que nous l'avons dit, par l'exemple et par la parole, le troupeau confié à sa tendre sollicitude, s'est occupé, comme Salomon, d'embellir le temple du Seigneur [1]; la gloire même de ce temple saint est en quelque sorte aujourd'hui plus grande encore qu'autrefois; dans ce sens, au moins, que sa décoration a gagné en éclat ce que sa prérogative a perdu en titres et en suprématie [2]. Mais, avant de raconter les dédommagements offerts à l'Église de Saintes, pendant les jours de son humiliante détresse, signalons, il en est temps, sa profonde douleur; car une époque de sanglante mémoire approche.

Pierre-Louis de la Rochefoucaud succéda à Germain de la Châteigneraie. Il était né au diocèse de Périgueux, le 13 octobre 1744. Agent général du clergé en 1775, abbé de Vauluisant, nommé

---

[1] Domum operuit auro purissimo. Lib. Reg. c. VI.
[2] Plus quàm primæ. *Item.*

à l'évêché de Saintes en 1781, il fut sacré à Paris, le 6 janvier de l'année suivante, et, au mois de juin, il fit son entrée solennelle dans sa ville épiscopale. Un témoin oculaire nous a dit que cette entrée fut une fête brillante et vraiment populaire; toute la cité, ayant en tête ses magistrats, se porta au-devant du nouveau pontife avec la démonstration d'une joie universelle; un ciel pur et serein favorisa cette réception toute de famille. Le prélat, après avoir pris possession de son siège et donné ses premiers soins à la connaissance de son personnel et de son administration, voulut prouver à la jeunesse studieuse le vif intérêt qu'il portait à une éducation qui la formait à l'amour des vertus sincères, en la prémunissant contre l'erreur et le vice qui dégradent l'homme. Il fit, en conséquence, une visite au collége de Saintes, le 3 avril 1782. Un des élèves fut chargé, au nom de ses condisciples, d'exprimer les sentiments de tous; il prononça le discours suivant :

« Monseigneur,

« Quand les grands de la terre reçoivent des honneurs, quand le pompeux appareil dont ils sont environnés attire sur leur personne mille regards curieux, quand la renommée semble se plaire à faire voler leur nom de bouche en bouche, on peut dire que souvent ils ne sont redevables de ce bruyant éclat qu'à leur naissance et à leur dignité. Mais, lorsqu'il leur arrive avec cela de voir se tourner vers eux les cœurs les plus soumis à leur autorité, c'est alors un précieux avantage qu'ils ne doivent qu'à leur mérite personnel : et c'est ce que vous avez éprouvé, Monseigneur, dans l'heureux jour où votre entrée dans cette *capitale* a été un triomphe accompagné des cris de joie que faisait entendre de toutes parts une population nombreuse, avide de contempler enfin celui qui, depuis long-temps, était l'objet de son amour comme de sa plus vive attente. En effet, quel plus jour! Que de vœux sincères! Que d'expressions naïves d'admiration, de tendresse et de respect sont parvenues jusqu'à vous! Non, ce jour fortuné ne s'effacera pas de notre mémoire. Nous nous souviendrons à jamais que tout concourait à la splendeur de cette auguste fête; qu'une joie pure remplissait tous les cœurs; que l'étranger même prenait part aux doux transports de la cité. Tous étaient heureux de posséder un chef disposé à faire le bonheur de son troupeau!...

« Pour nous, témoins de cette pompe solennelle, il nous a semblé qu'elle retraçait à nos yeux les triomphes de Paul-Emile et de Scipion. Oui, Monseigneur, elle nous les retraçait, mais sous des dehors infiniment plus flatteurs; car que présentaient ces fêtes préparées par les vainqueurs des nations? Un spectacle où se montrait, dans tout son faste, l'orgueil insultant d'un peuple ambitieux; un spectacle où tout était humiliant pour les tristes vaincus que la force ou la victoire avait abandonnés, un spectacle enfin toujours troublé par le bruit des fers et par les cris de douleur qu'arrachait aux captifs le poids accablant de la servitude et de la honte...

« Mais qu'un motif bien différent a rassemblé le peuple de cette *capitale*! S'il est venu en foule de toutes parts, ce n'était pas pour voir des trophées d'armes ensanglantées et le tableau lugubre des provinces conquises; il venait pour jouir de la douce présence d'un pasteur et d'un père, pour recevoir un prince de l'Église, cher à la religion dont il soutient les intérêts; nous mêlons nos accents à ses chants d'allégresse... Que nos vœux, mille fois répétés, montent jusqu'au trône de l'Éternel. Nos cœurs sont unanimes, quand ils prient pour la conservation de Votre Grandeur, comme lorsqu'ils expriment le respect qui lui est dû et l'amour filial qu'ils lui portent, etc... » L'écho de cette jeunesse respectueuse était un élève de rhétorique, nommé L.-A. Gallonde.

Deux ans après le sacre du nouvel évêque, le chapitre de Saintes qui, comme on sait, jouissait d'une juridiction quasi-épiscopale, et avait la nomination pleine et entière de toutes les prébendes qui en dépendaient, même du doyenné, se détermina à changer le mode de ses élections. De temps immémorial, peut-être depuis sa fondation, il était dans l'usage de procéder, par voie de suffrages, de vive voix, à la nomination des places vacantes. Cette forme d'élections occasionnait souvent des débats nuisibles à l'esprit de paix et d'union fraternelle. Tous les membres de la société capitulaire faisaient cependant serment, à leur entrée dans la compagnie, de ne point révéler le secret des délibérations ; ce qui n'empêchait pas presque toujours que, quelques heures après les élections, toute la ville connût, dans le plus grand détail, quels étaient les chanoines qui avaient donné ou refusé leur suffrage aux candidats qui s'étaient présentés. On comprend qu'il devait résulter d'une telle indiscrétion de graves inconvénients. Le récipiendaire ne pouvait pas voir avec le même plaisir ceux de ses confrères qui s'étaient montrés opposants et ceux qui lui avaient donné preuve de sympathie et d'intérêt. Les candidats qui n'avaient pas eu part à la nomination, en savaient mauvais gré aux votants qui les avaient écartés; les parents et les amis ne manquaient pas d'apporter dans la balance le poids de leur mécontentement et de leur indignation. On voulut donc mettre fin à ces inconvénients, en proposant, dans une assemblée générale du chapitre, de remplacer l'ancien usage par des billets ou scrutin secret. La majeure partie des chanoines désirait ce changement; un tiers à peu près s'y refusait. On pensait que ce changement était d'autant plus praticable, qu'il avait pour objet un statut qui n'avait point été revêtu de la formalité de l'homologation. En conséquence, on déféra au jugement de Laget-Bardelin, ancien avocat au parlement de Paris, ces questions :

1° Si le chapitre de Saintes avait le pouvoir de changer la forme de ses élections, et s'il pouvait statuer qu'à l'avenir elles se feraient par scrutin secret ?

2° Si, pour opérer ce changement, il fallait le consentement unanime de tous les chanoines ; s'il ne suffisait pas que la majeure partie, c'est-à-dire, les deux tiers l'admissent.

3° Dans le cas où quelqu'un d'eux s'y opposât et demandât acte de son opposition, en pleine assemblée, ne pourrait-on pas le lui refuser, sauf à lui à se pourvoir par les voies de droit, et clore la délibération sans faire mention de la réclamation des opposants ? Quelle serait la marche à tenir vis-à-vis des opposants, s'il s'en présentait, comme il y avait lieu de le craindre ?

4° Ce changement, ne regardant que la discipline intérieure d'un chapitre *exempt* de la juridiction de l'évêque, ne pouvait-il point être fait sans avoir besoin de requérir son consentement ? Ne devait-il pas suffire d'homologuer au parlement le nouveau statut qui interviendrait ?

5° On ajoutait qu'il y avait des arrêts qui semblaient contrarier le changement qu'on proposait, notamment celui rapporté par Rousseau de Lacombe, au mot *Élection*, concernant le chapitre de Noyon.

Laget Bardelin répondit qu'il n'y avait rien que de louable dans le projet formé par la majeure partie du chapitre de Saintes, puisque le changement devait obvier à toutes les suites fâcheuses de la divulgation du secret capitulaire; que l'élection par scrutin était celle qui a paru la meilleure à l'Église universelle, celle du moins qui a semblé présenter le moins d'inconvénients. Cependant, quelque avantageux que fût le changement, l'avocat déclara que le chapitre ne pouvait pas seul l'opérer, parce que l'élection par suffrages, de vive voix, avait pour elle non-seulement un usage immémorial, mais encore un statut formel. Une simple délibération ne pouvait suffire pour y déroger. Vainement observait-on que les statuts du chapitre n'avaient point été homologués au parlement, cette circonstance aurait pu être d'un grand poids, s'il se fût agi d'un statut moderne et qui eût été fait tout au plus dans le cours du XVIIe siècle; mais il était croyable que celui dont il s'agissait, était d'une date beaucoup plus ancienne. Or, comme l'observe Lacombe dans son recueil de jurisprudence canonique, aux mots *Statuts*, « les statuts anciens, faits par les chapitres, qui ne contenaient rien de contraire à la discipline de l'Église de France, n'avaient pas besoin d'enregistrement pour en faire ordonner l'exécution, pourvu que ces chapitres justifiassent qu'ils étaient en possession de les faire exécuter par leurs membres ; mais ceux qui avaient été faits, depuis le commencement du XVIIe siècle, devaient être revêtus de lettres patentes registrées au parlement, pour être en droit d'en demander judiciairement l'exécution, à moins que ce ne fussent des statuts qui tendaient visiblement au maintien de la discipline ecclésiastique. »

Lacombe allait trop loin quand il exigeait absolument des lettres patentes enregistrées pour les statuts modernes ; mais il est certain que, lorsqu'il s'agissait de déroger à un statut et à un usage aussi ancien que celui-ci, et qui, au fond, n'avait rien de contraire à la pureté de la discipline, le statut avait besoin d'être confirmé par l'autorité ecclésiastique et d'être au moins homologué au parlement. L'arrêt rendu contre le chapitre de Noyon, le 19 décembre 1741, devait rendre le chapitre de Saintes très-circonspect à cet égard, puisqu'il était on ne peut pas plus analogue à son espèce. Le chapitre de Noyon était dans l'usage immémorial d'élire son doyen de vive voix. Il prit une délibération, en 1740, portant que l'élection à faire du doyen se ferait par bulletin. L'arrêt prononça qu'il y avait abus.

Une question à peu près semblable avait été jugée de la même manière, en 1562. Les chanoines et chapitre de l'église cathédrale de Clermont, en

Auvergne, avaient fait entre eux un réglement par lequel ils avaient arrêté et résolu que les prébendes et bénéfices étant à leur collation, venant à vaquer, ne seraient point conférés conjointement par tout le corps, ainsi qu'ils l'avaient été précédemment, mais que chacun des chanoines pourrait, à son tour et dans sa semaine, les conférer à ceux qui se présenteraient; mais, sur l'appel comme d'abus de ce réglement qui fut interjeté par le procureur-général de Catherine de Médicis, mère du roi, comtesse d'Auvergne, le parlement, par arrêt du 18 avril 1562, jugea qu'il avait été bien appelé, et déclara le statut de nul effet et valeur. Le chapitre de Laon avait arrêté, par une délibération prise en chapitre général, en 1688, d'après des vestiges d'un ancien usage, que les chanoines *in minoribus* ne jouissaient pas de leurs gros fruits, à moins qu'ils n'eussent étudié cinq ans dans une université fameuse. En 1725, un jeune chanoine qui n'était pas dans ce cas, mais qui, depuis qu'il était chanoine, avait fait sa philosophie chez les Jésuites, et sa théologie dans un séminaire, demanda les gros fruits au chapitre de Laon, qui les lui refusa sur le fondement du statut. Il interjeta appel de ce refus en l'officialité de Reims, où il intervint sentence qui lui adjugea ses gros fruits; appel comme d'abus de cette sentence par le chapitre. Sur cet appel, arrêt, le 30 décembre 1727, sur les conclusions de Daguesseau, avocat-général, qui dit qu'il n'y avait abus, *sauf au chapitre à faire ses diligences pour faire homologuer son statut.*

C'était donc un point qu'il fallait regarder comme constant, que les chapitres, de leur seule autorité, ne pouvaient faire de nouveaux statuts sur des points importants et qu'ils ne pouvaient changer ni la forme des élections, ni la manière de pourvoir aux prébendes et autres bénéfices dont le chapitre était collateur. Mais, en faisant confirmer et homologuer la délibération, on lui donnait toute la stabilité nécessaire, lorsque le changement avait des motifs justes et raisonnables.

D'après ces observations et ces modifications, le chapitre de Saintes put changer la forme de ses élections et statuer qu'à l'avenir elles se feraient par scrutin secret. Pour opérer ce changement, il n'était pas nécessaire que tous les chanoines y consentissent et que la délibération fût unanime; mais, attendu l'importance du changement projeté, il convenait qu'il fût proposé dans un chapitre général, ou au moins dans un chapitre extraordinaire, auquel tous les membres du chapitre eussent été invités de se trouver; il fallait que ce changement fût adopté par plus de la moitié des capitulants, ou au moins par les deux tiers, afin qu'il eût pour lui la grande pluralité; s'il se trouvait des opposants, lors de la délibération, on devait se conformer à l'usage du chapitre de Saintes ; si son usage était de donner acte aux opposants de leur opposition, et de la faire inscrire sur le registre, il ne fallait pas s'en écarter, sauf à arrêter aussitôt que, nonobstant l'opposition et sans y préjudicier, il serait passé outre à la délibération. Si, au contraire, le chapitre n'était pas dans l'usage de donner acte des oppositions et de les inscrire, on devait s'y tenir et clore la délibération en déclarant aux opposants qu'ils avaient toute liberté de faire signifier leur opposition au chapitre. Comme il était exempt, par suite de sa juridiction quasi-épiscopale, il n'était pas obligé d'obtenir le consentement et l'approbation de son évêque pour la validité du changement dont il s'agit, qui n'avait trait qu'à la manière de donner sa voix dans les élections. Mais, dans ce cas, pour la plus grande régularité, il fallait qu'il obtînt à Rome une bulle confirmative du nouveau statut, et, sur cette bulle, des lettres patentes dont on devait poursuivre l'enregistrement. Absolument parlant, l'homologation au parlement aurait suffi ; car les contestations sur l'exécution de ces sortes de statuts se portaient au parlement, qui ne faisait aucune difficulté de s'y conformer dans ses jugements, une fois qu'il les avait homologuées [1].

Le chapitre de Saintes n'eut pas long-temps

---

[1] Arch. mss. inéd. du chapitre de Saintes.

à faire usage de son nouveau mode d'élection. Il se glorifiait *d'être exempt de la juridiction de l'évêque;* hélas! il se glorifiait de ce qui devait opérer sa ruine!... L'esprit primitif de la religion n'avait assurément ni inspiré la coutume qui le rendait *exempt*, ni accordé la prérogative que lui conférait une juridiction quasi-épiscopale. Les impies de 1793 ont cru détruire : ils se sont trompés; les secousses terribles qu'ils ont excitées ont servi à la puissance de Dieu, pour remettre tout dans l'ordre; le souffle de sa justice a enlevé la poussière qui couvrait le chef-d'œuvre de sa sagesse, et l'épiscopat a reconquis son indépendance.

En 1785, l'évêque de Saintes fit une visite de confirmation dans tout son diocèse. « Le dimanche, 1er mai 1785, il administra ce sacrement, dans l'église principale de Barbezieux, à deux mille cent personnes. La veille de saint Eutrope, le prélat avait fait son entrée dans cette ville. Le magistrat du siège et de l'élection, les troupes et le clergé, suivi de toute la population, allèrent au-devant de lui jusques chez *Batalier*, nom d'un hameau situé à l'extrémité de la paroisse, sur la route de Bordeaux à Paris. Il y descendit de voiture, se prosterna devant la croix et se mit sous le dais porté par les messieurs du siège; il reçut l'eau bénite et l'encens à la porte de l'église, et ensuite le compliment du curé, auquel il répondit fort obligeamment. Après le *Te Deum*, Monseigneur fut conduit au presbytère avec les mêmes cérémonies qui l'avaient suivi à l'église. Il fut alors complimenté par les pères Cordeliers, par le juge Drilhon [1] et par M. de Lamorine, procureur du roi de l'élection. Signé : Chateauneuf, archi-prêtre; Réveillaud, vicaire [2]. »

Après ses courses pastorales et les travaux de son administration, ce digne évêque aimait beaucoup le séjour enchanteur et silencieux du château de Crazannes; sans doute que le ciel y comblait son âme de tous ses dons et le préparait au grand combat que le saint pontife devait livrer à l'erreur en mourant pour la foi. La chapelle de Crazannes, sous le vocable de Sainte-Magdeleine, fut son oratoire, et une chambre du château est désignée comme la chambre épiscopale.

Mais les Etats-Généraux avaient été indiqués par le roi pour le mois de janvier 1789. Le prince appelait autour de lui ses sujets pour entendre leurs plaintes et pour les consulter sur le choix des moyens à prendre pour assurer le bonheur de la France. L'évêque de Saintes fut

---

[1] M. Drilhon était alors juge du marquisat et subdélégué, c'est-à-dire, magistrat supérieur de l'ordre judiciaire et administratif dans la localité.

[2] Extrait d'un regist. de l'égl. de Barbezieux, 20ᵉ feuillet, 1785. M. Réveillaud, aujourd'hui curé de Saint-Pierre de Saintes.

député du clergé de son diocèse; il se montra le défenseur fidèle de la religion et de la monarchie. Pour arriver à cette députation, il eut à déjouer de mystérieuses intrigues. Les agitateurs occultes avaient déjà su inspirer au clergé du second ordre l'esprit de lutte et d'opposition qui finit par éclater plus ou moins contre les évêques. On accusa ce pontife d'avoir fait preuve, dans cette circonstance, de beaucoup de *hauteur et de fierté*; c'est à tort. Des inférieurs que l'on maîtrise trouvent toujours que l'énergie et la dignité ne sont que du despotisme et de l'orgueil. Le mérite du prélat triompha des stratagèmes de l'ignorance, de la jalousie et de l'ambition. Nous dirons à ce sujet que l'union fait la force des empires, et toutes les fois qu'un esprit machiavélique se promet leur ruine, il fait jouer avec succès tous les ressorts de la division et de la révolte. Mais le mal que peut produire la division est suivi de bien plus tristes résultats lorsqu'il affecte le corps ecclésiastique. Les hommes qui, depuis long-temps, méditaient dans l'ombre le renversement et le désordre, se montrèrent habiles et conséquents quand ils cherchèrent, par mille moyens adroits, à remuer les passions mesquines, aveugles, imprudentes du clergé du second ordre; les mêmes éléments et le même esprit, heureusement, n'existent plus aujourd'hui; mais nous connaissons assez quel est le caractère de l'hostilité qui tend sans relâche et sous mille formes à gêner l'action de la religion catholique ; pour oser avancer, avec certitude, que jamais l'adhésion de foi et d'obéissance envers l'évêque, de la part des prêtres de tous les rangs, ne fut plus nécessaire qu'à l'époque où un audacieux individualisme cherche à s'introduire et à régner. Que les hommes qui pensent y prennent garde! C'est ici une question de vie ou de mort non pour la doctrine toujours invulnérable, mais pour ceux qui la prêchent; car ils sont hommes, lors même que le sacerdoce les élève au-dessus des anges. L'épiscopat dans un diocèse, c'est le principe de vie divine, d'ordre hiérarchique. Tant que le respect, la soumission et la dépendance la plus filiale, la plus humble et la plus effective nous y rattachent, nous sommes riches en grâces, en vertus et en mérites. Sans cette union de cœur et de doctrine, les plus beaux talents ne sont qu'orgueil, et les vertus les plus vantées, que le masque d'une hypocrisie mensongère.

Mais, avant d'entendre les sages accents de Larochefoucaud, reportons encore nos pensées sur le principe et la marche des évènements. En montant sur le trône, Louis XVI eut le malheur de n'avoir pour ministres que des sophistes dont Louis XV avait eu le bon esprit de prohiber les ouvrages anarchiques et d'exiler les personnes pernicieuses. Un seul était excepté : il lui avait été indiqué par son auguste père. Sans le vouloir assurément, ce bon et infortuné prince ne s'entoura que d'impies dont les loges maçoniques étaient fort intéressées à préconiser les noms et les talents, les désignant comme les candidats au ministère. Bientôt le roi fut obsédé; il rappela les parlements, acte aussi impolitique que funeste. Leur retour fut le triomphe *des enfants de la veuve*. Les parlements devinrent plus audacieux que jamais. Ils portèrent la sévérité jusques à déclarer que le roi n'avait pas le pouvoir de créer des impôts; ils professèrent qu'eux-mêmes ne pouvaient pas les enregistrer. De là, comme conséquence, la nécessité, selon eux, de convoquer les Etats du royaume. Toute cette marche était depuis long-temps combinée par les nombreux ennemis du trône et de l'autel. Leur but, depuis la conspiration d'Amboise, tendait à saper dans sa base la constitution de la monarchie; peu leur importait d'apostasier l'antique religion sociale des Francs. La jeunesse des parlements, disait Necker, s'unissant à l'esprit du temps, eut aussi le désir de paraître et *de faire effet!*... Elle donna le signal en dirigeant elle-même, en attaquant la première les prétentions politiques et les anciennes prérogatives des cours souveraines. La noblesse, nous sommes encore obligé de le dire, ne pouvait pas manquer d'entrer dans la voie ouverte aux défections. Elle adopta les maximes et les prétentions usurpatrices des parlements, qui ne tardèrent pas à recevoir le *signal* de la révolte. Il était tout-à-fait conforme aux vues du sénat maçonique de flatter les passions des nobles de cour qui montaient dans les carrosses et portaient les talons rouges, et de tous ceux de la province qui n'avaient pas l'honneur de jouir des mêmes avantages. Aux premiers on eut l'adresse de promettre une haute chambre, où ils seraient placés au-dessus de la multitude dans laquelle ils s'indignaient d'être continuellement confondus. Quant aux nobles sans talons, mais illustres, mais distingués, on leur déclara qu'ils auraient enfin les entrées; aux gentilshommes de province on leur offrit l'appât d'être concurremment admis aux premiers emplois militaires ; aux anoblis on dit qu'ils pouvaient compter sur la parité, dont ils étaient privés. Il était difficile d'intéresser l'orgueil des uns et des autres avec plus d'habileté et d'à-propos. Aussi vit-on, dit un écrivain, d'une extrémité du royaume à l'autre, une foule de nobles se mettre sous les bannières de l'impiété, en suivre, en accélérer le torrent; le duc voulait être prince, le marquis se faire duc, le provincial devenir courtisan, l'anobli sortir entièrement de la roture [1]. L'ordre du clergé, comme celui de la noblesse, non en masse, mais partiellement sur

---

[1] *Hist. des temps chrét.*, tom. I.

tous les points, reçut le venin de l'aspic maçonique ; le régime militaire fut également atteint de sa dangereuse morsure. Des conspirateurs exercés en eurent la direction. De proche en proche, le nuage se grossissant finit par obscurcir, aux yeux de tous, la majesté royale. L'état des finances fut la détente du ressort infernal qui produisit l'ébranlement politique. Necker l'a dit : Ce fut autour de cinq cent millions d'impôts que *l'alliance se forma* [1]. Digne origine des *sauveurs* de la France !.. L'histoire l'atteste.

Au milieu de ces éléments de perturbation, Louis XVI chercha à neutraliser l'influence des mécontents ; mais les Protestants et leurs créatures, les Jansénistes, les Déistes, les Matérialistes, transformés *en philosophes*, avaient un gouvernement plus fort que celui du roi. En vain, on convoqua l'assemblée des notables : que pouvait, au reste, cette assemblée ? Elle était en grande partie composée d'hommes imbus des doctrines révolutionnaires ; *elle n'atteignit aucun but*, de l'aveu de Necker lui-même ; elle demeura dans une coupable inaction, preuve d'une trahison odieuse et d'une criminelle lâcheté. Les embarras ménagés par les habiles et occultes meneurs s'accrurent de plus en plus, au point que le monarque fut forcé et réduit à la convocation des États-Généraux. Les

---

[1] *Hist. des temps chrét.* déjà citée.

notables désespérèrent d'apporter remède au *déficit* des calculs perfides d'un ministre plus perfide encore envers le meilleur des rois ; voilà le triomphe de la phalange des révoltés. Cependant elle redouta la puissance des États ; elle appréhenda qu'ils ne missent des obstacles à ses projets destructeurs ; aussi s'efforça-t-elle d'en altérer, d'en changer le principe antique. L'immoral et foudroyant Mirabeau usa de son éloquence de tribun pour obtenir le doublement du tiers, la réunion des ordres, afin de détruire les proportions et les formes constitutives des États-Généraux. Mirabeau était, au reste, initié aux secrets du duc d'Orléans ; il dirigea la faction qui transforma les États-Généraux *en assemblée* dite *nationale*. De là, tous les malheurs dont nous n'avons à donner, dans notre travail, qu'une faible et rapide esquisse.

C'était donc pour sauver la religion, la morale et la monarchie que Pierre-Louis de Larochefoucaud adressait à l'Église de Saintes les réflexions suivantes ; elles prouvent les grandes vues et les incorruptibles principes du vertueux pontife :

« Les pensées des hommes sont toujours faibles et vaines. Leurs projets sont petits et incertains. Il n'y a que Dieu qui produise sans cesse des pensées grandes et sublimes, des projets toujours immuables, parce que son éternelle sagesse et son infinie prévoyance embrassent tous les objets et enchaînent tous les évènements. Aussi, dans toutes les occasions éclatantes, au milieu des révolutions physiques et politiques, tous les hommes élèvent vers Dieu leurs timides supplications. C'est un usage attesté par l'histoire de toutes les nations anciennes ou modernes, policées ou sauvages. C'est un de ces sentiments primitifs que la nature et la religion ont gravés de concert dans le cœur de l'homme, et que rien ne peut effacer. Ce sentiment est bien plus actif encore et plus vif chez les Chrétiens, à qui l'évangile donne des principes élevés et lumineux sur la Providence divine et sur l'efficacité de la prière. C'est à ce même sentiment que nous vous rappelons aujourd'hui ; et quelle circonstance fut plus propre à réveiller chez un peuple les idées religieuses ! Depuis quelque temps, des maux de toute espèce ont désolé la France : des grêles désastreuses, les rigueurs excessives du froid, les inondations destructives ! et l'indigence ! et la faim ! Ce n'est pas tout : la crainte a glacé tous les cœurs ; une ardente inquiétude agite toutes les têtes ; une fermentation sourde gagne toutes les parties du royaume. Ce qu'il y a plus fâcheux, ce qui met le comble à notre douleur, l'oubli des principes et le mépris des devoirs ont desséché le germe de toutes les vertus et ouvert la porte à tous les vices. Ne nous flattons pas que la sagesse humaine guérisse nos plaies. Tous les efforts de l'autorité, tous les calculs de la politique n'y pourront rien, si Dieu n'y met la main. Si Dieu est contre nous, qui sera pour nous?... Si sa tendresse paternelle ne veille sur cet empire, s'il ne soutient cet édifice ébranlé, *il faudra qu'il tombe en ruine.* Un monarque vertueux et ami de la nation a cherché tous les moyens de lui rendre son ancienne splendeur : il n'en a point trouvé de plus efficace que d'implorer le secours de celui qui a fait le ciel et la terre. C'est par un hommage solennel, rendu à la religion de ses pères, qu'il a voulu commencer cette assemblée nationale, attendue et désirée par tous les citoyens. Tous les temples de la capitale ont retenti des chants et des prières d'un peuple nombreux [1]. Nous vous annonçons avec joie ce que nous avons vu avec attendrissement. Déjà votre roi a recueilli les bénédictions de ses sujets et les cris répétés de leur reconnaissance. C'est sous cet auspice qu'ont été ouverts les États-Généraux, et l'*espérance* renait dans nos cœurs. Nous vous exhortons à joindre vos prières aux nôtres, afin que cette sagesse suprême, qui assiste au trône de Dieu et qui préside au gouvernement de l'univers, guide notre souverain dans un moment si intéressant, et qu'elle inspire tous ceux qu'il a

---

[1] Trois ou quatre ans plus tard, de quels chants les temples de la capitale retentissaient-ils ?.... L'impiété démagogique y vociférait le blasphême !

rassemblés autour de lui, pour la restauration de la chose publique; qu'elle maintienne la paix et l'union parmi les représentants de la nation; qu'elle règle leurs opinions, qu'elle forme leurs délibérations.

« Nous n'avons pas besoin de prouver à des Français qu'ils doivent aimer [1] leur prince; quand même ce sentiment ne serait pas héréditaire parmi nous, comme la couronne l'est chez nos rois, nous vous dirions que Louis XVI a des droits particuliers sur vous; que la généreuse confiance avec laquelle il se montre, le noble caractère qu'il déploie, appellent et exigent l'amour et la confiance des sujets; qu'il est le digne successeur d'une longue suite de rois, dont plusieurs ont fait la félicité générale du royaume; que ceux dont il aime à lire l'histoire, dont il cherche à imiter les exemples, sont ceux dont les noms vivront à jamais, consacrés par les hommages universels: saint Louis, Louis XII, Henri IV; que, dans ce moment même, sa plus chère idée et presque sa seule idée est de nous rendre heureux; que, bien différent de tant de rois que leur puissance enivre, il est disposé à faire toutes sortes de sacrifices, pour concilier l'exercice de son autorité avec le

---

[1] Les *Régénérateurs* de la société avaient besoin d'étouffer cet amour dans le cœur des Français pour vaincre et pour tout confondre !

bonheur de tous. Ne vous laissez pas tromper par cette fausse et sombre philosophie qui discute les fondements de l'autorité pour la combattre et *la détruire*, et qui méconnaît les droits sacrés du législateur pour lui substituer les volontés aveugles et violentes de la multitude [1]. Si la révélation ne nous eût pas appris que tout homme doit plier sous les puissances supérieures [2], la raison seule nous prouverait qu'une soumission réfléchie à une autorité ancienne et respectable est mille fois préférable aux nouveaux systèmes qui favorisent l'orgueil de l'homme par la promesse de la liberté, et qui, rompant les liens de la subordination, conduisent insensiblement à la licence, et de là aux affreux désordres de l'anarchie [3]. Ne vous défiez pas moins de ces tristes déclamateurs qui veulent semer le trouble parmi les divers ordres de l'État, et désunir les membres du même empire. Ils peuvent éblouir par l'idée chimérique de cette égalité primitive que la nature a mise entre les hommes ; mais ils n'aperçoivent pas que cette égalité est impossible ; qu'elle serait le renversement total de la société ; qu'il faut, dans tout gouvernement, une inégalité qui choque

---

[1] Les évènements, depuis 1789, prouvent que l'évêque de Saintes voyait juste et disait vrai !....

[2] Omnis anima potestatibus sublimioribus subdita sit.

[3] C'est là de l'histoire.

les esprits superficiels; mais elle est précisément ce qui unit tous les citoyens par les devoirs et les services réciproques; que cette confusion apparente produit une harmonie admirable.

« Si la position actuelle du royaume nécessite de nouveaux efforts, nous vous conjurons de vous y prêter avec zèle et générosité; servir son roi, sa patrie, sacrifier à l'Etat son temps, ses talents, sa fortune, sa vie: voilà les principes des vrais citoyens, voilà les antiques maximes des Français. Elle nous ont été transmises par nos pères, et elles valent mieux que les préceptes du froid égoïsme, qui, plaçant l'intérêt particulier avant l'intérêt général, étouffent toute énergie et rétrécissent les âmes. Nous nous reprocherions de n'avoir pas rempli notre ministère épiscopal, si nous passions sous silence un autre article qui est l'objet le plus direct de nos sollicitudes et de nos vœux: la régénération des mœurs publiques. Grand Dieu! dans quel abîme de corruption nous sommes tombés!... Comme on voit parmi nous, parmi des chrétiens, des scandales, des vices, des excès de tous les genres, des infamies qu'il vaut mieux taire que de les décrire, des crimes révoltants qui font frémir, des abominations plus grandes peut-être que celles que saint Paul reprochait à Rome païenne, à l'époque de sa dépravation la plus effrénée!... *Ce sont là nos plus grands maux; cette plaie conduit à la mort.* Ah!

conjurons le Seigneur de ne pas nous traiter dans toute la rigueur de sa justice : nous ne l'avons que trop mérité ; mais plûtôt de faire descendre son esprit sur nous, pour renouveler la face de cet empire, dont il est depuis si long-temps le protecteur ; de nous rappeler à la pratique de l'évangile, qui forme les saints et produit tous les biens, de faire renaître au milieu de nous la paix, la justice, la piété, l'humble foi de nos pères, leur sage simplicité, leur respect pour le culte public, leur inépuisable charité, en un mot, toutes leurs vertus domestiques, sociales et religieuses!... Qui nous donnera de voir ainsi le règne de Jésus-Christ s'établir sur les débris de l'empire de Bélial?... Comme nous bénirions l'auteur d'un si grand changement! Comme nous serions autorisé à former les plus douces espérances sur le sort de notre patrie!... N'en doutons pas, tout état où il y a des mœurs renferme un principe de vie que les plus fâcheuses révolutions ne peuvent détruire : mais tout état où les mœurs sont anéanties, offrit-il les dehors les plus brillants, porte un signe certain d'une décadence prochaine et bientôt d'une entière destruction [1]. »

Cinquante ans se sont écoulés depuis que l'é-

---

[1] Recueil des Mandements de M. de Larochefoucaud, évêque de Saintes, f° 115.

vêque de Saintes faisait entendre ces paroles prophétiques ; nous pouvons juger, d'après les évènements accomplis, si la décadence était prochaine et si la destruction devait être entière !... Mais n'anticipons point ; nous aurons encore occasion de faire connaître le zèle pur et le grand caractère de ce saint pontife ; car l'époque où nous entrons sera fertile en catastrophes. Sans prétendre l'analyser dans toute son étendue, nous serons cependant obligé de lui donner ses couleurs tranchantes, avant d'arriver à ce qu'elle nous offre de spécial dans le sujet qui nous occupe.

Nous l'avons souvent fait remarquer dans le cours de cet ouvrage, dans les siècles où quelque tourmente devait éclater sur l'Église de Saintes, la Providence a toujours inspiré, avant la tempête, des précautions propres à prémunir le dépôt sacré de la relique de saint Eutrope contre les efforts ruineux d'une puissance ennemie. Or, sous l'épiscopat de Larochefoucaud, on dressa un nouveau procès-verbal, en 1789, qui reçut sa sanction de cet évêque martyr. Déjà, en 1785, la piété du prélat avait officiellement professé pour les restes de l'apôtre des Santons son respect et sa confiance. On avait, dans une calamité publique, demandé une procession générale où, selon l'usage des temps chrétiens, le *chef* était porté en triomphe, autour de la cité. L'évêque l'autorisa en ces termes :

« Notre consolation et notre ressource dans les calamités, c'est la religion. Si Dieu est irrité, nous l'invoquons ; et s'il s'apaise, nos prières le fléchissent, nos vœux parviennent jusqu'à son trône. Si nos crimes nous effraient, si notre bassesse, comparée à l'infinie majesté, nous décourage, la religion catholique nous offre des intercesseurs que leur sainteté a placés dans le ciel, qui jettent sur nous des regards de compassion, et dont l'ardente charité s'intéresse à nos malheurs. Ce sont surtout ceux qui ont vécu parmi nous, qui ont des droits particuliers à nos hommages et à notre confiance; ce sont ceux dont les saints ossements, dont les précieuses reliques ont plus d'une fois sauvé les peuples, et dont la puissante protection attire les bienfaits de Dieu, ou suspend ses vengeances. Dans ce moment de trouble et d'inquiétude, où une longue sécheresse désole nos campagnes, où le cultivateur a déjà éprouvé des fléaux alarmants, où il craint d'en éprouver de plus grands encore, qui rejaillirent sur toute la nation, que pouvons-nous faire de plus édifiant, de plus conforme à la foi, que de rendre un culte solennel à cet immortel pontife dont les cendres, conservées au milieu de nous, répandent encore, après plusieurs siècles, une odeur de sainteté et de vertu, et de réveiller la piété des fidèles, en exposant à leur vénération les restes d'un grand homme qui, pendant sa vie, fut notre frère, qui, depuis sa mort, est notre appui.

« Donné à Saintes, en notre palais épiscopal, le 22 avril 1785. † Pierre Louis, évêque de Saintes [1]. »

Cette même année vit naître un évènement fâcheux. L'abbé de Graves, évêque de Valence, précédemment vicaire-général de Saintes, nommé, par l'abbesse, visiteur de son abbaye, tomba malade, à l'époque de la visite annuelle qu'il avait coutume de faire; il délégua à sa place l'abbé de Mondauphin, chanoine de Saint-Pierre et son archidiacre. Le délégué se rendit en conséquence au monastère de Sainte-Marie; il y reçut, selon l'usage, le scrutin des religieuses. Ce scrutin devait rester clos et n'arriver qu'à la connaissance de l'évêque visiteur. L'abbé de Mondauphin, rentrant chez lui, mourut presque subitement d'une attaque d'apoplexie foudroyante. Cette nouvelle répandit l'alarme à l'abbaye; qu'allait devenir le scrutin? On écrivit au chapitre pour le prier de remettre le paquet mystérieux, ou au moins de le jeter aux flammes. La réponse ne se fit point attendre; elle parut propre à tranquilliser les esprits. La société capitulaire nomma aussitôt une commission pour faire apposer les scellés sur les papiers du défunt. L'un des

---

[1] Recueil des mandements de M. de Larochefoucaud, évêque de Saintes, f° 97.

commissaires était l'abbé de la Magdelaine. Plusieurs jours s'écoulèrent depuis la mort de l'abbé de Mondauphin et rien ne transpira ; cependant les religieuses étaient loin d'être dans une parfaite sécurité. La discrétion est une sagesse réfléchie, prudente et consciencieuse, qui sait garder un secret. Il paraît que cette vertu a toujours été assez rare. Manqua-t-elle aux hommes qui jouaient un rôle dans l'affaire que nous signalons? C'est ce que nous pourrions peut-être soupçonner; toujours est-il certain que les religieuses, dans leur cloître, apprirent que, dans le monde, on s'entretenait de ce qui avait fait l'essence de leur scrutin, où elles avaient les unes et les autres consigné leurs observations et leurs plaintes. On avait osé briser le cachet qui devait rester intact! Les hommes à coterie sont ordinairement des hommes légers ; quelles que soient leur nuance et leur position sociale, on doit s'en méfier et ne jamais les admettre aux communications intimes. L'administration diocésaine de Saintes, avant la révolution, laissait beaucoup à désirer sous ce rapport. L'indiscrétion de quelques membres du chapitre causa une funeste anarchie dans l'abbaye; l'ordre y fut méconnu, les règles de la vie claustrale presque abandonnées ; l'obéissance y cessa d'être une loi. Ce mal intérieur eut du retentissement, et l'évêque de Saintes crut le moment favorable pour l'exécution d'un dessein qu'il avait déjà conçu on ne sait trop pourquoi, mais dont il ajournait les résultats. Il pensait que la réalisation de son projet serait un remède efficace pour apaiser les troubles de l'abbaye. De plus, les exemptions et les privilèges de ce monastère paraissaient au prélat attentatoires à l'autorité et à la juridiction épiscopales ; il jugea donc le moment opportun pour demander la suppression de l'abbaye. L'affaire était grave et allait soulever une forte et puissante opposition. Néanmoins l'évêque sollicita une ordonnance à cet effet ; ce que Louis XVI accorda sans difficulté. Un chapitre de chanoinesses était destiné à remplacer l'abbaye. Il est à remarquer que, dans l'ordre social comme dans l'ordre matériel, il s'opère un ébranlement dans l'institution ou dans l'édifice quand l'un ou l'autre touche à la veille d'une destruction : les esprits se désunissent comme les pierres se détachent et la force d'adhésion, de cohésion, perdant le principe de son point d'appui, la secousse commence et la ruine s'achève ! La nouvelle supérieure était nommée : c'était madame de Fontenoy, propre tante de l'évêque de Saintes. Louis de Larochefoucaud avait su faire appuyer sa demande par toute la noblesse de la province.

Mais madame l'abbesse était fidèlement informée des démarches qui se faisaient à Paris, par l'intermédiaire de Gilbert Desvoysins, membre du parlement et avec lequel elle entretenait une active correspondance. Gilbert, secondant les vues de madame de Parabère, obtint que l'affaire fût déférée au parlement et jugée à la chambre du conseil seulement.

Cependant le roi avait voulu temporiser avant de se prononcer absolument pour la suppression, espérant pacifier les esprits et ramener la communauté à l'ordre et à sa régularité habituelle. A cet effet, l'évêque de Valence, toujours empêché par la maladie, nomma l'abbé Hardy et le père Gabriel, provincial des Récollets, commissaires avec plein pouvoir; mais tout arrangement fut impossible. Ce fut alors que le roi prononça la suppression.

Madame l'abbesse fit aussitôt solliciter le roi de vouloir bien lui accorder un sursis, demandant à Sa Majesté de faire éclairer sa religion par une enquête; le roi y consentit. Champion de Cicé, archevêque de Bordeaux, fut chargé de cette délicate et importante mission. Le prélat comprit qu'en pareil cas il ne fallait point procéder avec faiblesse; que tout raisonnement ne ferait qu'augmenter les obstacles et trouver plus exigeantes des femmes que le mécontentement rendait indociles; une force vraiment épiscopale fut le moyen le plus prompt et le plus efficace.

Arrivé à Saintes, l'archevêque fait connaître à l'abbesse la commission dont il est chargé par le roi. En vertu des pouvoirs de sa délégation, il demande qu'on appelle devant lui, l'une après l'autre, les plus récalcitrantes de la communauté. Madame de Laborie parut la première. Le prélat, sans autre préambule, dit à cette religieuse : « Il paraît que ce monastère ne vous convient pas; où voulez-vous aller?... Sur sa réponse : Partez, lui dit-il, partez sur-le-champ ; une chaise de poste vous attend à la porte de l'abbaye. » Après cette rapide expédition, vint madame de Luchet, sœur de l'archidiacre; elle fut également entraînée sans réflexion. Madame de Bonnemort partit par la même voie. Ce moyen réussit au-delà des espérances du prélat; les religieuses, en apprenant ce départ de leurs sœurs, craignirent d'avoir à subir le même sort. Elle vinrent humblement se jeter aux pieds de l'archevêque et implorer leur pardon. Le pontife leur dit : Ce n'est pas moi, c'est madame l'abbesse que vous avez offensée; elle est votre supérieure ; l'Église vous en fait un devoir, promettez-lui obéissance. Ce qu'elles firent, et tout rentra dans l'ordre.

Quant à l'abbé de la Magdelaine, la chambre du conseil l'avait déclaré inhabile à posséder aucun bénéfice même simple ; si madame l'abbesse avait seulement voulu porter une plainte contre lui, l'arrêt de la chambre aurait eu son entière exécution. Madame de Parabère, qui s'était montrée toute dévouée à la famille des la Magdelaine, notamment à l'abbé, eut la générosité de pardonner. On croit que l'abbé de Saint-Légier, mort curé de Jonzac et chanoine de Saintes avant la révolution, était l'autre commissaire nommé pour l'affaire du scrutin.

L'archevêque de Bordeaux partit aussitôt pour Paris, afin de rendre compte au roi de l'heureux effet de sa mission, laissant à l'abbesse de Saintes l'espoir d'obtenir le retrait de l'ordonnance royale, qui fut rapportée en 1789. Louis de Larochefoucaud ne put pas ignorer long-temps le triomphe de madame de Parabère; toutes les cloches de l'abbaye annoncèrent, à grandes volées, le retrait de l'ordonnance [1]. Hélas! les cloches du monastère, qui retentissaient alors comme pour une fête, ne sonnaient cependant que le glas de l'agonie!..

Quelques années après cet évènement, l'orage révolutionnaire porta loin ses désastreux ravages. La persécution, ne pouvant plus faire couler le sang d'Eutrope, s'attacha, comme un vampire, à la personne de son héroïque successeur. Mais la rage de la démagogie, n'étant pas satisfaite par cette immolation barbare, réagit jusques sur la relique révérée dans l'Église de Saintes depuis une longue suite de siècles!.. Voilà ce que le ciel savait, et ce que le ciel se plut à déjouer. Le procès-verbal que nous allons citer est en harmonie avec les

---

[1] Ces détails sont dus à l'obligeance d'un contemporain.

précédents. Il date de l'époque où les religieux de Cluni, fidèles jusqu'à la fin à leur mandat, depuis 1081 qu'ils veillaient à la garde des restes du martyr, étaient brutalement chassés de leur poste par une puissance ennemie. Ils remirent à l'Église de Saintes son auguste *chef*, environné de tous les témoignages de la plus parfaite intégrité. — Telle cette relique fut mise sous notre garde, il y a sept cents ans, dirent-ils en présence du sénéchal et du procureur du roi, telle nous vous la rendons ! — L'autorité civile et judiciaire reconnut en effet, en ces termes, l'authenticité du saint dépôt :

« De l'inventaire fait des meubles et effets délaissés par feu Henri-François Daubourg, décédé titulaire du prieuré de Saint-Eutrope, devant Messire Fonrémis de la Mothe, lieutenant particulier au ci-devant sénéchal de Saintes, et de la séance du 19 décembre 1789, et lequel est contrôlé, scellé et enregistré à Saintes, le 3 janvier suivant, par Tardy, qui a reçu trois cent quatre-vingt-dix francs, a été extrait ce qui suit :

« Sur quoi nous, lieutenant particulier susdit, avons donné acte aux parties, de leurs dires, réquisitions et observations ci-dessus, à défaut comme autrefois du sieur prieur, et faisant droit des conclusions du *procureur du ministère public*, avons fait remise des clefs servant à ouvrir et à fermer la niche où repose la relique du bienheureux saint Eutrope, ainsi que des titres, procès-verbaux et autres pièces concernant ladite relique, au nombre de dix-huit, étant dans une liasse par nous numérotée, signée et paraphée *ne varietur*, en mains du sieur Bonnifleau, curé de la paroisse dudit Saint-Eutrope, sous les conditions requises par ledit *procureur du ministère public*, sans entendre divertir à autres actes ; et, de suite, nous étant transportés avec ledit sieur curé et sieur Jacques-Félix Martineau, vicaire, en l'église dudit Saint-Eutrope, lesquels vêtus de leurs surplis et étoles auraient fait en notre présence, après l'oraison préparatoire accoutumée, ouverture de la niche, et sorti ladite relique ; puis, l'ayant portée sur le grand autel, ils l'auraient mise à découvert, et, après *un religieux et scrupuleux examen, nous avons vérifié qu'elle était entièrement conforme* à la description qui en fut faite par procès-verbal du 12 juillet 1652, n° V de la liasse desdits titres : d'après laquelle vérification, lesdits sieurs curé et vicaire auraient rétabli ladite relique dans sa grotte ou niche, et en auraient fermé les portes en notre présence. Au moyen de quoi mondit sieur Bonnifleau, curé, en demeure spécialement chargé comme dépositaire provisoire, sans nuire ni préjudicier aux droits dudit sieur prieur actuel, qui demeurent sauvés et réservés, et pour rendre compte du tout, quand et à qui il appartiendra ; ce étant, notre greffier demeure déchargé desdites clefs. Signé à la minute, Fonrémis de Lamothe, lieutenant particulier. »

« Délivré le présent extrait conforme à la minute par moi greffier du tribunal séant à Saintes, détenteur d'icelle et de laquelle il a déjà été délivré d'autres expéditions. ROUSSET, greffier [1]. »

Le procureur du ministère public dont il est ici question était le sieur *Garnier, de Saintes !* Nous verrons bientôt que la présence de ce magistrat à l'acte de 1789 est vraiment providentielle; nous en parlerons dans un autre chapitre.

Mais une ère nouvelle commence. Assistons à d'autres scènes; suivons la marche d'évènements déplorables; nous comprendrons jusqu'à quel point Dieu sait toujours confondre l'orgueil des hommes, en triomphant de leur malice, de leur haine et de leur impiété! Au reste, les victoires passées de l'Église sont une garantie de ses triomphes futurs.

Il est convenable, avant de tracer le tableau de ses nouveaux combats, à la fin du XVIIIᵉ siècle, de rallier nos souvenirs depuis le Vᵉ. En 418, le saint évêque Vivien gouvernait l'Église Santone et saint Zozime, le *confesseur*, gouvernait, au nom de Jésus-Christ, l'Église universelle. En 1791, le siège apostolique est encore occupé par un successeur de Pierre, et l'Église d'Eutrope a pour

---

[1] Arch. mss. de Saint-Eutrope de Saintes, pièce X, inéd.

pontife un martyr de la foi !.. Que peuvent donc les passions coalisées, les scandales des siècles, la persécution des hommes, contre l'impérissable durée de l'Église catholique ?..

Après les luttes sanglantes que les empereurs païens lui firent subir, d'autres calamités ont succédé aux meurtres et aux bouleversements; les barbares ont envahi les Gaules; Alaric a marché sur Rome qu'il a livrée au pillage. Genséric, à la tête des Vandales, s'est emparé de Carthage et a désolé l'Afrique. Les successeurs de Pierre, depuis saint Boniface Ier jusqu'à saint Léon-le-Grand, ont illustré tour à tour le siège apostolique. Si les Pélagiens, les Nestoriens ont ravagé le champ du père de famille, si Eulalius, chassé bientôt comme un intrus, a usurpé la tiare de saint Boniface, les Épiphane, les Chrysostôme, les Jérôme, les Augustin se sont montrés tout resplendissants de l'auréole des vertus, de l'éclat de la science, de la doctrine orthodoxe et du génie; puis, le IIIe concile général s'est réuni à Ephèse. Ces haltes de l'Église sont toujours des triomphes.

Viennent les scènes désolantes des Huns sous la conduite d'Attila, qui fond, comme l'aigle, sur les Gaules; d'Odoacre, à la tête des Hérules, en Italie; de Théodoric, chef des Ostrogoths, qui y établit son règne avec empire. Mais bientôt un nouveau Constantin a fait respirer l'Église : la bataille de Tolbiac est suivie de la conversion de

Clovis ; avec ce fier Sicambre, qui brûle ce qu'il a adoré et qui adore ce qu'il a brûlé, naissent les plus glorieuses espérances. L'œuvre de l'Homme-Dieu se perpétue au milieu des catastrophes, des guerres, des soulèvements des peuples ; c'est, toujours et partout, le soleil qui monte et dissipe les brouillards de la nuit. Depuis saint Hilaire jusqu'à Symmaque, Rome la catholique est gouvernée par ses papes.

Les Prédestinatiens ont subi le sort de tous les hérétiques, ils n'ont paru que pour être flétris. Saint Sidoine Appollinaire a édifié l'Église et le IVe concile général est venu venger sa doctrine attaquée et raviver sa discipline méconnue. La bataille de Vouillé a assuré à Clovis une mémorable victoire ; si sa bravoure a vaincu, sa foi a triomphé ; le bras du héros a terrassé l'hérésie.

Que Dioscore et Virgile usurpent la tiare, l'un, de Boniface II, et l'autre, du pontife Sylvère, l'ambition des usurpateurs, depuis Hormisdas jusqu'à saint Grégoire-le-Grand, n'empêchera pas la chaire apostolique d'être occupée par les légitimes successeurs du prince des Apôtres !...

Les Jacobites et les Paulistes ont été confondus comme leurs prédécesseurs audacieux. Boëce et saint Fulgence, l'Augustin de son siècle, n'ont ils pas combattu éloquemment pour la vérité ?... La religion n'a-t-elle pas porté son flambeau régénérateur dans la Grande-Bretagne ?.. Qu'ont pu contre elle les nouveaux fauteurs du mensonge personnifiés par les Arméniens?... Elle a parlé et ils se sont tus. Selon sa constante habitude, l'Église militante s'est encore ralliée pour la seconde fois à Constantinople, et, avec sa divine indépendance, elle y a condamné l'erreur, et, infaillible comme à Nicée, elle y a vengé son orthodoxie.

Mahomet a publié son alcoran ; Aboubècre et Omar lui ont succédé ; mais qu'importe ? Malgré leur fanatisme impie, le vaisseau de l'Église a vogué, sous la conduite de Sabinien, jusqu'au pape Sergius. Si les Monothélites et les Macariens, aveugles sectaires, enfants de la révolte et de l'orgueil, ont paru au nom de l'enfer, saint Isidore de Séville s'est montré au nom de Jésus-Christ, et le IVe concile général, IIIe de Constantinople, les a refoulés vers l'abîme. Les Arabes envahiront l'Espagne : ils seront en France écrasés par Charles-Martel. L'Église marche et Dieu la mène depuis Jean VI jusqu'à Léon III. Si Théophylacte et Constantin prétendent au trône pontifical romain, ils ne seront pas, pour cela, possesseurs *du Saint-Siège* : il appartiendra constamment à Pierre, dans la personne d'Étienne II et de saint Paul Ier.

Les Iconoclastes affligeront-ils l'héritage du Seigneur, menacé par la tyrannie des Lombards ? Les Bulgares se montreront-ils pour le scandale de la chrétienté ? Saint Jean Damascène édifie la catholicité et l'Église de Dieu foudroie ses ennemis dans sa VIIe assemblée œcuménique, tenue pour la seconde fois à Nicée. Puis Charlemagne ne sera-t-il pas sacré empereur par Léon III, dans la basilique de Saint-Pierre de Rome ? Les Normands viendront pour ravager, pour détruire ; après leurs ravages et leurs ruines, ils passeront, et l'Église restera avec ses pontifes successifs depuis Léon III jusqu'à Benoît IV, malgré les anti-papes Zizime, Anastase et Sergius.

Le grand schisme d'Orient se consommera par l'orgueil de Photius, qui prend le fastueux titre de patriarche universel ; l'Église romaine n'en sera pas moins, après comme avant Photius, l'Église de Jésus-Christ, triomphant dans son VIIIe concile général, IVe de Constantinople, ainsi qu'au jour de glorieuse mémoire où elle terrassa l'hydre de l'Arianisme ! Sans doute, il y a déjà long-temps que ses beaux jours sont passés, siècles des grands hommes, siècles des grands saints ; à la vérité, depuis Léon V jusqu'à Agapit II, on ne vit point de sacrilèges concurrents, avides de leur autorité pontificale ; mais, de l'an 950 à l'an 1150, seize anti-papes ont inquiété, tourmenté la barque de Pierre ; scandale affligeant qui n'était cependant qu'une tempête de saison. Le vaisseau a pu être ballotté violemment, mais être submergé, jamais ! Il est gouverné, au fort de la tourmente, par ses pilotes naturels et légitimes, depuis Jean XII jusqu'à Eugène III.

Bernard de Thuringe, Béranger, les Albigeois paraissent dans l'arène pour lutter et pour vaincre. L'Église les stigmatise et les rejette au rang de ses ennemis confondus. N'a-t-elle pas montré sa sagesse, son unité et sa force, au XIe et XIIe conciles généraux, tenus à Rome au palais de Latran ?.. Quelle est donc belle la marche triomphale de l'Église catholique !...

De l'an 1150 à 1300, les Vaudois ont osé lever l'étendard ; ils n'ont pas été plus redoutables que leurs devanciers; l'Église a toujours été sainte, infaillible et pure dans sa doctrine, apparaissant, avec son caractère divin, aux assemblées œcuméniques, XIe et XIIe à Latran, XIIIe et XIVe à Lyon! Quel reflet de sa gloire et de sa sainteté n'a-t-elle pas fait briller sur les saint Bernard, les saint Thomas d'Aquin et les saint Bonaventure ! De 1300 à 1450, que de coups terribles lui sont portés par les anti-papes Corbière, Clément, Benoît, Félix !.. Elle leur survivra; elle les a dominés, parce qu'elle est la vérité indéfectible ; Dieu l'a dit, l'univers l'atteste! Ainsi les Wiclef, les Jean Hus, les Jérôme de Prague fléchiront devant elle, comme Arius et Eutychès !.. Luther et Calvin auront le même sort. Les sophistes du XVIIIe siècle subiront le même joug, et l'Église du Verbe-Dieu conservera, dans tous les âges, le même nom, la même puissance, la même unité, le même caractère! Le monde, un jour, croulera sous ses pieds; les siècles finiront; mais l'Église catholique romaine sera encore, pour l'éternité, l'Église triomphante!

FIN DU SECOND VOLUME.

TABLE DU DEUXIÈME VOLUME.

PARTIE HISTORIQUE.

CHAPITRE QUATRIÈME :

Suite de la tradition depuis la restauration du monastère de St. Eutrope, en 1081, jusqu'aux guerres du XVIe siècle. . . . . PAGES 5

CHAPITRE CINQUIÈME :

Tradition depuis les guerres du Protestantisme, au XVIe siècle, jusqu'à la révolution du XVIIIe. . . 123

CHAPITRE SIXIÈME :

Suite des traditions du XVIe au XVIIIe siècle. 451

FIN DE LA TABLE DU DEUXIÈME VOLUME.

ERRATA DU DEUXIÈME VOLUME.

Pages 79, — ligne 15ᵐᵉ, au lieu : exemplaire, lisez : *exempt*.
— 86, — lig. 27, au lieu de : 1534 ; lisez : 1574.
— 87, — lig. 23, au lieu de : parlement de Saintes, lisez : de *Paris*.
— 104, — lig. 18, au lieu de : abbé ; lisez : *abbesse*.
— 141, — lig. 22, lisez : *du mois de mai*.
— 208, — lig. 1ʳᵉ, lisez : *il voulut, avant le départ*.
— 472, — lig. 14, au lieu de : ces religieuses ; lisez : *religieux*.
— 646, — lig. 14, lisez : *ne cessèrent pas de*...
— 686, — lig. 23, lisez : *avaient porté requête*...
— 697, — lig. 11, lisez : *quel plus beau jour*...
— 732, — lig. 18, lisez : *Dioscore et Vigile*...

www.ingramcontent.com/pod-product-compliance
Lightning Source LLC
Chambersburg PA
CBHW071701300426
44115CB00010B/1279